A HISTORY
OF
PHILOSOPHY

1

Greece and Rome
FREDERICK COPLESTON

科普勒斯顿哲学史

1

希腊和罗马哲学

[英]弗雷德里克·科普勒斯顿 著　梁中和 等译

汕头大学出版社

出版总序

编辑部约我为《科普勒斯顿哲学史》写序言，我首先自问有无资格为这部世界著名哲学史的中译本写序。思忖再三，找出三个理由，于是欣然命笔。

第一个理由，我是较早精读《科普勒斯顿哲学史》的中国读者。1982年底，我到比利时鲁汶大学留学，从哲学本科课程开始读，《古希腊哲学》和《中世纪哲学》这两门课的教材用的就是《科普勒斯顿哲学史》的第1、2、3卷[①]，我买了Image Books出版的每卷两册的口袋书，按照老师讲解的线索，仔细阅读这6册书，重点部分读了几遍，还做了几本读书笔记。此前我也读过罗素和梯利的《西方哲学史》，与那两本书相比，这部书线索清晰、资料翔实、重点突出，把我的西方哲学史的水平提升了几个层次。中世纪哲学是《科普勒斯顿哲学史》的重头戏，第2卷的篇幅比其他部分更厚重，我来鲁汶大学的初衷是攻读中世纪哲学，那卷书对我来说是宝贵资料，几年里翻阅了好几遍，基本上掌握了中世纪哲学的发展线索和重点。在鲁汶硕士阶段读的都是经典，我也经常参考《科普勒斯顿哲学史》的相关部分。我的硕士论文写的是康德，《科普勒斯顿哲学史》第6卷的康德哲学写得也很精彩，获益良多。我把这套9卷本的丛书带回国内，讲授西方哲学史这门课时经常参考。

第二个理由，我写过《柯普斯顿传》[②]，为此与科普勒斯顿有过通

[①] 《科普勒斯顿哲学史》初版为9卷本，再版为11卷本，赵敦华先生在本序中所提及的《科普勒斯顿哲学史》相关卷数信息对应9卷相关信息。——编者注

[②] 《柯普斯顿传》为《当代西方著名哲学家评传：第六卷宗教哲学》（傅乐安编，山东人民出版社，1996年版）中的篇目，此处"柯普斯顿"即指本书作者科普勒斯顿。——编者注

信。中国社科院哲学所傅乐安先生在鲁汶大学进修期间，看到我经常阅读《科普勒斯顿哲学史》，我们回国之后，他主编《当代西方著名哲学家评传·宗教哲学》卷时，约我写《柯普斯顿传》。我对传主的生平和著述目录不熟悉，于是冒昧地给科普勒斯顿写信询问。科普勒斯顿立即给我写了回信，并附上照片和亲笔写的简历，以及20页的著述和二手文献目录。我把他的照片和自传的翻译写在传记里，兹不赘述。

科普勒斯顿（Frederick Charles Copleston，1907.4.10—1994.2.3）不仅是足迹遍布西方世界的精力充沛的教师，而且是多产的作者。自1934到1986年，他发表了150篇论文和250多篇书评。他的著作除了9卷本的《哲学史》外，还包括《托马斯·阿奎那》《尼采——文化哲学家》《叔本华——悲观主义的哲学家》《中世纪哲学》《当代哲学》等，这些著作是对《哲学史》相关章节的补充和发挥。他写的《哲学和哲学家》《论

```
            114 MOUNT STREET LONDON W1Y 6AH   TELEPHONE 01-493 7811
                                              22 December, 1988
    Dear Dr. Zhao Dunhua,
        Thank you for your letter of the 9th December. I feel honoured
    that you have undertaken to write an introduction to 'my thought'.
    And I wish you all success.
        As you request, I have written some autobiographical notes, which
    I enclose. They do not amount to much more than what is stated in
    such public reference books as the British Who's Who; but if you desire
    further factual information, I will try to supply it.
        In your letter you ask for a photograph of myself. I enclose two.
        In regard to books, you will see from the enclosed bibliography
    that I have published a good many books in addition to my History of
    Philosophy. I am asking my ordinary publisher to send you two or three
    of them. If they do not arrive within a reasonable time, please let me
    know. (I will pay for them, of course. If you find by any chance
    that the publishers enclose an invoice with the books, take no notice
    of it---or, better, send it to me.)
        As to 'my thought'--for what it may be worth-- I could, if you wished,
    let you have some recollections of the development of my ideas about
    philosophy. But this depends on whether you thought that you would
    find such recollections of any use for your purpose.
        With every good wish for a happy and prosperous New Year,
           Yours sincerely,
                          Frederick C. Copleston.
                          Frederick C. Copleston.
```

哲学史》等专著论述了哲学史的方法论。20世纪80年代之后，科普勒斯顿致力于东西方哲学比较研究，写了《哲学和文化》《宗教和哲学》《宗教和一元》等著作，提出了"一元形而上学"的思想。他还专门研究了俄国哲学，写了《哲学在俄国》《俄国的宗教哲学》。1987年，为了庆祝科普勒斯顿的80岁寿辰，哲学界出版了论文集，评价了科普勒斯顿两方面重要贡献。一是对英语国家哲学史著述的卓越贡献。德语国家和法语国家早在半个多世纪之前，就有了宇伯威格（Friedrich Überweg）的《哲学史大纲》和布雷希耶（Émile Bréhier）的《哲学史》等权威著作，但长期以来，英语国家没有一部与之相当的权威著作。科普勒斯顿的《哲学史》填补了这一空缺。现在，在英语国家大学里，这部著作普遍被用作教材和参考书。第二方面的贡献是，科普勒斯顿用永恒哲学（Philosophia perennis）的传统融汇各种哲学资源。他是一个托马斯主义者，但坚持认为托马斯主义属于永恒哲学，托马斯主义产生之后，可在任何方向和时期继续发展。这意味着，中世纪之后，永恒哲学贯穿在近现代哲学之中。站在永恒哲学的立场，科普勒斯顿对历史和现当代各种哲学派别和理论做出积极评价，突出了托马斯主义与西方哲学其他流派综合调和的特征。他的哲学史方法论可以说是史论结合、以论带史的典范。

最后，《科普勒斯顿哲学史》在20世纪90年代已被介绍到我国，成为西方哲学史教学和研究的重要参考书。这部书的中译本问世，将在中国社会，尤其是哲学界产生更广泛的影响。本书各卷译者均为哲学学界优秀学者，其中第5、8卷的译者周晓亮研究员是我相识多年的学友，他对英国哲学有精深的研究，令我十分钦佩。同时，他还是一位翻译家，所译《人类理智研究》《道德原理研究》和《剑桥哲学史（1870—1945）》（两册）是我经常使用的案头书。其余各卷译者，梁中和、江璐等学者也各有所长，我相信由他们来翻译《科普勒斯顿哲学史》中译本，定能为这部世界哲学名著增光添彩。

是为序。

赵敦华
2020年春节于北京大学外国哲学研究所

前　言

既然已经有如此多的西方哲学史，那么似乎有必要解释为什么要再增加这一部。本书是作为一部完整的哲学史的第一卷写作的，我的首要目的是为天主教神学院提供比目前使用的教科书范围更广、更为详尽的作品，并争取表现出各哲学体系的逻辑发展和内在联系。的确，即使不算上那些讨论特定话题的专著，目前英语世界中也有好几部富有学术和哲学意义的哲学史作品了，但他们的观点与我的观点有时并不一致，而且预想的学生群体也大不相同。虽然考察哲学史时提出自己的"观点"也许不免令人生疑，但是，没有哪个史学家能在没有任何预设立场和观点的情况下写作，至少他需要某个原则来挑选和排列事实。每位尽责的史学家确实都力求客观，拒绝任何歪曲事实以匹配某个理论的做法，或者拒绝对那些不能支持该理论的事实视而不见的诱惑。但如果他试图不凭借任何筛选原则来书写历史，结果就只是单纯的记录而已，称不上是真正的历史，仅仅是事件或意见的串联，而毫无理解或主旨。让我们想象某位作家在写作英国史，他将伊丽莎白女王的服饰和西班牙无敌舰队的失败当作同样重要的事实，而且并没有根据理解尝试解释西班牙发动战事的原因，是什么导致了这一切，以及这一事件导致了什么样的结果。此外，在哲学史的写作中，史学家个人的哲学观点难免会影响到筛选和描述事实，或者至少会影响到他将哪些事实或事实的哪些方面当作重点。举个简单的例子，有两位研究古代哲学的史学家，他们对事实做了同样客观的考察，例如柏拉图主义和新柏拉图主义的历史。但其中一位认为所谓的"超越论"彻头彻尾是荒谬的，而另一位则坚信超越之物是实存的，很难相信他们对柏拉图主义传统的描述会完全相同。他们也许都谨慎客观地叙述柏拉图主义者的观点，但前者或许不会太看重新柏拉图主义的形而上学。譬如，他可能会说新柏拉图主义是希腊哲学令人遗憾的结局，因为它又重新堕落为"神秘主义"或者说"东方主义"。另一位或许会强调新柏拉图主义的集大成性质，以及它对基督教思想的重大意义。这两位都没有歪曲事实，他们都没有把别的观点加在这些哲学家头上，没有特意压制某些原则，也没有忽视年代或逻辑上的内在联系，但他们对柏拉图主义和新柏拉图主义的描述的确非常不同。因此，我有权以经院哲学的立场完成哲学史的写作。其中会有一些由无知造成的误读或曲解，否定这点将是自大愚蠢的，但可以确认的是，我会力求客观，与此同时，基于特定立场进行写作是优势而不是劣势。至少，这使我能提供一个连贯并有意义的解释，而不是一堆不连贯的观点，后者还不如讲述童话故事。

如上所述，可以清楚地看出这本书不是提供给学者或专家的，而是某种类型的学生，他们中的大部分还是首次接触哲学史，同时正在系统地学习经院哲学，对于后一主题来说，他们眼下还需要投入更多的注意力。当然，如果有其他人使用这本书，我将会很高兴，但对于我心目中的主要读者来说，各类学术的、原创的专著比不上一本设计成教科书的作品有用，而且，后者也许还会激励某些学生去阅读哲学原典以及那些著名学者对经典的评述。因为"取其上，得其中"（qui vult finem, vult etiam media），在写作过程中，我会努力牢记这一点。因此，如果读者熟悉古代哲学史，他们在拿到本书时会发现某些观点来自伯奈特（John Burnet）或泰勒（A. E. Taylor），而另一些观点则来自里特（Constantin Ritter）、耶格尔（Werner Jaeger）、斯登泽尔（Julius Stenzel）、普拉希特。我要提醒他们，我自己对此知之甚详，但我也不会不假思索地接受他们对问题的看法。发现迄今为止无人知晓的真理这样的原创性成就当然令人满足，但追求原创不是史学家的恰当任务。因此我乐意承认自己采用了英国以及欧洲大陆许多学者的贡献，比如说泰勒、大卫·罗斯（David Ross）、里特、沃纳尔·耶格尔等。事实上，我写作本书的一个理由就是，发现许多学生现在所使用的指南中极少注意到现代专家的研究成果。就我个人而言，更相信本书可能具有的缺点是引用过少，而不是引用过多。

致　谢

感谢大不列颠百科全书，允许我使用托马斯爵士（Sir Thomas Little Heath）关于毕达哥拉斯的论文中的图表（在其第14次修订本中）；感谢泰勒教授以及麦克米伦出版社（Macmillan & Co., Ltd）各位同僚的慷慨，让我自由地借用泰勒关于柏拉图的理型与数的研究；感谢罗斯与梅休因出版社（Methuen & Co.）的各位同僚，允许我借用亚里士多德道德德性表；感谢乔治·艾伦出版社（George Allen & Unwin, Ltd.）的各位同僚，允许我引用尼古拉·哈特曼教授（Nicolai Hartmann）《伦理学》中的一段英语翻译，并使用其中的一张图表；感谢李维博士（Oscar Levy）授权引用尼采作品的英语译文（李维博士是该译本的编者）；感谢斯克里布纳尔出版社（Charle Scribner's Sons）的各位同僚，允许我引用亚当博士（James Adam）所翻译的克莱安赛斯的《宙斯之歌》；感谢多兹教授（E. R. Dodds）与 S. P. C. K 出版社允许我使用《新柏拉图主义文选》（S. P. C. K，1923）中的译文；再次感谢麦克米伦出版社的同僚，允许我引用内特尔希普（R. L. Nettleship）的《柏拉图〈理想国〉讲演录》。前苏格拉底哲学家的引用主要根据第尔斯（Hermann Diels）的《前苏格拉底哲学家残篇》（*Die Fragmente der Vorsokratiker*，第5版）。我自己翻译了部分残篇，其他的翻译则采纳自伯奈特的《早期古希腊哲学》（*Early Greak Philosophy*）。另外，策勒（Eduard Zeller）、内斯特勒（Wilhelm Nestle）、帕尔默（L. R. Palmer）译的《古希腊哲学史纲》（*Outlines of the History of Greek Philosophy*）常写作《史纲》。本书也提到了不少推荐阅读的著作，请参阅"附录二"，这仅仅是为了学生读者的方便。我只给出了一个短小的书目列表，但并没有提供所谓的"书目索引"，这是故意为之的，原因很简单：完整的书目清单

（尤其是它也需要将相关的、有价值的学术期刊囊括在内）规模过于庞大，囊括在本书之中是不现实的。因此，假如需要引用来源和书目清单，请查阅宇伯威格的《古代哲学》(*Die Philosophie des Altertums*)。

目　录

出版总序 001
前　言 005
致　谢 007

第一章　导　言 001

第一部分　前苏格拉底哲学

第二章　西方思想的摇篮：伊奥尼亚 013
第三章　先驱人物：早期的伊奥尼亚哲学家 021
第四章　毕达哥拉斯学派 027
第五章　赫拉克利特的逻各斯 035
第六章　巴门尼德和麦里梭的"一" 044
第七章　芝诺的辩证法 051
第八章　阿克拉加斯的恩培多克勒 057
第九章　阿那克萨戈拉的进展 062
第十章　原子论者 068
第十一章　前苏格拉底哲学 072

第二部分　苏格拉底时期

第十二章　智者时期 079
第十三章　智　者 084
第十四章　苏格拉底 093

| 第十五章 | 小苏格拉底学派 | 111 |
| 第十六章 | 阿布德拉的德谟克利特 | 119 |

第三部分　柏拉图

第十七章	柏拉图的生平	125
第十八章	柏拉图的著作	130
第十九章	柏拉图的知识论	139
第二十章	柏拉图的理念论	159
第二十一章	柏拉图的心理学	197
第二十二章	柏拉图的道德理论	206
第二十三章	城　邦	213
第二十四章	柏拉图的物理学	232
第二十五章	柏拉图论艺术	241
第二十六章	老学园	251

第四部分　亚里士多德

第二十七章	亚里士多德的生平和著作	257
第二十八章	亚里士多德的逻辑学	267
第二十九章	亚里士多德的形而上学	276
第三十章	自然哲学和心理学	304
第三十一章	亚里士多德的伦理学	316
第三十二章	政治学	334
第三十三章	亚里士多德的美学	342
第三十四章	柏拉图和亚里士多德	355

第五部分　亚里士多德以后的哲学

第三十五章	导　论	363
第三十六章	早期斯多亚学派	368
第三十七章	伊壁鸠鲁学派	383

第三十八章 早期怀疑主义、中期学园和新学园	394
第三十九章 中期斯多亚学派	401
第四十章 晚期斯多亚学派	408
第四十一章 犬儒主义、折中主义、怀疑主义	418
第四十二章 新毕达哥拉斯学派	426
第四十三章 中期柏拉图主义	431
第四十四章 希腊化的犹太哲学	437
第四十五章 普罗提诺的新柏拉图主义	442
第四十六章 其他新柏拉图主义学派	453

结 语	462
附录一 文献说明	479
附录二 参考文献	482
索 引	486
译后记	495

第一章

导　言

一、为什么要学习哲学史？

1.我们几乎不会说一个完全没有历史知识的人是"受过教育"的，我们都认为人们应该懂点自己国家的历史，比如政治、社会、经济方面的发展，文学和艺术方面的成就，最好推而广之到欧洲的广阔背景，甚至是世界史的范围。但是，如果我们期待受过教育、有文化的英国人会有关于如下主题的知识：阿尔弗雷德大帝和伊丽莎白女王、克伦威尔、马尔巴罗和纳尔逊、诺曼人入侵、宗教改革以及工业革命，那么很明显，他也至少应该知晓这些人物：罗杰尔·培根、邓·司各脱、弗朗西斯·培根、霍布斯、洛克、贝克莱、休谟、密尔和赫伯特·斯宾塞。而且，如果我们期待受过教育的人不能对希腊罗马一无所知，那么他就也该为不知道索福克勒斯、维吉尔以及欧洲文化的来源而感到羞愧，他还得知道点柏拉图和亚里士多德，这两位是世界上已知的最伟大的思想家，他们屹立于欧洲哲学的顶端。一个受过教育的人会对但丁、莎士比亚、歌德、亚西西的方济各、弗拉·安吉利科、腓特烈大帝和拿破仑一世略知一二，那么，他怎么会不知道圣奥古斯丁、圣托马斯·阿奎那、笛卡尔、斯宾诺莎、康德和黑格尔呢？如果有人认为我们该认识那些伟大的征服者和破坏者，而可以不了解那些对欧洲文化有所贡献的伟大创造者，这就真是荒唐可笑了。不仅伟大的画家、雕塑家为我们留下了丰富的遗产和宝藏，伟大的思想家，如柏拉图、亚里士多德、奥古斯丁、托马斯·阿奎那，也都丰富了欧洲和它的文化。因此至少知晓欧洲哲学的历程应当属于文化教育的内容，因为正是我们的思想家、我们的艺术家和将军们造就了我们的时代,无论是好是坏。

今天,没有人会认为阅读莎士比亚的作品,或沉思米开朗基罗的创作是浪费时间,因为它们自身具有内在价值,不会因为其作者的死亡和我们时代之间已然逝去的年岁而减损。同样,我们也不会认为研究柏拉图、亚里士多德或奥古斯丁是浪费韶光,因为他们的思想创作作为人类精神的卓越成就而永存。自鲁本斯时代以来,很多艺术家都在生活与创作,但是这并未减损鲁本斯作品的价值。自柏拉图的时代以来,很多思想家都做哲学研究,但都未摧毁柏拉图哲学的兴味与美妙。

但是,不论出于职业、天性还是特殊需要,如果知晓哲学思想的历史对于所有受过教育的人都是值得向往的,那就更不用说对于学习哲学专业的人来说了。特别是那些学习经院哲学的学生,他们认为经院哲学是"永恒哲学"。我并不想质疑它是"永恒哲学",但它绝不是从天而降,而是其来有自。而且,如果我们真要欣赏圣托马斯·阿奎那、圣波拿文都拉或邓·司各脱的著作,我们就应该对柏拉图、亚里士多德和奥古斯丁有所了解。还有,如果有所谓"永恒哲学",我们也只能期待它的某些原则能够在现代哲学家的思想中运作起来,即使它们乍看起来似乎离托马斯·阿奎那很远。如若不然,考察从错误的前提和原则中能推演出何种结论,也会有教育意义。至少我们无法否认,未能从其现实的历史处境出发把握或考察思想家的地位和意义,就谴责这些思想家的做法会遭到极大的反对。而且,真正的原则应运用到所有哲学领域,这也当然不是在中世纪完成的,因此现代思想家们也有值得我们学习之处,比如美学理论或自然哲学领域。

2. 也许有人会反驳,过去的各种哲学体系只不过是古代的遗物。哲学史里包含的只是"已被驳倒了的和精神上死亡了的体系,它们互相厮杀和相互葬送"[1]。康德不是宣称形而上学总是"用永不消失但也从未实现过的希望来拖累人类知性",而且"当任何一门别的科学都在不断进步"时,

---

[1] 黑格尔,《哲学史演讲录》,第一卷,第17页。

形而上学研究者却"不断在原地兜圈子,一步也不前进"[①]吗?柏拉图主义、亚里士多德主义、经院哲学、笛卡尔主义、康德主义、黑格尔主义,它们都曾经盛行,但也都受到挑战,欧洲思想"可以说充斥着各种形而上学体系,自甘**堕落**而互不调和"[②]。为什么还要研究这些历史大厦中的陈旧杂货呢?

现在,即使过往所有哲学不仅受到了挑战(这点很明显),而且被驳倒了(其实被挑战和被驳倒根本不同),但"错误总是有益的"[③]这句话仍然是对的。哲学是可能的科学,它**自身**不是空想。以中世纪哲学为例,在处理共相问题时,极端的实在论和唯名论从不同方面提出结论,但问题的解决还是在于平衡这两种极端倾向。因此,关于共相问题的历史正好显示出各个学派中命题研究的实验性质。此外,绝对的观念论无法为有限自身提供任何充足的解释,这个事实也足以防止任何人走上一元论道路。近代哲学对知识论和主客关系问题的坚持尽管也带来很多极端观点,但也至少厘清了很多问题,比如主体不能化约为客体,客体也不能化约为主体。至于马克思主义,虽然有一些基本错误,但也提醒我们不要忽略科学技术和经济活动对人类文明的影响。至于那些不愿跟随已有哲学体系,而渴望从零开始进行哲学思考的人,哲学史的研究更是不可或缺的。否则他不但有走投无路的风险,更有可能重蹈先贤的覆辙,认真研究以往的思想则有可能给他带来帮助。

3.哲学史的研究确实有可能造成研究者怀疑论的心态,但我们需要记住,理论体系之间的接替并不能证明任何一种哲学是错误的。如果甲挑战乙的立场并抛弃这一立场,这并不意味着乙的立场是站不住脚的,因为甲有可能基于不充分的理由抛弃这一立场或采用了错误的前提,它的推论也可能早就违背了乙的哲学。世界上出现过许多宗教,譬如佛教、印度教、琐罗亚斯德教、基督教、伊斯兰教,等等,但这无法证明基督教不是真宗

[①] 康德,《未来形而上学导论》,第2页。(所有康德引文的中译皆采用李秋零先生译文。——译者注)

[②] 怀特海,《过程与实在》(*Process and Reality*),第18页。当然,这种反历史的态度并非怀特海教授自己的态度。

[③] 尼古拉·哈特曼,《伦理学》(*Ethics*),第一卷,第119页。

教，要想证明这个问题，必须得驳倒基督教护教神学。我们不能通过多种宗教并存的现实来证明没有任何宗教是真的，所以我们也不能通过哲学理论体系间的接替来论证不存在真正的哲学或不可能有真正的哲学。（这些评论当然不是暗示除了基督教以外的宗教都没有真理或价值。此外，真正的启示宗教和真正的哲学之间有很大的区别，启示宗教的全部启示都必须为真。而真哲学的真是在主要路线和原则上为真，而不是在任何时刻都完全为真。哲学是人类精神的工作而不是神的启示，它在不断发展成长，对新问题、新发现的事实或新境遇等采取新的方法路线或应用，可能会开阔新前景。术语"真哲学"或"永恒哲学"不应被理解为不受发展或改变影响的，静止而完整的原则或应用。）

二、哲学史的性质

1. 哲学史肯定不是观念的纯粹堆积，不是对彼此之间没有联系的独立思想的记述。如果哲学史被理解为"只是诸多不同观点的记述"，而且这些观点被视为拥有同等的价值或无价值，它就成了"无聊故事或所谓的博学研究"[1]。哲学有其连续性和关联性、作用和反作用、正题和反题，如果不了解其历史背景以及与其他学说的关联，没有任何哲学能够被充分理解。如果人们不是先了解赫拉克利特、巴门尼德和毕达哥拉斯的思想，他又如何能够了解柏拉图的意图、内涵和言辞呢？如果人们对英国经验论以及休谟怀疑论对康德的影响毫无了解，他也不可能理解为什么康德在空间、时间和范畴问题上采取了某种特殊的立场。

2. 哲学虽不能被视为许多孤立观点的集合，却也不能被视为连续发展的过程，甚至也不是螺旋上升的过程。虽说黑格尔的正—反—合三段式的哲学思辨可以找到很多合理的实例，但是每个受过系统训练的史学家，几乎都不会先采用先验的方案，再将事实套进去。黑格尔认为哲学发展的接替"代表了哲学发展的必然的连续阶段"，但这只有当人的哲学思想是"世界精神"的展开时才可能。事实上，所有思想家的思想方向都是

---

[1] 黑格尔，《哲学史讲演录》，第一卷，第12页。

受到限制的，被先前的和同时代的学说所限制（现在我们还可以说受到个人性格、教育、过往经历和社会环境的限制）。尽管如此，他的思想并不取决于某种特定的前提或原则，也不是以任何一种特定的方式去回应之前的哲学。费希特认为自己的体系在逻辑上是康德哲学的延续，两者之间确实存在直接的逻辑关联，所有研究近代哲学的人都知道这一点，但费希特并不**注定**以他所采用的那种方式发展康德哲学。康德之后的哲学家完全可以重新检视康德的前提，并且否认康德从休谟那里接受的结论，他们也可以回到其他原则或自行构思新原则。逻辑次序当然存在于哲学史之中，但不是严格意义上的**必然次序**。

因此，我们不能同意黑格尔所说的"在每个时代，终极哲学都是一系列发展的必然结果，都是精神作为自我意识为其自身提供的最高形式的真理"①。当然，好的解释取决于你如何划分"时代"以及你愿意将什么看作每个时代的终极哲学（这样就有充分的解释余地，使之与各种想法或意愿协调起来）。但是，若不是首先接受了黑格尔主义的所有立场，又有什么能够保证任何时代的终极哲学代表了迄今思想发展的最高峰呢？让我们合理地想想中世纪哲学，奥卡姆主义可以说是那个时代结束之际的主流哲学，但是奥卡姆的哲学却不能被视为中世纪哲学的最高成就。就像吉尔松所揭示的②，中世纪哲学的发展是**曲折的**而不是线性的。不仅如此，我们还可以进一步追问，当前的哪一种哲学能够代表之前所有哲学的综合呢？

3. 哲学史展现了人类经由推理理性对真理的探寻。新托马斯主义者发展了圣托马斯的以下想法："所有知识都是为了在一切中认识隐含的上帝。"③他们认为判断总是超出自身，总是隐隐指向绝对真理或绝对存在。④（我们因此联想到，布拉德雷所用术语"绝对"虽然与之相同，但含义不同。）无论如何，我们可以说：追求真理，在根本上就是追求绝对真理，

---

① 黑格尔，《哲学史讲演录》，第三卷，第552页。
② 吉尔松，《哲学经验的统一性》(*The Unity of Philosophical Experience*)。
③ 托马斯·阿奎那，《论真理》，22，2，ad. 1。
④ 约瑟夫·马雷夏尔（J. Maréchal），《形而上学的起点：笔记 V》(*Le Point de Départ de la Metaphysique: Cahier V*)。

追求上帝。即便那些表面看上去反对这个说法的哲学体系，比如说历史唯物主义，也证明这个说法是正确的，因为他们不知不觉中都在追求最终根据或最高现实，哪怕他们自己并不承认。虽然理智上的思辨偶尔会带来某些奇怪的学说和荒谬的结论，但是我们应该对人类凭借理智追求真理的努力怀有同情和兴趣。康德确实否认传统意义上的形而上学曾是或可能是科学，但是他也依旧同意，我们不可能对形而上学所关心的这些对象，比如上帝、灵魂、自由漠不关心。[①] 不仅如此，我们也不可能对人类理智追求的"真"和"善"漠不关心。但是，人类太容易犯错误了，个人性格、教育以及各种显然是"偶然"的境遇都经常会让思想家陷入知性的死胡同，我们毕竟不是完全理性的，人的心智在思考中常常受到外来因素的影响，这些都显示出宗教启示的必要性。然而我们也不必因此对人类思辨彻底绝望，更不必因此轻视以往思想家追寻真理的努力了。

4. 本书作者赞同托马斯·阿奎那的立场，也就是相信存在永恒哲学，并认为永恒哲学就是广义上的托马斯主义。但我首先要做出两点说明：（1）托马斯主义就是永恒哲学，这并不代表这个哲学体系在历史上的任何时刻都是封闭自足的，也不代表在哲学的任何方向上都是无法继续发展的。（2）在中世纪结束后，永恒哲学并不只是与"现代"哲学平行发展，它也在现代哲学之中，以及通过现代哲学而发展。我并不是说斯宾诺莎和黑格尔的哲学也属于托马斯主义，而是说，即便那些不能称为"经院哲学家"的哲学家，他们在运用真正的原则以获得有价值的结论时，这些结论也应该被视为属于永恒哲学。

例如，托马斯·阿奎那曾对国家做出某些论断，我们没有理由怀疑他的基本原则。但期待13世纪就发展出有关现代国家的哲学，这无疑是荒谬的，并且从实际角度来看，必须先有现代国家的诞生，以及在表明对国家的现代态度后，有关国家的具体哲学才有可能根据经院哲学的原则建立起来。我们必须先经历自由主义国家和极权主义国家以及与之对应的国家理论后，才能彻底了解圣托马斯谈到国家时所隐含的种种道理，进而发

---

① 参见《纯粹理性批判》第1版，"前言"。

展和阐释经院政治哲学，使其包含其他理论中所有好的部分，避免错误，从而适用于现代国家。这样发展而来的政治哲学，当具体考察它们时，就不是完全脱离于历史事实以及种种过渡理论的经院原则的发展的结果，而是根据历史事实的哲学原则发展而来的结果，参考了种种相互冲突的国家理论后发展而来的结果。如果这个观点值得采纳，我们就能坚持永恒哲学的立场，而不至于一方面把永恒哲学局限为属于特定时代的狭隘学说，另一方面又像黑格尔的哲学观那样，暗示在任何特定时刻都无法获得真理（虽然黑格尔本人似乎具有不同想法）。

三、如何研究哲学史？

1. 首先要强调，任何哲学体系都应该在它的历史背景和思想脉络中去研究。这在前面已经提过，我们就不再详述了：只有当我们首先掌握它的历史出发点，那么显然，我们才能够恰当地理解哲学家的想法及其哲学的存在理由（raison d'être）。比如康德，我们要理解他在发展**先验**理论时的想法，就必须了解他所面对的休谟的批判哲学、大陆唯理主义的破产以及数学和牛顿物理学的确定性的历史处境。同样，如果想更好地理解伯格森的生命哲学，也应当了解他与先前机械论和法国"唯灵论"的关系。

2. 好的哲学史研究还要求一定的"同情"，也就是一种心理学路径。当史学家研究哲学家时，最好能多了解该哲学家的生平（当然，不是对**所有**哲学家都可能做到），因为这将使他更容易进入该哲学家的思想体系，从内部去了解它，并且掌握它的特殊风格和特点。我们要设身处地，尽量从思想内部去理解哲学家。此外，这种同情或富有想象力的洞察对于那些希望了解近代哲学的经院哲学家是基本的。例如，有天主教信仰背景的人，至少会把近代哲学的某些体系视为异端而不值得严肃对待，但是若他能成功地从内部审视这些体系（当然这不是说他需要放弃自己的原则），他就会有更多机会理解那些哲学家的思想。

然而，我们也不能过于关注哲学家的心理，而忽视他所采用的观念本身的真假，或者他的体系与前一代哲学家的逻辑联系。**心理学家**当然可以只考虑心理状态，但是哲学**史学家**却不能如此。举例来说，如果单纯就心理学途径去研究叔本华的学说，将会认为这是怨愤、尖酸、失望者运用文字能力、美学想象和对世界的洞察所形成的学说罢了，仿佛他的哲学只是某种确定的心理状态的显现。这种观点没有考虑到，他的悲观的唯意志论体系是对黑格尔乐观的唯理主义的回应。同时也没有考虑到，叔本华的美学理论可以独立于其提出**者**而具有自身的价值。同时还会忽略，叔本华所提出的恶和受苦问题是真正的问题，不论叔本华本人是否绝望或看破红尘。同样，尽管对于尼采生平的了解有助于理解他的思想，但我们也可以抛开其作者而考察观点本身。

3. 如果我们想要深入任何思想家的体系，透彻理解作者的文字及其意涵，领会每个细节及其与整体的关系，完全掌握学说的来源和含义，这些都不是短时间可以达到的。因此，在哲学史领域，专业化的分工和在其他领域中同样重要。例如，柏拉图哲学研究的专家，需要精通希腊的语言和历史，甚至数学、宗教、科学等方面的知识。成为专家需要满足各种学术上的条件，但是成为哲学史家，最重要的是，不能被大量学术累积和学问细节压垮，以至于无法理解所研究的哲学的精神，无法在自己的写作和演讲中将其展现出来。学识固然必要，但远远不够。

很多学者可能一生只研究一位大思想家，最后还遗留了大量未完成的工作。因此，如果有人敢于从事一系列哲学史的写作，他几乎不期望说他的作品能比专家提供出更有价值的东西。本书作者清楚意识到这个事实，因此在序言中就说明此书不是为专家而作，而是运用专家们的研究成果写作而成。我在这里不再重述写作本书的理由，但想再次说明，如果本书能够有所贡献，除了使经院哲学学习者获取哲学史的知识之外，还开拓他们的胸襟和视野，增进他们对人类理智奋斗的了解和同情，当然，还有帮助他们更坚定和深刻地掌握真正哲学的原则，那么我的工作就得到了很好的回报。

四、古代哲学

在本卷中，我们将讨论希腊和罗马哲学。希腊文化的重要性无须多言,黑格尔曾说:"希腊的名字深深地触动欧洲每位受教育者的心灵。"① 没有任何人会否认,希腊先哲给欧洲世界留下了永恒不朽的文学和艺术遗产,以及丰富的哲学经典。希腊哲学发端于小亚细亚,随后在柏拉图和亚里士多德时期达到极盛,之后通过新柏拉图主义,又深刻影响了中世纪基督教思想的形成。它不仅是欧洲思想的最初形式,而且本身也具有独特的价值,对所有哲学学习者都具有极大吸引力。希腊哲学中出现的许多问题,现代人依旧关切,而希腊人所给出的答案,也并非一无是处。虽说其中偶尔有幼稚的想法、过度的自信和鲁莽,也无损希腊哲学在欧洲文化中的光荣成就。此外,如果哲学研究者对于希腊哲学的兴趣,都来源于希腊哲学对后代思想的影响及其本身的独特价值,那么,经院哲学的研究者,对经院哲学就应该具有更大的兴趣,因为经院哲学从柏拉图和亚里士多德那里汲取了非常多的资源。希腊哲学是希腊人自身的成就,是其充沛活力和进取精神的成果,这与他们的文学艺术毫无二致。希腊人当然也受到种种外界因素的影响,但绝不应夸大这种影响以至于低估了希腊人心灵的原创性。"事实上,我们更容易低估希腊人的原创性,而不是夸大。"② 历史学家都喜欢探索"起源",这当然能产生很多有价值的批判研究,我们不至于愚蠢到低估这个方面。但是,这种倾向也可以被推得太远,以至于批判性研究的科学性受到威胁,这就显得有些荒谬了。例如,我们不应该**轻率地**认定每个思想家的任何见解都是拾前人牙慧。如果是这样,我们在逻辑上就必须假定存在某些原始巨人或超人,所有随后的哲学思索从根本上都源自他们。我们也不能因为两个思想家或两个团体在相近年代主张相似的学说,就认定一者必定源自另一者。同样,如果我们发现基督教仪式和亚洲宗教仪式或者希腊思想和东方哲学具有相似之处,也不能轻易说后者就是前者的历史来源。因为人类理智倾向于以类似的方式解说类似的经验,希腊人和印度人在此并无不同。我们这样论述,不是想要贬低历史批判和研究的价值,而是想要指出,历史批判的结论取决于历史证据,而不能从**在先的**假设进行推导,或者是以伪历史的偏好对它们进行粉饰。合法

---

① 黑格尔,《哲学史讲演录》,第一卷,第149页。
② 约翰·伯奈特,《古希腊哲学》(Greek Philosophy),第一部分,第9页。

的历史批判，还不至于否认希腊人的原创性。

然而，与希腊哲学相比，罗马哲学就显得贫瘠得多。他们的哲学观念在很大程度上取决于希腊人，正如他们的艺术以及文学依赖于希腊人。他们确有自己独特的光辉成就（譬如创建罗马法以及罗马政治天才所做的诸多贡献）。但是在哲学思考领域，他们的确少有贡献。他们依循希腊哲学家，这是无法否认的，但我们不能够忽视罗马世界的哲学，因为它向我们展示了一些存在于当时欧洲文明世界中受教育阶层，即统治阶层的思想。正如晚期斯多亚主义的思想，譬如塞涅卡、马可·奥勒留和爱比克泰德的教导，在许多方面都令人肃然起敬，哪怕我们明知其中漏洞很多，但其高贵无法掩盖。对于学生中的基督教徒而言，了解当时异教的种种贡献以及罗马希腊化时期的种种思潮也是必要的，因为"启示宗教"正是在这个基础上诞生并发展的。学生们怎能只知道恺撒、图拉真、卡利古拉和尼禄，而对"哲学家-皇帝"马可·奥勒留、希腊人普罗提诺对罗马的影响毫不关心呢？要知道普罗提诺虽然不是基督徒，但他具有深厚的宗教情怀，何况他还对第一位伟大的基督教哲学家——希波的奥古斯丁影响巨大。

第一部分

前苏格拉底哲学

第二章
西方思想的摇篮：伊奥尼亚

希腊哲学诞生在小亚细亚的海滨，早期的希腊哲学家都是伊奥尼亚人。公元前11世纪多利安人入侵后，希腊陷入混乱而野蛮的状态，古老的爱琴海文明几乎消失，只有伊奥尼亚还保存着古老文明的精神。① 荷马本人就来自伊奥尼亚，尽管他的诗歌受到了亚该亚新贵族的支持。《荷马史诗》还不能说是真正的哲学著作（虽然很有价值，它展示了特定阶段的希腊人的世界观和生活方式，它们对之后希腊的教育影响不应该被低估），史诗中零散出现的哲学观点也远非系统性的（来自希腊大陆的史诗诗人赫西俄德做的就好得多，赫西俄德在他的作品中既描绘了对历史的悲观看法，也表达了在野蛮世界建立法治的信念以及对人类生活中正义的热忱）。但希腊最伟大的诗人和最初的体系哲学都源自伊奥尼亚，这点十分重要。伊奥尼亚的这两件天才造物（荷马史诗和伊奥尼亚宇宙论）并不是简单的相互继承。至少，不论你认为荷马史诗的作者、写作风格以及写作时间是怎样的，都可以看出，荷马史诗反映出来的社会现实与伊奥尼亚宇宙论时期的社会现实大不相同，它属于更为远古的时期。另外，在荷马和赫西俄德两位伟大的史诗作者中较后的这位赫西俄德，他所描绘的社会与希腊城邦时期的社会也相距甚远，其间发生了贵族政体的崩溃，这使希腊大陆自由城邦生活的发展成为可能。《伊利亚特》描述的英雄生活与赫西俄德作品中呈现的贵族政制，都不是希腊哲学发展的背景。相反，早期希腊哲学

---

① 在伊奥尼亚，新的希腊文明成长起来，古老的爱琴海文明虽然灭亡，但其精神却流传了下来。她给予新的希腊以硬币和文学，艺术和诗歌，并帮助希腊船员压制腓尼基人，将新的希腊文化带到世界各地。哈勒（Harry Reginald Hall），《近东古代史》（*The Ancient History of the Near East*），第79页。

虽然由独立的个人创作，但也同样是在城邦中诞生的作品，在很大程度上反映了当时法治状况以及人们对于法律的观念，前苏格拉底时期的哲学家们将之系统地延伸到他们的宇宙论之中。因此，荷马笔下控制神和人的最高法则或者命运、意志的概念，赫西俄德所描绘的世界和道德要求，以及早期伊奥尼亚哲学的宇宙论，这三者之间依然有着某种联系。当社会比较安定的时候，人们就能进行理性沉思，在哲学的童年时期，正是作为整体的**自然**首先吸引了人们的注意。从心理学观点来看，人们最初也是这样思考的。

因此，尽管孕育希腊哲学的文明可以溯源到希腊的史前时期。但是，我们之所以将其称作"早期"希腊哲学，正是因为他们与随后的希腊大陆的哲学以及希腊大陆思想和文化的繁盛之间的关联，因为这几个世纪希腊的发展更显得像是成熟文明的果实，一方面标志着伊奥尼亚最后时期的引人注目，另一方面它预示着即将到来的希腊文化（尤其是雅典）的光辉灿烂。①

我们将早期希腊哲学看作古代伊奥尼亚文明的最后成果。但是，如果我们想到伊奥尼亚曾是东西方文明交流、汇聚的地方，我们就会想到，或许希腊哲学正是在东方文明的影响下诞生的。比如说，或许它只是巴比伦或埃及思想的仿制品。这种观点曾经流行了很久，但它应该是错误的。希腊哲学家和作家对它们并没有什么了解——即使希罗多德也是如此，他在著作中将希腊宗教和文化的起源与埃及联系起来——这种东方起源论主要来自亚历山大的作家们，后来基督教护教者继承了这种观点。希腊化时期的埃及人用希腊哲学观点来解释他们的神话，然后声称希腊哲学起源于埃及神话。但是，这只是亚历山大城曾经流行过的寓言之一而已，除了表明犹太人相信柏拉图从《旧约》中汲取智慧，这种说法没有其他什么价值。当然，解释埃及的思想**如何**能传播到希腊是困难的（我们绝不相信商人们会成为哲学思想的传递者），但是，就像伯奈特曾经评论到的那样，考察这些或那些东方人的哲学思想是否曾在希腊人当中传播完全是浪费时

---

① 尤里乌斯·斯登泽尔称之为前理论形而上学（Vortheoretische Metaphysik）。引自策勒，《古希腊哲学史纲》，"导言"，ss 3；伯奈特，《早期古希腊哲学》，"导言"；宇伯威格－普拉希特，《古代哲学》，第28—31页。瓦纳尔·耶格尔，《拜德雅》（Paideia）；斯登泽尔，《古代形而上学》（Metaphysik des Altertums），第一卷，第14页以下。

间，除非我们首先能确认，我们所谈到的这些人真的发展出了哲学。① 因为埃及从来没有可以用来交流的哲学，而假定希腊哲学来自印度或中国就更荒诞不经了。②

但我们仍然必须考虑到希腊哲学和数学关系紧密，希腊人的数学源自埃及，天文学源自巴比伦。现在来看，希腊的数学受埃及影响，天文学受巴比伦影响是可能的，毕竟希腊的科学和哲学正是发展于与东方人交流密切的地区。但这并不等于希腊的数学**源自**埃及，天文学**源自**巴比伦。抛开具体的论证，只要指出这一点就足够了：埃及的数学由经验的、粗略的，以及为获得实用结果的方法构成。埃及的几何学也大部分是实用的方法，用来重新测量尼罗河洪水肆虐后的土地。因此，科学的几何学并非是由埃及人发展起来的，而是希腊人的成就。同样，巴比伦的天文学完全是为了占卜发展起来的，这只是占星术，而希腊人将之发展为科学。所以，即使我们同意，埃及的农业数学知识和巴比伦占星天文学知识的确影响了希腊，而且提供了预备性的材料，这些东西也完全不能损害希腊思想的独创性。简单实用的计算和占星知识发展为科学，这正是希腊人的成就，而不能归功于埃及或巴比伦。

毫无疑问，希腊人是欧洲最早的思想家和科学家③，他们最先开始为了知识本身而探求知识，并且是以科学、自由、公正的精神去探寻知识。此外，由于希腊宗教的特征，祭司阶层并不能束缚他们。祭司阶层有顽固的传统和不合理的教条，由少数人持守和传承，妨碍了自由科学的发展。黑格尔在他的《哲学史讲演录》中相当简略地驳斥了印度哲学，因为印度哲学与印度宗教完全相同。尽管黑格尔承认他们拥有某些哲学**观念**，但远远称不上**思想**。印度哲学采用象征、诗意的形式，其实践目的像宗教一样在于帮助人们从生命本身的幻象和忧苦中解脱出来，而不是为了知识本身

---

① 伯奈特，《早期古希腊哲学》，第 17—18 页。
② "在公元前 6 世纪的希腊，我们看到了奇妙的人类文化现象。米利都学派创立了科学研究：基本思路在早期就形成了，并且世代流传下去。"奥雷利奥·柯沃蒂（Aurelio Covotti），《前苏格拉底哲学》（*I Presocratici*），第 31 页（那不勒斯，1934 年）。
③ 就像普拉希特指出的那样（《古代哲学》，第 27 页），东方的宗教观念虽被希腊接受，[我们]却不能以此解释希腊哲学的独创性，即思考万物之本质的独特性，因为印度的思想本身并不早于希腊思想。

去追求知识。当然，我们不必同意黑格尔对于印度哲学的观点（从黑格尔时代以来，印度哲学研究越来越多地向西方展示了其纯粹哲学的面向），但我们可以同意他对希腊的看法，希腊哲学是首个以自由、科学的精神进行探讨的**思想**。尽管其中有些思想试图从信仰和实践的角度取代宗教，但这都是出于宗教本身的不足，而不是由于哲学有着神话和神秘的特质。当然，这并不是在贬低神话在希腊思想中的地位和作用，也不是在贬低其他几个时期哲学逐渐变成宗教的趋向，比如说在普罗提诺那个时期。实际上，谈到神话，耶格尔在他的《亚里士多德思想发展纲要》第377页说得很好："在早期的希腊宇宙论中，神话和理性的成分相互交织，成为密不可分的整体。"

策勒强调希腊人以公正的态度思考他们周围的世界，加上他们对实际的敏锐感受和强大的抽象思考能力，"使得他们很早就发现，宗教观念只是艺术想象的创造物"[①]（当然，不从事哲学思考的大部分希腊人应该不会赞同他们的观点）。当古代贤者的箴言和诗人吟唱的史诗，都被伊奥尼亚以半科学、半哲学的宇宙论的反省和探究所取代，我们甚至可以说，艺术也被哲学取代了（至少在逻辑上是这样）。这在柏拉图和亚里士多德时期发展到了辉煌顶点，并最终在普罗提诺那里继续上升，哲学又被神秘主义（而非神话）所超越。但并不存在神话到哲学的突然转变，比如，我们甚至可以说，赫西俄德的《神谱》可以在伊奥尼亚的宇宙论的思索中找到继承人，神话元素随着理性的增长逐渐退场，但不是突然消失。即使在苏格拉底以后的希腊，神话元素依然在哲学中占有重要位置。

希腊思想辉煌的成就在伊奥尼亚被逐渐培养出来，如果将伊奥尼亚称作希腊哲学的摇篮，米利都就是伊奥尼亚哲学的摇篮。正是在米利都，泰勒斯这位被认为是伊奥尼亚最早的哲学家成长了起来。伊奥尼亚的哲学家对"变化"印象深刻：出生、成长、衰退和死亡，还有自然界的春天和秋天、人类生命中的童年和老年，以及到来和离去，这些显然是宇宙不可避免的事实。把希腊人看作无忧无虑的太阳之子是想当然的错误，希腊人

---

① 爱德华·策勒著，内斯特勒修订，帕尔默译，《古希腊哲学史纲》，第13版，第2—3页。

并非整天只想徜徉在壮丽的城市廊柱之间，只关心杰出的艺术作品和健壮运动员的竞技。他们对于我们在这个星球上生存的阴暗面也知之甚深。在太阳以及欢愉的反面，他们看到了生命本身的不确定和不安稳，看到了死亡的不可避免，看到了未来的重重阴影。忒奥格尼斯宣称："最幸福的人就是还未出生，还未看见第一缕阳光的人。如果他出生了，其次幸福的就是立刻死去，越快越好。"① 这句话让我们想起卡尔德隆（他的思想和叔本华非常接近）："诞生，是最严重的罪行。"此外，忒奥格尼斯诗句也与索福克勒斯在《俄狄浦斯在克罗诺斯》中的话相互照应："只要不出生，便可逃脱命运的所有算计。"②

此外，虽然希腊人拥有"中道"的信念，但他们常常会由于权势的诱惑而偏离中道。持续不断的战役在希腊的各个城邦之间发生，即使是在希腊文化的全盛期，或者在共同抗敌就能取得明显利益之时，各个城邦内部也总是发生暴动。不管是野心勃勃的寡头政治家，还是自称民主的煽动者，无数人在政治活动中追逐名利，即便是在他们城邦的安全和荣誉岌岌可危时也不罢手，所有这些都显示出希腊人对权力的意志是多么强烈。希腊人推崇效益，他们崇拜那些懂得权力并且能取得权力的强者典范。他们的"德性"概念基本上就是"取得成功的能力"。就像德·伯格（W. G. De Burgh）教授所认为的："希腊人肯定会认为拿破仑是有着卓越品质的人。"③ 坦率来说，鲜廉寡耻地取得权力为希腊人所认可，我们只需看看修昔底德描绘的雅典代表在和米洛斯人的大会上做出的演说。雅典人宣称："我们双方都应该说出自己的真实想法，并且只讨论可能的议题。因为我们都知道，只有在双方实力相等时，讨论正义问题才有价值。此外，强者应该知道他们想要什么，而弱者应当明白他们必须做什么。"它和下面这段著名说法意思近似："因为不论是我们信仰的众神，还是我们知晓的凡

---

① 爱德华·策勒著，内斯特勒修订，帕尔默译，《古希腊哲学史纲》，第 13 版，第 425—427 页。
② 勘误：原书此处标记为"I 224"，实际出处为"洛布古典丛书"（Loeb Classical Library），《希腊抒情诗与抑扬格派》（Greek Eleqy and Iambus），第一卷，"忒奥格尼斯"，第 425 行。——编者注
③ 德·伯格，《古代世界的遗产》（The Legacy of the Ancient World），第 83 页，注释 2。

人，都认可自然法则同意人们支配他们想要支配的，只要他们能支配。这条法则并非我们制定，我们也并非首次这样做，我们只是从前人那里继承了它，而且也会传承下去。我们知道，不管是你们还是其他人，只要像我们这样强大，就会和我们做同样的事。"[①]我们无法找到比这更无耻的权力意志的声明了，修昔底德也没有对雅典人这番话表示出任何不赞同。后来在米洛斯投降后，雅典杀光了所有达到兵役年龄的男子，将女人和小孩贬为奴隶，将整个岛屿变成他们的殖民地。这都是发生在雅典文化艺术发展到顶峰的时候。

与"权力意志"很接近的概念是"放纵"。如果人们超过了命运所划定的界限，必然会因为招致神的妒忌而走向毁灭。一个人或一个民族若是因无节制的欲望而自视甚高，同样会招致灭亡。盲目的激情会带来自负，而自负必将走向灭亡。

如果想要了解希腊人性格中的这个方面，还需要想想柏拉图对"正义是强者的利益"的驳斥。我们当然不会同意尼采的价值观，但我们也不得不佩服，他敏锐地洞察到希腊文化和权力意志的紧密关系。但是，希腊文化绝不是只有黑暗的这面，如果说权力意志的驱动是希腊文明的事实，那么，适度与和谐的理想同样是希腊文明的事实。希腊人和希腊文明同时具有这两方面的特征：一方面是节制、艺术、阿波罗和奥林匹亚的众神；另一方面是无节制、放肆和狄奥尼索斯的迷狂，正如欧里庇得斯在《酒神的伴侣》中描绘的那样。在希腊文化辉煌的成就之下我们可以看到奴隶制的深渊，而在奥林匹亚宗教和艺术的梦幻般的世界之下则可以看到狄奥尼索斯式的癫狂，或者悲观主义以及种种的不节制的深渊。这或许不是完全的空想，毕竟尼采的思想激发了我们，奥林匹亚的宗教大部分是对希腊人的狄奥尼索斯部分的自我限制。受权力意志的驱动而自我毁灭，希腊人创造了奥林匹亚的梦幻世界，诸神始终带着妒忌监察着人类是否逾越了界限。人类意识到灵魂激烈的力量或许会导致自我毁灭。（当然，这不是从宗教历史学家的角度为希腊奥林匹亚宗教的起源提出的解释，而只是对心

[①] 出自本杰明·乔伊特（Benjamin Jowett）对修昔底德的翻译（牛津大学出版社）。

理因素或人性的分析，这些因素即便希腊人不曾察觉，也肯定在他们的灵魂中发挥着作用。）

现在言归正传，除了希腊人忧郁的方面，对连续不断的变化过程的知觉，对从生到死、从死到生的转变的注意，引领伊奥尼亚哲学家们走上哲学的道路。这些智慧者认为，尽管一切都在变化和转变之中，也必然有着某种持存的东西。为什么呢？因为所有变化都是从一物变成另外一物，所以一定存在某种最原初的东西，持存着，接受种种形式以及经历变化的过程。变化不可能只是对立面的冲突，思想家们坚信，在这些对立背后，一定存在什么东西，这就是那最原初的东西。因此，伊奥尼亚哲学和宇宙论尝试确定最原初的元素，或者说万物的"始基"[①]到底是什么。这个哲学家认为是这种元素，那个哲学家则认为是另一种元素。这些哲学家将什么具体元素断定为"始基"并不重要，至少远不如他们都认定存在"不变者"这个事实重要。变化，也就是亚里士多德所说的运动这个事实，向他们暗示了某种统一的概念，尽管亚里士多德认为他们并没有解释什么是运动。

伊奥尼亚哲学家对始基的看法各不相同，但他们都认为它是某种物质。泰勒斯指出这是水，阿那克西美尼则相信是气，赫拉克利特则宣称是火。他们仍未掌握精神和物质之间的对立，因此，尽管他们都认为某种不变的物质是统一的原则和万物的来源，都是事实上的唯物主义者，但却不能从现代语境出发称呼他们为唯物主义者。他们并没有清楚地设想出精神和物质的对立，然后再否定其中一种，他们并没有完全意识到这种区别，至少不太明白这种区别的含义。

因此，有些人会认为，与其说伊奥尼亚的思想家们是哲学家，不如说他们是原始的科学家，尝试解释物质和外部世界。但是，我们要考虑到，他们并没有止步于**感觉**，而是超越表象进入**思想**。不管始基是水、气还是火，它都不**表现**为最终的元素。必须超出表象和感觉才能抵达作为万物最终的元素的概念。而且他们也并不是用科学的实验方法来得到他们的

[①] 这里使用了德文词 Urstoff，仅仅是因为能够以这一个词表示宇宙的原初要素或者说"始基"的概念。

结论的，而是依靠理性推理：一被假定为物质性的一，但它为思想所假定。此外，它是抽象的，也就是说从表象的材料中抽离出来的，即使他们是所谓的唯物论者。因此，我们也许应该把伊奥尼亚的宇宙论者称为**抽象的唯物论者**。可以看出，他们已经有了"异"中之"同"和"同"中之"异"的概念，而这正是哲学的概念。此外，伊奥尼亚的思想家们深信有某种法则支配整个宇宙。在个人的生命中，放肆的人只要跨过了适度这个边界，就难免遭受自我毁灭的厄运，这是某种平衡的调节机制。因此，将其扩展到宇宙层面，宇宙中必然有某种平衡的法则，以免世界陷入混沌和毁灭。这样一个有序宇宙的概念表明宇宙不是反复无常或无序自发的，也不仅仅是无序或一个元素对其他元素的自我中心主义的统治的领域，这形成了与虚构神话相对的科学的宇宙论的基础。

从另一方面来看，伊奥尼亚的科学与哲学的确没有完全分离开来。早期伊奥尼亚思想家或智慧者追求各式各样的科学解释，比如说天文学，而且也并没有将科学与哲学做出区分。他们都是智慧者，为了航海而进行天文观测，也尝试为宇宙找到最终元素，甚至还在工程方面有所作为。他们并未在种种实践活动之间做出任何区分，只有历史和地理的混合学科，也就是 ἱστορίη，可以从科学-哲学活动中分离开来，但也并没有分得很清楚。真正的哲学观念和思辨能力在这样的背景中逐渐发展起来，形成了古希腊哲学发展的重要阶段，任何哲学史都不可能忽略他们，不能将他们视作刚开始牙牙学语的孩童而不去严肃对待。历史学家绝不能对希腊哲学的开端漠不关心。

第三章

先驱人物：早期的伊奥尼亚哲学家

一、泰勒斯

米利都的泰勒斯，可以说是身兼"哲学家"和"实践科学家"两重身份的绝佳示例，希罗多德曾经提到，泰勒斯成功预言了在吕底亚人和米提亚人战争结束时，将会出现日食。① 现在，根据天文学家的计算可以知道，在公元前 558 年 5 月 28 日确实出现过能在小亚细亚地区观测到的日食。那么，如果关于泰勒斯的故事是真实的，而且他预测到的日食确是公元前 558 年那次，那么泰勒斯应当活动于公元前 6 世纪早期。据说，泰勒斯在公元前 546/5 年萨尔迪斯城陷落前不久死去。其他被归于他名下的科学活动包括制作历书，以及引进腓尼基人利用小熊星进行航行的实践，等等。在第欧根尼所述的泰勒斯生平中，有些奇闻异事，譬如他曾因为走路时抬头观看星星而掉入井里或沟里，曾经因预测到橄榄油的丰收而囤积榨油机，这些大概都是附会在先哲身上的故事罢了。②

亚里士多德在《形而上学》中记载到，泰勒斯认为大地漂浮在水上（显然他将地球视为漂浮的扁平碟子）。但最重要的是，泰勒斯宣称万物的始基是水。的确，他提出了"一"的问题。亚里士多德推测，泰勒斯是通过观察得出这个观点的，"他提出这个见解，大概是因为发现促进万物生长的东西都是潮湿的，连热本身也来源于湿并因湿而存（而万物的由来正是万物的本原）。此外，还因为他发现了万物的种子都是湿性的这一事实，

---

① 《历史》，第一卷，第 74 页。
② 第欧根尼·拉尔修，《名哲言行录》，第一卷，第 22—44 页。

而水则是所有潮湿事物的本性的起源"①。亚里士多德认为泰勒斯可能受到更早的神学影响，因为水，也就是诗人笔下的冥河，正是诸神祈求的对象，当然两者显然存在不同。无论这是否属实，至少从蒸发这个现象我们可以得知，水可以变成雾或气，而冰冻这个现象则提醒我们，如果这个进程得以继续，水也可能变成土。不过无论如何，这位早期思想家的重要性在于，他提出了"什么是这个世界的最终本性"这个问题，而不在于他给出了什么答案以及为什么给出这些答案。

亚里士多德还记载到，泰勒斯曾经说过"万物之中充斥着神灵"，"磁铁有灵，因为它能移动铁"②，但我们没办法确切地解释它们。如果我们认为这些是为了说明世界灵魂的存在，并将这个世界灵魂和上帝③或柏拉图式的工匠神④等同起来（柏拉图也认为水创生了万物），那么我们的解释就太过离谱了。泰勒斯学说中唯一确定也是唯一真正重要的部分在于，他将万物都理解为某种基本的、终极的元素的不同形式。他认为**水**就是这个元素，这明显是由于他所处的地理环境，但是他仍然获得了"第一位希腊哲学家"的地位，这是因为他首次设想了"异中之同"这个概念，哪怕他还没有在逻辑层面独立提出这个概念，哪怕他刚刚掌握"统一"这个概念，就立刻尝试解释"差异"这个事实。哲学天然地尝试理解我们所经验的杂多存在和性质，以及它们之间的联系，并且对于哲学家而言，要发现它们背后的统一或者第一原则。只有物质和精神之间的区分被清楚地理解后，这个问题的复杂性才能被把握，而在这个区分被理解前（甚至在被理解后，这个理解也可能被否认），这个问题的**简单**解答通常是，实在应该被理解为物质层面的统一（就泰勒斯的思想），或被理解为观念（比如某些近代哲学家的思想）。"一"与"多"这个复杂问题，只有等到实在的基本等级和存在的类比学说得到清楚理解和接受之后，才能得到公正的解决。否则，差异的丰富内涵就不免被虚假且多少有些武断的同一观念削弱。

---

① 亚里士多德著，史密斯（J. A. Smith）和罗斯译，《形而上学》。
② 亚里士多德，《论灵魂》，卷 A 第 5 章，411a7；2，405a19。
③ 艾修斯（Aëtius），《学说》（*Aetii Placita*），I，7，XI（D. 11A 23）。
④ 西塞罗，《论神性》，1，10，25（D 同上）。

亚里士多德记载泰勒斯所说的磁铁灵魂，确实可以认为是原始万物有灵论的残余，这一理论把灵魂的幻影（即人在梦中所见到人的第二重幻影）这一概念扩展到低于人的有机生物上，甚至用于解释无机物世界中的力；但即便如此，这也不过是某种遗迹而已，因为通过泰勒斯的思想，我们已经可以看到神话转变为科学和哲学，而泰勒斯保持着作为希腊哲学创始者的传统品质。①

二、阿那克西曼德

米利都的另一位哲学家是阿那克西曼德。他显然比泰勒斯年轻，因为据塞奥弗拉斯特所述，他是泰勒斯的"助手"。② 和泰勒斯相同，阿那克西曼德也有在实用性科学上的追求。据传他曾制作一张地图，大概是用来帮助米利都的水手在黑海上航行的。他跟其他许多希腊哲学家一样，参与政治活动，还曾领导阿波罗尼亚的一处殖民地。

阿那克西曼德写作了表达其哲学思想的散文作品，这些作品留存到了塞奥弗拉斯特生活的时代。我们今天所能知道的关于阿那克西曼德思想的珍贵史料，全靠塞奥弗拉斯特记载下来。他与泰勒斯相同，探寻世界万物基本的、终极的元素，他断定这绝不是任何一种具体的物质。以水为例，因为水或者湿只是"对立物"之一，对立物的冲突和入侵仍需要被解释。如果变化、生死、盛衰都是由于冲突，由于一种元素侵入，另一种元素退却，那么，既然万物事实上都是水，就很难解释为何别的元素没有变成水。阿那克西曼德因此相信，最初的元素，也就是始基是"无定"。"无定"比对立物更加原初，因为对立物来自它又归于它。③

这首要的元素被阿那克西曼德称作质料因（塞奥弗拉斯特说他是第一个使用这个名称的人），"既不是水，也不是别的什么所谓元素的东西，而是某种与它们不同，无限的东西，从它产生了天上地下的万物"。这就

---

① 亚里士多德，《形而上学》，983b18。
② 《自然哲学家的学说》(*Physicorum Opiniones*)，fr. 2（D. 12A 9）。引自托名普鲁塔克（Pseudo-Plutarch），《杂述》(*Stromateis*)，2（D. 12A 10）。
③ 残篇，1。

是"无定",它是没有限制的实体,"永存而不朽的","包围整个世界"。①

一种元素与另一种元素的相互冲突被描述为不正义。热的元素在夏日变得不正义而冷的元素则在冬日变得不正义。这些元素因为其不正义而做出偿还,它会再次被吸收进"无定"之中。②这正是将人类世界的法律观念推到整个宇宙的例证。

有无数各不相同的世界并存。③每个世界都可朽灭,但相同时间内存在的世界数目仍然是无限的,它们经由永恒的运动而进入存在。"此外,还有某种永恒的运动,诸天从中产生。"④这种永恒运动似乎是"分化",正如用筛子筛选那样,正如我们在柏拉图的《蒂迈欧》中所看到的毕达哥拉斯学说。当万物开始分化,世界就像我们所知的那样,以旋涡的方式开始形成,土和水这两种较重的元素留在旋涡中心,火分布在圆周之上,而气在两者之间。地球并不是圆盘,而是很短的圆柱,"就像用柱支撑的鼓"⑤。

生命来自海洋,现今各种动物形态都是为了适应环境。阿那克西曼德还对人类的起源做了聪明的猜想。"……他接着说到,人一开始生于另一种动物,因为其他动物都可以很快独立生存,只有人具有漫长的哺乳期。如果人最开始便是这样,就绝不可能生存下来。"⑥他没有解释人类在转化期间如何生存,这是所有演化论者永远需要面对的困难。

相较而言,阿那克西曼德的理论比泰勒斯的更具优势。他超出将基本元素固定为任何确定元素的做法,而是采用"无定的无限"概念。此外,他至少还尝试回答世界**如何**由这个最初元素演化而来。

三、阿那克西美尼

米利都学派的第三位哲学家是阿那克西美尼。他肯定比阿那克西曼

---

① 残篇,1—3。
② 残篇,1。
③ D. 12A 17. 辛普利西乌斯(Simplicius),《物理学》评注,(Commentary on Aristotle's *Physics*),1121,5;艾修斯,II,1,3;西塞罗《论神性》,1,10,25;奥古斯丁,《上帝之城》,VIII,2。
④ 引自希波吕托(Hippolytus),《驳众异端》(*Refutationis omnium haeresium libri*),X,16a(D. 12A 11)。
⑤ 残篇,5。托名普鲁塔克,《杂述》,2(D. 12A 10)。
⑥ 托名普鲁塔克,《杂述》,fr. 2(D. 12A 10)。

德更为年轻,至少塞奥弗拉斯特声称他是阿那克西曼德的"助手"。他写过书,某些片段留存至今。据第欧根尼所说:"他用纯正的伊奥尼亚方言写作。"

阿那克西美尼的学说乍看上去是阿那克西曼德理论所达到阶段的明确后退,他放弃了"无定"这个说法,反而按照泰勒斯的方式,将始基视为某个确定的元素。但是这个元素不是水,而是气。他想到这个也许是因为"呼吸"这个事实,因为人活着就要呼吸,很轻易就能联想到气是生命的本原。事实上,阿那克西美尼还在人类与通常而言的自然之间画上等号。"就像我们的灵魂,作为气支撑着我们,呼吸和气也这样包围着整个世界。"①因此,气是世界的始基,它产生古往今来所有事物,产生神和神圣之物,而其他事物又由这些而产生。②

但解释世界如何由气产生,这显然是个难题,阿那克西美尼提供的解决方案显示出他的天才创见。为了解释具体的事物如何由最初的元素形成,他提出凝结和稀释两个概念。气本身不可见,但在凝结和稀释的过程中变得可见。当气扩大或稀释时,它变成火,而当气凝结时,它逐步成为风、云、水、土,并最终变为石头。事实上,凝结和稀释这两个概念揭示出阿那克西美尼选择气作为首要元素的另一理由。他想到,稀释过程中的气变得越来越热,直到成为火,而当它凝结时,它变得越来越冷,慢慢成为固体。气处在冷热循环、湿气凝聚的中间状态,于是阿那克西美尼就将其作为中点。然而他学说中最重要的因素,也许在于他尝试用"量"来解释"质",这就是用现代术语解释他的凝结和稀释概念。(据说阿那克西美尼指出当人张大嘴吹气时,气是暖的;而闭上嘴吹气时,气是冷的。这正是他观点的现实证据。)③

他和泰勒斯相同,认为地球是扁平的,像叶子那样漂浮在气之上。我们可以引用伯奈特的话来说:"伊奥尼亚人绝对不会接受现代科学对于

---

① 残篇,2。
② 希波吕托,《驳众异端》,I, 7 (D. 13A 7)。
③ 普鲁塔克,《论寒冷的原理》(*De primo frigido*),947 以下。残篇,1。

地球的看法，甚至德谟克利特也相信地球是扁平的。"① 阿那克西美尼对彩虹提出古怪的解释，他相信彩虹的形成是由于阳光落在无法穿透的云层上。策勒对此评论说，相比荷马将彩虹解释为诸神的使者伊里斯，这种"科学"的解释已经具有很大进步。②

公元前494年米利都沦陷后，米利都学派也随之消失。总体而言，米利都学说之所以著名，就在于阿那克西美尼的哲学。在古希腊人看来，他是该学派最重要的代表，毫无疑问，他在历史上是该学派的最后传人，这能够很好地解释这一点。当然，他所提出的凝结与稀释的概念，即将质还原为量以解释具体事物性质的尝试，也可能是很重要的因素。

总而言之，我们愿意再次重复，伊奥尼亚人最重要的贡献在于他们提出了"什么是万物的本原"这个问题，而不在于他们所给出的任何解释。我们也愿意指出，他们都假定物质是永恒的，而物质世界的绝对开端的概念尚未进入他们的脑海之中。确实，他们认为"**此岸**世界"就是唯一世界，但不能就此认为，伊奥尼亚的宇宙论就是独断论的唯物主义，因为物质和精神的区分还没有被认识到，不可能出现今天意义上的唯物主义。他们尝试用物质元素解释万物的起源，在此层面上他们是唯物主义者；但是他们从未有意否认物质与精神之间的区别，至少这两者的区分当时还未被清晰地意识到以至于达到可以提出否定的程度，在此层面上他们不是唯物主义者。

几乎不用特意指出，伊奥尼亚哲学家们都是"独断论者"，因为他们都没有提出"批判性的问题"。他们假定所有人都能像他们那样认知事物，因惊奇而**天真**，因发现而快乐。

---

① 伯奈特，《古希腊哲学》，第一部分，第9页。
② 策勒，《古希腊哲学史纲》，第13页。

第四章
毕达哥拉斯学派

毕达哥拉斯派的学者不仅仅是毕达哥拉斯的门徒，这非常重要。因为他们之间或多或少相互独立或疏离，他们只是萨摩斯人毕达哥拉斯创建的宗教团体的成员（公元前6世纪中叶创建于意大利南部的克罗托内）。毕达哥拉斯自己就是伊奥尼亚人，而学派的早期成员都讲伊奥尼亚方言。毕达哥拉斯学派的起源，就像其创建者的一生，极为模糊不清。扬布里柯在写作毕达哥拉斯的生平时，称他为"神圣哲学的领袖和鼻祖""神、精灵（即某种超越人的存在）或者神圣者"。但不管是扬布里柯、波斐利还是第欧根尼·拉尔修所写的毕达哥拉斯生平，与其说能为我们提供可靠的证据，毋宁说只是传言。[①]

在希腊世界中，创建学派或许并不新奇。虽然不能确证，但是早期米利都学派的哲学家们也很可能创建过非常类似于学派的组织。然而毕达哥拉斯学派仍然具有明显的特征，这就是它的禁欲主义和宗教特质。伊奥尼亚文明的最后阶段发生过宗教复兴，试图提供既不迎合奥林匹亚神话也不迎合米利都的宇宙论的真正的宗教要素。就像罗马帝国一样，当社会处于衰退之中，失去了原初活力和生命力时，我们不但看到了怀疑主义运动，也看到了"神秘的宗教"。在富饶、商业化的伊奥尼亚文明衰退之际，我们看到了同样的倾向。毕达哥拉斯学派代表这种宗教复兴的精神，它与强大的科学精神结合起来，而后者正是毕达哥拉斯主义留名哲学史的重要因素。尽管不能简单地确证奥菲斯教和毕达哥拉斯主义之间的准确关系，

---

① "好吧，的确，他们的'一生'可以被称为传奇"，奥雷利奥·柯沃蒂，《前苏格拉底哲学》，第66页。

以及奥菲斯教影响毕达哥拉斯学派的程度,但可以确定的是,它们两者肯定拥有共同的基础。我们在奥菲斯教中能看到,它们的团体组织组建于并忠诚于共同的生活方式,也相信灵魂转世说(这明显是毕达哥拉斯学派的教义),所以很难相信,毕达哥拉斯没有受到奥菲斯教信念和实践的影响,尽管它主要与德罗斯而非色雷斯的狄奥尼索斯宗教有关。①

有观点认为,毕达哥拉斯学派是**政治**团体,但这种观点站不住脚,起码在这一学派本质上不是政治团体的意义上,它们确实不是政治团体。毕达哥拉斯的确在库隆的建议之下,离开克鲁顿去到墨塔蓬通,但这似乎不必被假设为毕达哥拉斯支持任何特别的政党,进行某种明确的政治活动。然而,毕达哥拉斯学者在克罗托内和希腊的其他城邦中确实有过政治掌权。波利比乌斯认为,大概在公元前440—前430年左右,②他们的"居所"被烧毁,他们遭受迫害,但这并不意味着它们在本质上是政治的而不是宗教的学派。加尔文统管过日内瓦,但他根本就不是政治家。斯塔斯评论道:"克罗托内的公民被告知不要吃豆子,而且在任何情况下也不能吃自己的狗,这显然管得太多了。"③(虽然不能确定毕达哥拉斯是否禁止吃豆子或是一切肉类。但在豆子这件事情上,亚里士多塞诺斯给出了相反的立场。④伯奈特倾向于接受毕达哥拉斯主义的禁令,虽然如此,他也承认亚里士多塞诺斯关于豆子的忌讳有可能是正确的。)⑤毕达哥拉斯学派数年后得以复苏并继续在意大利活动,特别是在公元前4世纪上半叶的塔壬同,阿尔基塔为其赢得声名,菲洛劳斯和欧律托斯也在那里生活过。

至于毕达哥拉斯学派的宗教禁欲主义及训练,围绕纯净和净化的思想展开,而灵魂转世说自然导致了灵魂文化的发展。缄默的训练、音乐的影响和数学的学习看起来对照料灵魂十分有益。但是他们的一些训练却仅

---

① 第欧根尼·拉尔修,《名哲言行录》,8,8。
② 波利比乌斯,II,39(D. 14,16)。
③ 斯塔斯(W. T. Stace),《希腊哲学批判史》(*A Critical History of Greek Philosophy*),第33页。
④ 格利乌斯(Aulus Gellius),iv,II,5(D. 14,9)。
⑤ 伯奈特,《早期古希腊哲学》,第93页,注释5。

流于表面。如果毕达哥拉斯的确禁止食生肉，人们很容易将此归因于轮回说，或者至少与其相关。但是正如拉尔修引述的那样，学派所遵守的这些流于表面的规定并未扩展成为哲学教条。比如说，不能吃豆子，不能在大街上走动，不能踩在剪掉的指甲上面，必须抹掉罐子上的灰尘，不能坐在容量为一蒲式耳的容器上，等等。如果毕达哥拉斯学说仅仅包含这些，他们或许只能引起宗教历史学家的兴趣，而不会得到哲学史家的严肃对待。然而，我们所观察到的这些外在规定绝非是毕达哥拉斯学派思想的全部。

当我们简要讨论毕达哥拉斯学派的理论时，很难确定其中有多少理论应当归于毕达哥拉斯本人，多少属于诸如菲洛劳斯这样的毕达哥拉斯学派的成员。亚里士多德在《形而上学》中更多提到的是毕达哥拉斯学派而非毕达哥拉斯本人。所以，我们在使用"毕达哥拉斯学派主张……"这种措辞时，并不必然指涉这个学派的创始人。

在介绍毕达哥拉斯的生平时，拉尔修用了塞诺芬尼的一首诗，讲述了毕达哥拉斯看见有人打狗，便劝人停手的故事，因为他说在犬吠中听到了朋友的声音。不管这个故事是否真实，将轮回学说加之于毕达哥拉斯或许是可以接受的。宗教的复兴同时复兴了古老的观点（如灵魂的力量及其死后还拥有持续的活力），这与荷马时代离世后的灵魂观念形成对比。在这种灵魂转世学说中，人格同一性的意识和自我意识都不存在于心灵之中，或不与灵魂相关，用尤里乌斯·斯登泽尔的话来说就是："灵魂从一种自我状态转到另一种自我状态，或者从一个身体到另一个身体，因为身体附属于自我的这种想法早已成为希腊哲学毋庸置疑的本能信念。"[①] 在柏拉图的《斐多》中，西米亚斯提出灵魂是身体的和谐，这遭到了柏拉图的抨击，但毕达哥拉斯主义的灵魂观点并非如此，因为他们认为灵魂是不朽且经历轮回的。所以，是否将这个观点归于毕达哥拉斯学派，至少是存疑的（马克罗比乌斯专门将其归给毕达哥拉斯和菲洛劳斯）。[②] 然而，正如普拉希特指出的，如果灵魂是身体的和谐，或者

---

① 斯登泽尔，《古代形而上学》，第一卷，第42页。
② 西塞罗，《论西比渥之梦》（*Somnium Scipionis*）I，14，19（D.44A 23）。

是**简单的**和谐，这就意味着灵魂是身体秩序和生命的。但这并不必然包含灵魂的不朽性。①

奥菲斯教和毕达哥拉斯学派在众多重要观点上都具有相似性，这可能源于前者对后者的影响，但是很难确定是否有任何直接影响，或者受到多大程度的影响。奥菲斯教与狄奥尼索斯的崇敬相关，这种崇敬从色雷斯或者司奇提亚传入希腊，且与奥林匹亚崇拜的精神相异，虽然我们在希腊人的灵魂中也能看到"狂热"和"迷狂"的特征，但与其说是狄奥尼索斯宗教的"狂热"将奥菲斯教与毕达哥拉斯主义联系起来，不如说奥菲斯教是在被灌输了灵魂转世说的共同体之中组织起来的。因此，对他们而言，比起被禁锢的身体，灵魂才是人类更重要的部分。事实上，灵魂是"真正"的人，而不是荷马所说的身体的影像。因此灵魂训练和灵魂净化的重要性可想而知，其中包含了诸如遵守避免食肉的戒律。奥菲斯教的确更像是宗教而不是哲学，虽然它倾向于泛神论，正如能从他们著名的残篇中看到的："宙斯是首，宙斯是身，万物皆由宙斯而形成。"②但是，就它能被称为哲学而言，可能是因为它是某种**生活方式**而非宇宙论，就这点来说，毕达哥拉斯主义确实是对奥菲斯精神的传承。

现在我们转向艰深的主题——毕达哥拉斯的数学-形而上学哲学。亚里士多德在《形而上学》中告诉我们："毕达哥拉斯学派献身数学，他们最早发展了对这门学科的研究，他们认为数学的原则就是万事万物的原则。"③他们对于这门新生学科抱有极大热忱，他们为数在世界中的重要性感到震惊。万物都是可数的，我们用数字表示很多的事物。因此，两个相关事物的关系能通过数的比例表达出来，有序事物之间的秩序能用数表达出来，等等。但最令他们震惊的发现是，里拉琴的音程能用数表达。音高可以说是基于数，即在某种程度上取决于长度，而音程则取决于用数学比率表达的音阶。④正如音乐之和谐有赖于数，宇宙的和谐也是如此。米利

---

① 宇伯威格-普拉希特，《古代哲学》，第69页。
② D. 21 a.
③ 亚里士多德，《形而上学》，985b23—26。
④ 这似乎肯定了毕达哥拉斯的乐器比率是长度的比率，而非频率的（这对于毕达哥拉斯学者来说是难以度量的）。

都的宇宙论诉诸宇宙间对立者间的斗争，而毕达哥拉斯学派对音乐的研讨便轻松地暗示了"斗争"的解决方法——通过"数"的概念。亚里士多德说："因为他们看到音阶的属性和比率能用数来表达，因此其他万物的全部本性似乎也以数作为模型，数似乎是整个自然的首要存在，整个天空也是音阶和数。"①

阿那克西曼德从无限或无定中推出世间万物，而毕达哥拉斯则将这个概念与限度联结起来，而这种限度为无限提供形式。以音乐为例（在健康中也是如此，限度在于"调和"，这导向了和谐，即健康），它的比例与和谐能用算术的方式表达。把目光转向世界，毕达哥拉斯学派追求宇宙的和谐。但是，他们不满足于仅仅强调数在宇宙中扮演重要角色，他们还主张事物都是数。

这显然不是容易理解的学说，主张万物都是数，这十分困难。毕达哥拉斯主义如此主张的意图是什么呢？首先，他们用数意指什么呢，或者说他们如何理解数？这是很重要的问题，因为答案解释了毕达哥拉斯学者为什么说万物皆数。亚里士多德告诉我们："（毕达哥拉斯学派）认为数有奇偶两类，前者是有限而后者是无限的。'一'由这两者而来（因为它既是奇数又是偶数），而数又来源于'一'，于是正如前面所说，整个天空都是数。"②我们暂且不论亚里士多德提及的是毕达哥拉斯学派发展中的哪个具体阶段，也不管评注中关于奇偶数的确切解释。我们清楚的是，毕达哥拉斯学派认为数在空间中存在。一是点，二是线，三是面，四是立方体。③如果说万物皆数，这就是说"所有物体都由空间中的点或单元构成，而它们合起来便构成了数"④。毕达哥拉斯学者看待数的方式能用"四列十全"来表示，他们认为这种图示十分神圣。

---

① 亚里士多德，《形而上学》，985b31—986a3。
② 亚里士多德，《形而上学》，986a17—21。
③ 引自《大不列颠百科全书》中托马斯爵关于毕达哥拉斯的论文，《大不列颠百科全书》（第 14 次修订本）。
④ 斯托克（A. Stöckl），芬利（Thomas A. Finlay）译，《哲学史指南》（*Handbook of the History of Philosophy*），1887 年，第一卷，第 48 页。

．
．　．　．
．　．　．　．
．　．　．　．

这个图示表明，十是一、二、三、四的总和；换句话说，十是前四个整数的总和。亚里士多德说欧律托斯曾用鹅卵石来表达数，并用相同的方式来表达"正方形"与"长方形"的数。① 如果我们以一作为开端，然后按照"磬折形"的形式相继添加偶数，那么我们就会得到平方数，如果我们以二为开端然后添加奇数，我们就会得到矩形数。

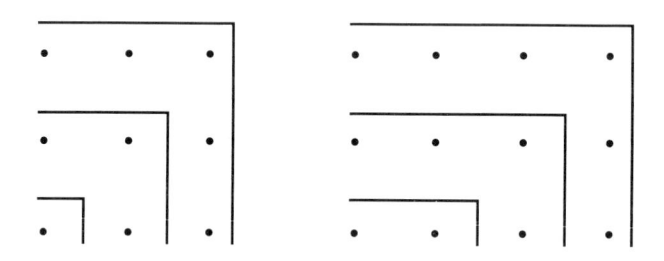

这种用图画描绘的数或与几何学关联起来的数显然让我们更容易理解毕达哥拉斯学者如何将万物视作数，而不仅仅视为可数的。他们将数学概念转移到了物质现实的规则之上。因此，"将众多点并置，线应运而生，这不仅存在于数学家的想象之中，外部实在也是如此；面也是以同样的方式，由众多线并置而成，最后物体则是由面结合而成。因此，点、线、面就是自然界中构成物体的真正单元，在这个意义上物体则可被视作数。事实上，所有物质事物都是数字四的表现形式，因为它作为第四项，由前三个元素（点、线、面）构成"②。但是将事物等同为数在多大程度上能够被归因为以几何学的方式表现数字的习惯？以及他们在音乐上发现的实在在多大程度上能被推至全体实在？这些都很难说。伯奈特认为，将物体等同为数一开始是对音乐的乐声能够被归为数的发现的拓展，而不是由于数

---

① 亚里士多德，《形而上学》，1092b10—13。
② 斯托克，《哲学史指南》，第一卷，第43—49页。

被等同为几何图形。①然而，如果事物——正如毕达哥拉斯学派认为的那样——被视作物质的定量的点的总和，同时，如果数在几何学上被认作是点的总和，很容易就能进一步将对象物等同于数。②

在以上引述的章节中，亚里士多德认为毕达哥拉斯主张"数有奇偶之分，偶数是无限的，奇数是有限的"，那么，这种有限和无限是怎么被发现的呢？对于毕达哥拉斯学派来说，有限的宇宙或世界是被无限的或无边际的宇宙（空气）包围起来的。有限宇宙的事物因此就不是纯然有限的，而是掺杂了无限的混合物。毕达哥拉斯学派以几何学的观点来看待数，认为它们（由奇偶构成）也是有限和无限的产物。据此，也就很容易将数与万物、偶数与无限、奇数与有限等同起来。对这一观点的有效解释可能是出于以下事实：以上奇数磬折形（参见图例）是固定的正方形（有限的），而偶数磬折形代表的是不断变化的矩形（无限的）。③

当要给确定的事物分配确定的数时，事情就变得武断随意了。比如说，虽然我们可能或多或少知道为什么正义应该被看作四，但却不那么容易明白健康是七，或灵魂是六。五被认为是结合，因为五是三（第一个阳性数）和二（第一个阴性数）的产物。但是，即使这些元素都是想象的，毕达哥拉斯学派还是为数学做出了真正的贡献。"毕达哥拉斯定理"作为几何学知识出现在苏美尔人的计算中。然而，正如普罗克洛（Proclus）评注的那样④，毕达哥拉斯学派超出了仅仅是算术和几何的事实，并将它们融贯到演绎的体系之中，当然这也是它最初的样子。"总结毕达哥拉斯的几何学，我们会说它涵盖了欧几里得著的第一、二、四、六卷（或许还包括第三卷），而毕达哥拉斯的比例理论不适合应用于不可通约的量。"⑤解决这个问题的理论最后由学园的欧多克索提出来。

---

① 伯奈特，《早期古希腊哲学》，第107页。
② 菲洛劳斯（我们在残篇中有所提及）坚持认为我们不知道任何事，没有什么是清楚明晰的，除非它拥有数或本身就是数。
③ 亚里士多德，《物理学》，203a10—15。
④ 弗里德莱茵（Gottfried Friedlein），"欧几里得著作"评注（*In Eukleiden*），65，16—19。
⑤ 引自托马斯爵士的论文。

对于毕达哥拉斯学派来说,地球不仅是球形的①,而且不是宇宙的中心。地球和其他星球(跟着太阳)围绕着中心的火焰或者"宇宙的灶台"(它被认为是数一)旋转。世界从它之外的无限中吸入空气,空气也被说成是无限的。我们可以在此看到阿那克西美尼的影响。(据亚里士多德《论天》,293a25—7 中的说法,为了解释现象,毕达哥拉斯学者并不否认地球中心论,但这却是基于非常武断的理由。)

毕达哥拉斯学派之所以引发我们的兴趣,不仅因为他们的音乐和数学研究,他们作为宗教团体的特征,以及他们灵魂的超越学说以及数学的形而上学(至少在他们不"物质化"数这点上)②,他们有逃离米利都宇宙论的唯物主义的趋势,而且也是因为他们加诸柏拉图的影响〔柏拉图无疑受到他们的灵魂(他至少借用了灵魂的三分概念)和命运概念的影响〕。毕达哥拉斯学派也的确强调了灵魂的重要性及对灵魂的照看,而这也是柏拉图最确信的理论之一。柏拉图也受到毕达哥拉斯主义数学推理的深刻影响,即使很难确认这种影响的具体程度。如果我们说毕达哥拉斯学派是柏拉图思想形成的决定性因素之一,这绝不是对他们的溢美之词。

---

① 参看俄国哲学家舍斯托夫的话,"不止一次是如此,一个真理被发现后必须要等很多世纪后才得到确认,就像毕达哥拉斯的地动说那样,所有人都认为他错了,1500 年后还不接受这个真理。直到哥白尼重新发现它时,人们还是要将其作为新的真理隐藏在传统和看似理智的主导学说背后。"《在约伯的天平上》(*In Job's Balances*),第 168 页,考文垂(C. Coventry)和麦卡特尼(Macartney)译。

② 事实上,毕达哥拉斯对宇宙的数学化并不能真正视作将宇宙"理念化",因为他们将数几何化了。他们将事物等同于数,这与其说是对事物的理念化,不如说是对数的具体化。另一方面,关于"理念",比如将正义等同于数,我们可以说这有理念化的趋势。这种主题也在柏拉图的理念论中有所体现。

然而必须承认的是,毕达哥拉斯将数几何化的举动也并没有对后期毕达哥拉斯学派有什么好的影响。因此,柏拉图的朋友阿尔基塔就采取了与毕达哥拉斯学派大相径庭的方式(引自第尔斯,《前苏格拉底哲学家残篇》,B4),而这种相信几何学与算术具有相互独立且不可化约特性的观点遭到了亚里士多德的坚决否认。我们最好认为,毕达哥拉斯整体上对算术和几何之间的关系有所发现,但没有发现它们之间相互化约的关系。

第五章

赫拉克利特的逻各斯

赫拉克利特是以弗所的贵族,据第欧根尼记载,他在第六十九届奥林匹克运动会前后,也就是公元前 504 至前 501 年间有所成就,但他确切的生卒年月今已不可考。他继承了家族在巴塞勒斯的公职,但不久就让给了他弟弟。据称,他个性忧郁、离群索居。他不仅轻视一般公民,对历史上的显赫人物也同样如此。他在谈到所在城邦的公民时认为:"以弗所的每个成年男人都应该上吊自杀,将城市留给未成年人,因为他们竟然蠢到放逐赫尔莫杜乐斯,他可是他们中最卓越的人。"又说:"我们当中不会出现卓越者,因为只要一出现就会被赶到其他地方。"① 他还说:"普里耶涅的彼亚斯是透塔美斯(Teutamas)的儿子,他比我们中的大部分人都更杰出和值得记述。"(他认为"大多数人都很糟糕"。)②

他谈到荷马时也不客气:"应该把荷马从先贤的队列中拖出来鞭笞,埃斯库罗斯也是如此。"他还观察到:"积累关于事物的知识无助于理解,否则赫西俄德、毕达哥拉斯、塞诺芬尼和赫卡泰乌就该学会理解了。"谈到毕达哥拉斯,他说:"他比其他所有人进行了更多的学术探究,仔细拣选然后撰写成书,但他所说的智慧不过是知识的累积和自欺欺人。"③

赫拉克拉特的许多格言凝练辛辣,还有部分非常诙谐有趣。譬如:"医生切、烧、戳、折磨病人,让其痛苦,还索取他们根本不应得的酬

---

① 残篇,121。
② 残篇,39。
③ 残篇,42,40,129(根据赫尔曼·第尔斯的《前苏格拉底哲学家残篇》,后一句话是否属于赫拉克利特是存疑的)。

劳。""神将人称作孩子，就像成人对待婴孩。""驴子爱稻草胜过爱黄金。""性格即命运。"① 说到赫拉克利特对宗教的态度，他对奇迹毫无敬意可言，甚至声称："大众所熟知的神迹说不上有什么神圣之处。"② 此外，他基本上以泛神论的方式理解神，尽管他所使用的词语富有宗教意味。

赫拉克利特的写作风格令人费解，这为他赢得"晦涩"的大名。这种做法似乎并非完全无意，因为我们至少在残篇中发现这样的说法："大自然喜好隐藏。""德尔斐神谕中的神既不显露也不隐藏他的旨意，而是通过征兆表现其旨意。"对于他传递给人们的信息，他说："在第一次听见的时候，人们什么都不能理解，就像从未听过。"③ 伯奈特指出，品达和埃斯库罗斯有着同样的先知般的语气，这部分源于当时的宗教复兴。④

赫拉克利特为众人所知是因为这句被归于他的著名格言，但显然不是他的原话："万物都在不断流变之中"。事实上，这就是许多人所知道的关于他的一切了。这句话是他学说中的重要部分，但说不上是他哲学思想的核心。他不也说过："你不能两次踏入同一条河流，因为你脚下的河水已是全新的。"⑤ 此外，柏拉图曾记载："赫拉克利特说万物都在流变，无一长存，并以河流来比喻，认为人不能两次踏入同一条河流。"⑥ 亚里士多德也说赫拉克利特的学说肯定"万物都在运动，没有任何东西是不变的"⑦。就这点而言，赫拉克利特是古代的皮兰德娄，高呼万物无常、无物常驻，宣称"实在"虚幻。

但如果主张，赫拉克利特认为变化之物都不存在，就是彻头彻尾的误解他了，在他的哲学中还存在与此相对的部分⑧。万物流变的观点也不是他哲学中最重要和最有意义的，赫拉克利特所强调的"逻各斯"是指他

---

① 残篇，58，79，9，119。
② 残篇，14。
③ 残篇，123，93，1（引自17，34）；第欧根尼·拉尔修，《名哲言行录》，9，6。
④ 伯奈特，《早期古希腊哲学》，第132页。
⑤ 引自残篇，12以及91。
⑥ 柏拉图，《克拉底鲁》，402a。
⑦ 亚里士多德，《论天》，298b30（卷III第1章）。
⑧ 赫拉克利特的确说过实在是不断流变的，它的本性就是变化。但这并不能解释为变化中的实在在根本不存在。赫拉克利特被经常与伯格森相提并论，但柏格森的思想同样也常常遭到严重的误解。

为人类世界带去的特殊信息。如果只是指出万物都在变化，他恐怕也不至于如此自令，毕竟伊奥尼亚的哲学家们早就发现了这个事实，实在说不上什么新奇。赫拉克利特对哲学的原创性贡献在别的地方，这就是他的"同中之异"和"异中之同"的概念。之前已经说过，阿那克西曼德的哲学认为对立面互相侵犯，不义之行会受到相应的惩罚。阿那克西曼德将对立面的战争视为混乱，视为不应发生的、有损"一"的纯净。而赫拉克利特并不认同这种观点，反而认为对立面的冲突根本不有损于"一"的统一，而是确证了"一"的存在。事实上，"一"存于这种冲突的张力之中，这种张力对于"一"的统一来说，是必不可少的。

实在是"一"这个观点非常清楚地显示在赫拉克利特所说的这句话中："懂得听是明智的，但不是听我，而是听逻各斯，要承认，万物都是一。"① 另一方面，对立面的冲突对于"一"的存在来说是必不可少的，赫拉克利特也说过："我们必须知道，战争发生于各个地方，战争就是正义，经由战争，万物存在而又消逝。"② 荷马错误地认为："愿在神和人之间的斗争都得到平息。"他没有意识到，他实际上在祈求宇宙的毁灭，因为如果他的祈求得到应允，万物都将消逝。③ 赫拉克利特又积极地说道："人们不了解同一如何从差异中变回自身，它们在对立面的张力中得到协调，就像里拉琴和弓弦。"④

赫拉克利特认为，实在是"一"，但同时也是"多"，这并不是就偶性而言，而是就本质而言。对于"一"的存在和实存来说，它在本性上同时是"一"和"多"，它是差异中的同一。因此，黑格尔将赫拉克利特的哲学归属于变化这类，其实误解了赫拉克利特。同样，他将巴门尼德置于赫拉克利特之前也是错的，因为巴门尼德曾批评过赫拉克利特，这证明他是赫拉克利特同时代且稍晚的人。⑤ 大体来说，赫拉克利特的哲学声称具

---

① 残篇，50。
② 残篇，80。
③ 努美尼乌斯（Numenius of Apamea）残篇，16，转引自查尔西迪乌（Chalcidius），c. 297（D. 22A 22）。
④ 残篇，51。
⑤ 黑格尔，《哲学史讲演录》，第一卷。

体的普遍性、多中之一、异中之同。

但是,这多中之一是什么呢?对于赫拉克利特来说,万物的本质都是火,之后的斯多亚学派也继承了这个观点。乍看上去,赫拉克利特不过是在重复古老的伊奥尼亚人的主题而已,既然泰勒斯已经说实在是水,阿那克西美尼已经说实在是气,赫拉克利特就简单找个和前辈不同的东西,就说是火了。当然,寻找不同的始基确实在一定程度上起作用,但赫拉克利特选择火不仅仅是为了不同而已,他还有积极的理由,与他的哲学的中心思想密切相关的充足理由。

感官经验告诉我们,火的存在依靠供给,也就是需要将其他物质消耗、转化为自身。它通过点燃许多其他物质而形成,将它们转变为自身,只要停止物质供给,火也逐渐消失了。火的存在依靠"冲突"和"张力",当然,这是真正哲学概念的感官上的象征,但它比水和气更能与这个概念相互联系起来。因此,赫拉克利特选择火作为实在的本性,并非只是由于他的任性,也不是刻意标新立异,不想和前辈们相同,而是出于他主要的哲学思想。他说:"火就是需要和满足。"换句话说,万物皆出于火,只要它们处在恒常的张力、争斗、消耗、点燃和熄灭的过程之中。[①]赫拉克利特又指出火的进程的两条道路,一条向上,一条向下。"他把变化分成向上之路和向下之路,并说宇宙的形成正是基于此。当火焰转变成湿气,并进而浓缩成水,水凝结成土,这被称作向下之路。而土液化成水,水变成其他万事万物,他几乎将所有东西都归结到海水的蒸发,这被称作向上之路。"[②]

如果万物都是火,并处在不断变化的过程中,世界中什么东西具有固定本性就应得到说明。赫拉克利特以"量"来解释,他说世界是"一团永恒的活火,有多少量被点燃,就有多少量被消耗"[③]。火来自万物,通过燃烧转化万物,取了多少也给出多少。"万物与火之间的变换就如同金子

[①] 残篇,65。
[②] 第欧根尼·拉尔修,《名哲言行录》,9,8—9。
[③] 残篇,30。

与货物之间的交易。"① 因此，尽管所有物质都在不断地变化，但是这些物质的总量却是不变的。

赫拉克利特不仅想要解释物质的相对稳定性，他也想要揭示一种物质和另一种物质之间此消彼长的关系，就像日与夜、夏与冬。第欧根尼表示，赫拉克利特将不同元素之间消长的关系归因为"不同的气"。因此，"当亮气围绕着太阳烧灼时，就产生了日，而相反的气占据优势时，就产生了夜；当亮气不断提升温度时就产生了夏，而暗气带来的湿占据优势时，就产生了冬"②。

正如前文所说的，虽然宇宙中随时都有战争，但万物也有相对的稳定性，因为火点燃和消耗的量总是相同的。事实上，正由于这种"量"的存在，以及向上之路与向下之路的平衡，构成了赫拉克利特所说"宇宙的隐秘和谐"，他认为"这比公开的和谐更好"。③ 我们在前面引用过他这则残篇："人们不了解事物如何在差异中变回自身，它们是在对立面的张力中得到协调，就像里拉琴和弓弦。"④ 简而言之，"一"就是"异"，而"异"也是"一"，是"一"的不同方面。这些不同的方面和向上、向下两条路一样都不可能消解，如果它们消解了，那么"一"本身也就无法存在。对立物不可分离，也就是一在不同时候的本质特征，这体现在如下言论中："向上之路和向下之路并无不同。""灵魂死后就变为水，水死后就变为土，但水也来自土，灵魂也来自水。"⑤ 当然，这导致了一定程度的相对主义，正如他说："善与恶都相同。""海水是最为纯净和不洁的水，鱼饮用则受益，人饮用则受害。""猪在泥泞中洗澡，禽鸟则在空气中沐浴。"⑥ 但所有冲突的张力在"一"中得到协调，所有的异也在其中得到调和："对于神来说，所有事物都是公平、善和正当的，但人则将它们分出是非。"⑦ 的确，所有泛神论哲学最后都不免得出这样的结论，万物都正当地存于不朽者之中。

---

① 残篇，90。
② 第欧根尼·拉尔修，《名哲言行录》，9，11。
③ 残篇，54。
④ 残篇，51。
⑤ 残篇，60，36。
⑥ 残篇，58，61，37。
⑦ 残篇，102。

赫拉克利特把"一"说成神，说成智慧："智慧只是'一'，无论它是否愿意，都会被称为宙斯。"[1] 神是普遍理性（逻各斯），是万物中内在的普遍法则，它将万物结合为一，并根据普遍法则安排宇宙的恒常变化。人的理性包含在普遍理性之中，或者说是其收缩或通道，因此人应该努力获得理性，并按照理性生活，体会万物的同一以及不变法则的统治，满足宇宙的必然性统治而不试图反抗。因为这正是整全的、主宰的逻各斯或法则的展现。人的理性和意识是燃烧的元素，极有价值：当纯粹的火离开身体后，留下来的水和土毫无价值。赫拉克利特认为："尸体比粪便更该被丢弃。"[2] 所以，人应该尽可能地保持灵魂的干燥，"干燥者最为聪明和卓越"[3]。对于灵魂来说，潮湿可能是快乐的，但"灵魂溺水就会死去"[4]。灵魂应该将自己从个人的"沉睡"世界提升到公共的"清醒"世界，也就是属于思想和理性的公共世界。当然，这种思想就是赫拉克利特的逻各斯。此外，宇宙中存在内在的法则和理性，而人类的法则应该是它的具体化，尽管最好的情况也只是不完美、相对而言的具体化。赫拉克利特强调普遍法则和人类都分享理性，帮助了后来的斯多亚学派形成普世主义理想。

斯多亚学派的宇宙论受到赫拉克利特的启发，认为理性主宰万物。但我们不能因此假定赫拉克利特将"火"或"一"视为"**人格神**"，就像我们不能假定泰勒斯或阿那克西美尼将水或气视作了人格神。赫拉克利特是泛神论者，而且斯多亚学派也是主张泛神论的。但是，我们如果将神视为万物内在的主宰原则，以及在道德态度上接受人间诸事为神法的体现，就会产生某种与在逻辑上推演神之作为宇宙整体的理论相抵触的心理态度。这种心理态度和理论的严格要求之间的矛盾在斯多亚学派那里体现得最为分明，因而斯多亚主义者在精神态度和语言运用上都暗示出有神论的思想，而不是泛神论这个合乎他们宇宙论的学说。这个矛盾也同样显现在他们后期更关注的伦理学主题之中。

---

[1] 残篇，32。
[2] 残篇，96。
[3] 残篇，118。
[4] 残篇，77，36。

赫拉克利特是否真正主张存在周期性的宇宙大火？既然斯多亚学派持有这种观点，而他们的宇宙论又是来自赫拉克利特，因此后人认为"周期性的宇宙大火"观念其实来源于赫拉克利特。但考虑到下述原因，这种说法似乎是不太可能的。第一，就像之前已经提到过的，赫拉克利特坚持说对立面的张力和冲突对于"一"的存在而言是根本的。因此，若万物周期性地归为纯净的大火，逻辑上来说这火也有熄灭之时。第二，赫拉克利特不是清楚地说过"太阳绝不会超过它的量，否则'公正'的侍女厄里斯必将知晓"①么？他还说过："这个世界过去是，现在是，将来也会是永恒的活火，它点燃多少也消耗多少。"第三，柏拉图在比较赫拉克利特和恩培多克勒的思想时，曾经说赫拉克利特认为"一"始终是"多"，而恩培多克勒相信"一"依次成为"多"和"一"。②当策勒认为"赫拉克利特甚至柏拉图可能都没有注意到这个矛盾"时，他做出的是无正当理由的推测。当然，若有明确的证据支持赫拉克利特曾主张过周期性的宇宙大火，我们就必须承认他们二人确实未曾注意到这个矛盾。但是目前我们不能证明赫拉克利特曾经有过这一主张，因此我们也不必错怪柏拉图。不仅如此，最先声称赫拉克利特主张宇宙大火的显然是斯多亚学派③，而斯多亚学派在这个问题上也存在分歧。普鲁塔克不也曾借书中人物说道："我看到斯多亚学派的宇宙大火蔓延到赫西俄德的史诗中，就像蔓延到赫拉克利特的著作和奥菲斯的诗篇中。"④

我们应该如何理解赫拉克利特所说的"异中之同"概念呢？存在许多不同的东西是显而易见的，但同时人的理智也试图以统一、系统的思维将万物联结起来以获得理解，这种思考的目标就是事物中真正的同一性，万物**是**互相依存的。人类也是如此，他和他的不朽灵魂也依赖于其他被造物。我们可以肯定，人的身体也正是依赖于宇宙和人类的所有历史：为了生存，他的身体必须依靠物质世界，不能缺乏空气、食物、清水、阳光等

---

① 残篇，94。
② 柏拉图，《智者》，242d。
③ 引自伯奈特，《早期古希腊哲学》，第159—160页。
④ 普鲁塔克，《论神谕的缺失》(*De defectu oraculorum*)，415以下。

等,他的精神也依靠感官才能获得知识。他的精神生活依赖思想和文化,文明和过往的发展。人类思想追寻同一并无不妥,但若为了维护"一"便否定"多"也是荒谬的。真正存在的那种同一正是"异中之同""多中之一",换言之,这个"一"不是贫乏的,而是富足的。每个事物都是"异中之同"(包含着分子、原子、电子等等),每种生物同样也是如此。如我们通过启示所知道的,甚至神也是多个位格中的同一,基督就是异中之同,也就是不同自然种的人格同一。与神相合也是异中之同,否则它就会损失本身的富足。当然,这并不是说神与人之间具有"纯粹"的同一。

我们能把这个被造的宇宙看成是同一的吗?宇宙确实不是实体,它由多种实体组成。然而,在我们的观念中,它是一个整体。如果能量守恒定律有效,在某种意义上来说,它也是物理层面上的一个整体。因此,这个宇宙在某种程度上可以被设想为是异中之同,但最好我们还是像赫拉克利特所说的那样,进一步认为对立面的冲突(即变化)是物质宇宙存在所必需的。

1. 就无机物而言,变化,至少在移动意义上的变化,是必然有的。我们只要考虑现代的物质构成理论、光学理论等,就能确证这个问题。

2. 而对于受物质条件制约的有限生命来说,变化就更为基本。有形体的生物必须依靠呼吸、消化等来维持生存,这些进程都可以说是变化,即"对立物之间的冲突"。地球上各种生物的保存依靠繁殖,而生死正是某种对立。

3. 我们可以想象一个完全没有对立面的冲突,没有变化发生的物质宇宙吗?如果有这样的宇宙,其中肯定没有生命,因为任何具体生命都依赖于变化。那么,可能存在既没有生命、完全静止,也没有变化和运动的宇宙吗?如果物质以能量的形式存在,那么很难想象某种完全静止的物质宇宙如何可能存在。但是,撇开所有物理学理论不谈,即使这种宇宙实际上可能存在,它可能合理地存在吗?至少我们会发现这种宇宙没有任何可能的功能。它没有生命,没有发展,没有变化,只能是混沌。

因此,不管是依靠**归纳**还是**演绎**,纯粹的物质宇宙看来都是难以设想的。物质宇宙中存在有机生命体,也要求存在变化。但变化一方面意味着差异，因为必然是从一个状态变化到另一个状态；另一方面也意味着稳定性，因为必然有**某物在变化**，它便是异中之同。

  总而言之，以弗所的赫拉克利特构想出了真正的哲学概念，尽管他采用的方法与他的伊奥尼亚前辈相同，用感官象征来表达本质上"多"中之"一"的概念。确实，赫拉克利特还没有提出"实体的思想"这个概念（即亚里士多德意义上的"思想的思想"概念）。他也没有像亚里士多德那样试图去解释宇宙中的稳定因素。但就像黑格尔说的："如果我们认为命运的公正就是将最好的传诸后世，至少应该说，赫拉克利特所留下的值得我们传承下去。"[①]

[①] 黑格尔，《哲学史讲演录》，第一卷，第297—298页。

第六章
巴门尼德和麦里梭的"一"

据说塞诺芬尼是爱利亚学派的创始人,然而,考虑到缺乏有力证据证明他曾到过意大利南部的爱利亚,因此我们最多只能将他算作爱利亚学派的启发者。考虑到塞诺芬尼既往的观点,不难理解为何这个坚守不变的"一"的学派会奉其为先师圣人。塞诺芬尼抨击希腊的神人同形同性论,"如果牛、马或狮子有手,能凭此绘画,像人那样从事艺术,马就会把神的形象画得像马,牛就会把其画得像牛,它们就会依它们自己的形象描绘神"[1]。在其他地方,塞诺芬尼主张:"在诸神和人中,存在最伟大的神,他在形体和思想上都不同于凡人。"他"待在同一个地方,从不移动,各处走动绝不是他会做的事情"[2]。亚里士多德在《形而上学》中说,塞诺芬尼在"谈及整个世界时,说'一'就是神"[3]。至于塞诺芬尼的"神学",最为恰当的说法应该是一元论而不是一神论。与有神论的解释相比,一元论的说法更能够与爱利亚派对他的态度相兼容。对于我们而言,真正的一神论或许更为熟悉,但当时的希腊人却不是如此。

但是,不论塞诺芬尼的主张究竟是什么,从哲学和历史的视角来看,爱利亚学派的真正创始人无疑是那位爱利亚公民——巴门尼德。他大约生于公元前6世纪末,因为在巴门尼德65岁时——大约公元前451到公元前449年——曾与年轻的苏格拉底在雅典有过谈话。据传巴门尼德曾

---

[1] 残篇,15。有人可能会将其与厄庇卡尔谟的说法进行比较(残篇,5):"对狗来说,狗是最美丽的生物,而对牛来说,牛是最美丽的,同样对驴,对猪来说,它们所认为的最美丽的生物分别是驴和猪。"
[2] 残篇,23和26。
[3] 亚里士多德,《形而上学》,卷A第5章,986b18。

为他的城邦爱利亚起草法律，第欧根尼还保存了索提翁的声明，这份声明显示巴门尼德曾是毕达哥拉斯学派的成员，但后来脱离了毕达哥拉斯学派，转而研究自己的哲学。①

巴门尼德以诗歌形式创作，我们所了解的残篇大部分来源于辛普利西乌斯的评论。他的学说大意是说，存在是"一"，存在存在，而生成即变化，只是幻象。因为如果某物生成，它要么来自存在，要么来自非存在。若来自存在，则它已经存在，也就不必生成，若来自非存在，则什么也没有，因为无就是无。因此，生成是一种幻象。存在只是存在，而且存在是"一"，因为"多"也是幻象。这种学说显然不是一般人的心灵能够立刻领悟的，因此巴门尼德坚持真理之路与信仰或意见之路的区分也就毫不奇怪了。巴门尼德诗歌第二部分所说的意见之路，很有可能就是毕达哥拉斯学派的宇宙论，而毕达哥拉斯哲学显然不是**只**依靠感官知识的人可以了解的。因此，巴门尼德对两条道路的区分也不具有稍后的柏拉图所做出的知识与意见、思想与感觉之间的区分所具有的形式上的普遍性。他的区分更像是为了某种偏爱的哲学反对其他哲学。的确，巴门尼德反对毕达哥拉斯哲学，但事实上，一切主张运动和变化的哲学他都反对。而且，既然变化和运动对感觉而言是最确定的现象，巴门尼德也反对感觉—表象这个途径。因此，可以说巴门尼德指出了理性与感觉、真理与表象之间的重大差别。当然，泰勒斯在某种程度上就已经认识到了这一点，因为他所主张的真理"万物本原是水"同样不能直接被感官所知，而需要依靠理性穿透感觉表象来认知。赫拉克利特的核心"真理"也是某种理性真理，远远超出相信万物的感觉表象的一般人的常识。赫拉克利特使这个区分更为明晰，他不是将常识和他的逻各斯做了截然的区分吗？但是巴门尼德的确首先明确强调了这个区分，只要我们考虑到他所得出的结论，就不难理解他为何要做出这个区分。在柏拉图的哲学中，这个区分十分关键，事实上在所有观念论中都是如此。

尽管巴门尼德阐明的这个区分成为所有观念论的基础，但我们必须

---

① 第欧根尼·拉尔修，《名哲言行录》，9, 21。

拒绝将其解释为观念论者的诱惑。我们有很好的理由假定，巴门尼德所认为的"一"是感觉的、物质性的，如果将其视为19世纪的客观唯心论，则成了时代错置的绝佳例证：否定变化，并不能说明"一"即是"观念"。我们可能被要求追随思想的道路，但不是巴门尼德所说的"一"，因为我们在思想道路上抵达的，只能是思想本身。如果巴门尼德的确曾将"一"视作独立自存的思想，那么柏拉图和亚里士多德不至于没有记录这么重大的事实，苏格拉底也不应该将主张心灵或努斯的阿那克萨戈拉视为第一位明智的哲学家。事实应该是：尽管巴门尼德确实在理性和感觉之间做出了区分，但他并不是为了建立观念论体系，而是为了建立一元的唯物论，在其中，运动和变化都被视为幻象。只有理性才能理解实在，但是理性掌握到的实在是物质性的，这里没有观念论，只是唯物论。

现在我们转向巴门尼德关于世界本性的学说，他的第一个重大论断即是"它存在"。"它"就是指实在、存在。无论它的性质是什么，它确实存在，而且不能不存在。它存在，它不可能不存在。存在可以被言说，也可以成为思想的对象，能够言说和思想的对象就能存在，"因为能被思考和能存在是相同的"。并且如果它**能**存在，它就**存在**。为什么？因为如果它能存在却不存在，它就什么也不是。什么也不是的东西既不能被言说也不能被思想，因为说什么都不是的东西就是没有言说，思想什么都不是的东西就是根本没思想。此外，如果它仅仅是**能存在**，这将会是自相矛盾的，因为它永远无法确实地存在。那么，它就必然来自什么也不是，什么也不是的东西什么也生不出。因此存在、实在首先不是可能的（即什么也不是的），而且是存在的，它总是存在，更确切地说，"它存在"。

为什么我们说"更确切地说，它存在"？这是因为，如果某物成为存在，那么，它要么来自存在，要么来自非存在。若来自存在，则说不上是真正的生成，说不上是成为存在，因为其所来自的存在，早已在了。然而，若它来自非存在，那么非存在首先必须是某样东西，才能够由它成为存在。如此便相互矛盾。所以，存在既不来自存在，也不来自非存在。它从来不是成为存在，它就是存在。所有的存在都是这样，因此没有生成可言。如果有物生成，无论如何微妙，都逃不过相同的困难：它是来自于存在还是来自非存在呢？若是来自存在，则它已经存在；若是来自非存在，这就又掉进了悖论之中，因为非存在什么也不是，因此也不可能成为存在的来由。因此，变化、生成、运动是不可能的，因此"它存在"。"我们可以说的只有一条，即'**它存在**'。而且，我们也有很多理由认为，它既不生成也不毁灭，因为它是完整的、不变的、无穷的。"①

为什么巴门尼德说"它"是完整的呢，即为什么"一"（实在）不能再被增添什么呢？因为若它不是"一"，而是可分的，那么它必定被它之外的某物所分。但是存在不能被它之外的东西所分，因为存在之外的都不存在。同样，也不能给存在增加什么，因为加于存在的东西本身也已存在。因此，它是不动的、连续的，所有的运动、变化和生成都不可能加诸其上。

现在，根据巴门尼德的看法，"它"的本质是存在。巴门尼德将其视作物质性的，这在他的这个断言中似乎清楚地表现了出来，存在、"一"是有限的。对于他来说，无限必定是指模糊的和不确定的，而存在是现实的，不可能有模糊和不确定的地方，不能变化，不能被设想为向虚空中伸展。它必定是确定的、清楚的、完整的。在时间上可以说它是无限的，因为它没有开始和终结，但在空间上它是有限的。不仅如此，它在各个方向上都同样真实，因此是球形的，"从球心到每个方向都相同，不会有一处比另一处更大或更小"②。那么，既然巴门尼德将存在视为物质性的，它如何会是球体呢？伯奈特说的可能是对的："巴门尼德不像有些人所设想的那样是'观念论之父'，恰恰相反，所有唯物论都依赖于其对实在的看法。"③斯塔斯也承认："巴门尼德、麦里梭和爱利亚学派的其他成员，在某种意义上都相信存在是物质性的。"但他依然尝试证明巴门尼德是观念论者，因为巴门尼德主张"观念论的中心概念"："整个世界展现于其中的绝对实在，它存在于思想和概念之中。"④确实，巴门尼德的存在只能由思

---

① 残篇，8。
② 残篇，8。
③ 伯奈特，《早期古希腊哲学》，第182页。
④ 斯塔斯，《希腊哲学批判史》，第47—48页。

想把握，但泰勒斯和阿那克西美尼的存在概念，同样也只能由思想把握。但若认为"在思想中被把握"和"本身就是思想"是相同的，这其实是混淆了二者。

因此，从历史事实的角度看，巴门尼德应该归属于唯物论者。但巴门尼德的哲学并不能因此免于无法调和的矛盾。就像斯塔斯所指出的[①]，巴门尼德虽是唯物论者，他的思想中依旧有观念论的萌芽，为观念论提供了出发点。一方面，巴门尼德肯定存在的不变性，但又由于存在具有物质性，他因此宣称物质具有不灭性。恩培多克勒和德谟克利特正是采纳了这点，并将之用到了他们的原子论中。但正因此，巴门尼德不得不把所有变化视为幻象，把自己放在赫拉克利特的对立面。德谟克利特无法否认变化这个经验事实，认为需要更多的解释而不仅仅是简单拒斥。因此，他采纳了巴门尼德理论中的存在不生不灭、物质不可朽坏的观点，将变化解释为不灭的物质粒子的分散和聚合。另一方面，在历史上来看，柏拉图利用了巴门尼德的存在是不变的命题，将永恒的存在等同于客观存在的理念。就此来说，巴门尼德可以被称为观念论之父，因为第一位伟大的观念论者采用了他的中心论点，并以观念论的方式解释它。不仅如此，柏拉图还很好地利用了巴门尼德对可知世界和感官世界或者说表象世界做出的区分。因为巴门尼德对柏拉图的巨大影响而称其为观念论之父，这也算是有历史依据的，但同时我们也要知道，巴门尼德自己终究是在传授唯物论思想，而德谟克利特这些唯物论者才是他思想上真正的合法后裔。

赫拉克利特的万物流变学说强调**生成**，正如之前所说的，他虽强调生成但并不因此排斥存在，从不说只有生成而无生成之物。他宣称"一"存在，即火存在，但变化、生成、张力对于"一"的存在也是根本的。巴门尼德则不然，他在强调存在的同时完全排斥生成，认为所有的变化和运动都是幻象。感觉虽然告诉我们变化的存在，但是想要寻找真理，不能凭借感觉，而要依靠理性和思想。因此，这两位哲学家分别代表了两种倾向，一种强调生成，一种强调存在。柏拉图试图将两种倾向的真实部分综

---

① 斯塔斯，《希腊哲学批判史》，第 49—52 页。

合起来，他接受巴门尼德所做的思想和感觉的区别，并宣称感觉对象并不是真正的知识对象，因为它们不具有必然的稳定性，而始终在赫拉克利特所说的流转之中。真正的知识对象是稳定而永恒的，这就像巴门尼德所言的"存在"，但和巴门尼德的存在不同，因为它不是物质性的，相反，是实存的非物质的理念，按等级依次排列，位于顶点的就是善的理念。

到了亚里士多德，这项综合工作可以说更进一步。存在，在终极的、非物质的实在的意义上也就是神，是不变的、实存的思想，即思想的思想。而物质性的存在，亚里士多德同意赫拉克利特的观点，物质存在是不断变化的，也就拒绝了巴门尼德的立场。但他比赫拉克利特做得更好的地方在于，他说明了事物的相对稳定性，他把柏拉图的理念解释为事物具体的、形式的原则。接着，亚里士多德强调了潜能概念以解决巴门尼德的两难困境，他指出，说某个事物现实是 X，但潜在是 Y 不矛盾。它现在是 X，但它凭借潜能会在未来成为 Y，潜能既不是单纯的虚无，也不是实际的存在。因此存在既不是来自非存在，也不是来自作为实存的存在，而是来自潜在的存在。关于巴门尼德诗篇的第二部分"意见之路"，本不必再说什么，但巴门尼德的弟子麦里梭的补充倒值得再提一下，巴门尼德说存在，也就是"一"在空间上是有限的，但他的来自萨摩斯岛的弟子并不认同这一观点。如果存在是有限的，存在之外就是虚空，存在必然被虚空包围或限制，但如果存在是被虚空所包围，存在实际上就是无限的，而不是有限的。存在之外，不能有虚空存在，"因为虚空就是不存在，不存在的东西不会在"[①]。

亚里士多德告诉我们麦里梭的"一"也是物质性的，[②] 但辛普利西乌斯引用一则残篇证明麦里梭的"一"不是物质性的，而是非物质性的。"如果它存在，则它必然是'一'，若它是'一'，它就不可能有形体，因为有形体的都有部分，而不再能是'一'。"[③] 这个解释大概只能表明麦里梭是在谈论假设的情况，伯奈特跟策勒一样，指出这则残篇和芝诺的某个

---

① 残篇，7。
② 亚里士多德，《形而上学》，986b18—21。
③ 残篇，9。（辛普利西乌斯，《物理学》评注，109，34）。

论证非常相似,芝诺说毕达哥拉斯学派的终极单元如果存在,那么,每个数都有部分,而不是"一"。因此,我们可以设想,麦里梭所谈论的就是毕达哥拉斯学派的思想,以便证明他们的终极单元是不可能存在的,根本不是在谈论巴门尼德的"一"。

第七章

芝诺的辩证法

芝诺之所以著名，在于他提出了几个关于"运动不可能"的巧妙论证，比如说阿喀琉斯与龟赛跑。这些论证可能会加强普通人的印象，认为芝诺不过是机灵的解谜人，乐于用他的机智去迷惑没他聪明的人。当然，事实上，虽然芝诺非常聪明，但他远不止是为了炫耀自己的智慧，而是有更为严肃的目的。要想理解芝诺，欣赏他的谜题，必须理解他的目的，否则就有误解他的立场和目标的危险。

爱利亚的芝诺大概出生在公元前489年，他是巴门尼德的弟子，我们需要从这个视角去理解他。他的论证不是简单的智力游戏，而是用来维护其老师理论的精巧辩护。巴门尼德抨击多元论，并认为运动和变化都是幻象。但是多样性和运动都被普通人的感官清楚地经验到，因此巴门尼德的大胆立场自然会受到大量嘲笑。芝诺是他老师学说的坚定信徒，他努力想要证明它，或至少证明它没有什么可笑的地方，他采取的手段是，指出毕达哥拉斯学派的多元论含有无法解决的困难，而且即使在多元论的假设中，运动和变化也是不可能的。为了驳倒反对巴门尼德的那些毕达哥拉斯学派成员，芝诺提出了一系列精巧的归谬论证。柏拉图在《巴门尼德》中清楚地表述了出来，他指出芝诺文本的目的："事实上，这些作品的目的在于维护巴门尼德的论证，反对那些攻击他，认为他'肯定一'会带来荒谬可笑、自相矛盾的结果的人。我的文本要回应那些多元论者，而且还反击回去，只要充分详细地考察，就可以看出'假定多'比'假定一'还要可笑得多。"[①] 普罗

---
① 柏拉图，《巴门尼德》，128b。

克洛也告诉我们"芝诺曾列举四十个论证来证明存在是'一',认为这能够很好地帮助他的老师"。①

一、反对毕达哥拉斯学派的多元论

1. 让我们先依照毕达哥拉斯学派的主张,假定实在由单元构成。这些单元或是有大小的,或是无大小的。若是有大小的,那么就像一根线段,包括许多有大小的单元,那么它是无穷分割的,因为无论分了多少次,这些单元还是有大小,依旧是可分的。这样一来,这根线段的单元数是无穷的,而且每个部分都有大小。于是,这根线段就是无限大的,因为它由无数的东西组成。同样,世界上每件事物都是无限大的,那么**显然**世界也是无限大的。从另一方面来看,这些单元若没有大小,则整个世界也不会有大小,因为没有大小的单元无论增加多少,集合起来也是没有大小的,宇宙若没有大小,将是无限小的,而每个事物也同样是无限小的。

那么,毕达哥拉斯学派的成员就陷入了矛盾。要么世上万物都是无限大的,要么它们都是无限小的。芝诺的结论明显是,导致这种矛盾的前提并不合理,即宇宙万物都是由单元构成的这个说法是错误的。如果说,他们认为"假定一"是荒谬的,因为会导致可笑的结论,那么大家现在也可以看出来,"假定多"也同样会导致可笑的结论。②

2. 如果存在"多",我们应该可以问有多少。至少,它们应该是可以被计数的。如果不能被计数,它们如何可能存在呢?另一方面,它们不可能被计数,而应该是无穷的。为什么?因为在任意两个指定的数之间,一定有另一个数存在,就像那根线段一样,可以被无穷分割。但是,同时说多在数目上既是有限的又是无限的显然很荒谬。③

3. 当一蒲式耳玉米落地时会发出声音吗?显然是会的。那么一粒呢?或者千分之一粒玉米呢?显然不会发出声音。然而一蒲式耳玉米是由一粒粒玉米或者说玉米的部分组成的。如果部分落地无声,那么部分所构成的

---

① 普罗克洛,《巴门尼德》评注(commentary on Parmenides),694,23(D. 29A 15)。
② 残篇,1,2。
③ 残篇,3。

这个整体落地为何会有声呢?[1]

二、反对毕达哥拉斯学派的空间理论的论证

巴门尼德否定虚空或空无的存在,芝诺则试图证明相反的观点如何导致矛盾以支持这一观点。如果空间中存在一物,那么空间是什么呢?它若什么也不是,那么物不可能在其中,如果它是一物,那么它本身需要在另一空间中,这个空间也该在另一空间中,如此则无穷无尽,岂不荒谬。所以说物不可能在空间或虚空中,巴门尼德否定虚空存在确实是正确的。[2]

三、关于运动的论证

芝诺最为著名的论证是有关运动的。需要记住的是,芝诺试图证明巴门尼德所否定的运动,即使在毕达哥拉斯学派多元论的假定中,也同样是不可能的。

1. 假设你要穿过一个体育场或赛马场,根据毕达哥拉斯的说法,你必须越过无限多的点。你若想跑到另一头,则必须在有限的时间内穿过这段距离。但你怎么可能在有限的时间内越过无限的点,也就是无限的距离呢?我们只能推断,你不可能穿过运动场。事实上,我们必须推测,任何东西都不可能越过任何一段距离,因为它们都会遇上同样的困难,因此所有的运动都是不可能的。[3]

2. 让我们想象阿喀琉斯和乌龟将要开始赛跑,由于阿喀琉斯是运动员,所以让乌龟在前面先跑。然后,当他到达乌龟出发那一点时,乌龟已经往前移动了一点;当他追上这一点,乌龟又移动了一点(不论多短)。如此,阿喀琉斯只能越来越接近乌龟,但永远不能超过乌龟。他不能办到,因为任何一线段都是由无穷的点构成的,他怎么可能越过无限的距离呢?

---

[1] 亚里士多德,《物理学》,卷 H 第 5 章,250a19;辛普利西乌斯,1108,18(D.29A 29)。
[2] 亚里士多德,《物理学》,卷 Δ 第 3 章,210b22;第 1 章,209a23;欧德谟(Eudemus),《物理学》残篇,42(D.29A 24)。
[3] 亚里士多德,《物理学》,卷 Z 第 9 章,239b9;第 2 章,233a21;亚里士多德,《论题篇》,卷 Θ 第 8 章,160b7。

因此，按照毕达哥拉斯学派的假设，阿喀琉斯永远追不上乌龟。尽管他们主张运动的实在性，但他们的学说又使运动成为不可能的，他们只能说，跑得慢的和比他跑得快的跑得一样快。①

3. 想象一支移动中的箭，根据毕达哥拉斯学派的说法，箭在空间中占据了一个位置。但是在空间占据一个位置意味着它静止，也就是说飞矢不动，这是自相矛盾的。②

4. 芝诺的第四个论证是由亚里士多德转述的，就像罗斯（Sir David Ross）所言："很难理解，部分是因为亚里士多德③语言含混，部分是因为其中包含怀疑。"④我们需要假设运动场或赛马场上有三列物体，A 静止不动，B 与 C 以相同速度相对运动。如图所示：

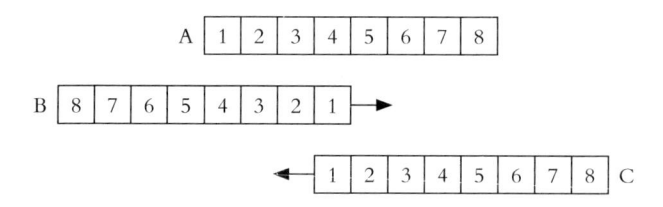

A | 1 | 2 | 3 | 4 | 5 | 6 | 7 | 8 |

B | 8 | 7 | 6 | 5 | 4 | 3 | 2 | 1 | →

← | 1 | 2 | 3 | 4 | 5 | 6 | 7 | 8 | C

A 静止不动；B 与 C 以相同速度相对运动。它们将会到达这个位置：

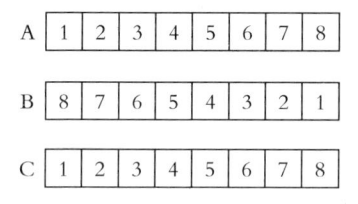

A | 1 | 2 | 3 | 4 | 5 | 6 | 7 | 8 |

B | 8 | 7 | 6 | 5 | 4 | 3 | 2 | 1 |

C | 1 | 2 | 3 | 4 | 5 | 6 | 7 | 8 |

为了抵达这个位置，B 的前部通过 A 的四个数，而 C 的前端通过了 B 的 8 个数。如果每通过一个单位长度需要一个单位时间，那么 B 的前端所需的时间应该是 C 的前端所需时间的一半。但是从另一方面看，B 的前

---

① 亚里士多德，《物理学》，卷 Z 第 9 章，239b14。
② 亚里士多德，《物理学》，卷 Z 第 9 章，239b30。
③ 亚里士多德，《物理学》，卷 Z 第 9 章，239b33。
④ 罗斯，《物理学》评注，第 660 页。

端通过了全部C，而C的前端也通过了全部B，两者所需的时间应该**相等**。那么会得出一个荒谬的结论，也就是一半的时间和全部的时间相等。

我们应该怎样解释芝诺的这些论证呢？我们不应该认为："这些仅仅是芝诺的诡辩，虽然技巧高明，但错在假定线由点构成、时间由分离的瞬间构成。"要解决这些谜题，也许应该指出线段和时间都是连续的，而不是分离的。但其实，芝诺本人并不主张它们是分离的，相反，他的目的正是想说明，如果它们是分离的，将导致荒谬的结论。芝诺是巴门尼德的弟子，并且也深信运动是幻象，不可能存在。前面所说的诸种论证都是为了证明哪怕根据多元论的说法，运动也是不可能的，并且所有主张运动可能的学说，都将导致矛盾、荒谬的结论。芝诺的立场是这样的："存在充满全体，是完整的连续体，运动是不可能的。我们的反对者断言运动可能，并且试图诉诸多元论的假定来解释运动。我想要说明这种假定无助于解释运动，只会让人陷入矛盾。"因此芝诺只是想把反对者的假定推到荒谬的境地，但真实的结果是，他的辩证法只是显示出承认"连续的量"的概念的必要性，而并不能帮助建立巴门尼德式的一元论（这确实受到很多攻击）。

总之，爱利亚学派的成员都否定"多"和运动的实在性。本原只有一个，即存在，它被设想为是物质的、不动的。当然，他们并未否认一般人**感觉**到的运动和"多"，但他们宣称，我们感受到的是幻象，仅仅只是表象。真正的存在不是感官所能捕捉的，而必须依靠思想，思想则指出："多"、运动、变化都是不可能的。

因此，爱利亚学派也和早期希腊哲学家那样，试图找出世界的某个本原。但是，世界所呈现给我们的，明显是多元的。因此问题在于，如何协调本原的"一"和我们在世界发现的"多"和变化。这就是"一"和"多"的问题，赫拉克利特曾提出"多中之一"和"异中之同"来公正地处理这两个方面，以期能在哲学上解决这个难题。毕达哥拉斯学派则主张多元性，这实际上拒绝了"一"，因为有很多的"一"；爱利亚学派则肯定"一"而否定"多"。如果你坚持感官经验所展现的"多"，你就必须承认变化；如果你承认从一物到另一物的变化，你就避不开紧随而来的问题：变化中的事物所展现的共同成分的特点究竟是什么？从另一方面看来，如果你要肯定"一",而又不愿陷入爱利亚学派无法持久的片面立场,则你必须从"一"中推出"多",或者至少要表明我们在世界上观察到的"多"如何与"一"相符合。换句话说,必须公正适当地处理"一"与"多",不变与变化这两者。巴门尼德的片面学说不可取,毕达哥拉斯的片面学说同样如此。但是赫拉克利特哲学也没有做到完美,除了无法充分说明事物中的不变要素外,它也摆脱不了唯物一元论的局限。最后他不得不主张将最高和最真的存在设想为无形的。同时,毫不奇怪,我们能看到策勒称为"折中体系"的理论,它努力融合前辈思想。

附:前苏格拉底时期希腊哲学的泛神论

如果泛神论者是对宇宙有着主观宗教态度的人,他们把宇宙等同于神。那么前苏格拉底时期的哲学家都很难被称为泛神论者。赫拉克利特虽然确实把"一"说成是宙斯,但他对"一",也就是火说不上有什么宗教态度。

如果泛神论者是否认宇宙有超越性本原的人,认为宇宙根本上来说是**思想**,而不像唯物论者认为宇宙只是物质。前苏格拉底时期的哲学家也算不上是泛神论者,因为他们都把"一"设想为物质性的。当然,精神和物质的区别在当时并没有被设想得足够清晰,以致于他们可以像现代的唯物一元论者那样否定精神的存在。

无论如何,"一"或者说宇宙都不能等同于希腊的神。谢林指出,荷马没有考虑到超自然物,荷马的神只是自然的组成部分。这个说法也可以用在这个问题上。希腊的神是有限的,与人同形同性,它不可能和"一"相同,也不可能有人这样去理解。神的**名字**也许曾被用到"一"上,比如说宙斯。但是这绝不能被认为等同于神话传说中那个"真正"的宙斯。也许可以说"一"是唯一神,奥林匹斯的神灵只是拟人化的象征寓言,但即使这样,我们也很难确定哲学家们是否曾**崇拜**过"一"。斯多亚学派也许可以被恰当地视作泛神论者,但是说到早期前苏格拉底哲学家,我们最好还是把他们叫作一元论者,而不是泛神论者。

第八章
阿克拉加斯的恩培多克勒

恩培多克勒是西西里岛上阿克拉加斯或阿格里真托的公民。他的确切生卒时间已不可考,但可以确定的是,他曾于公元前444或前443年在图里城建成后不久前去拜访。他积极参与母邦的政治活动,而且似乎成为当地公民大会的领导人。在稍晚流传的种种故事中,他被塑造为魔法师或者说变戏法的,据说他曾因为"偷窃演说稿"[①]而被毕达哥拉斯学派驱逐。除了种种奇术活动,恩培多克勒也为医术的发展做出了贡献。这位哲学家的死亡更被塑造成多种带有娱乐性质的寓言,其中最广为人知的一种说法是,为了使人们相信他在死后升天并成为神,他纵身跃入埃特纳奔涌的火山之中。不幸的是,他不慎留下了一只鞋子在火山口,而且由于他习惯穿的鞋子黄铜色的鞋底过于特别,于是很容易就被人们认了出来。[②]然而,第欧根尼在讲述这个故事时,告诉我们:"蒂迈欧否认所有这类故事,他清楚地告诉我们,恩培多克勒在伯罗奔尼撒离世,并且遗体没有被送回来,所以,任何有关他死亡的故事都是胡说八道。"[③]恩培多克勒像巴门尼德而不是其他希腊哲学家那样,用韵文来述说他的哲学观念,部分残篇流传了下来。

恩培多克勒并没有提出太多新的哲学观点,而是努力调和他前辈们的种种观点。巴门尼德主张"存在存在",并且是物质性的。恩培多克勒

[①] 第欧根尼·拉尔修,《名哲言行录》,8,54。
[②] 第欧根尼·拉尔修,《名哲言行录》,8,69。
[③] 第欧根尼·拉尔修,《名哲言行录》,8,71。(伟大的日耳曼古典诗人荷尔德林曾在一部诗中描绘恩培多克勒的传奇死亡,这是他生前未发表的诗剧。)

不仅继承了这个观点,还接受了巴门尼德思想中最基础的部分:"存在"既不能产生也不能消失,因为存在不来自不存在,存在也不可能变成不存在。物质没有开始也没有终结,坚不可摧。"愚蠢的人类啊,他们没有深远的思想,他们认为先前不存在的可以进入存在,一切事物都有朽坏,并完全被摧毁。然而,存在绝不可能朽坏,也从没听说过存在可以朽坏。因为存在永远存在,不论你将其置于何处。"① 他接着说道:"虚空充斥于世间万物之中,使其显得空,使其显得满。"又说:"如果虚空充斥世界,万物就是空无,那么,万物又如何能够生成和增多呢?"②

就目前这些来说,恩培多克勒仍然依循巴门尼德的教导,但在另一方面,变化是不可否认的事实,将之视为幻象的做法是行不通的。因此,必须找到某种方式来调和变化和运动之存在的事实与巴门尼德的本原,也就是不生不灭的物质性的存在。因此,恩培多克勒的调和受到如下原则的影响,即作为整体的事物是有生有灭的,就像我们所经验到的;但是,这些事物是由某些物质粒子构成的,而这些粒子是坚不可摧的。"只有重组和交换不断地发生在这些组合起来的事物之中,实体只是人们给它们的命名而已。"③

泰勒斯相信事物在终极意义上是水,而阿那克西美尼则认为是气,他们都相信一种事物可以变成另一种事物,至少在水变成土,气变成火的意义上。而恩培多克勒则以他的方式解释巴门尼德关于存在的不可变性的原则,他认为一种事物不可能变成另一种事物,但是,存在一些根本的、永恒的物质或元素,它们就是土、气、火和水。这一广为人知的四元素的分类正是由恩培多克勒提出的,尽管他从未称呼它们为元素,而是叫作"万有之根"④。土不能变成水,水也不能变成土,这四种物质是不可改变的根本性粒子,通过混合形成了世界上的具体事物。元素的混合产生了种种事物,元素的分离则使得这些事物毁灭,但是元素自身既不产生也不毁

---

① 残篇,11。
② 残篇,14。
③ 残篇,8。
④ 残篇,7。

灭，始终不变。因此，恩培多克勒认为，唯一调和巴门尼德唯物论立场与变化的事实的方式就是，假设多种根本的物质粒子的存在。它们是在巴门尼德体系与感官印象之间的调停者。

迄今为止，伊奥尼亚哲学家们的思想已经不再能解释自然界的进程。如果像阿那克西美尼认为的那样，万物都是由气所构成的，我们所经验到的种种物体是如何变为存在的呢？是什么力量产生大自然循环往复的进程呢？阿那克西美尼假定气之所以能变为其他物质，在于它与生俱来的某种力量。恩培多克勒则认为必须要有某种动力的存在才能解释变化，他认为，这种动力就是"爱"与"争"，或被叫作"和谐"和"无序"。不管把它们叫作什么，恩培多克勒将它们视作物理性的和物质性力量。爱或吸引力使得四元素的粒子聚集和组合起来，争或冲突使这些粒子分离并导致具体事物存在的终止。

按照恩培多克勒的说法，就世界进程是周期性的循环往复而言，它是轮回的。在这个轮回的开端，四种元素的粒子都聚合在一起，成为笼统的混沌，而不是相互离散形成我们所熟知的种种具体事物。在这个时期，爱是支配性的原则，而这个混沌被称为"幸福的神"。然而，争已经围绕在它周围，当争渗入这个领域之中，分离的进程就开始了，种种元素粒子开始分散。最后，在分离的进程完成之时，所有的水元素粒子都聚集在一起，所有的火、气、土元素粒子也是这样。争成为最高的主宰，而爱不再发生作用。然后爱会反过来重复该步骤，渐渐造成种种元素的混杂和结合。直到所有元素粒子都聚合在一起，像最开始那样，然后争又再次导致相同的阶段。这种进程会循环往复，无始无终。[①]

至于我们所知道的世界，存在于最初的混沌到最后的完全分离的中间阶段。争正在逐渐渗入世界之中，将爱驱逐出去，就像爱对它做的那样。在我们的世界从混沌中逐渐成形的过程中，最先被分离出来的元素是气，接下来是火，然后是土，水在世界的急速旋转中被挤压出来。最初的混沌时期对我们来说被描述得颇为有趣（即整个轮回的第一个阶段，而不

---

① 永不结束的循环进程这个主题同样出现在尼采所言的"永恒轮回"之中。

是绝对意义上的最初阶段）。"这里非常独特，既没有太阳轻快的羽翼，也没有粗糙的大地，更别提海洋。'和谐'之力紧缚，神飞速地在球形的世界中巡游，欣喜于自身循环的独自存在。"[1] 恩培多克勒用很多方式解释爱与争的活动。"这些（指二者之间的较量）显现在凡人肢体的结合上。有时在爱的作用下，所有肢体聚集起来成为身体各个部分，这是生命的夏季；有时它们被争无情地分开，各自徘徊在生命之海的各个碎浪之中。同样的方式也作用在以水为家的植物和鱼、在穴居的野兽和羽翼翱翔的飞鸟那里。"[2]

在《论净化》中，恩培多克勒讲授了灵魂轮回转世的学说。他甚至宣称："在过去，我曾身为男孩、女孩、灌木、鸟以及海中的鱼。"[3] 但是，很难说这种学说和他的宇宙论系统是相协调的。因为如果万物都是由物质粒子构成的，而死亡之时它们相互分离，并且"心脏周围的血液流动就是人的思想"[4]，那么灵魂不朽就很难成立了。恩培多克勒自身可能未曾意识到他的哲学理论和宗教理论之间的矛盾。（后者确实富有毕达哥拉斯学派的色彩，例如"罪大恶极的人们啊，离豆子远些"。）[5]

亚里士多德评论说，恩培多克勒没有在知觉与思想之间做出区别。他的视觉理论来自塞奥弗拉斯特，柏拉图曾在《蒂迈欧》中提到。[6] 在感官知觉阶段时，我们体内的元素和体外的同样元素相互会合。万物都在不断地流射，当你的感官面对相应的东西，流射物进入其中，知觉就发生了。比如说视觉，流射物从事物进入眼睛，与此同时，眼中之火向外碰到事物，"视觉"在这两个因素作用之下得以发生。（眼睛由水和火构成，火被由细小孔洞构成的薄膜与水隔开，水不能通过这个薄膜，而火则可以从这薄膜出去。）

总之，不要忘了恩培多克勒试图调和巴门尼德主张存在不生不灭和

---

[1] 残篇，27。
[2] 残篇，20。
[3] 残篇，117。
[4] 残篇，105。
[5] 残篇，141。
[6] 亚里士多德，《论灵魂》，427a21；塞奥弗拉斯特，《论感觉》(de sensu)，1 以下。柏拉图，《蒂迈欧》，引自 67c 以下（D. 31A 86）。

变化的显而易见的事实。他假定终极的粒子四元素的混合组成了这个世界的具体事物，它们的分离导致这些事物的毁灭。然而他却没能解释自然的物理轮回进程如何发生，不得不求助于虚构的神话力量：爱和争。直到阿那克萨戈拉才提出"努斯"这个概念来充当世界进程的最初原因。

第九章

阿那克萨戈拉的进展

阿那克萨戈拉大概在公元前500年出生于小亚细亚的克拉佐门尼，他是希腊人，但毫无疑问是波斯公民，因为在伊奥尼亚叛乱遭到镇压之后，克拉佐门尼已经归属波斯。甚至有人说，他是随着波斯军队进入雅典的。如果这是真的，就可以解释他为何在公元前480/479年，萨拉米斯战役发生的时候进入雅典。他是第一个在雅典定居的哲学家，之后雅典开始成为哲学研究的繁盛中心。①

我们从柏拉图②那里知道，年轻时伯里克利曾求学于阿那克萨戈拉门下，后来阿那克萨戈拉因此被卷入一桩麻烦事。他定居雅典大约30年后，在公元前450年，因伯里克利政敌的控告而受到审判。第欧根尼说他被指控的罪名是不敬神（据索提翁）和私通波斯（据萨提罗斯）。柏拉图也曾提到他的第一项指控，因为他认为太阳是红热的石头，而月亮由泥土组成。③这些罪名显然是无中生有，主要是为了通过阿那克萨戈拉给伯里克利以沉重打击。伯里克利的另一位老师，达蒙则遭到放逐。阿那克萨戈拉已经被定罪了，但最终伯里克利还是将他从陷入牢狱之灾的悲惨命运中解救出来，然后他回到了伊奥尼亚，定居在米利都的殖民地兰普萨库斯。他可能在此建立了学校，公民们在市场中竖碑纪念他（献给心灵和真理的神圣祭坛），据说每年在他的忌日，学校的学生都会像他要求的那样获得一

---

① 据说阿那克萨戈拉在克拉佐门尼拥有产业，但后来为了从事沉思的生活放弃了。柏拉图，《希庇阿斯前篇》，283a。
② 柏拉图，《斐德若》，270a。
③ 柏拉图，《申辩》，26d。

天假期。

阿那克萨戈拉著书表达自己的哲学观点，但只有某些残篇流传了下来，大概都属于书的第一部分，我们现有的残篇是公元6世纪的辛普利西乌斯保存下来的。

阿那克萨戈拉和恩培多克勒一样，都接受巴门尼德所说的存在不生不灭，而且不会变化。"古希腊人没能正确地理解生成和消逝，因为没有东西开始存在或消逝，有的不过是永恒存在的事物的组合和分离罢了。"① 这两位哲学家都赞成物质是不灭的，并且都采用了坚不可摧的物质粒子调和这个理论与变化的事实之间的冲突，用粒子的聚合与分离来解释具体事物的产生和消逝。但阿那克萨戈拉并不认同恩培多克勒将世界的最小单元设定为土、气、火、水四元素的粒子这种做法。他教导说，如果某物的部分和整体在性质上是相同的，这个物体就是根本的、非派生的。亚里士多德把这种部分和整体性质上相同的称作"同质物"，而与之相反的存在称作"异质物"。这种区分并不难以理解，试举例说明：我们假设金子被分成了两半，这两半都会是相同的金子，因此，作为部分的金子从性质上来说与作为整体的金子是相同的，这就是"同质物"。而如果我们把活的生命体，譬如狗，分成两半，并不会因此成为两只狗，这就是"异质物"。这个概念非常清晰，我们没有必要引入现代科学实验使问题复杂化。这些有着性质上类似的部分的事物是根本的、非派生的（因为就种来说，没有任何粒子聚合物是根本的、源生的）。阿那克萨戈拉问道："头发如何来自不是头发的东西呢，肉如何来自不是肉的东西呢？"② 但这并不意味着万物都是同质物。亚里士多德指出，这就是为什么阿那克萨戈拉不像恩培多克勒那样，将土、气、火、水四元素作为真正的最终粒子。相反，它们也是由多种不同粒子组成的混合物。③

阿那克萨戈拉认为，没有任何粒子是不可分割的。在最开始，所有粒子都混合在一起。"万物都混在一起，无限小也无限多。当万物聚在一

---

① 残篇，17。
② 残篇，10。
③ 亚里士多德，《论生灭》，卷 Γ 第 1 章，314a24；《论天》，卷 Γ 第 3 章，302a28。

起时，它们都由于过于小而无法得到区分。"①"万物组成了整体。"当某些根本的粒子聚在一起，导致某种粒子在产生的事物中占据优势时，我们经验的种种事物就诞生了。比如，最开始构成金子的粒子分散在各处，被其他种类的粒子包围着。但当金粒子（和其他粒子一起）聚集起来，并且逐渐占据优势而表现为可见物时，我们所经验的金就出现了。为什么我们要强调"和其他粒子一起"呢？因为阿那克萨戈拉认为在我们所经验到的具体的事物中，同时拥有**所有**种类的粒子。当它们结合在一起时，占据优势地位的粒子会使这件具体事物表现出它的样子。这就是阿那克萨戈拉奉行的"万物中都有万物的一部分"②。可以看出，这是因为他没有别的方法可以解释变化这个事实。比如，如果草变成肉，一定是因为草里面的"肉粒子"，因为肉不可能由非肉变成。尽管另一方面，草里面肯定是"草粒子"占据优势地位，但同样含有其他种类的粒子，即"万物中都有万物的一部分"，而且"这个世界的任何事物都不会像被斧子切开那样，与其他事物分开，变为单独的，冷不能与热分开，热也不能与冷分离"③。凭借这种方式，阿那克萨戈拉坚持巴门尼德存在论的同时，又能以更为现实的态度面对变化。他不是简单地将其视为感觉的幻象予以否定，而是把它当作事实接受下来，并进而将之与爱利亚学派的存在论进行调和。直到后来，亚里士多德提出"潜能"与"实现"的区分，巴门尼德存在论在变化问题上面临的难题才得以解决。

伯奈特不认为阿那克萨戈拉像伊壁鸠鲁学派所设想的那样，认为"面包和水中具有像血、肉、骨所具有的那些细小粒子"④。对阿那克萨戈拉来说，这些是相反者，就像冷和热、干和湿，所有事物都包含了部分的相反者。伯奈特的观点确实可以得到许多证据的支持。我们可以在阿那克萨戈拉留下来的残篇中读到"这个世界的任何事物都不会像被斧子切开那样，与其他事物分开，变为单独的，冷也不能与热分开，热也不能与冷分

---

① 残篇，1。
② 残篇，11。
③ 残篇，8。
④ 伯奈特，《古希腊哲学》，第一部分，第77—78页。

离"。此外，阿那克萨戈拉还相信，不存在不可分的粒子，不存在那种不能再被分开的终极粒子。但从粒子的不可分性不必然推出存在在性质上不能再被分割的终极**种**。阿那克萨戈拉不会问，头发如何可能来自不是头发的东西？此外，我们可以在描述万物的混合的残篇4中读到："其中有湿和干、热和冷、光和暗，以及大量的土，无数种子都和它们彼此不相同，没有哪种与其他的相似。这些事物存在，我们只能说万物都存在于整体之中。"这则残篇完全不能说明"相反之物"有什么特殊地位，因此，尽管必须承认伯奈特的看法有许多道理，我们还是采取本文使用的那种解释。①

上文所述的阿那克萨戈拉的哲学不过是恩培多克勒的不同版本和巴门尼德学说的改头换面，其中并没有什么有价值的东西。但是如果我们追问，是什么力量或者动力使事物从最初的混沌中成形的？我们就能发现阿那克萨戈拉对于哲学的独特贡献。恩培多克勒将运动归因于两种物理力量，爱和争，而阿那克萨戈拉则提出了"努斯"或者说"心智"的原则。"随着阿那克萨戈拉的出现，一道光，虽说是弱小的光，开始照耀了。因为，理智终于被视为一种原则。"②阿那克萨戈拉认为："努斯的力量，在一切有生命之物中存在，不论其大小。努斯，掌控着旋转的进程，在起初开始旋转……努斯，将秩序赋予一切存在者，不论是过去之物，还是现在、未来之物。在旋转中，它使得日月星辰、空气和以太互相分离。在旋转中，厚与薄，热与冷，光与暗，干与湿亦分离。其他事物都分有每一事物的一部分，只有努斯完全和任何事物相分离。不论大小，所有努斯都同样如此。但是，每件事物总是明显地由许多部分构成。"③

努斯，"它是无限的、自主的，不与其他事物相混，是依凭自己而独存的"④。阿那克萨戈拉是如何构想努斯的呢？他说"它是万物中最稀薄的、最纯净的，它有关于其他万物的一切知识，它拥有至高之力……"

---

① 引自策勒，《古希腊哲学史纲》第62页；斯塔斯，《希腊哲学批判史》，第95页以下；柯沃蒂，《前苏格拉底哲学》，第21章。
② 黑格尔，《哲学史讲演录》，第一卷，第319页。
③ 残篇，12。
④ 残篇，12。

他还说努斯"于万物不在之处环绕于万物"①。这位哲学家因此将努斯或者心智用物质性的方式表述为"万物中最稀薄的",并占有空间。伯奈特正是以这点为由,强调阿那克萨戈拉未能超越物质性本原的概念,他将努斯视为最纯净之物,却从未说它是无形无质之物。策勒想必不会同意这个观点,斯塔斯指出:"所有哲学工作者都不得不面临用表达感官观念的语言表示非感官思维的困难。"②如果我们将心智描述为"稀薄",或者描述某个人的心智比其他人的"更大",我们并不能就此说这是物质性的描述。阿那克萨戈拉将努斯构想为占据空间并不能充分证明说,只要他考虑过心物之间的差别,他就会将努斯设想为物质性的。心智的非空间性是后来出现的概念,也许最佳的解释是,阿那克萨戈拉在他精神性的概念之中,并没有成功地理解精神性与物质性的根本不同。但是这并不意味着阿那克萨戈拉是**独断**的唯物论者。相反,他第一个引入了精神性的和理智的本原,尽管他未能完全理解这与有形态的、运动的物质之间的根本区别。

努斯存在于人类、动物和植物等一切生命物之中,其中的努斯没有任何差别。这些物体的差别并不来自灵魂根本上的不同。相反,它们身体上的不同使努斯的作用直接得到加强或削弱。(但是阿那克萨戈拉并没有解释人的独立人格意识如何可能。)

努斯没有被设想为可以**创造**物质。物质是不灭的,努斯的功能看上去是推动旋转的开始或者说旋转混沌的局部区域,然后旋转本身会传播出去,导致随后的运动。因此,亚里士多德在《形而上学》中说"阿那克萨戈拉是清醒的人,与之前那些胡说不同"③,还说"阿那克萨戈拉将心智设想为扭转天地的机械降神(deus ex machina)来解释世界的形成,而只要他无法解释某物的必然性,他就将心智拉过来,但在其他场合,他却将其他事物作为原因"④。因此,我们很容易理解苏格拉底的失望,当他碰上阿那克萨戈拉时,他还以为他遇上了全新的方法,然而事实上,他说:"当

---

① 残篇,14。
② 斯塔斯,《希腊哲学批判史》,第99页。
③ 亚里士多德,《形而上学》,卷 A 第 3 章,984b15—18。
④ 亚里士多德,《形而上学》,卷 A 第 4 章,985a18—21。

我继续考察，发现在给事物以秩序的过程中，这位哲人完全没有用到心智，他将原因归于气、以太、水以及各种奇奇怪怪的事物，却没有将原因性的力归给心智。我就知道我之前所抱有的种种期望就全部落了空。"① 尽管没能好好使用这一本原，我们依旧应当认可他将这一重要本原引入希腊哲学，在未来，这个本原将结出丰硕的成果。

---

① 柏拉图，《斐多》，97b8。

第十章

原子论者

原子论学派的创始人是米利都的留基伯。有些人声称留基伯这个人从未存在过,[1] 但亚里士多德和塞奥弗拉斯特认为他是原子论的创始人,而且我们很难假定他们错了。我们无法知道他的生卒年月,但塞奥弗拉斯特告诉我们,留基伯可能是巴门尼德爱利亚学派的一员。我们在第欧根尼的《留基伯生平》中了解到,留基伯是芝诺的弟子。《大宇宙》后来被视为阿布德拉的德谟克利特著作的组成部分,但它的真正作者是留基伯。伯奈特显然是对的,在研究了德谟克利特的文集以及希波克拉底的文集后,他发现,这两本文集都无法分辨出原作者是谁,这些著作是全学派共同创作的,我们没办法为每篇论文找到它们对应的作者。[2] 在原子论的著作中,情况也相同,我们无法确定哪些作品属于留基伯,哪些作品属于德谟克利特。但是由于德谟克利特在时间上晚近得多,不能完全归属于前苏格拉底时期,我们会在之后的章节中讲述他用来回应普罗泰戈拉的关于感官知觉的学说,以及他关于人类行为的理论。确实有些哲学史家在讨论前苏格拉底时期的原子论者时考察了德谟克利特的观点,但是考虑到他的确生活于更晚的时期,我们还是采纳伯奈特的观点。

原子论哲学是恩培多克勒哲学逻辑上的发展,恩培多克勒尝试调和否认存在有生灭的巴门尼德原则与变化的事实,因此他提出四元素说。他认为我们所经验的事物是由不同比例的四元素混合而成的。但是他没能完成他的粒子学说,也没能提出逻辑上必然出现"性质不同可以通过数量不

---

[1] 譬如伊壁鸠鲁否认他的存在,但有人说伊壁鸠鲁只是为了说明他的独创性罢了。
[2] 伯奈特,《早期古希腊哲学》,第 331 页。

同来解释"这个结论。因此恩培多克勒只是过渡而已,接下来将会用物质性粒子的不同模式的机械排列来解释性质的不同。此外,恩培多克勒的爱与争这种隐喻性的力量也会被淘汰,代之以彻底的机械论哲学解释。原子论者尝试完成机械论哲学的最后一步。

根据留基伯和德谟克利特的看法,世界充斥着无数不可分的基本单元,它们叫作原子。它们不可察觉,因为它们非常小,以至于感官无法知觉到它们。它们在大小和形状上各不相同,但在性质上并无不同,都只拥有坚固性或者说不可入性。数目无穷的原子在虚空中运动。(巴门尼德否认空间的存在;毕达哥拉斯学派则认为虚空隔开了粒子,但他们却认为空气就是虚空,恩培多克勒认为空气是物质性的;留基伯却在同一时期声称空间是非实在的,但也是存在的,他说虚空是非实在的、非物质性的,这个立场体现在他所说的,"不是"和"是"同样真实。因此,空间,或者说虚空,不是物质性的,但是和身体同样真实。)后来,伊壁鸠鲁学派声称原子在虚空中由于**重力**而不断下落,这也许是受到亚里士多德所言"绝对轻重"观念的影响,亚里士多德相信前人从未说过这一观点。艾修斯声称德谟克利特在将大小和形状赋予原子时,并没有说它们还有重量,正是伊壁鸠鲁将重力这个因素添加了进来,用以解释原子的运动。① 西塞罗持有同样的意见,他认为依据德谟克利特的观点,虚空不存在"顶部""底部"或"中间"。② 如果德谟克利特如此主张,那么他是对的,因为的确没有绝对的上和下,但如果这样的话,如何设想原子的运动呢?亚里士多德在《论灵魂》③ 中给德谟克利特提供了解释,他将原子和灵魂的运动与阳光下的尘埃做比较,就算没有风,尘埃也会往各个方向飘动。也许这正是德谟克利特最开始对原子运动的设想。

当然,不论原子一开始是以什么方式在虚空中开始运动的,在某个时间点它们偶然地相互碰撞,它们不规则的形状会使部分原子相互纠缠,形成原子集群。正是以这种方式,阿那克萨戈拉所言的旋涡出现了,世界

---

① 艾修斯,I,3,18 以及 12,6(D.68A 47)。
② 西塞罗,《论命运》,20,46 以及《论善恶之极》,I,6,17(D.68A 47 以及 56)。
③ 亚里士多德,《论灵魂》,卷 A 第 2 章,403b28 以下。

也逐渐形成。不同的是，阿那克萨戈拉相信较大的物体越转离中心越远，留基伯则错误地相信较大的物体在水或空气的旋涡中，越转离中心越近。虚空中这种运动的另一影响是，形状和大小类似的原子会聚合起来，就像筛子选出稻谷和小麦，又像海浪将方的石头和方的石头堆积起来，圆的石头和圆的石头堆积起来。火、气、土、水四元素正是以这种方式形成的，然后，无数原子在虚空中的碰撞产生了无数的世界。

另外值得注意的是，恩培多克勒所构想的爱与争的力量，或阿那克萨戈拉所说的努斯，都没有出现在原子论者的哲学中，显然，留基伯并不认为需要假设任何动力。最开始，虚空中具有很多原子，这就是所有的原因，从原初到我们所经验的世界形成，并不需要假定任何外在力量或者动力来作为第一推动者。早期的宇宙论者显然认为运动无须解释，而原子论者则假定原子的永恒运动是自足的。留基伯说每件事的发生都"依据逻各斯和必然性"[①]，但这和他的学说乍看上去是冲突的，因为他没有解释原子最初的运动和碰撞。当然碰撞可以用原子的不规则运动和它们的布局来解释，但是原子最初的运动只能说是自发的，不需要进一步的解释。对于我们来说，既要否定这是偶然的又要假定某种永恒而不需解释的运动的可能性，这的确有些奇怪，亚里士多德就曾批评原子论者不解释运动，以及他们所设想的这种运动的来源。[②] 但我们不能断定留基伯完全将运动归因于**偶然**，对于他来说，原子永恒的运动及其伴随结果都不需要解释。在我们看来，心智也将陷入这种理论，无法满足留基伯的终极假设。但有趣的是，留基伯非常满意这个终极假设，并不觉得需要寻找"不动的第一推动者"。

我们需要注意，留基伯和德谟克利特的原子论正是毕达哥拉斯的种子被赋予了巴门尼德所言存在的性质，每个原子都和巴门尼德所言的"一"相同。元素正是由不同种类和位置的原子构成，它们又非常类似于毕达哥拉斯学派的"数"，只要我们将原子的位置看作形式或者说"有形

---

① 残篇，2（艾修斯，I，25，4）。
② 亚里士多德，《物理学》，卷 Θ 第 1 章，252a32；《论天》，300b8；《形而上学》，卷 A 第 4 章，985b19—20。

数"。这样就能解释亚里士多德所说:"留基伯和德谟克利特实际上也将万物看成数,并且由数产生。"①

留基伯对世界的完整设想有些保守,他拒绝毕达哥拉斯学派的大地是球形的观点,而是与阿那克萨戈拉相同,回到了阿那克西美尼的主张:大地像铃鼓那样飘浮在空气之中。但是,尽管原子论的宇宙论细节并无多少优越之处,留基伯和德谟克利特依前人观点推出的结论依旧值得注意,他们得出了对现实的完全机械论的说明和解释。正如我们所经历的,完全以机械论唯物主义的方式解释世界,这在物理科学的影响下,在现代得以重现。但留基伯和德谟克利特惊人的假说,仍不是希腊哲学最终的说法,随后的希腊哲学家发现,这富饶美丽的世界,不能简单地被化约为原子机械的相互作用。

---

① 亚里士多德,《论天》,303a8。

第十一章

前苏格拉底哲学

1. 常常有人说希腊哲学以"一"与"多"的问题为中心。在希腊哲学的最初时期，我们已经发现了"同一"这个概念：万物相互变化，因此它们必然有着共同基础和终极本原，有潜藏在多样性背后的"同一"。泰勒斯宣称水是共同的本原，而阿那克西美尼说是气，赫拉克利特则说是火。他们选择了不同的本原，但他们都相信有某种终极本原。但尽管变化这个事实，即亚里士多德所说的"实体的"变化，也许让早期的宇宙论者们想到宇宙间潜藏的"同一"概念，但若将之还原为物理科学的结论就错了。就严格的科学证据而言，还远没有充足的资料证明他们对于"同一"的断定，更别说任何具体的终极本原，不管是水、气还是火。事实上，早期的宇宙论者跳出经验，直觉到了宇宙的"同一"：他们拥有我们所称的形而上学的直观，这使他们在哲学史中获得荣耀和地位。如果泰勒斯仅仅满足于说出地球由水演化而成，那么，就像尼采所说，"我们只是得到了科学假设，虽然难以驳斥却是错误的假设"。但泰勒斯的说法远不止是科学假设，他提出了形而上学学说，**即万物是一**。

让我再次引用尼采的话："希腊哲学似乎开始于荒谬的幻想，水是万物的起源和母体。我们应该停在此处认真思考吗？是的，主要有三个原因：第一，这个命题指出万物起源于某物；第二，这个命题既不是推测也不是寓言；第三，因为它包含了尽管还处在雏形的观念，即万物是一。第一个理由还不能将泰勒斯和迷信的宗教者区分开来；第二个理由虽然使他脱离这些人，他却还只能算是自然哲学家；但由于最有价值的第三个理由，他成为第一位希腊哲学家。"[1] 这也适用于其他几位早期的宇宙论者，阿那克西美尼和赫拉克利特等人也超出了经验所能核实的领域。但他们也不满足于任何神话假设，而寻求真正的"同一"本原，即变化的最终基础。他们不论断定什么，都具有严肃的态度。他们将世界设想为整体和系统，受到法则统辖。他们在理性或思想的指导下进行判断，而不是仅仅依赖于想象或神话。所以他们应当被算作哲学家，欧洲第一批哲学家。

2. 尽管早期宇宙论者受到"同一"观念的启发，他们依然面对"多""多重性""多样性"的事实，这一事实促使他们在理论层面调和"多"的现象与"一"的设定之间的矛盾。换句话说，他们需要解释我们所知的这个世界。譬如，阿那克西美尼求助于凝结和扩散的原则；巴门尼德则紧紧抓住存在是"不变的一"这个伟大理论，全面否认变化、运动和多样性的事实，将它们视为感官幻象；恩培多克勒则假定四种终极元素，通过爱与争的行动从它们当中产生世界万物；阿那克萨戈拉则坚守原子论的根本特征，用量的差异来解释质的不同，这种做法虽然更好地解释了多，却似乎放弃了早先的同一概念，尽管每个原子都代表巴门尼德所说的"一"。

我们也许会说，虽然前苏格拉底哲学家都致力于解决"一"与"多"问题，但他们并没有取得成功。赫拉克利特的哲学确实包含了"多中之一"这个深刻的概念，但仍未免过度强调生成变化，也无法回避"火"理论带来的各种困难。因此，这个问题在前苏格拉底哲学那里确实没能得到解决，其解决还要等到柏拉图与亚里士多德的出现，他们卓越的天赋才华重新处理了这个问题。

3. 但如果"一"与"多"的问题持续到苏格拉底以后的希腊哲学中，在柏拉图和亚里士多德那里才获得了较完满的解释，我们就不能凭借这个问题来确定前苏格拉底哲学的特点：我们需要其他特征来将其区别开来。我们应当在何处寻找呢？我们可以说，这个时期哲学的中心在于外部世界，在于客体，而不在自我。当然不是没有考虑人、主体、自我，但是对自我以外的兴趣是最主要的。我们可以从这个时期思想家所回答的问题中

---

[1] 在《希腊悲剧时代的哲学》(*Philosophy during the Tragic Age of the Greeks*)，第3节。

看出，这一问题是："什么是世界的终极构成？"在他们的回答中，早期的伊奥尼亚哲学家确实超越了经验事实的限制。正如前面提到的，他们以哲学的精神处理问题，而不是编造神话幻想。他们还没有区分自然科学与哲学，纯粹实践性的"科学"观察也与哲学推理密不可分。但应该记住，在那个时期，区分自然科学与哲学几乎是不可能的。人们总想知道更多关于世界的东西，因此科学问题和哲学问题自然地相互融合。他们关心世界的**终极**本性，其理论因此抵达哲学层次；但既然他们还没有准确区分精神与物质，他们的问题又大多来源于物质变化的事实，他们回答中的术语和概念也大多取自物质。他们发现宇宙的终极"材料"是某种物质（这是自然的），像泰勒斯所说的水，阿那克西曼德所说的无定之物，阿那克西美尼所说的气，赫拉克利特所说的火，留基伯所说的原子，等等。他们的主题，以现今自然科学家的视野来看，大多要归属于自然科学的领域。

早期希腊哲学家被称作宇宙论者是恰当的，因为他们专注于我们知识中的对象——宇宙的本性，人类自身作为宇宙成员，也在客观层面得到考察，而不是从主观层面去考察（即把人视作认知的主体或道德意愿与行动的主体）。他们对于宇宙的思考，没能得出足以解释所有所涉及因素的最终结论；这象征着宇宙论的破产，再加上某些其他因素，使人们的兴趣自然从客体转向主体，从宇宙转向人类自身。智者学派正是这一兴趣转变的例子，我们将在下一章讨论。

4. 尽管前苏格拉底哲学的焦点确实集中在宇宙这一外部世界上（与苏格拉底时期的哲学相比较，正是前苏格拉底哲学对宇宙论的兴趣将两者区分出来），但需要注意到，至少有个问题涉及作为认知主体的人类，这就是感觉经验和理性的关系。巴门尼德从"一"出发，他发现无法解释感觉经验知觉到的生成和消逝，因此他将感觉证据视为幻象，并宣称理性是唯一可靠的，只有凭借理性才能抵达真实和持存的世界。但是这个问题仍旧没有得到充分而彻底的解决，因为巴门尼德否认感觉的有效性，这只是源自他形而上学的假说，而不是深入分析感觉性质和非感觉思想的性质后的结果。

5. 既然早期的希腊思想家可以被恰当地称为哲学家，而他们的推进又大多来自立论和驳论（比如赫拉克利特过度强调生成，巴门尼德过度强调存在），因此在前苏格拉底哲学中，可以找到后来许多学派思想的萌芽。譬如巴门尼德所说的"一"，尊崇理性而不信任感觉，我们可以说这是日后唯心主义的先声；还有阿那克萨戈拉所引入的努斯（暂且不论他在实际使用中给努斯的种种限制），可以说预示了哲学有神论；还有留基伯和德谟克利特的原子论，为后代的唯物主义和机械论哲学奠定了基础，试图通过量来解释质，并将宇宙万物都解释为物质及其产物。

6. 综上所述，前苏格拉底哲学显然不仅仅是希腊哲学的前哲学阶段，因此不能直接从苏格拉底和柏拉图开始。它**不**是前哲学的阶段，而是希腊哲学的第一个阶段。它可能不是纯哲学，但它确实是哲学，并值得被研究，因为它本身的内在旨趣是希腊以理性理解世界的第一次努力。此外，它也不是独立的单元，与之后的哲学思想完全无关联。相反，它预备了之后阶段的发展，它已经注意到了希腊最伟大哲学家所关注的许多问题了。希腊哲学在发展，柏拉图与亚里士多德的天纵之才再怎么高估也不为过，但也不能说他们未受前人的影响。柏拉图就深受前苏格拉底哲学的影响，譬如赫拉克利特、爱利亚学派和毕达哥拉斯学派；亚里士多德说他的哲学是前人的后继和顶峰。这两位哲学家都从前人那里继承哲学问题，并对之进行全新的处理，同时将其妥善安置在他们的历史背景之中。因此，如果从苏格拉底和柏拉图开始讨论希腊哲学史，而不管前人的思想，无疑是荒谬的。如果我们对前人的知识毫不了解，我们也不可能了解苏格拉底、柏拉图和亚里士多德。

接下来我们必须转向希腊哲学的下一个篇章，他们的思考和之前考察宇宙论的阶段恰好相反，让我们进入智者运动和苏格拉底时期。

第二部分
苏格拉底时期

第十二章

智者时期

早期希腊哲学家的主要兴趣集中在客体，他们试图确定一切事物的终极本原。然而，他们取得的成就和他们所付出的努力并不对等。而且，他们发展出的各种假说非常容易导向怀疑论，即怀疑我们能否真的获得关于这个世界的终极本性的知识。不仅如此，像赫拉克利特与巴门尼德的学说也对感觉的可靠性产生怀疑。如果存在是静止的，而对运动的感觉只是幻象；或者反过来说，如果万物都处在运动状态，没有稳固的真正本原，我们的感觉就是靠不住的，整个宇宙论的基础也就无法确定。提出的各种哲学体系都互不相容。当然，在对立的理论中，我们能够找到真理，但是到此为止，没有哲学家在更高层面上充分地调和对立理论。在这种调和中，通过不同信条的公平竞争，去伪存真。这样的结果导致人们不再信任任何宇宙论学说。因此，要真正实现进步，思考的重心就必须转向主体。这就是柏拉图的思想，这能产生更加正确的理论，在事实的判断上能够兼顾变与不变。但是，从客体向主体的成功转变，最早是从智者学派开始的，这很大程度上是早期希腊哲学破产带来的影响。只要看看芝诺的辩证法，我们就能看到宇宙论的探讨是不可能取得进步的。

除了早期希腊哲学引发的怀疑论，另一个因素是随着希腊人与外邦人接触增多，对于文化与文明的反省也不断增加，这就直接导致了人们对主体的兴趣。他们不仅对波斯、巴比伦、埃及的文明有所了解，同时也与较落后地区的民众开始往来，比如斯基泰人和色雷斯人。这样，某些最聪明的希腊人自然就会开始追问，比如，各个地方都有不同的生活方式、宗教信仰和伦理规范，这些是否只是约定俗成的？希腊的文化与非希腊或者野蛮人的文化相比，是习俗的产物，也就是人造的、无定的存在，依据习俗而存在呢，还是依据自然而存在？是天命制定的神圣文化，还是可以被人改变、修正、调整、发展的？策勒指出，智者学派中最具天分的普罗泰戈拉的故乡阿布德拉正是"色雷斯野蛮人与伊奥尼亚文明之间的前哨站"[①]。

智者学派[②]在选择思考对象时与早期希腊哲学不同，他们考察人类和人类的文明习俗。他们探讨小宇宙，而不是大宇宙。人开始意识到自己的存在，正如索福克勒斯所说："世间奇迹何其多，但没有胜于人者。"[③]他们采用的**方法**也与早期希腊哲学大不相同。早期希腊哲学虽然没有排除经验观察，但还是以演绎为特征。哲学家们首先为世界定下一般本原，即它最终的构成本原，然后再用它解释世间的诸多个别现象。智者学派则与此不同，他们积累了大量个体的观察和事实，他们是百科全书式的人物。他们从这些积累的事物中，兼顾理论与实践得出结论。因此，他们通过这些事实，并考虑到不同观点和信念，推出我们可能不会拥有任何确凿知识的结论。或者通过观察各国人民的情况以及生活方式，发展出能够解释文明起源或是语言开端的理论。他们或许推出实践的结论，比如，社会按这样或那样的原则组织起来是最有效的。所以，智者们的方法就是"经验—归纳"[④]。

然而，我们应该记住，智者学派的实践性结论，并不表明他们要建立基于必然真理的客观规范。这个事实也指出了智者与早期希腊哲学的不同之处，即他们的目的不同。早期希腊哲学沉迷于客观真理，宇宙论者们想要找出宇宙的客观真理，他们全身心追寻真理。智者学派的旨趣主要不在客观真理，他们的目的是实践而非思辨。因此，智者成为希腊城邦中教学和训练的工匠，传授人们生活的技艺。我们应该注意，对前苏格拉底哲

---

① 策勒，《古希腊哲学史纲》，第76页。
② 我用"智者学派"这个词，并不意味着存在某种主张诡辩的思想体系。我们所知道的希腊智者，在才能和见解上千差万别，他们只代表某种思潮或者运动，而不代表某个学派。
③ 《安提戈涅》(*Antigone*)，332以下。
④ 策勒，《古希腊哲学史纲》，第77页。

学家来说，门徒或多或少是次要的，因为首要目的是**找到**真理，而对智者们而言，门徒则是非常重要的，因为他们的主要任务是**传授**。

希波战争之后，希腊政治气氛自然高涨，这在民主雅典表现得尤为明显。雅典自由民在政治生活中多少都开始扮演某些角色。如果想要出人头地，显然需要接受某种训练。老式教育对于想参与管理国家的人已经没有什么用了。古老的贵族理想，不论是否优于新的，都没有办法满足民主政治的新发展对于领袖的要求，人们需要某些新的东西，智者们恰好满足了这点。普鲁塔克指出，智者们用理论训练代替了古老的实践训练。古老的训练，很大程度上是家庭传统的事务，与卓越的政治家们相关，实践的和经验的训练都是在实际参与政治生活时磨炼出来的。现在所需要的是课程的指导，而智者们就在城邦中教授这些课程。他们是在各个城市中穿梭游学的教师，因此也积累了很多有价值的知识与经验，他们提供指导的主题多种多样：文法、诗歌解读、对于神话与宗教进行哲学思考，等等。但是，他们尤其声称能教授"修辞"和"演说"技巧，毫无疑问，这在政治生活中非常必要。在希腊城邦中，尤其是雅典，人们如果没有好口才，就不可能成为有影响的政治家。智者自称能够教别人演说，训练他们的政治"德性"，使人成为才能兼备的新贵族。这件事情本身当然没有什么错，但是它导致了显而易见的后果。这种修辞技术可能被用来"曲解"观念或政策，这显然不公正，或者会对城邦产生弊端，或者只能对政客的职业生涯产生好处。这就给智者们带来了坏名声。最典型的例子是"雄辩术"的教学，如果人们想从希腊的民主制中赚钱，最好的方式就是帮人打官司，而智者标榜自己能够教会人如何打赢这些官司。但在实践中，这就是在教人如何让不正义显得正义的技艺。这种方式显然与早期希腊哲学追求的真理完全不同，我们也就不难理解柏拉图对话对于智者们的处理。

智者们通过教育年轻人和举行公开演讲，继续进行他们的指导工作。但是，因为他们是巡回讲授，见闻广博，难免带有怀疑精神和浅薄的反叛倾向，于是他们给人的印象就变成把年轻人聚集起来，撕碎传统的伦理信条和宗教信仰。因此，虽然年轻人都狂热地支持智者，但严守传统的人们开始对他们有所警觉。不是所有智者的特立独行，都是在削弱希腊文化的生命力：宽阔的眼界逐渐使他们拥护泛希腊主义，希腊城邦都迫切需要这种学说。但他们的怀疑主义倾向最受人们关注，尤其是他们在有意推翻古老信念之后，并没有建立任何新的稳固价值。说到这里必须提到，他们的教学是要收费的。不论这种行为本身多么合理，都与早期希腊哲学家截然不同，与希腊观念中的适度行为也相去甚远。对于柏拉图来说，这令人厌恶，色诺芬也提到智者为了敛财而进行欺骗性的写作和演说，没有给任何人带来帮助。①

综上可以清楚看到，智者运动的意义不能完全抹杀。通过将思想者的注意力转移到人类自身、思想和意志主体，智者运动构成了通往伟大的柏拉图-亚里士多德思想的过渡阶段。他们提供了某种训练和指导，满足了希腊政治生活的需求，为泛希腊化的倾向也做出了贡献。他们的怀疑论和相对主义倾向，一方面主要是由于旧哲学的瓦解，另一方面是因为人类生活经验的大量扩充，但至少他们贡献了不少好问题，即使他们没有能力解决这些问题。还有，我们还必须承认智者对希腊戏剧的贡献。比如，索福克勒斯在《安提戈涅》中对人类伟业的赞颂，以及欧里庇得斯戏剧中的理论探讨，还有在希腊的史学家中，比如修昔底德著作中著名的米洛斯会谈。"智者"这个词并非从一开始就有贬义。希罗多德使用这个词描述梭伦和毕达哥拉斯，安德罗提翁使用这个词描述希腊七贤和苏格拉底，吕西阿斯使用这个词描述柏拉图。不仅如此，早期智者也为自己赢得了普遍尊重和声望，并且根据历史学家的记载，他们经常被选为代表自己城邦的"大使"，这样的事实很难让人指出他们是或者说被当作是骗子。"智者"这个词后来才变为贬义，正如我们在柏拉图的著作中看到的那样。此后，智者似乎又成了褒义，用来称呼罗马帝国的修辞教师和散文作家。"主要由于苏格拉底和柏拉图的反对，智者的名声才变得这么糟糕，直到现在这个词也还是指颠倒黑白、混淆是非的人。"②

另一方面，后期智者主张相对主义，鼓吹雄辩术，缺乏规范，收取费用和钻牛角尖的趋向，这些都是他们招致恶名的原因。对于柏拉图而

---

① 色诺芬，《论狩猎》（*Cynegeticus*），13，8（D. 79 2a）。
② 黑格尔，《哲学史讲演录》，第一卷，第354页。

言，他们是"贩卖精神杂货的人"①。当苏格拉底在《普罗泰戈拉》②中出场的时候，他质问想要向普罗泰戈拉寻求指导的希波克拉底："你作为智者出现在希腊人面前难道不会感到羞耻吗？"希波克拉底回答道："是，是这样的，苏格拉底，我是这么想的。"但是，我们必须记住，柏拉图是从苏格拉底的视角来看待智者的，因此才展示出其糟糕的面向，但苏格拉底本身将智者的优点发挥到了极致，取得了智者自身难以企及的成就。

---

① 柏拉图，《普罗泰戈拉》，313c5—6。
② 柏拉图，《普罗泰戈拉》，312a4—7。

第十三章

智　者

一、普罗泰戈拉

根据许多作家记载，普罗泰戈拉大约生于公元前481年，土生土长的色雷斯阿夫季拉人[①]，大概在公元前5世纪中叶来到雅典。他受到了伯里克利的礼遇，我们也知道，他得到城邦授权，起草泛希腊殖民地图里城的宪章，该城建立于公元前444年。他再次回到雅典时是431年，同年伯罗奔尼撒战争爆发。公元前430年瘟疫暴发（这场瘟疫夺去了伯里克利两个儿子的生命），在这期间他也在雅典。根据第欧根尼·拉尔修的记载，普罗泰戈拉因为论神的著作被指控渎神，在接受审判之前逃离了雅典，但在前往西西里的途中，因为沉船溺水而亡，他的著作在集市上被烧毁。这件事应该发生在公元前411年的"四百人会议"寡头革命时期。伯奈特认为这些说法是不可靠的，因为假如普罗泰戈拉真的被人指控，那也应该发生在公元前411年之前。泰勒也反对这个传闻，他认定普罗泰戈拉的出生时间更早，这点和伯奈特相同，即生于公元前500年。他们的依据是柏拉图对话中的记载，普罗泰戈拉在公元前435年时已经至少接近65岁。"柏拉图肯定清楚普罗泰戈拉是否比苏格拉底大一辈，而且，他在这方面没有任何故意弄错的动机。"[②] 如果这种说法正确，我们也应该同样接受《美诺》中的记载，在普罗泰戈拉去世的时候，他享有极高的声誉。

普罗泰戈拉在《论真理》中写的这句话最为有名："人是万物的尺

[①] 柏拉图，《普罗泰戈拉》，309c；柏拉图，《理想国》，600c；第欧根尼·拉尔修，《名哲言行录》，9，50以下。
[②] 泰勒，《柏拉图：生平及其著作》(*Plato, the Man and His Work*)，第236页，注释。

度,是存在者存在的尺度,也是不存在者不存在的尺度。"①但是,如何阐释这句话,争议非常大,有人主张普罗泰戈拉说的"人"不是个别人,而是泛指人类。如果是这样,这句格言的意思就不是"向你呈现为正确的东西,对你来说是正确的;向我呈现为正确的东西,对我来说是正确的",而是人类的共同体、团体或者整个人类的全体,才是真理的依据或是标准。另一个有争议的问题是,万物只是感官知觉的对象,还是应当扩展到整个价值领域?

本文没有办法详细论述这个难题,但笔者不愿意忽略柏拉图在《泰阿泰德》中的证言,如果柏拉图的转述是对的,这两个问题就应该被解读为个人的和感官的②。苏格拉底观察到,刮风时有的人觉得冷,有的人却不觉得冷,或者有的人觉得比较凉快,有的人却觉得很冷。于是他问,是否同意普罗泰戈拉所说的,风对于那些觉得冷的人就冷,不觉得冷的人就不冷呢?在这部著作中,很明显普罗泰戈拉指的是单独的个人,而不是在泛指全人类。但是,智者普罗泰戈拉的意思不仅仅是说,风对感到冷的人**显得**冷,对不感到冷的人就**显得**不冷。比如我们在下雨的阴冷天里从室外跑进室内,然后就会说雨是温暖的。你从室内走到室外,就会感觉雨水很冷。普罗泰戈拉会认为两人都没错,对我的感觉器官来说,雨水就**是**温暖的;对你的感官来说,雨水的确**是**冷的。(当有人用几何的命题反驳这位智者,他回应道,这个世界并不存在几何学上的线或圈,所以这个质疑并不成立。③)

反对上面这种解释的人会指出,《普罗泰戈拉》中的普罗泰戈拉并没有在个人主义的意义上解说伦理价值。但是即使假定普罗泰戈拉立场始终融贯,很明显,我们不能认为,从感觉角度来说的东西也能够推广到价值领域。或许有人会指出,普罗泰戈拉宣称"人是**万物**的尺度",从这句话能够推出,如果个人主义观点能够加诸感觉对象,它也就必然能够推广到伦理价值和伦理判断,如果不能在伦理价值和判断领域得到接纳,它也不能在感觉对象领域得到接纳。换句话说,我们必须在《泰阿泰德》和《普

---

① 残篇,1。
② 柏拉图,《泰阿泰德》,151e 和 152a。
③ 亚里士多德,《形而上学》,卷 B 第 2 章,997b32—998a6。

罗泰戈拉》之间做出选择，并依据其中一个拒斥另一个。但是首先，我们不确定"万物"是不是包含伦理价值，其次，也许感觉对象**不能**作为真理和普遍的知识主体，而另一方面，伦理价值则**能够**成为真理性和普遍性的知识。这是柏拉图的观点，他将普罗泰戈拉的学说与赫拉克利特的流变学说结合起来，认为基于这点，真正确定的知识只能是超出直觉的。我们并不试图辨认普罗泰戈拉理论中的柏拉图式的伦理价值观，但是需要指出，感官知觉和价值直觉并不在确定知识和真理的关系上**必然**同时正确或错误。

那么，普罗泰戈拉究竟对伦理价值和判断持有什么看法？他在《泰阿泰德》中，承认道德判断是相对的（"我认为那些被特定城邦认为是正确和值得赞赏的行为，对那个城邦就是对的，只要他们保持那种观点"），同时又认为智者应该尝试用有效的行为来替代不那么有效的行为。[①] 换句话说，伦理观点没有对错之分，但是有更"有力"的观点，比如说更有用或更方便的观点。"因此，一方面有些人比其他人更聪明，另一方面没有错误的想法。"（假如人们认为没有绝对真理，又怎能信誓旦旦地声称"没有人的想法是错的"？）在《普罗泰戈拉》中，柏拉图又说，智者主张羞耻和正义被诸神赐予了**全体**人类，"因为如果这像其他的技艺那样只被少数人掌握，城邦就不可能存在"。这与《泰阿泰德》中的记载不是不一致吗？实际上，普罗泰戈拉的意思或许是：一般而言，法的基础可能根植于人们的道德倾向，但是那些在特定城邦被发现的法律的个体多样性是相对的，并不比其他城邦的法律"更真"，城邦的法律或许是在更有效或更有用的意义上说的。在这个意义上，城邦或城邦共同体而不是个体是法律的制定者，但具体的伦理判断和习俗的决定也保留了相对的特性。作为传统和社会惯例的支持者，普罗泰戈拉强调了教育的重要性。他在吸取城邦的伦理传统的同时，也主张智慧者为城邦带来"更好"的法律。就个别公民而言，他应该依附传统，接受共同体的法典及其他规范，因为没有任何城邦风俗比其他城邦的更真。廉耻和正义让他倾向于这样做，而且，如果

[①] 柏拉图，《泰阿泰德》，166 以下。

他不享有这些众神赐予的天赋，拒绝遵守国家的法规，这个国家就应当驱逐他。因此，初看上去，普罗泰戈拉的"相对主义"信条似乎是有革命性的，但最终却被用于支持传统和权威。没有哪个法典比其他法典"更"真，所以也就不要用你自己的判断反对城邦的法令。进一步，普罗泰戈拉通过羞耻和正义概念，似乎暗示了不成文法或者自然法的存在，通过这种值得尊敬的贡献，他拓展了希腊人的视野。

在《论神》这部论著中，普罗泰戈拉说："关于众神，我不能确定他们存在或不存在，也不了解他们的形象。因为有很多东西阻碍了我们获得确定的知识，例如对象的隐晦和人的生命的短暂。"[①] 这部论著只有这则残篇流传了下来。这句话似乎将普罗泰戈拉描绘为怀疑和破坏性的思想家，他的批判力量指向了伦理和宗教中既有的传统；但是，这样的形象似乎与我们从柏拉图对话中获得的关于普罗泰戈拉的印象并不相同，这显然是出自误解。正如从特定法典的相对性中得出的道德是，个体应当接受传统教育。所以从我们对众神及其本质的不确定性中得出的道德是，我们应当遵守城邦的信仰。如果我们不能确认终极真理，我们为什么要将从父辈那里传承下来的宗教抛弃呢？此外，普罗泰戈拉的态度并不像某些独断的宗教信徒们想当然假设的那样离经叛道或充满了破坏性。正如伯奈特指出的，古希腊的宗教信仰并不包含神学上的肯定或否定[②]，而主要是宗教崇拜。事实上，智者的影响集中在削弱人们对传统的信任，不过普罗泰戈拉的性格很保守，而且无意煽动革命，相反，他致力于教导人们成为好公民。所有人身上都具有伦理倾向，但这些都只有在组织有序的群体中才能得到发展；某个人要能成为好公民，他就必须吸收他所在群体的传统。传统不是绝对真理，但这是好公民的基本标准。

从相对主义中能够得出推论，对每个对象来说，可能有不止一种观点，普罗泰戈拉在他的《论反驳》中发展了这个观点。修辞家和雄辩家会去训练产生不同观点和论证的技艺，当他通过了"强化弱论证"的考验，他将迎来人生巅峰。智者的敌人会将之解读为引领**道德恶**的风尚，但实际

---

① 残篇，4。
② 《古希腊哲学》，第一部分，第117页。

上，这并不必然导致道德沦丧①。比方说，律师的辩护方太弱小无法保护自己，或者他的正义诉求难以证实，但律师通过辩护取得了胜利。可以说，他让"弱论证"占了上风，而且没有做任何不道德的事情。当然，在极度想要获得论辩胜利的雄辩家手中，这将很容易遭致最糟糕的恶名，但我们没必要认为普罗泰戈拉想要促成这种寡廉鲜耻的行为。尽管如此，我们无法否认，当相对主义的信条和雄辩论证的实践相互联系，自然就会产生那种不顾真理和正义追求胜利的行为。

普罗泰戈拉是语法研究和文法学的先驱。据说，他为各种不同的句子做了分类②，并按词性划分了名词③。在阿里斯托芬的《云》中，有段很有意思的描述，阿里斯托芬揶揄普罗泰戈拉为了与"公鸡"相区分，创造了"母鸡"这一阴性形式。④

二、普罗狄科

普罗狄科（Prodicus）来自爱琴海的开俄斯岛。据称这个岛上的居民生性悲观，普罗狄科也具有这个特点。在伪柏拉图对话《阿克西奥库斯》中，他的形象被塑造成这样：为了躲避人生中的恶而期望死亡。恐惧死亡是非理性的，因为死亡既不涉及生也不涉及死。前者的原因是他们还活着，后者的原因是他们已经不再活着。⑤这段引文的真实性还没有确定。

普罗狄科的主要成就或许是他关于宗教起源的理论。他认为，起初人们将太阳、月亮、河流、湖泊、水果等当作神灵崇拜。换句话说，就是崇拜那些对他们来说有用且能够提供食物的东西。他以埃及的尼罗河为例。原始时代之后，各种技艺的发明者，如农业、酿酒、金属等，被当作德墨忒耳、狄奥尼索斯、赫淮斯托斯等神灵崇拜。依此观点，他认为宗教的祈祷是不必要的，他好像也因此跟雅典的当政者发生了摩擦⑥。普罗狄

---

① 阿里斯托芬，《云》，112 以下，656—657。
② 第欧根尼·拉尔修，《名哲言行录》，9，53 以下。
③ 亚里士多德，《修辞学》，第 5 章，1407b6。
④ 阿里斯托芬，《云》，658 以下，847 以下。
⑤ 《阿克西奥库斯》，366c 以下。
⑥ 残篇，5。

科跟普罗泰戈拉一样,以文法研究闻名于世[1],他写过有关同义词的专著。从表达方式来看,他似乎非常迂腐[2]。

[策勒认为:"虽然柏拉图经常以讽刺方式对待他,但也会为他说些好话,比如苏格拉底曾经介绍自己的学生给他(《泰阿泰德》,151b),而且他还多次得到城邦信任,完成了外交使命(《希庇阿斯前篇》,282c)。"[3]事实上,策勒似乎忘记了《泰阿泰德》中的重点,因为苏格拉底发现,这个年轻人在自己的陪伴下并没有"孕育",便将其打发给普罗狄科,因为他在普罗狄科的陪伴下至少不会"不育"。]

三、希庇阿斯

希庇阿斯是伊利斯人,与普罗泰戈拉同时代,但稍晚些,以多才多艺著称。他精通数学、天文、文法、修辞、韵律、和声、历史、文学、神话学,简言之,他是真正的博学者。不仅如此,当他在参加某次奥林匹克聚会时,宣称他所有的衣服都是自己做的。他所保存的奥运冠军名单,成为后来希腊奥运会纪年系统(最早由历史学家蒂迈欧提出[4])的基础。柏拉图在《普罗泰戈拉》中让他说道:"法律是人的暴君,强迫人们做很多与人的天性相反之事。"[5]这里的意思似乎是,城邦法律往往是狭隘和专横的,而且常常违背自然法。

四、高尔吉亚

高尔吉亚是西西里岛莱昂蒂尼人,生卒年大约是公元前483年到前375年。公元前427年,他作为莱昂蒂尼的大使来到雅典,寻求共同对抗叙拉古。他在所到之处传播泛希腊主义精神。

高尔吉亚一开始似乎是恩培多克勒的学生,沉浸于研究自然科学的问题,他可能写过有关光学的著作。但后来,他被芝诺的辩证法引向了

---

[1] 柏拉图,《克拉底鲁》,384b。
[2] 柏拉图,《普罗泰戈拉》,337a 以下。
[3] 《古希腊哲学史纲》,第84—85页。
[4] 残篇,3。
[5] 柏拉图,《普罗泰戈拉》,337d2—3。

怀疑主义，并发表了名为《论非存在或自然》的作品，该书主要思想体现在塞克斯都·恩披里柯（Sectus Empiricus）和亚里士多德伪作《论麦里梭、塞诺芬尼和高尔吉亚》中。从这些对高尔吉亚作品内容的记载中，我们可以清楚看到他对爱利亚学派的辩证法的反应不同于普罗泰戈拉。普罗泰戈拉主张万物都是真的，高尔吉亚则恰恰相反。根据高尔吉亚的说法，第一，没有什么东西存在，假如有东西存在，要么是永恒的，要么是生成的。但是不可能有东西生成，因为，从存在中生成东西和从不存在中生成东西都是不可能的。但也不可能有东西是永恒的，因为如果有东西是永恒的，它也就必定是无限的。但是无限是不可能存在的。因为无限不可能存在于其他东西之中，它也不可能存在于自身之中，因此，它是没有地方可以存在的。没有地方可以存在的东西就是不存在的。第二，即使有东西存在，也是无法被知道的。因为如果有关于存在的知识，肯定就有关于存在的思想，而不存在根本无法被思想。在这种情况下，错误就不会存在，这是荒谬的。第三，即使有关于存在的知识，这种知识也无法得到传达，每个用来表示事物的符号都不同于事物本身。例如，我们的耳朵只能听音调而不能听颜色，如何用言辞传达关于颜色的知识？同一个存在的事物怎么可能被不同的两个人同时感觉到呢？[①]

  有人认为这些令人惊讶的想法是严肃的哲学虚无主义，也有人认为这些论证对于高尔吉亚来说只是玩笑，或者，这个伟大的修辞学家只是想展示修辞学或是词语的娴熟运用，能够使最荒谬的假设看起来可信（贡珀茨）。但是后一种无法解释为什么伊索克拉底将高尔吉亚的观点和芝诺及麦里梭的见解并列。《论高尔吉亚》这部著作也认为高尔吉亚的观点应该得到哲学批判[②]。一方面，在任何情况下，有关自然的专著几乎不会在修辞学领域产生深远影响。另一方面，我们很难假设高尔吉亚是在完全庄重地宣称无物存在。或许他是想用爱利亚学派的辩证法削弱爱利亚学派的哲学，以至于使其看起来很荒谬[③]。然后，他就放弃哲学，将自己投入修辞

[①] 残篇，1，3。
[②] 亚里士多德或塞奥弗拉斯特？
[③] 策勒，《古希腊哲学史纲》，第 87 页。

学的研究。

修辞学的技艺被高尔吉亚视为说服技艺的精髓,这必然使得他开始实践心理学研究。他有意练习说服的技艺,这一技艺往往可以被用于实践目的(不论好坏),也可以用于艺术目的。就后者而言,高尔吉亚发展出合法欺骗的艺术理论,他认为悲剧是"其发生比不发生要好的欺骗","屈服于它能比不屈服于它产生更大的艺术审美效果"[1]。高尔吉亚认为,悲剧具有净化心灵的效果,这让我们想起亚里士多德常常讨论的关于"艺术净化心灵"的说法。

柏拉图借高尔吉亚学生卡里克勒之口说出"强权即公理"[2],而高尔吉亚另一位学生吕哥弗隆坚称,高贵是假象,每个人都是平等的,法律是契约,人们彼此之间的权利在法律中才能得到保障[3],还有学生要求以自然法的名义释放奴隶[4]。基于这些事实,我们可以同意策勒的说法,高尔吉亚放弃了哲学,因此拒绝回答关于真理和道德的问题[5]。

还有几位可以简要提到的智者:卡尔西登的特拉西马库斯,他在柏拉图的《理想国》中出场,是拥护"正义是强者的利益"的无情战士[6]。雅典的安提丰,主张所有人都是平等的,谴责贵族和普通人的区别,希腊人和野蛮人的区别,因为这种区别本身就是野蛮的。他认为人生中最重要的事就是教育,他还发明了"消除厄运的**文体**",通过言说使人脱离痛苦。[7]

五、智者学派

在总结中,我要再次说明,我们没有理由认为伟大的智者意图推翻

---

① 残篇,23[普鲁塔克,《雅典人在战争中还是在明智中更为著名》,简称《雅典的荣耀》(*Bellone an pace clariores fuerint Athenienses*),5,348c]。
② 柏拉图,《高尔吉亚》,482e 以下。
③ 残篇,3 以及 4。
④ 指的是埃拉埃亚的阿基达玛斯(Alcidamas of Elaea)。亚里士多德,《修辞学》,卷 III 第 3 章,1406b,1406a。
⑤ 《古希腊哲学史纲》,第 88 页。
⑥ 柏拉图,《理想国》,338c。
⑦ 普鲁塔克,转引自第尔斯,残篇 44 以及 87A 6。

宗教和道德。比如普罗泰戈拉和高尔吉亚，他们心中并没有这类目的。事实上，伟大的智者们非常欣赏"自然法"这个概念，并倾向于打开普通希腊公民的眼界，他们是古希腊的教育力量。但与此同时，的确，"根据普罗泰戈拉的说法，在某种意义上，每种意见都是对的；根据高尔吉亚的说法，每种意见也都是错的"[①]。这种否认真理绝对性和**客观性**的倾向很容易导致如下后果，智者们不会试图去**使人信服**，而只是强词夺理地**劝说**对方。实际上，因为少数智者的所作所为，智者这个词很快就臭名昭著，成为"诡辩"的代名词。我们既要对雅典的安提丰"世界主义"的广阔胸襟感到肃然起敬，也要对特拉西马库斯的"强权即正义"理论和狄俄尼索多罗的吹毛求疵的诡辩术加以谴责。正如我们说到的，伟大的智者是希腊的教育力量，但是他们所推行的希腊教育的主要内容"修辞术"却有明显的危险，很容易让学习者专注于修辞表达，忽略了问题本身。此外，通过对传统制度的基础、信仰和生活方式的追问，智者想要培养相对主义的态度，不过其中潜在的害处是，他们擅长提出问题，却无法给出这些问题的理性解决方式。正是为了对抗这些相对主义思想，苏格拉底和柏拉图努力建立真正的知识和伦理判断的可靠基础。

---

① 宇伯威格-普拉希特，《古代哲学》，第122页。

第十四章

苏格拉底

一、苏格拉底的早期生平

苏格拉底死于公元前399年,柏拉图告诉我们苏格拉底死时大约70岁,所以他应该生于公元前470年左右①。他是索佛洛尼斯科斯(Sophroniscus)和费纳瑞特(Phaenarete)的儿子,属于安提奥克德部族,阿罗佩卡伊乡(Alopecae)。有人说他的父亲是石匠②,但是泰勒和伯奈特认为这是误会,这一误会源自《游叙弗伦》中的玩笑比喻,说苏格拉底的祖先是代达罗斯。③ 无论如何,苏格拉底都没有继承他父亲的生意,雅典卫城上的美惠三女神像甚至被视为苏格拉底的作品,但考古学家认为它们出现的时代更早。④ 不过,苏格拉底不可能是贫穷人家的孩子,因为我们发现,他在参军时是全副武装的重装步兵,肯定有足够丰厚的财产让他担任这个职务。苏格拉底的母亲费纳瑞特在《泰阿泰德》中被描述为接生婆⑤,但即使这样,正如泰勒指出的,她也不是现代意义上的专业接生婆。⑥ 苏格拉底早年所处的正是雅典最辉煌的时代。公元前479年波斯战败于普拉塔亚之役,公元前472年埃斯库罗斯发表了《波斯人》,这时索福克勒斯和欧里庇得斯都还是小孩⑦。此外,雅典刚刚为其海洋帝国打下基础。

---

① 柏拉图,《申辩》,17d。
② 引自第欧根尼·拉尔修,《名哲言行录》。(因此普拉希特直率地说:"苏格拉底的父亲是一位雕塑家",《古代哲学》第132页。)
③ 柏拉图,《游叙弗伦》,10c。
④ 第欧根尼·拉尔修指出:"有人说雅典卫城上的美惠三女神群像是苏格拉底的作品。"
⑤ 柏拉图,《泰阿泰德》,149a。
⑥ 泰勒,《苏格拉底》,第38页。
⑦ "在伯里克利时代,雅典的所有伟大建筑和艺术都先后完成,像连接城邦和比雷埃夫斯的长墙、帕特农神庙、波吕格诺图斯的壁画等,蔚为大观。泰勒,《苏格拉底》,第36页。

在《会饮》中，阿尔喀比亚德将苏格拉底的外貌描绘为半羊人或是西勒诺斯的样子①；阿里斯托芬说他大摇大摆走路的样子像水鸟，还嘲笑他翻眼睛的样子②。但是，我们也知道他拥有非常健壮的身体和惊人的耐力。不论冬夏他都穿同一套衣服，即使在冬天行军时，也坚持赤脚走路。他虽然在饮食上非常节制，但是也能够面不改色地豪饮美酒。他从青年时代起就能听到神秘的"声音""征兆"或者说**守护神**，时时提醒他不要做被禁止的事情。《会饮》中说到，在军旅生涯中，他有次陷入了一天一夜的出神。泰勒将这种出神解释为灵魂的狂喜或入迷，但它更像专心致志地集中思考某些问题而导致的长时间出神。这在其他思想家身上也出现过，即便不像苏格拉底那样持久。《会饮》中提到的长时间"入迷"，似乎正是要反对从宗教狂喜的神秘意义上来理解它③，虽说这种长时间的沉迷忘我可能是例外。

正如我们知道的，苏格拉底在 20 岁出头时，试图从伊奥尼亚学派的宇宙论思索转向思考人本身。可以确信的是，苏格拉底一开始学习的是阿尔克劳、阿波罗尼亚的第欧根尼、恩培多克勒等人的东西方宇宙论理论。塞奥弗拉斯特说苏格拉底是阿尔克劳学园的成员，后者是阿那克萨戈拉在雅典的继承者。④ 无论如何，苏格拉底经历了对阿那克萨戈拉的失望。苏格拉底曾困惑于各种哲学理论的分歧争论，后来在阿那克萨戈拉的文本中看到曙光，努斯是所有自然法和秩序的原因。受这篇文章的启发，苏格拉底开始研究阿那克萨戈拉，希望后者能解释努斯如何在宇宙中运行，如何将万物都放在最好的位置之上。结果他发现，阿那克萨戈拉引入努斯只是为了推动他的旋涡运动，苏格拉底对此极为失望，转而开始自己的研究，放弃了看起来毫无出路的自然哲学，因为自然哲学只会让人陷入困惑和相互分歧的观点的纠缠之中⑤。

---

① 柏拉图，《会饮》，215b3 以下。
② 阿里斯托芬，《云》，362（柏拉图，《会饮》，221）。
③ 但是，神秘主义史上也曾记载许多长时间狂喜状态的事例。引自普兰（A. Poulain S. J.），《祷告的恩典》（*Graces d'oraison*），第 256 页。
④ 《自然哲学家的学说》，fr. 4。
⑤ 柏拉图，《斐多》，97—99。

泰勒推测，阿尔克劳去世时苏格拉底意图成为他的继承者[1]。他用阿里斯托芬的剧作《云》来支持他的观点，苏格拉底和"思想所"或"思想工场"中的助手们，在剧中被描述为醉心自然科学研究之人，坚持阿波罗尼亚的第欧根尼的气本原说[2]。因此，如果泰勒的推测是正确的话，苏格拉底承诺不收"学生"[3]，只是不收那种支付学费的学生。他有"同事"，但从来没有门徒。相应地，我们可以在《申辩》中找到根据，苏格拉底声明："但是，雅典人啊，最简单的事实在于，我跟自然学说的思索毫无关系。"[4] 确实，在《申辩》中发言时，苏格拉底早就放弃了宇宙论的思索，同时他也没有表明他**从未**参与到这种思索之中。实际上，我们知道他**曾经**想要尝试这种思索，但是这部著作的基调似乎表达了苏格拉底从未担任过任何这类思辨学校的领袖。从严格意义上来说，《申辩》中的说法并不能证明苏格拉底在"转变"之前从未担任过这类学校的领袖，但他那时确实没有担任过这么高的职位。

苏格拉底的"转变"使他彻底转变为反讽的道德哲学家，据说，这源于著名的德尔斐神谕。苏格拉底的忠诚朋友凯勒丰（Chaerephon）问神谕，有没有人比苏格拉底更具有智慧，他得到的答案是"没有"。这让苏格拉底开始思考，并得出结论：神说他是最智慧的人，是因为他知道自己无知。于是，他开始将自己的目标设定为寻找稳固和确定的真理及真正的智慧，并帮助任何愿意倾听他的人[5]。不论这个神谕故事多么奇特，它也可能真正发生过，因为对于柏拉图来说，他不太可能在《申辩》中加入纯粹的虚构，这部对话明显是想为苏格拉底的审判留下历史记录。更不用说《申辩》的成稿时间很早，许多了解事情真相的人都还在世。

在苏格拉底与克珊提普（Xanthippe）的婚姻中最著名的就是后者的泼妇性格，这可能是真的也可能是假的。很明显，这和《斐多》中苏格拉底妻子的形象相去甚远。这段婚姻很可能开始于伯罗奔尼撒战争的头

---

[1] 泰勒，《苏格拉底》，第67页。
[2] 阿里斯托芬，《云》，94。
[3] 柏拉图，《申辩》，19。
[4] 柏拉图，《申辩》，19。
[5] 柏拉图，《申辩》，20以下。

十年。在这场战争中，苏格拉底因为在公元前431/430年的波提狄亚之围表现卓越而闻名，公元前424年他在雅典人落败于皮奥夏人的战争中也表现卓绝。他还参加了公元前422年安菲波利斯（Amphipolis）的军事行动。①

二、苏格拉底问题

苏格拉底问题在于弄清楚苏格拉底的哲学教诲到底是什么。我们所掌握的材料来源包括：色诺芬关于苏格拉底的著作《回忆苏格拉底》《会饮》，柏拉图的对话，几则亚里士多德的转述，阿里斯托芬的《云》。一方面，这些材料相互有分歧，产生了难题，比如，人们如果只依据色诺芬的说法，就会认为苏格拉底只关心塑造好人和好公民的问题，不关心逻辑和形而上学，属于大众伦理学教师。另一方面，如果人们只从柏拉图的对话中寻找苏格拉底的形象，就会看到这是专注于最高秩序的形而上学家，不关心日常行动，专心于奠定超越哲学的基础，以其关于理型的形而上学世界学说闻名。此外，如果人们只看亚里士多德的描述（就最自然的解释而言），我们就会认为苏格拉底对于建立理论并无兴趣，他不会教导关于存在的理型或理念的学说，这反是柏拉图主义的特点。

通常的观点认为色诺芬的记叙太过"平凡"和"琐碎"，其中原因在于色诺芬自己缺乏哲学的能力和兴趣。实际上，有人还认为，色诺芬故意让苏格拉底显得比他真正的样子以及色诺芬所认识的他更加"平凡"，这是为了保护他，当然，这种说法不太可信。我们无法否认亚里士多德的证言，因此我们只能认为，柏拉图除了诸如《申辩》的早期作品之外，其他作品都在借苏格拉底之口讲述自己的学说。这种说法优点明显，色诺芬和柏拉图所记述的苏格拉底因此就不会有那么明显的冲突和矛盾（色诺芬记述中的毛病也可以解释为他自己的个性和主要兴趣所产生的结果），同时亚里士多德清晰的证言也就无须摒弃，这样一来，便可以形成一个或多或少连贯的苏格拉底形象，也不会粗暴地否定任何一个材料来源。

---

① 柏拉图，《申辩》，28e。伯奈特认为这件事也可能是指（大约在此15年前）安菲波利斯攻城之役。

然而，这种观点也遭到了一些人的挑战，比如卡尔·乔尔，基于亚里士多德的证言，我们会认为苏格拉底是阿提卡式的理智主义或者唯理论者，然而色诺芬的苏格拉底，则是斯巴达式的意志论思想家，这不合史实。因此，卡尔·乔尔认为色诺芬误解了苏格拉底，给他添上了多利安色彩。①

与之相反，多林主张我们应该根据色诺芬的描述还原历史中的苏格拉底。亚里士多德的证言包括了老学园对苏格拉底哲学重要性的评判，而柏拉图只是借用苏格拉底来宣扬自己的哲学学说。②伯奈特和泰勒的观点在英国也比较流行。根据他们的说法，**柏拉图笔下的**苏格拉底才是真实的苏格拉底。③毫无疑问，柏拉图详细阐述了苏格拉底的思想，但在对话中借苏格拉底之口说出的哲学理论，大体上仍是苏格拉底自己的哲学教诲。如果这是对的，苏格拉底本人就应当对形而上学的理念论或理型论负责，亚里士多德主张苏格拉底并未"分离"诸理型的观点就必须要么遭到拒斥或者忽略，要么用别的解释搪塞过去。伯奈特和泰勒认为，如果苏格拉底从未持有那样的观点，柏拉图不会假借苏格拉底之口说出自己的理论，毕竟那时候认识并知道苏格拉底所教授内容的人都还在世。此外，他们还指出，在柏拉图某些后期的对话中，苏格拉底不再扮演主导角色，到了《法篇》时，苏格拉底完全不在场。他们的意思是说，当苏格拉底**的确**"扮演"主导角色时，他说的都是他自己的观点，而不单纯是柏拉图的。在后期对话中柏拉图发展出独立观点（至少独立于苏格拉底），这时苏格拉底才被隐入幕后。最后这个论证无疑非常有力，事实上，在早期对话中，比如在描写苏格拉底之死的《斐多》中，理型论占据了显著地位。但是，假如柏拉图的苏格拉底是历史上的苏格拉底，我们就可以说，在《蒂迈欧》

---

① 《真实的苏格拉底与色诺芬的苏格拉底》(*Der echte und der Xenophontische Sokrates*)，柏林，1893年，1901年。
② 《作为社会改革体系的苏格拉底学说：解决苏格拉底哲学问题的新尝试》(*Die Lehre des Sokrates als soziales reformsystem. Neuer Versuch zvr Losung des Problems der sokratischen Philosophie*)，慕尼黑，1895年。
③ 我们不大可能将阿里斯托芬笔下的苏格拉底和色诺芬笔下的苏格拉底看成同一个人。如果以柏拉图的苏格拉底为标准，他们两人都歪曲了苏格拉底的形象。前者的目的是为了达到喜剧效果，后者则是为了达成为苏格拉底辩护的目的。伯奈特，《古希腊哲学》，第一部分，第149页。

中，柏拉图借主讲人之口，说出了很多柏拉图不必为之负责的观点，但如果苏格拉底的话不代表柏拉图的观点，那么也没有理由说蒂迈欧的发言代表了柏拉图的观点。为了保持前后一致，A. E. 泰勒的确毫不犹豫地选择了这种极端观点。但是实际上，这种观点不仅**表面上**很极端，即我们不太可能认为柏拉图不用为他在对话中提出的大部分观点负责。同时，就《蒂迈欧》而言，如果泰勒的说法是正确的，我们又如何解释这一显而易见的事实直到20世纪初才被发现？[1] 再者，如果依照伯奈特和泰勒的看法，柏拉图对话中的苏格拉底也参与了对于理念论的构造、提炼和解释，但这是不可能的，历史中的苏格拉底不可能参与其中，否则这将导致我们完全去忽略亚里士多德的所有证言。

确实，亚里士多德在《形而上学》中所批判的理念论，很多都是针对柏拉图在学园中演讲提出的数学形式学说，而耐人寻味的是，他有意忽略了柏拉图在对话中提到的内容，这似乎揭示了以下事实：亚里士多德只承认在学园中发展的未发表的学说才是柏拉图的，但是这当然不能充分说明，亚里士多德给出（不论是不是公正地）的理念论与对话中呈现的理念论截然不同。此外，对话中的理念论也经历了演变、修正和细化，这表明，或至少部分表明，柏拉图对于自身立场有过反思。后来的古代作家们显然相信我们能够从对话中看到柏拉图本人的哲学，虽然他们就对话和苏格拉底的教诲之间的关系仍然存在分歧，早期作家们认为柏拉图把自己大部分想法都引入了对话。绪里亚努（Syrianus）反对亚里士多德的说法，但根据菲尔德（G. C. Field）教授的观察，他的理由似乎只是源自"他自己对什么是合适的师生关系的看法"[2]。

支持伯奈特和泰勒猜想的证据出现在柏拉图第二封书信的部分段落中，柏拉图明确说他在著作中说的不过是苏格拉底学说的"美化和更新"[3]。然而，首先，这段乃至整封书信的真实性都是不确定的；其次，这也可

---

[1] 见本卷第245—247页，亦见康福德（Francis M. Comford）的《柏拉图的宇宙论》(*Plato's Cosmology*)，其中讨论了泰勒教授的理论。
[2] 《柏拉图及其同代人》(*Plato and His Contemporaries*)，第228页，梅休因出版社，1930年。参见菲尔德综述的苏格拉底问题的证据，第61—63页。
[3] 柏拉图，《第二封信》，314c。

以很好地解释为对话录给出了柏拉图所认为的形而上学的上层建筑,他基于苏格拉底的实际观点进行了合理的阐述。(菲尔德指出,这指的是将苏格拉底的方法和精神运用于"当代"问题。)没人会愚蠢到认为对话与历史上的苏格拉底毫无关联。很明显,早期对话很自然地将历史上的苏格拉底的教导作为出发点。如果柏拉图通过反思这一教导在之后的对话中发展出认识论和本体论,他会正当地认为这个结果是对苏格拉底教导和方法的合理发展与应用。尽管对话中发展出来的理念论,公允地说,被认为是苏格拉底教导的延续和发展,但考虑学园里的数学理念学说,情况就不一样了。如果是这样,柏拉图在书信中的话就可信了。

当然,轻易忽略像泰勒和伯奈特教授这样的学者提出的观点是十分荒谬的,这样做也违背本书作者的意图。但是,在一本希腊哲学通论的著作中,想要有足够篇幅讨论这个问题,或者说要深入分析伯奈特和泰勒的观点,这是不可能的。但是,我必须同意哈克佛斯(R. Hackforth)[①]的观点,他说没有正当理由表明我们能够忽略亚里士多德的证言,即苏格拉底并没有分离出理型。亚里士多德在学园里待了20多年,又对哲学史很感兴趣,他几乎不可能忽略对柏拉图学园如此重要的理型论的起源。除此之外,据称埃斯基涅最为准确地描述了苏格拉底,我们从他的对话残篇中看到,他的描述和亚里士多德的并无二致。基于这些理由,我们最好接受亚里士多德的证言。并且,尽管承认色诺芬描绘的苏格拉底是不完整的,但也要承认传统观点,即柏拉图确实借自己最尊敬的老师之口将自己的理论表达出来。所以简单来说,现在最可靠的关于苏格拉底哲学活动的描述就是传统观点。当然,赞成伯奈特和泰勒观点的人会认为,这对柏拉图是不公平的,但是曲解亚里士多德就可以吗?假如后者没有和柏拉图有过私人交往,或者交往时间没有那么漫长,我们可能还会认为他有可能弄错,但考虑到他在学园浸润了20年,这种错误发生的可能性明显不用考虑。然而,任何人都不可能认为自己获得了关于历史上苏格拉底真实形象的确切证据,而且除了自己的设想之外忽略其他所有设想,显然是不明智的。人

---

① 哈克佛斯关于苏格拉底的文章发表于《哲学》,1933年7月。

们只需要声明自己为什么接受某种形象的苏格拉底，说出自己的理由，这就足够了。

[在下节说到苏格拉底的教导时，我们会用到色诺芬的记载。我们无法相信色诺芬是傻瓜或骗子。很显然，我们很难甚至几乎不可能区分苏格拉底和柏拉图，"同样很难区分苏格拉底和色诺芬。《回忆苏格拉底》和柏拉图所有对话相同，都是艺术杰作，虽然两者因作者两人的风格不同而有所不同"[①]。正像林赛（A. D. Lindsay）指出的，色诺芬除了《回忆苏格拉底》之外还写过很多作品，这些作品大多展示了色诺芬自己的想法，不完全代表苏格拉底。《回忆苏格拉底》为我们提供了苏格拉底向色诺芬展示的形象，我们相信色诺芬的记述基本上值得信任。但也要时刻牢记这句古老的格言："任何被接受的东西，都按照接受者的方式存在。"]

三、苏格拉底的哲学活动

1. 亚里士多德说，有两个科学进步毫无疑问可以归功于苏格拉底，即他对"归纳论证和普遍定义"的使用[②]。普遍定义应该和下面这句话结合起来理解："苏格拉底并没有让共性或各种定义独立存在，但是他的后继者，给了它们独立的地位，并称之为'理念'。"

苏格拉底因此专注于普遍定义，想要获得确切的概念。智者们提倡相对主义，拒斥必然性和普遍有效性。然而苏格拉底则被这个事实触动：普遍概念一成不变。具体事物总是转瞬变化，但是定义却屹立不倒。这个想法可以用以下例子来阐明：亚里士多德对人的定义是"有理性的动物"。不过，每个人总是因其天赋不同而有所不同，有的人拥有大量的理智天赋，有的人却没有。有的人用理性指导他们的生活，另有些人则从不思考，只靠直觉和偶然冲动生活。有的人并不享有对理性的无障碍使用，不论他们是睡着了还是"智力上有缺陷"。但是，所有具有理性天赋的动物都是人，不论他们是否现实地运用理性，也不论他们能否自由地使用

[①] A. D. 林赛，《苏格拉底式对话》（*Socratic Discourses*），"导言"，世人出版社（Everyman），第 viii 页。
[②] 亚里士多德，《形而上学》，卷 M，1078b27—29。

理性，或者是否由于某些官能上的缺陷而受到阻碍。人的定义就在其中得到实现，这个定义保持不变，对于所有情况都适用。如果是"人"，就是"有理性的动物"，如果是"有理性的动物"，也就是"人"。我们现在不是在讨论我们的种属概念的准确状态或客观指称，我们只是说明了特殊与普遍之间的区别，并指出定义的稳定性。有些思想家主张普遍概念的纯粹主观性，但是如果这样，就很难想象我们如何形成普遍观念，以及为什么要形成这些观念，除非有什么东西能够作为这种事实的基础。我们会在后面回到共相的客观指称和形而上学地位上，现在指明以下事实即可：普遍概念或普遍定义，向我们指示的是永恒不变的东西，因为它所拥有的特性，使之不受持续变化的特殊物的世界的侵害。就算人类全部都不存在了，人作为"有理性的动物"这一定义也会继续存在。我们说金子是"真金"，意味着我们对金子的定义，或者说是标准或普遍的规定实现在这块金子上。同样，我们说某个事物或多或少是漂亮的，这意味着它或多或少接近了漂亮的标准。这个标准不会由于我经验中漂亮东西的变化而变化。当然，我们可能会在什么是漂亮的标准上犯错误，但是当我们说这个东西很漂亮或者没那么漂亮，就说明这里**存在**美的标准。最后再举一例，当数学家们谈到以及定义线、圆或者其他的东西时，完美的线或圆并不能在我们的经验中被找到，我们最多只能找到与我们的定义最为接近的。因此，在我们日常经验中不完美和变化的事物跟普遍概念或定义之间就存在着对比。这样我们很容易看到，苏格拉底是何等重视普遍定义的。由于伦理行为上的兴趣，他发现定义能够给人们提供坚固基石，以立足于智者学派的相对主义汪洋大海中。比如，根据相对主义伦理学，正义因城邦的不同而有所不同，因群体的不同而有所不同。我们永远无法说正义是这或者是那，没有所有城邦都适用的正义，只能说这是雅典的正义、色雷斯的正义。但是一旦我们获得关于正义的普遍定义，这个定义就能够表达正义最内在的本质，并对所有人都有效，那么我们在此基础上就不仅仅可以判断个人的行为，也能够判断不同城邦的道德准则，判断他们是否体现或违背了这种普遍正义。

2. 亚里士多德说，公正地说，"归纳论证"应该归功于苏格拉底。如果我们假设苏格拉底忙于寻求"普遍定义"表明他关心共相的形而上学地位，这种说法就是错误的，同样地，假设他忙于建立"归纳论证"就说明他关注逻辑问题，这种说法也是错误的。亚里士多德回顾苏格拉底的活动和方法时，使用逻辑术语为他做了总结，但是这不能说明苏格拉底从逻辑学家的角度发展出了明确的归纳论证。

什么是苏格拉底的实践方法？就是"辩证"或对话的形式。他会与某人对话，并试图套出那个人对某些主题的看法。比如，他会宣称，他对什么是真正的勇敢一无所知，然后询问周围的人，他们对于这个问题有没有什么见解。或者他会引导话题进入那个方向，当其他人使用"勇敢"这个词的时候，苏格拉底就会问他什么是勇敢，并表明自己的无知和学习的渴望。他的同伴使用这个词，他就必须知道这个词是什么意思。当对方给出定义或者描述，苏格拉底会表现出极大满足，但同时会表达，这里有一两处小的困难，他希望对方予以澄清。于是他开始询问，让其他人回答，但是让这个话题保持在他的控制之下，从而暴露出所提出的有关勇敢定义的不完备。其他人就会提出全新或改良的定义，从而让这个过程得以继续，不论能否得出最终的结论。

因此，辩证法由不那么完备的定义发展到更加完备的定义，或者从具体个例的考察推进到普遍定义的讨论。有时候实际上并不能得出最终定义①，但是在任何情况下，目标都是相同的，即达成真的或普遍的定义。从个别到普遍，或者从不那么完美到更完美，这个讨论过程可以说是归纳论证。色诺芬提到某些苏格拉底想要考察的伦理现象，并且希望用定义刻画这些现象的本质——比如虔诚和不虔诚，正义和不义，勇敢和懦弱。②柏拉图的早期对话也处理过相同的伦理价值，比如：《游叙弗伦》讨论虔诚（没有结论）；《卡尔米德》讨论节制（没有结论）；《吕西斯》讨论友谊（没有结论）。再比如，他对不正义本质的探讨，对话者提到了很多例子，欺骗、伤害、征服，等等。苏格拉底随后指出，只有当这些行为都是针对

---

① 柏拉图早期的对话，应该能够放心地视为具有"苏格拉底"的特征。经常在对话结束时没有任何确定或肯定的答案。
② 色诺芬，《回忆苏格拉底》，1，1，16。

朋友时,才是非正义的。但问题随之产生,比如,当朋友在经历绝望的阶段,并且试图自杀时,我们偷走他的剑,这就不是不正义的事情。同样,当父亲在儿子生病时骗他服下药物,这也不是不正义的。这样看来,不正义的事情只会发生在那些**针对朋友们的并试图伤害他们**的行为上。①

3. 当然,这种辩证法往往会因为揭露对方的无知或粉碎对方的独断,引发愤怒甚或惊慌和屈辱。苏格拉底周围那些年轻人会因为看到长辈被"下套",感到幸灾乐祸。但是,苏格拉底的目的绝对不在于让人感到难堪或遭受屈辱。他的目标是去发现真理,不是进行纯粹沉思,而是带有对善好生活的关照:为了做得好,人们必须知道什么生活才是善好的。他的"反讽"和他对无知的宣称都是真诚的。他并不知道,但是他试图去探寻。他试图引导其他人反省自身,并认真考虑照料灵魂这一极为重要的工作。苏格拉底深信灵魂的价值,就灵魂是思考和意愿的主题而言。同时,他也清楚地看到知识,也就是真正智慧的重要性,这一智慧即关于人的灵魂是否得到了合适的照料?人生中应该在行为中实现的真正价值是什么?苏格拉底称他的方法是"助产术",这不仅仅是对他母亲职业的有趣暗示,更是在表明他试图让别人审视正确的行为,在自己脑中产生真正的观念。这样来看,我们不难理解,为什么苏格拉底如此关注定义,他并非有意卖弄学问,他坚信,有关真理的清楚明白的知识对于生活的正确掌控而言至关重要。他想要在清晰的定义中"接生出"真正的观念,将其作为实践目的,而非沉思目的。因此,伦理学是他的首要关怀。

4. 我已经说过,苏格拉底的主要兴趣在于伦理学。亚里士多德说得很清楚,苏格拉底"忙于伦理上的事情"②。他还说:"苏格拉底投身于研究德性的性质,与之相关,首先提出了普遍定义问题。"③亚里士多德这些结论显然是来自色诺芬对于苏格拉底的描述。

柏拉图在《申辩》中,将苏格拉底的行为和遭受审判的经历联系起来,他走到任何地方都为人们求取最大程度的善,"希望说服你们当中的

---

① 色诺芬,《回忆苏格拉底》,4,2,14以下。
② 亚里士多德,《形而上学》,卷A,987b1—3。
③ 亚里士多德,《形而上学》,卷M,1078b17—19。

每个人反思自身，在寻求自身私利之前，先寻求德性和智慧，在审视城邦的利益之前，先审视城邦本身，这才是他审查自身所有行为的顺序"[①]。这就是苏格拉底的"天命"，他认为这是德尔斐神谕加诸其身的使命，激发人们通过他们所获得的智慧和德性关心他们最高贵的部分，即灵魂。他不仅仅是迂腐的逻辑学家，不仅仅是破坏性的批评家，而且是承担了天命之人。如果他批判并揭发肤浅的观点和不严谨的假设，那么并不是为了炫耀他有过人的辩才，而是为了促进对话者的善，同时自己也能从中学习。

当然，期待希腊人把道德上的利害和政治上的利害分开是不可能的，因希腊人在本质上都是城邦公民，他必须在城邦框架内过上善好生活。因此，色诺芬描述苏格拉底探求"何为城邦、何为政治、何为人的起源"，我们也已经看过苏格拉底在《申辩》中的自述，在审视城邦利益之前，需要首先审视城邦本身。[②]但最后的对话表明，正如苏格拉底的人生清晰表明的那样，他在意的不是党派政治，而是政治生活的伦理方面。对希望过美好生活的希腊人来说，知道什么是城邦，以及作为公民意味着什么，这是最重要的问题。因为，如果我们不知道城邦的自然，以及什么是好城邦，我们就无法真正关心这个城邦。因此，知识被当作伦理行为的手段。

5. 最后这点陈述需要展开详述，因为苏格拉底关于知识和德性之间关系的理论是苏格拉底伦理学的特点。根据苏格拉底的说法，知识即德性，对于智慧者而言，他**知道**什么是正当的，就会去做那些正当的事。换句话说，没有人会"知恶行恶"或者"有意作恶"，没有人会**为恶**而恶。

乍一看，这种"伦理理智主义"似乎与日常生活存在明显的矛盾。难道我们不知道自己时而有意去做那些我们明知是错的事情么？难道我们不知道别人时而也会以同样的方式去做错事么？当我们说某人对不好的行为负有责任，难道我们不认为他做了这些坏事，但其实他知道这些是坏事吗？如果不是我们有理由猜想他知道这些是坏事，我们也不会认为他在道德上是负有责任的。因此，我们倾向于同意亚里士多德的批评，即苏格拉底将知识和德性等同是由于他忘记了灵魂的非理性部分，也没有充分注意

---

① 柏拉图，《申辩》，36。
② 色诺芬，《回忆苏格拉底》，1，1，16；柏拉图，《申辩》，36。

到道德的软弱，道德软弱恰恰会导致人们去做明知为错之事。①

很显然，由于苏格拉底自己在品行上不受激情影响，他试图将这种情况推及其他人，包括把无法行义归结于无知，而不是道德无能。同样地，当苏格拉底将德性等同为知识或智慧时，他并不特指某一种知识，而是指实在的个人信念。因此，斯塔斯指出，人们可能会去教堂，并宣称整个世界的财产都毫无意义，然而他们却**表现得**好像财富是唯一值得珍视的事物。这不是苏格拉底所认为的某种知识，他指的是某种实在的个人信念。②

这些可能都是真的，但是要知道苏格拉底所说的"正当"是什么意思。根据苏格拉底的说法，只有当行为能真正提升个人幸福时，这个行为才是正当的。每个人都自然地会去追寻自己的善。但有些行为即使表现得令人快乐，也不必然能真正提升个人的幸福。比如，酗酒对人来说可能是快乐的，尤其当他陷入极度的痛苦时，但这并不是真正的善。酗酒除了伤害他的健康外，也让他成为习惯的奴隶，并让他与自身中最高部分，也就是人因之区别于野兽的理性活动背道而驰。如果一个人酗酒，认为这是对自己真正的善，他就是因无知而犯错，不知道什么是真正的善。苏格拉底会认为，如果他知道什么对他来说是真正的善，并知道喝醉**无**益于幸福，他就不会醉酒。当然，我们也会注意到亚里士多德的评论，一个人即使意识到染上酗酒的习惯无益于最终的幸福，也依然会养成这个习惯。这无疑是正确的，亚里士多德的批评看起来无法否认，但在这里，值得我们注意的是（在斯塔斯看来），如果个人拥有**实在的个人信念**，认为醉酒的习惯是罪恶的，他就不会养成这个习惯。这并没有驳斥亚里士多德的反对，但是它帮助我们理解了苏格拉底为什么会这样说。而且事实上，从心理学视角上来看，苏格拉底的说法难道不是很好吗？个人可能在理智上知道醉酒无益于他的终极幸福和作为人的尊严，但是当冲动到来之时，他就将自己的注意力从这点转向了不幸生活下的酒醉状态，直到这种状态和对酒的渴

---

① 亚里士多德，《尼各马可伦理学》，1145b。
② 《希腊哲学批判史》，第147—148页，斯塔斯教授认为"亚里士多德对苏格拉底的批评是无法回应的"。

望占据了他所有注意力,同时替代了真正善的地位。当这种快乐退去,他才回想起喝醉的罪恶,并且承认:"是的,我做错了,我明知那是错的。"但是这个事实仍然存在:当时他被冲动包围,知识脱离了他的思维注意的领域,即使这个事实是可恶的。

当然,我们不能认为苏格拉底的功利主义立场预设了任何令人快乐的事。智慧之人知道自制比不自制更有益,正义比不正义更有益,勇敢比懦弱更有益。"有益的"是指对灵魂的真正健康与和谐有好处。苏格拉底当然认为令人快乐的东西是好的,但是他认为真正的快乐和持久的幸福陪伴有德者,而非无德者,并且那样的幸福不在外在富贵荣华当中。

虽然我们不能接受苏格拉底过于理性主义的主张,也赞同亚里士多德所指出的,被苏格拉底有意忽略的道德软弱的事实,但是我们仍然愿意对苏格拉底的伦理学报以敬意。因为理性的伦理必然根植于人性和人性自身中的善。因此希庇阿斯承认"不成文的法律",却又因为各个城邦的法律不同,从而否认乱伦的性行为是应当普遍禁止的。苏格拉底的回应就很正确,种族劣等性证实了这种禁令的正当性。[①] 这相当于我们称作"自然法"的东西,它是人性的表达,并有助于人性的和谐发展。这种伦理学实际上是**不充分的**,因为自然法并不具有道德约束力,或是良心上的义务——至少在我们现代所称的"责任"上来说——除非它有形而上学的基础,并奠基于超越的来源,即上帝。上帝对人类的意志可以通过自然法表达,虽然不充分,但却包含了对于发展理性的道德哲学来说最重要和最宝贵的真理。"责任"不仅仅是任意的或武断的命令或禁令,而且就其自身而言与人类本性相关:道德律表达了人的真正善。希腊伦理学主要特性是幸福伦理学(参看亚里士多德的伦理系统),因此,我们相信,它们有待有神论来完善,而且应当在有神论的背景下来看,从而实现它们的真正发展。但即使它们还处于未完成的状态,也属于希腊哲学的永恒荣光。人类天性是永恒的,所以伦理价值也是永恒的。苏格拉底的不朽名声在于,他意识到这些价值的永恒性,试图用普遍定义将它们固定下来,从而作为

---

① 色诺芬,《回忆苏格拉底》,4,4,19 以下。

人类行为的指导和规范。①

6. 从智慧和德性的同一，可以推出德性的同一性。唯一的德性就是，什么东西对人来说是真正的善，什么东西真正能够有益于灵魂的健康与和谐。然而更重要的是德性的可教性。当然，智者宣称教导德性的技艺，但是苏格拉底与他们不同，不仅因为他宣称自己是学习者，而且因为他的伦理探究径直指向发掘那些普遍且不朽的伦理概念。虽然苏格拉底的方法是对话而非演说，但是他用知识来定义德性，必然推导出德性是可教的。我们可以做出区分：关于什么是德性这一理智知识能够通过教导被分有，但这并非德性本身。然而，如果我们强调智慧是个人信念，而且如果这种智慧可以教导，那么也许德性也可以被教导。最主要的是对于苏格拉底而言，"教导"并不是概念的指导，而是引导个人获得真正的洞见。虽然这些考量使苏格拉底的德性可教的学说更加明了，但是他过于理性主义的伦理学也同样明显。他坚称如果医生是学过医学的人，正义者也就是学习过正义的人。

7. 这种理性主义似乎不太可能让苏格拉底在雅典这种民主政体中受到欢迎。如果医生就是学过医学的人，而病人不会信任那些没有医学知识的人给自己治病，那么，用抽签的形式选举长官，甚至是让没有经验的多数人来投票，也是不合理的②。真正的统治者是那些知道如何统治的人。如果我们不会指派那些不了解如何航行和对即将行经的航路没有概念的人当船长，那么，为什么我们要选择那些不知道应当如何统治，也不知道什么对城邦好的人来当统治者呢？

8. 在宗教方面，苏格拉底一般使用复数的"神"，因此也就是指传统的希腊诸神，但他显然倾向于更纯粹的神的概念。因此，根据苏格拉底的说法，神的知识是无限的，他们无处不在，知道所有人的一切言行。由于他们最能知道什么是善，人们仅仅需要为善祈祷，不需要金子等具体东

---

① 并非一切思想家都愿意承认人性是恒定不变的。但是我们没有真实证据证明"古代"人与现代人在本质上有什么差异；我们也没有任何证据假定未来的人与现代人有什么**本质**不同。
② 色诺芬，《回忆苏格拉底》，1，2，9；3，9，10。

西。[1]一神崇拜偶有出现[2],但是没有证据显示苏格拉底关注过一神或多神问题。(即使是柏拉图和亚里士多德,他们也都为希腊诸神保留了位置。)

苏格拉底说,正如人的形体由物质构成,取材于物质世界,所以人的理性是世界理性或心智的组成部分。[3]这种观念得到其他人的发展,同时得到发展的还有人类中心主义的目的论。不仅人类被给予了感觉器官以锻炼相应的感觉,甚至人类中心主义的目的论也延伸至宇宙现象。因此,众神给了我们用以看的光,神也因在地上赠予人们食物而显现自身。太阳不至于太远或太近,从而使我们感到太冷或太热。这类考量对于研究宇宙论学派,同时又对阿那克萨戈拉甚少运用努斯原则感到失望的人来说是很自然的。但苏格拉底既不是宇宙论者,也不是目的论者,尽管他或许是"目的论世界观的真正奠基者"[4],正如我们看到的,他的主要兴趣还是在于人类行为[5]。

9. 我们不必受到阿里斯托芬在《云》中对苏格拉底描述的束缚[6],苏格拉底受教于老一代哲学家,肯定也受到了阿那克萨戈拉教导的影响。至于在《云》中出现的带有智者色彩的苏格拉底,我们也不要忘记他和智者的相似性,他注重主体,注重人自身。他是大家都熟悉的公众人物,因其对话活动的行为而著名,某些人认为,他无疑是"理性主义者",具有批判的毁灭性和反传统的倾向。即使假设阿里斯托芬自己意识到了苏格拉底和智者之间存在不同(这并不明确),他也可能不会在面向观众时强调这个事实。据我们所知,阿里斯托芬是保守主义者,是智者派的反对者。

四、苏格拉底的受审与死亡

公元前460年,苏格拉底任公民大会成员的时候,曾表现出过人的

---

[1] 色诺芬,《回忆苏格拉底》,1,3,2。
[2] 色诺芬,《回忆苏格拉底》,1,4,5,7。
[3] 色诺芬,《回忆苏格拉底》,1,4,8。
[4] 宇伯威格-普拉希特,《古代哲学》,第145页,"目的论世界观的真正奠基者"(der eigentliche Begründer der Teleologie in der Betrachtung der Welt)。
[5] 色诺芬,《回忆苏格拉底》,1,1,10—16。
[6] 正如伯奈特所说,任何一个讽刺作品如果有一种观点,那么这一观点必定在现实中有其基础。

道德勇气。当时八位将领因在阿吉纽西战役中的过失一起受到指控，苏格拉底反对指控他们，因为这有违法律，而且容易造成仓促判决。在公元前404/403 年，他的道德勇气再次展现出来，苏格拉底拒绝三十僭主迫害萨拉密的莱昂的要求，没有参加这项暴行。后来三十僭主还以清算的姿态，给有影响力的公民定罪。而苏格拉底仅仅因为拒绝参与暴行就受到牵连，若不是三十僭主覆灭，他很可能因为这件事付出生命代价。

在公元前 400/399 年民主制恢复，其时领袖将苏格拉底交付审判。背后的主谋是名叫阿尼图斯的政客，他教唆美勒托对苏格拉底提出控告。在执政官宫廷前的指控是这样的："庇图斯乡的美勒托，米利都之子起誓，指控阿罗佩卡伊乡的苏格拉底，索佛洛尼斯科斯之子犯了以下罪行：（1）不信仰城邦供奉的诸神，引入新神崇拜；（2）败坏青年。指控者要求执行死刑。"①

第一项指控从没有得到明确定义，看起来指控者似乎是想让陪审团回忆老伊奥尼亚学派宇宙论者及其建立的秘密宗教的渎神行径。这件事发生在公元前 415 年，阿尔喀比亚德也卷入其中。但是从公元前 404/403 年的大赦来看，没有证据表明这件事牵扯到渎神，阿尼图斯当时是主要发起者。第二项指控是败坏青年，苏格拉底的确向青年们灌输了对于雅典民主的批判精神。这一指控的背后是他们认为苏格拉底因为"曾教导阿尔喀比亚德和克里提阿"而负有责任，阿尔喀比亚德曾投奔斯巴达并陷雅典于不义；克里提阿曾是最残暴的寡头执政者。由于公元前 404/403 年的大赦，这一点也不能明确提到，但是听众很容易就能抓住这个重点。这也是为什么埃斯基涅在 50 年后说："你们因为苏格拉底教导过克里提阿，处死了这位智慧之人。"

指控者无疑认为苏格拉底会自愿被流放，而不是等待审判，但是苏格拉底没有。在公元前 399 年的审判中，他在法庭上为自己进行了辩护。在审判中，他本可以多说说他在军队中的经历，以及在寡头执政时期如何反抗克里提阿，但他只是一语带过，反而将这些事和他在将领审判中所表

---

① 第欧根尼·拉尔修，《名哲言行录》，2，40。

现出的蔑视民主相提并论。最后 500 人或是 501 人的陪审团以 60 或 6 票的差额，通过了判他死刑的决定。① 接着，陪审团要求苏格拉底提出刑罚来替代，最聪明的办法显然是提出比较实际的刑罚。如果苏格拉底提出流放，这无疑是陪审团可以接受的。但是，苏格拉底提出适合他的"奖励"是由城邦赡养他，然后他又答应缴纳一笔数额极小的罚金。他所有的提议都并不尝试去影响陪审团，这非常奇特，因为一般人都会带着妻子孩子在法庭上哭诉。陪审团被苏格拉底的傲慢行为彻底激怒，以比判决他有罪时多得多的票数，宣判他死刑②。因为要等"圣船"从德罗斯岛返回（这项仪式是纪念忒修斯为雅典城解围，使城邦不必再向克诺索斯的米诺斯进贡七童男、七童女），因此刑期被延后了一个月。这原本也为他提供了充足的时间安排逃亡，事实上，苏格拉底的朋友们也帮他安排了。但是苏格拉底还是认为这有悖于自己的原则，拒绝了他们的好意。柏拉图在《斐多》中重述了苏格拉底在世最后一天的状况。那天在与从底比斯来的朋友克贝以及西米亚斯讨论灵魂不朽中度过③。他喝下毒酒后，躺下等待死亡的降临，他的临终遗言是："克里同，我欠医神埃斯科拉庇俄斯一只公鸡，替我还了，不要忘记。"当毒性侵入心脏，他抽搐后便溘然长逝。"然后，克里同觉察到这点，为他合上嘴巴和眼睛。艾克格拉底，这就是我们的朋友的临终场景。我们必须说，他是我们所认识的同代人中最善良、最智慧、最正义之人。"④

---

① 柏拉图，《申辩》，36a（这里的解读并不完全肯定）和第欧根尼·拉尔修，2，41。伯奈特和泰勒对柏拉图的理解是，苏格拉底由于 60 票的差额被多数判死刑，推测是在 500 人的陪审团中以 280 票对 220 票。
② 第欧根尼·拉尔修（2，42）说在第一次的投票中多数派比少数派多 80 票。根据伯奈特和泰勒，第二次投票的多数是 360 票死刑，只有 140 票反对。
③ 这一点并不能改变我的观点，即认为理型论不是苏格拉底的学说。
④ 柏拉图，《斐多》，118。

第十五章
小苏格拉底学派

"小苏格拉底学派"这个词,并不表示苏格拉底曾经创立了什么学派。他当然希望后来者能够继续他启发心智的活动,但是他并没有聚集门徒,开宗立派。但是许多思想家或多或少跟随过苏格拉底,他们各自汲取了苏格拉底思想中不同的部分,将其与其他思想资源相结合。因此普拉希特将他们称为"不完全的苏格拉底主义者(Die einseitigen Sokratiker)"。他们不是**重新发展**苏格拉底的某些教导,而是在特定方面**延续**了苏格拉底的思想;另一方面,他们对其他早期哲学家的思想进行了调整和修正,使得二者可以相互调和。[1] 所以,在某种意义上说来,将他们统称为"小苏格拉底学派"并不恰当,但这个称呼的确能够帮助我们理解他们与苏格拉底的联系,不论这种联系多么稀薄。

一、麦加拉学派

麦加拉的欧几里得(切勿与数学家欧几里得混淆)是苏格拉底最早的学生之一。据说在麦加拉禁令期间(前431或432年,麦加拉公民禁止进入雅典城),他仍然与苏格拉底保持联系,混入了城中,他会在黄昏时男扮女装[2]。苏格拉底临终之时,他也守候在旁。苏格拉底去世之后,他和包括柏拉图在内的同门逃往麦加拉避难。

欧几里得似乎是先接受了爱利亚学派学说,之后才受到苏格拉底伦理学的影响,将"一"视作善。他同样认为德性是"一"。根据第欧根尼·

---

[1] 宇伯威格-普拉希特,《古代哲学》,第155页。
[2] 格利乌斯,《阿提卡之夜》(*Noctes Atticae*),6,10。

拉尔修的说法，欧几里得认为"一"有许多名称，既是神，也是理性[1]。善是唯一本原，他否认任何与善对立的本原存在，否则本原就是"多"，在爱利亚学派看来"多"是幻象。可以说，他虽然受到苏格拉底的影响，但仍然是爱利亚学派哲学的追随者。

在欧布里德影响之下，麦加拉学派发展出"争论术"（Eristic），他们设计了许多精巧的论证，通过"归谬法"（reductio ad absurdum）驳斥对手。以他们提出的经典难题为例："一颗谷粒不是一堆，再添一个也不是一堆，多少谷粒才能算一堆呢？"这个问题意图证明"多"是不存在的，就像芝诺想要论证运动是不可能的。据传，狄奥多罗斯·克罗诺斯提出了以下难题："如果你不曾遗失某物，你就一直拥有它，既然你从不曾丢失双角，你就应该拥有两只角。"还有："厄勒克特拉认识她哥哥俄瑞斯忒斯。但是厄勒克特拉又不认识乔装后站在她面前的俄瑞斯忒斯。因此厄勒克特拉不认识她认识的人。"[2]

上文提到过的麦加拉学派的另一位哲学家，狄奥多罗斯·克罗诺斯认为："现实的"和"可能的"是相同的，因为只有现实的才是可能的。他论证到："可能的"不能变为"不可能的"。因此，两个矛盾的东西，如果其中之一得到实现，另一个就是不可能的。如果后一个在之前是可能的，"不可能"就源自"可能"。因此，它在之前不是可能的，所以只有现实的是可能的。（举例来说："世界存在"和"世界不存在"是一对矛盾命题。但是这个世界现实地存在，因此，世界不存在是不可能的。但是如果世界不存在是可能的，那么一种可能性就变成了不可能，这是不可能的。因此世界不存在从来就是不可能的。）柏林的尼古拉·哈特曼接受了这个命题，他认为"现实的"即是"可能的"，他的理由如下：实际发生的事情依赖于特定条件下的全体；在特定条件下，没有别的任何事情发生[3]。

麦加拉学派的另一个代表人物是麦加拉的斯提尔波，他在公元前320

---

[1] 第欧根尼·拉尔修，《名哲言行录》，2，106。
[2] 第欧根尼·拉尔修，《名哲言行录》，2，108。
[3] 《可能性和现实性》（Moglichkeit und Wirklichkeit），柏林，1938年。

年于雅典教书,后来遭到禁止。他将主要精力投入到伦理学的研究之中,发展了"不动情"的学说,教导人们学会自我满足。有人问他在麦加拉被劫掠时有何损失,他回答说,他没有看到有人带走过智慧或知识。① 斯多亚学派的芝诺也曾师从于他。

二、埃里斯-埃雷特里亚学派

这个学派是以埃里斯的斐多和埃雷特里亚的美涅得谟命名的。斐多就是出现在柏拉图对话中的那个斐多,在辩证法的应用上,他与麦加拉学派类似。美涅德谟的主要兴趣则在于伦理学,他认为德性即知识。

三、早期犬儒学派

犬儒这个名字或者来源于他们怪异的生活方式,或者来自此派的创始人安提斯泰尼所执教的体育馆"凯诺萨基"(Kynosarges)。也可能这两个来源都是正确的。

安提斯泰尼(公元前445—前365年),父亲是雅典人,母亲是来自色雷斯的奴隶②。这或许能够解释为什么他在"凯诺萨基"教书,那个地方提供给那些并非纯正雅典血统的人。那座体育馆是献给赫拉克勒斯的,犬儒学派将其奉为守护神。安提斯泰尼曾著的一本书就以"赫拉克勒斯"为名。③

一开始,安提斯泰尼是高尔吉亚的学生,后来他又成为苏格拉底的追随者,对于苏格拉底心悦诚服。他特别推崇苏格拉底特立独行的品格,依据信念行事,无论代价如何。但是,他忽略了这个事实,苏格拉底虽然对俗世的财富与他人的赞赏不屑,但是他的目的在于获得更大的真正智慧的善,但安提斯泰尼却只将这种独立与自足当作理想或目的本身。在他眼

---

① 第欧根尼·拉尔修,《名哲言行录》,2,115。塞涅卡,《道德书简》,9,3。
② 第欧根尼·拉尔修,《名哲言行录》,6,1。
③ 曾经有一种说法是,创立犬儒学派或者"运动"的不是安提斯泰尼,而是第欧根尼。因为亚里士多德提到安提斯泰尼的追随者是"安提斯泰尼的门徒"(亚里士多德,《形而上学》,1043b24)。但是我们认为,"犬儒"的绰号似乎是到了第欧根尼时代才流行起来,同时亚里士多德用"安提斯泰尼的门徒",并不能说明安提斯泰尼不是犬儒学派的真正创始人。

中，德性独立于世俗的财富和快乐,事实上,这是消极的观念,抛弃所有,自我满足。于是,苏格拉底生活中的消极面向在安提斯泰尼那里被转化为积极目标。另外,苏格拉底对伦理知识的主张也被过分夸大,导致犬儒学派对其他科学知识和技能极度蔑视。他说,德性本身就足以带来幸福,除此之外,不再需要任何东西。德性是欲望的消解,欲求的解脱和完全的自我独立。苏格拉底之所以不囿于他人意见,在于他具有更深刻的信念和原则。当然,他也认为屈服于此,令大众意见满意,是对真理的背叛,但是,他却不会因自恃清高而就讥笑这些通俗信念。犬儒学派,尤其是第欧根尼却正是这样做的。简而言之,犬儒学派的哲学家们夸大了苏格拉底的生活和态度中的某些方面,负面的或者至少是更为积极的方面的结果。苏格拉底情愿冒着生命危险反对寡头政治,而不做不正义之事,但他绝不会像第欧根尼那样,为了讥讽常人生活方式,就跑到桶里居住。

安提斯泰尼强烈反对理念论,他声称只有个体存在。据说他曾经嘲讽道:"噢,柏拉图,我只看见了马,没有看见马的理念。"① 对于每个事物,我们只能用其名称来称呼。举例来说,我们可以说"人是人"或者"善是善",但不能说"人是善"。谓词除了用于主词本身外,不能归属于其他主词。② 这样,我们只能谓述个体的个体本质,而不能谓述类的成员。因此,安提斯泰尼否认理念论的说法。他提出的另一个逻辑理论是自我矛盾的不可能。如果某个人在述说不同事物,实际上是在述说不同对象。③

德性即智慧,但是这种智慧主要在于"看穿"大部分人的价值。财富、激情等并不是真正的好,痛苦、贫穷、耻辱也不是真正的坏,独立才是真正的好。因此,德性即智慧,可以被传授,但是不需要为了学习它而进行冗长的推理和沉思。智慧者拥有这种德性,就不会为任何生活中的恶所侵蚀,即便是身为奴隶。他站在法律和习俗之外,至少是那些对真正的

---

① 辛普利西乌斯,亚里士多德《范畴篇》评注,208,29 以下;211,17 以下。
② 柏拉图,《智者》,251b;亚里士多德,《形而上学》,卷 Δ 第 29 章,1024b32—25a1。
③ 亚里士多德,《论题篇》,104b20;《形而上学》,卷 Δ 第 29 章,1024b33—34。

德性缺乏理解的城邦的法律和习俗之外。理想生活状态是从欲望中独立和解放出来,战争因此也显然是不相宜的。①

苏格拉底的确曾经反对过政府的权威,但他相信城邦权威就其自身具有正当性,法律亦如此,苏格拉底为了遵守法律,甚至放弃了逃狱的机会,从容赴死。然而,安提斯泰尼却片面夸大对城邦及其法律具有历史性和传统性的谴责,认为它们只具有局限性。此外,他还抨击传统宗教。他认为,只有一个神,希腊的万神殿只是习俗,而侍奉神的唯一方式就是践行德性:神庙、祈祷、献祭等都应当被废除。"按习俗,有很多神,但是按本性,只有唯一神。"②另外一方面,安提斯泰尼用寓言方式解读荷马神话,试图在其中找到道德应用,从中得到教益。

锡诺普的第欧根尼(约于公元前324年去世)认为,安提斯泰尼并没有按照他自己的理论生活,称他为"只听到自己声音的喇叭"③。第欧根尼被自己的城邦放逐,一生大部分时间都住在雅典,最后在科林斯与世长辞。他自称为"狗",以强调动物的生活应该是人类的榜样。他的任务是"重建价值",④提倡以动物和蛮族的方式生活,以此反对希腊文明。

据说,他还主张共妻共子和自由恋爱。在政治方面,他自称是世界公民。⑤安提斯泰尼提倡对外在价值"不动情",第欧根尼则提倡要借助积极的苦行生活实现自由。为了嘲笑世俗,他故意在公共场所做那些按常理来说应该在私下进行的事,而有些事甚至在私下做也很不恰当。

第欧根尼的弟子有莫尼摩、俄涅西克里图、菲利斯库,以及底比斯的克拉特斯。据说,克拉特斯把自己的财产悉数捐给了城邦,然后和他妻子希帕尔基亚过上了犬儒生活。⑥

---

① 引自安提斯泰尼,转引自第欧根尼·拉尔修,《名哲言行录》。
② 引自西塞罗,《论神性》,1,13,32;亚历山大的克莱门特(Clemens Alexandrinus),《劝勉希腊人》(Protrepticus),6,71,2;《杂缀集》(Stromata),5,14,108,4。
③ 屈梭多模(Dion Chrysostomus),8,2。
④ 第欧根尼·拉尔修,《名哲言行录》,6,20。
⑤ 第欧根尼·拉尔修,《名哲言行录》,6,72。
⑥ 第欧根尼·拉尔修,《克拉特斯和希帕尔基亚言行录》(Lives of Crates and Hipparchia)。

四、昔兰尼学派

121　　这个派别的创始人昔兰尼的阿里斯底波生于约公元前 435 年。自公元前 416 年起在雅典生活，公元前 399 年去了埃伊纳，公元前 389/388 年和柏拉图待在老狄奥尼修斯的宫廷中，直到公元前 356 年之后才回到雅典。上述日期和时间发生的次序都存在争议。① 有人甚至说阿里斯底波并没有建立昔兰尼"学派"，而是别人混淆了他和他的孙子，昔兰尼学派是他的孙子阿斯提普斯所创立的。但根据第欧根尼·拉尔修、索提翁和帕奈提乌等人的记载，我们不太接受索希克拉底等人的说法，他们认为阿里斯底波没有留下任何著作，而参照尤西比乌《福音初阶》（*Praeparatio Evangelica*）中的章节（14，18，31），没有必要否认阿里斯底波是昔兰尼哲学的奠基人。

　　阿里斯底波在昔兰尼的时候，似乎十分熟悉普罗泰戈拉的学说。他来到雅典后结识了苏格拉底。阿里斯底波深受智者的影响，主张只有感觉能给我们带来确定知识②，对事物本身以及别人的感觉，则不可能有确定的知识。因而，主体的感觉就成了实际行动的基础。阿里斯底波认为，如果我个人的感觉成为我实际行动的指导规范，那么理所当然，行动的最终目的就是令感官获得快乐。

　　阿里斯底波肯定感觉包含在运动中。当运动温和时，感觉是快乐的；当运动剧烈时，就会有痛苦；当运动极为细微或者静止时，也就不存在快乐或痛苦。剧烈的运动带来痛苦，肯定不能作为伦理的目的；当快乐和痛苦都消失时，又只存在消极的目的；因此，伦理的目的只能是作为积极目的的快乐。③ 苏格拉底的确认为德性是通往幸福的途径，幸福是德性实践的动力，但是他却不会主张快乐是人生的目的。阿里斯底波显然只抓住了苏格拉底学说的某个方面，以偏概全。

122　　根据阿里斯底波的看法，快乐是人生的目的。但是究竟应取哪一种

---

① 追溯至海因里希·冯·施泰因（Heinrich von Stein）的《论昔兰尼哲学》（*De Philosophia Cyrenaica*），第一部分，"论阿里斯底波"（"De Vita Aristippi"），哥廷根，1858 年。
② 塞克斯都·恩披里柯，《驳数理学家》（*Adversus Mathematicos*），7，191 以下。
③ 第欧根尼·拉尔修，《名哲言行录》，2，86 以下。

快乐呢？后来的伊壁鸠鲁会认为，没有痛苦，也即消极快乐，就是人生的目的；但在阿里斯底波看来，唯有积极的、即时的快乐才能作为人生目的。因此，昔兰尼派重视身体快乐胜过理智快乐，因为前者更加强烈、有力。按照这种发展趋势，他们的知识论自然会得出结论：但求快乐，不论其性质。这必然会导致他们放纵感官欲望，但事实上，昔兰尼派采纳了苏格拉底学说中快乐主义的因素，他们认为智慧者在选择快乐时会考虑未来。他不会为了无节制的享乐而导致最终的痛苦，也不会为了纵欲而遭受城邦的惩罚和公众的谴责。因此，智慧者需要判断，评估人生中的诸种快乐。另外，智慧者在享受快乐时，还应保持某种程度的自主性。因为，只要受到了快乐的奴役，他就不再能够享受那种快乐了。对他而言，这种"快乐"毋宁说是受苦。再者，为了保持不断地兴奋和满足，智慧者也会限制自己的欲望。因此，阿里斯底波曾经说过："节制并不是远离最好的快乐，而是享用它们却从不被它们打败。"①

阿里斯底波的学说包含两个原则，及时行乐和判断原则。二者实际上是相互矛盾的，这也在他的学生中引起了分歧。无神论者西奥多罗宣称，判断与正直固然是善的（正直的生活之所以是善的，完全因为它可以带来外在的好处），个人享乐也是无可厚非的。心灵的满足固然也是真正的幸福和快乐，但是智慧者不必为他的国家献身，甚至只要条件允许，偷窃或奸淫也并无不妥。他还否认神明的存在。②赫格西亚也主张对个人的享乐行为不加干涉，但他深信人生充满了苦难，幸福是无法企及的，所以他强调消极的人生目的，即痛苦和悲伤的消除。③据西塞罗和其他人的记述，赫格西亚在亚历山大宣讲授课时，曾使许多听众自杀，后来托勒密·拉吉只好下令禁止他公开授课。④另一方面，安尼凯里则强调昔兰尼派的积极方面，他认为人生目的应该是积极的快乐和个人的享乐，但他同时限制了这一观点的逻辑后果，主张热爱家国，重视友情和恩情，即便它

---

① 第欧根尼·拉尔修，《名哲言行录》，2，75。
② 第欧根尼·拉尔修，《名哲言行录》，2，97；西塞罗，《论神性》，1，1，12。
③ 第欧根尼·拉尔修，《名哲言行录》，2，94—96。
④ 西塞罗，《图斯库兰论辩集》，1，34，83。

们带来了牺牲，也会提供快乐。[①] 与西奥多罗不同，他重视友谊的价值，而西奥多罗却宣称智慧本身是自足的，我们不需要朋友。

第欧根尼·拉尔修清楚地表示，这些哲学家各自都后继有人。比如，他提到有些人是"赫格西亚的门人"，虽然他又将他们划为"昔兰尼派"。因此，虽说阿里斯底波给"昔兰尼派"或快乐哲学奠定了基础，但是并不能说他创立了联系紧密、团结有序的哲学派别，包含西奥多罗、赫格西亚、安尼凯里，等等。这些哲学家都是老阿里斯底波的后学，他们的确代表了某种哲学倾向，但并不是严格意义上的学派。

[①] 第欧根尼·拉尔修，《名哲言行录》，2，96 以下；亚历山大的克莱门特，《杂缀集》2，21，130，7 以下。

第十六章

阿布德拉的德谟克利特

现在是谈论阿布德拉的德谟克利特的认识论和伦理学的好时机。德谟克利特是留基伯的弟子,和他老师同属于原子论学派,我们对他有特别的兴趣,因为他关注普罗泰戈拉提出的知识问题,以及智者派提出的相对主义理论导致的行动问题。柏拉图从没提过德谟克利特,但亚里士多德频繁提到他。他是阿布德拉某个学派的首领,在柏拉图建立学园时依然在世,但他到埃及和雅典的旅行传闻未必真实可靠。[1]德谟克利特著述颇多,可惜没有什么流传下来。

1. 德谟克利特以机械论的方式来解释感觉。例如,恩培多克勒曾说过来自物体的"流射物"抵达眼睛。原子论者认为这种流射物是原子、影像,从物体中不断流出。影像穿过感觉器官,后者只是通道,之后撞击由原子构成的灵魂。穿过空气的影像会被空气所扭曲,这也就是为什么离得太远的物体无法被看见。颜色的差异源自于影像的平滑或粗糙。听觉也可以给出类似的解释方式,物体发出声音流出原子流,导致耳朵与该物体之间的空气运动。味觉、嗅觉和触觉都能以相同的方式进行解释。(因此,第二性的质不是客观的。)我们从同样的影像那里获取关于神的知识,但是对于德谟克利特来说,神虽然是更高的存在,活得比人更久,却不是不朽的。他们长生但并非不死。当然,严格来说,在原子论的体系中并不存在神,只有原子和虚空。[2]

---

[1] 第欧根尼·拉尔修,《名哲言行录》,9,34 以下;引自伯奈特,《古希腊哲学》,第一部分,第 195 页。
[2] 根据第欧根尼·拉尔修,《名哲言行录》,9,35,引用法沃里努斯(Favorinus)的说法,德谟克利特嘲笑阿那克萨戈拉关于努斯的主张。

如今，德谟克利特的同乡——智者普罗泰戈拉声称，所有感觉对于知觉主体来说都同等真实。因此，某个东西可能对于 X 来说是真正的甜，对于 Y 来说也是真正的苦。然而德谟克利特认为所有特定感官的感觉都是虚假的，因为没有对应的外在真实客体。"以为是甜，以为是苦，以为是暖，以为是冷，以为是各样色彩，但只有原子和虚空。"① 换句话说，我们的感觉是纯粹主观的，虽然它在外在客观的原子影响下产生。换言之，原子不能由某个感官所捕获。"通过感觉，我们没办法得到任何确实的东西，只能得到随着身体的位置和进入或阻滞的不同而改变的东西。"② 特定感官不能为我们提供任何实在的信息，至少，第二性的质不是客观的。"存在两种知识，一种是真实的，一种是混杂的。不论是视觉、听觉、嗅觉、味觉还是触觉，都是混杂的，而真实知识与这些完全不同。"③ 然而，就像灵魂是由原子构成的，所有的知识都是由外来的原子与主体直接作用产生的，因此"真实"知识和"混杂"知识有相同的来源，在这个意义上，感觉和思维没有完全分离。德谟克利特发现了这个问题，随后评论道："心智啊，多么可悲，竟来源于我们（注：来源于感觉），你和我们共同被抛入，你的被抛入就是堕落！"④

2. 从流传下来的残篇来看，德谟克利特的行动理论并没有同他的原子论建立科学的联系，这一理论受"幸福"观点的主导，包括"快乐"或"繁盛"。德谟克利特曾撰写论著讨论快乐，塞涅卡和普鲁塔克都曾引用过。他将幸福视作行动的目的，而快乐和痛苦则决定了是否幸福，但"幸福并不在于拥有牲畜或黄金，灵魂才是'守护神'的居所"⑤。"对于人来说，最好的事就是拥有尽可能多的快乐和尽可能少的痛苦，以此度过一生。"⑥ 然而，就像感觉并不等于真正的知识，感官上的快乐也并不等于真正的快乐。"善和真对于每个人来说都是一样的，但快乐因人而异。"⑦ 我

---

① 残篇，9。
② 残篇，9。
③ 残篇，11。
④ 残篇，125。
⑤ 残篇，171。(几乎是"运气"。)
⑥ 残篇，189。
⑦ 残篇，69。

们应该尽力追求幸福和快乐,这是灵魂的状态,为此我们需要以"平衡"或"和谐"的原则为标准,在各种快乐之间权衡、判断、做出区分。这样,我们就能达到身体和灵魂上的平静,即健康和快乐。这种平静或安宁主要体现在灵魂的诸种善之中。"选择灵魂的善就是选择神圣的善,选择身体的善就是选择了人世的善。"[①]

3. 德谟克利特的文明进化论显然也影响了后来的写作者。[②] 文明起源于对利益和实用的需要,人类将技艺归于对自然的模仿,比如我们从蜘蛛那里学到纺织,从燕子那里学到筑屋,从鸟类那里学到歌唱,等等。不同于伊壁鸠鲁,德谟克利特同样强调城邦和政治生活的重要性,宣称城邦事务比其他所有事情更重要,应当妥善处理,使之井井有条。但是,他的伦理学预设了自由,而他的原子论则主张决定论,德谟克利特显然没有想到这个问题。

4. 从德谟克利特的观点可以清楚看到,德谟克利特继承了之前哲学家对于宇宙论的思索,比如他的原子论追随了留基伯,在苏格拉底时期,这未免显得有些不合时宜。然而,他的理论同样涉及人类的行为和知觉,他对这些问题有极大兴趣,至少表明他意识到了,普罗泰戈拉提出的诸问题需要某些答案。但尽管如此,他没能提供令人满意的答案。为了更适当地处理知识论和伦理学问题,我们必须将目光转向柏拉图。

---

① 残篇,37。
② 残篇,154。

第三部分

柏拉图

第十七章

柏拉图的生平

柏拉图，世界上最伟大的哲学家之一，大约在公元前428/427年出生于雅典（或埃伊纳岛），家世显赫，父亲名为阿里斯通，母亲名为珀克里提俄涅，是卡尔米德的妹妹，克里提阿的侄女，这两人在寡头政治时期（公元前404/403年）都身居高位。据第欧根尼记载，柏拉图的本名是阿里斯托克勒，后来因外表魁梧才被人称作柏拉图[①]，但这种说法并不完全可信。他有两个兄弟，分别是格劳孔和阿德曼图斯，两人都在《理想国》中出现过，除此之外他还有一个妹妹波东尼。阿里斯通去世之后，珀克里提俄涅改嫁皮里兰佩，两人育有一子，名叫安提丰，曾出现在《巴门尼德》中。毋庸置疑，柏拉图是在继父的家庭中长大的。即使他是贵族后裔，也的确在贵族式的环境中成长，但我们应注意，皮里兰佩同时也是伯里克利的好友，所以柏拉图应该是在伯里克利政治传统中接受教育（伯里克利逝于公元前429/428年间）。许多人认为，柏拉图后来对民主制表现出敌视，主要是受到苏格拉底影响，以及受到苏格拉底在民主制下遭到的对待的诱导，与他的成长环境关系不大。然而，柏拉图对民主制的不信任其实由来已久，在苏格拉底之死以前就早已显露端倪。在伯罗奔尼撒战争的后半阶段（许多证据表明，柏拉图本人曾于公元前406年参加了阿吉纽西战役），柏拉图早已看出，雅典缺少一位能力与责任感兼具的领导人，而且在民主制中，即便有这样一位领导人，他们往往也不得不谄媚群众。柏拉图最后对雅典的制度感到深恶痛绝，无疑源自民主制对他的

[①] 第欧根尼·拉尔修，《名哲言行录》，3，4。

恩师的审判与定罪,他认为城邦需要有力的掌舵人,知道正确的航程,并能够按照真知行动,这种念头早在雅典的霸权日渐式微时,就在柏拉图那里开始萌芽了。

根据第欧根尼·拉尔修的记载,柏拉图"最初学习绘画,作诗与祭祀颂诗,后来又学习抒情诗与悲剧"[1]。这种说法的可信度有多高,我们很难下断言,但是柏拉图的确生活在雅典文化的鼎盛时期,而且他肯定接受过文化教育。亚里士多德告诉我们,柏拉图年轻时曾结识赫拉克利特派的哲学家克拉底鲁。[2]或许从他那里,柏拉图认识到可感世界是流变的世界,不能够被当作真实而确定的知识的对象。在概念层面上,真实而确定的知识才是可获得的,这可能是柏拉图从苏格拉底那里学到的,柏拉图早年就熟知苏格拉底的学说。第欧根尼·拉尔修曾说,柏拉图20岁时成为"苏格拉底的学生"。但是,在公元前431年间,柏拉图的舅舅卡尔米德就与苏格拉底结识了[3],这说明柏拉图应该在20岁之前已经认识了苏格拉底。但无论如何,我们没有理由说这个时候柏拉图就成了苏格拉底的"门徒"[4],并全身心地投入到哲学中,因为柏拉图自己曾说过,他最初的愿望是从事政治事业——对于他这样的出身来说,有这样的愿望实在是再自然不过。[5]在公元前404—前403年的寡头政治中身居高位的亲戚们督促柏拉图在他们的庇护下从政,柏拉图开始了政治生涯。然而,当寡头政治渐渐朝着暴力统治的方向发展,并试图拉拢苏格拉底时,柏拉图开始厌弃他们。但民主政治也没有比寡头政治好到哪里去,他们一手促成了苏格拉底的悲剧,柏拉图因此放弃了他的政治事业。

柏拉图出席了苏格拉底的审判,他和苏格拉底的许多其他朋友一道,劝苏格拉底将罚金从1米拉增加为30迈纳以逃脱死刑[6],但是在苏格拉底被执行死刑时,柏拉图因病缺席了[7]。苏格拉底死后,柏拉图在欧几里得

---

[1] 第欧根尼·拉尔修,《名哲言行录》,3,5。
[2] 亚里士多德,《形而上学》,卷 A 第 6 章,987a32—35。
[3] 第欧根尼·拉尔修,《名哲言行录》,3,6。
[4] 至少在谈到波提狄亚(Potidaea)战役的时候有这种说法。
[5] 柏拉图,《第七封信》,324b8—326b4。
[6] 柏拉图,《申辩》,34a1,38b6—9。
[7] 柏拉图,《斐多》,59b10。

的庇护下去往麦加拉,但似乎没过多久他就重回雅典。据传记家们所说,他可能游历了昔兰尼、意大利和埃及等地,但是这些故事的真实性还有待考量。譬如,柏拉图自己从来没有直接提及他的埃及之行。柏拉图对埃及的数学甚至埃及儿童的游戏都非常熟悉,或许这能够在一定程度上说明他的确去过埃及;但另一方面,这些关于柏拉图埃及之行的故事,也可能只是依据柏拉图对埃及的叙述推测而出的。在这些故事中,有些明显是臆想出来的,譬如,有人说柏拉图埃及之行的同伴是欧里庇得斯,但是这位诗人早在公元前406年就去世了。这使得我们对这类故事一般抱有怀疑态度;但与此同时,我们也不能肯定柏拉图一定没有去过埃及。如果他真的曾游历埃及,那么他应是在公元前395年前后启程,并于科林斯战争爆发之后回到雅典。里特认为,在战争初年(公元前395与394年),柏拉图很可能是雅典军中的一员。

可以确定的是,大约在柏拉图40岁的时候,他曾的确去往意大利和西西里。① 柏拉图此行的目的可能是希望会见毕达哥拉斯学派的学生,并与之交谈。无论如何,他的确曾与毕达哥拉斯学派的阿尔基塔相识(根据第欧根尼的记载,柏拉图此行是专门去游览西西里岛和火山的)。柏拉图曾受叙拉古的僭主——狄奥尼修斯一世的邀请去往叙拉古,在那里,他与僭主的姻兄狄翁成了朋友。然而,柏拉图的正言直谏触怒了狄奥尼修斯,结果僭主将他交给斯巴达的使臣波利士,要将他出卖为奴。波利士把柏拉图卖到埃伊纳(当时正与雅典交战),柏拉图险些丧命。多亏了一个昔兰尼学派的哲学家——可能是安尼凯里,他赎回了柏拉图,并将柏拉图送回雅典。② 很难知道这个故事究竟是从哪来的,柏拉图的《书信集》中并没有提及此事;如果这个故事是真实的(里特接受了这个故事),那么它大约发生在公元前388年。

柏拉图回到雅典之后,就在英雄阿卡德摩的神庙附近建立了学园(公元前388/387年)。学园可称得上是欧洲第一所大学,学园并不仅仅研究哲学,它的研究范围含括了多门辅助的科学,譬如数学、天文学以及物

---

① 柏拉图,《第七封信》,324a5—6。
② 第欧根尼·拉尔修,《名哲言行录》,3,19—20。

理学，学园成员会参加对缪斯女神的献祭。学园中不仅有雅典的年轻人，还有许多来自外邦的年轻人，这体现了学园所蕴含的科学精神，同时也证明了学园不是简单的"哲学-神秘"团体。著名的数学家欧多克索将他在库齐库斯（Cyzicus）的学校迁往雅典学园。纵使柏拉图致力于培养政治家与统治者，但我们仍应强调学园的科学精神，柏拉图所采用的教学方法不是单纯教授直接有实际应用的东西，例如修辞术（就像伊索克拉底的学校所教的那样），而是培养成员无私地追求科学。学园的学习计划以哲学为顶点，但是它将数学、天文学与和声学设为入门学科，以无利害和非纯粹功利的态度学习这些学科。柏拉图相信，对公共生活的最佳训练绝不是"智者式的"实用性训练，而应该是对科学本身的追求。以数学为例，除了它对柏拉图的理念论的重要地位外，它还是无利害研究的典型，并且在希腊世界发展到顶峰。（学园似乎也涉及了生物学的研究，譬如，与逻辑分类有关的植物学研究。）因此，学园培育出的政治家并不会是审时度势的投机主义者，他们会按照永恒不变的真理，无惧无畏地行事。换言之，柏拉图希望培养政治家，而不是政客。

柏拉图本人除了指导学园的研究外，也会参与授课，听课的成员们会记下笔记。值得注意的是，这些授课是非公开的，这和对话不同，后者是适用于"大众"阅读的发表了的作品。如果我们能意识到这点，那么我们在柏拉图与亚里士多德（于公元前367年进入学园）之间发现的许多强烈的不同或许会得到缓和，起码是部分缓和。我们手上有柏拉图的大众化作品，即他的对话，但是我们并没有掌握他的授课资料。关于亚里士多德，情况则刚好相反。我们所拥有的全是他的课堂笔记，而他所作的大众化作品以及对话除了某些被保存下来的残篇之外，都没有流传到我们手上。因此，我们不能仅通过将柏拉图的对话与亚里士多德的讲课稿放在同一个层面进行比较，就轻易做出论断，认为他们二人在文学能力、情感表露、美学修养以及"神秘"的表达上都截然相反。据说，亚里士多德曾记载，来听柏拉图关于善的课程的学员大都感到诧异，因为他们只听到数学、天文学或者限定与"一"的概念。在《第七封信》中，柏拉图否认有人发表过他的讲课内容。在同一封书信中，他还说道："我从没有过关于这些事物的论著，将来也不会有。这门学科与其他科学不同，它们是无法用言语传达的。只有长时间对这些事物进行思考，并且生活于其中，灵魂才会如同被跳跃的火焰点燃，发出光亮。"在《第二封信》中他也曾说过："关于这些事物，我本人从来没有写下过哪怕只言片语。因此，现在没有，以后也不会有柏拉图自己的著作。目前托我名的作品其实都属于苏格拉底，我所做的不过是美化和润色。"① 根据这几段话，有人推论说柏拉图并不重视书本教育的功能。事实也许是这样，但是我们不应该过度重视这种观点，毕竟柏拉图发表过著作，而且，这些书信究竟是否真的是柏拉图所作，还存有疑问。但无论如何，我们还是必须承认，柏拉图在学园中所教授的最精准版本的理念说并没有被公开。

柏拉图作为教师和政治顾问都身负盛名，这促成了公元前 367 年的第二次叙拉古之行。这年，狄奥尼修斯一世去世，狄翁邀请柏拉图前往叙拉古，负责教导年约 30 岁的狄奥尼修斯二世。柏拉图接受了这个邀请，教授僭主几何学。然而好景不长，狄奥尼修斯对狄翁的嫉妒占据了上风。在狄翁离开叙拉古后，柏拉图也历经周折回到雅典，此后他便通过书信继续教导狄奥尼修斯。狄翁后来也来到雅典定居，柏拉图试图调解叔侄俩之间的矛盾，却没能成功。到了公元前 361 年，狄奥尼修斯希望继续学习哲学，在他的热切邀请下，柏拉图第三次远赴叙拉古。柏拉图本想拟定一部宪章，将希腊各个城邦组成联盟，共同反对迦太基的威胁，但反对的声音实在太强烈。而且，柏拉图也发现，凭自己的能力不能帮助狄翁回到叙拉古，狄翁的所有财产都被他侄子充公了。所以，在公元前 360 年，柏拉图还是回到了雅典，此后他一直忙于学园活动，直到公元前 348/437 年与世长辞。②（公元前 357 年，狄翁如偿所愿成为叙拉古的统治者，却在公元前 353 年死于谋杀，这令柏拉图感到悲痛不已，他的哲学王梦想也深受打击。）

---

① 柏拉图，《第七封信》，341c4—d；柏拉图，《第二封信》，314c1—4。
② 西塞罗，《论老年》，5，13。

第十八章
柏拉图的著作

一、真　伪

按照一般说法，我们拥有完整的柏拉图作品全集。正如泰勒所说："纵观古代所有对柏拉图作品的引用，我们现在仍拥有他们提过的每篇作品。"①因此我们会认为，我们拥有柏拉图所有发表了的对话录。但是，正如之前说过的，我们并没有掌握柏拉图在学园中的授课记录（尽管通过亚里士多德偶尔的提及，我们或多或少对其有些了解），如果真如传言，柏拉图的对话是专为外人所写的大众作品，而他的课堂则是针对专业的哲学学生，那么他的课堂记录没有被保存下来，确实十分令人遗憾。有人猜测，柏拉图讲课是没有手稿的。无论情况是否如此，反正至今我们从未见过任何柏拉图讲课的手稿。因此，我们不应该在柏拉图对话所传达的理论与他在学园范围内宣讲的理论之间划下截然的分界线。毕竟，并不是所有对话都能够被简单定义为"大众"作品，有部分对话明显表明，柏拉图在努力澄清自己的观点之后，还在对话中孜孜不倦地摸索前进。但是，说我们可能拥有柏拉图所有的对话，这并不意味着我们手握的所有以柏拉图之名流传下来的对话，都是他本人所作的。人们至今仍在分辨柏拉图作品的真伪。最早的柏拉图对话录全集据说是由一名叫塞拉绪罗的人整理编排的，成书于公元初。这部全集建立在公元前3世纪拜占庭的阿里斯托芬的"三联剧"的基础之上，是按照"四联剧"的方式进行编排的。因此，它给出了三十六篇被当时的学者归在柏拉图名下的对话（《书信集》也被算

---

① 泰勒，《柏拉图：生平及其著作》，第10页。

作一篇对话）。所以，问题在于"这三十六篇对话都是柏拉图的真作吗？还是其中有部分伪作呢？如果有伪作，哪些才是伪作呢？"

即便在古代，人们对某些对话的真实性也已经提出了疑问。所以，我们从阿特纳奥那里看见，有些人将《阿尔喀比亚德后篇》归在了色诺芬名下。而普罗克洛不但认为《厄庇诺米斯》与《书信集》是伪作，甚至认为《法篇》与《理想国》也是伪作。在历史上，人们不断对对话的真实性提出质疑，批评伪作之风在19世纪的德国尤盛，在宇伯威格与沙尔施密特那里达到顶峰。"如果综合古代与现代的所有质疑，那么塞拉绪罗四联剧中的三十六篇对话中，只有五篇免于攻击。"① 好在今天人们的质疑已经变得比较保守了，而且关于柏拉图所有重要对话的真实性已经达成共识，人们普遍承认部分不那么重要的对话是伪作，另外还有少数几篇对话的真伪性仍在争论当中。批判性考察得到的结果大致可以总结如下：

1. 通常被视作伪作的对话有：《阿尔喀比亚德后篇》《希帕库斯》《情敌》《泰阿格斯》《克利托丰》《米诺斯》。在这批对话当中，除了《阿尔喀比亚德后篇》，其他对话可能都作于公元4世纪前后，它们的作者可能不是刻意作伪，但这些对话本身与柏拉图的对话有许多相同的特点。稍加考证，它们可能有助于我们了解4世纪当时的关于苏格拉底的观念。而《阿尔喀比亚德后篇》的年代应该更晚些。

2. 下面六篇对话的真实性还存在着争议：《阿尔喀比亚德前篇》《伊安》《美涅克塞努斯》《希庇阿斯前篇》《厄庇诺米斯》《书信集》。泰勒认为，《阿尔喀比亚德前篇》应是柏拉图门徒的作品②，普拉希特也认为这篇对话不大可能出自大师之手。③ 普拉希特认为，《伊安》乃是真作，泰勒也评论道："在没有充分理由证明其为伪作之前，应合理地视其为真作。"④《美涅克塞努斯》被亚里士多德明确证实是柏拉图作品，现代学者

---

① 宇伯威格-普拉希特，《古代哲学》，第195页。当然，普拉希特博士珍贵的著作并没有表现出他那个时代所崇尚的吹毛求疵的风气。
② 泰勒，《柏拉图：生平及其著作》，第13页。
③ 亚里士多德，《修辞学》，1415b30。
④ 泰勒，《柏拉图：生平及其著作》，第13页。

们也渐渐倾向于接受这种说法。① 《希庇阿斯前篇》最有可能是柏拉图的真作,亚里士多德在《论题篇》中虽未直指其名,但是予以多番引用。②至于《厄庇诺米斯》,耶格尔认为是出自奥布斯的菲利普斯③的伪作,而普拉希特与泰勒却认为它是柏拉图真作。至于《书信集》,人们普遍认可第六、七、八封书信的真实性。泰勒认为,由此可以推断其他书信也是真作,只有第一、二封除外。事实上,因为《书信集》直接向我们展示了柏拉图的生平,所以人们往往不乐意将它们当作伪作,但是我们仍应保持谨慎,不要因为我们的自然倾向影响我们接受它们的真实性。④

3. 除了上述作品,所有其他对话被都被确认为真作。因此,评定的最后结果就是,四联剧包含的三十六篇对话中,共有六篇被斥为伪作,六篇尚存疑(《阿尔喀比亚德前篇》与《书信集》不在此列),余下二十四篇确为柏拉图真作无疑。总的来说,我们有非常丰富的文献资料,用以了解柏拉图的思想。

二、著作的年代顺序

1. 确定著作年代顺序的重要性

要想理解任何一位思想家的思想如何发展,如何变化(如果真的有变化的话),如何随时间慢慢精进修正并推陈出新,那么他作品的年表显然是非常重要的。康德就是很好的例子。如果我们认为他先有三大批判,再转变为"独断论"的立场,那么我们就不可能正确地理解康德。谢林也是如此,他一生的哲学著作颇丰,而如果要很好地理解他,那么就有必要知道,谢林早年乃是以费希特为出发点,启示哲学则属于他的晚期思想。

2. 确定著作年代顺序的方法⑤

(1)判断柏拉图作品所属年代最有效的标准,被证明是**语言**。语言

---

① 亚里士多德,《修辞学》,1415b30。
② 亚里士多德,《论题篇》,卷 A 第 5 章,102a6;卷 E 第 5 章,135a13;卷 Z 第 6 章,146a22。
③ 第欧根尼·拉尔修,《名哲言行录》,3,37。泰勒认为第欧根尼的意思只是:菲利普斯从蜡板上抄写下了《厄庇诺米斯》,参见泰勒,《柏拉图:生平及其著作》,第 497 页。
④ 里特认为《书信集》第三、七、八封的主要论述部分是真作。
⑤ 宇伯威格-普拉希特,《古代哲学》,第 199—218 页。

所透露的证据往往更加可靠，因为文本内容的差异源于作者有意识的选择和目的，而文体风格则多是无意识的结果。因此，迪滕伯格仅通过柏拉图对 γε μήν 与 ἀλλὰ μήν 几个词的使用频率，来确定对话所属年代是否系西西里之行前。《法篇》乃是柏拉图晚年的作品[①]，而《理想国》的创作时期则更早些。我们之所以能确定这一点，不仅仅是因为在《法篇》中我们可以清楚地看见戏剧张力的衰弱，而是因为，《法篇》使用了由伊索克拉底引入的古体散文文体，而《理想国》中还没有使用这种文体。这样，我们就可以根据每篇对话与柏拉图晚期所确定的写作风格的接近程度来确定对话的顺序。

写作风格固然是判断对话年代顺序最有效的方式，但我们也不应忽略其他判断标准。当写作风格这个标准可疑甚至产生矛盾时，我们可以借助其他标准得到答案。

（2）另一个判断柏拉图对话顺序的显著标准是其他古代作者的直接证言，但是它们的帮助并没有我们想象的那么大。譬如，尽管亚里士多德说《法篇》成文于《理想国》之后，这被当成非常重要的信息；而第欧根尼·拉尔修所说的《斐德若》是柏拉图最早的对话作品，则不能为人所信。拉尔修论证了自己的说法，但是他的论证显然是基于这篇对话的主题（即爱，这是对话第一部分谈及的内容）与诗化文字风格。[②] 我们不能仅因为柏拉图在对话中讨论爱，就断定这篇作品应写成于他的青年时期，同样，诗化风格与神话修辞本身也不能作为确凿的证据。恰如泰勒所说，如果我们依据诗化风格与神话表达进行推论，我们甚至会得出结论说《浮士德》的第二部写于第一部之前[③]，这显然是荒唐的。类似的例证还有谢林，他的神学属于晚期思想。

（3）至于对话中偶尔提及的历史人物与事件，为数不多，而且无论如何它们只是告诉我们，该篇对话写成于某时期之后。譬如《斐多》中提到了苏格拉底之死，这篇对话显然作于苏格拉底死后，但是对话究竟距

---

① 亚里士多德，《政治学》，卷 B 第 6 章，1264b97。
② 第欧根尼·拉尔修，《名哲言行录》，3，38。
③ 泰勒，《柏拉图：生平及其著作》，第 18 页。

137 离该事件**有多长时间**，我们则不得而知。然而，对学者们而言，这也不失为判断手段。譬如，学者们论证说，《美诺》写成之时，底比斯的伊斯美尼亚的贪污事件才发生不久，人们对此还记忆犹新。[①] 以及，如果《高尔吉亚》其实是针对波利克拉特斯那篇驳斥苏格拉底的演讲（前393/392年）而作，我们就可以确定这篇对话的年代约在公元前393年至前389年之间，也就是第一次西西里之行以前。根据各篇对话中所描写的苏格拉底的年纪来推测对话本身所属的年代，这种做法稍显天真，但也不失为一种办法。当然，它并不能被当作普遍的判断标准。可以想象，悬疑小说家在自己第一部作品中就将主人公描绘为经验丰富的警探，但是在往后的作品中，小说家仍可能回过头来描写这位警探处理的第一桩案子。更何况，即便我们可以假定那些描述苏格拉底个人命运的对话多半是在苏格拉底死后不久写成的，但是我们显然不能理所当然地认为，那些描写苏格拉底去世前的对话（譬如《斐多》与《申辩》）全部是同一时间写成的。

（4）对话间的指涉显然能够帮助我们确定对话的顺序，既然某篇对话提及其他对话，那么它的写作时间一定晚于所提及的对话。不过，我们不是总能轻易地确定，对话间的指涉是否为真。当然，在柏拉图的对话中也的确存在明显的指涉，譬如《蒂迈欧》就明显提到了《理想国》。[②] 同样，《政治家》明显是《智者》的续篇。[③]

（5）对话本身的内容也可以作为判断标准，但是我们使用这种标准时必须万分谨慎。假设我们在对话 X 中发现了一些关于某个哲学理论的简短句子，而后又在对话 Y 中发现对这个理论的长篇论述。评论家们可能会说："很好，对话 X 先提出了纲要概述，然后对话 Y 对这个理论进行了细致阐释。"但是换个角度，是否有可能对话 Y 先阐释了这个理论，而后对话 X 来进行总结呢？有位学者[④]曾经说过，对问题的否定性与批判性考察优先于肯定性和建设性的探索。如果我们将对话之间内容的相

---

① 柏拉图，《美诺》，90a。
② 泰勒，《柏拉图：生平及其著作》，第17页以下。
③ 柏拉图，《理想国》，284b7以下，286b10。
④ 卡尔·弗雷德里希·赫尔曼（Karl Friedrich Hermann）。

互指涉也视为判断标准，那么《泰阿泰德》《智者》《政治家》与《巴门尼德》的写成时间应被推断为在《理想国》之后，但是事实证明这种结论是错误的。

但话说回来，对于文本相互指涉的标准应采取谨慎的态度，并不意味着我们不能使用它作为判断标准。譬如，柏拉图对理念论的态度表明：《泰阿泰德》《巴门尼德》《智者》《政治家》《斐莱布》《蒂迈欧》这几篇对话应是一组对话，而关于爱利亚辩证法的主题表明，《巴门尼德》《智者》与《政治家》三篇对话之间存在着非常紧密的联系。

（6）对话文体结构的不同，也可以作为我们判断对话关系与先后顺序的标准。因此在一部分对话中，对话的安排和参与者的表现都是值得关注的地方。其中有些幽默诙谐的暗喻，并穿插了生动的情节等。《会饮》是这类对话最典型的代表。而另一部分对话的艺术性则并不那么明显，我们可以清晰地感受到，柏拉图将注意力更多地放到了哲学内容上面。《蒂迈欧》与《法篇》就属于这类对话，它们对形式或多或少有些忽视，内容就是一切。一个合理的推断是，更关注于艺术形式的对话在时间上要早于其他对话，因为在晚年时候，柏拉图对于对话艺术性的注意力很大程度转移到了理论性之上。（这并不意味着柏拉图使用诗体语言的频率也减少了，而是说他有意识的艺术技巧与年俱减。）

3. 即使通过上述的判断标准，学者们得出的结论往往也大相庭径。但是，下文给出的对话年代顺序大体上是令人满意的（尽管有部分人认为柏拉图早年主持学园工作时停止了写作，他们应该不会接受这个顺序表）。

苏格拉底时期

在这个时期，柏拉图仍深受苏格拉底的理智决定论的影响。绝大部分对话直到结束都没有得出确切的结论。这表现了苏格拉底式的"无知"。

（1）《申辩》，苏格拉底在庭审时的辩词。

（2）《克里同》，在这篇对话中，苏格拉底的形象是好公民，即便他遭受了不公的审判，但是他仍愿意为了遵从城邦法律放弃自己的生命。克里同和其他人建议他越狱，也已经替他准备好盘缠，但苏格拉底表示他坚守自己的原则。

（3）《游叙弗伦》，苏格拉底被控"不虔敬"，并等待审判。这篇对话讨论虔敬的本性，但最终没有得出结论。

（4）《拉凯斯》，关于勇气，无结论。

（5）《伊安》，反对诗人与吟诵史诗者。

（6）《普罗泰戈拉》，德性是知识，并且可教。

（7）《卡尔米德》，论明智，无结论。

（8）《吕西斯》，论友谊，无结论。

（9）《理想国》第一卷，论正义。

（可以确定《申辩》与《克里同》是早期作品。至于其他对话也可能作于柏拉图第一次西西里之行回到雅典之前，即前388/387年以前。）

转变时期

柏拉图正在寻找表达自己观点的方式。

（10）《高尔吉亚》，注重实际的政治家，强者的权利与哲学家的权利相抗衡，不惜代价的正义。

（11）《美诺》，根据理念论来修正德性的可教性。

（12）《欧绪德谟》，驳斥晚期智者的逻辑谬误。

（13）《希庇阿斯前篇》，论美。

（14）《希庇阿斯后篇》，有意作恶与无意作恶孰更恶？

（15）《克拉底鲁》，论语言理论。

（16）《美涅克塞努斯》，对雄辩家的滑稽摹仿。

（这时期的对话可能写于第一次西西里之行前，普拉希特认为《美涅克塞努斯》写于那之后。）

成熟时期

柏拉图已拥有了自己的观点。

（17）《会饮》，所有尘世的美都不过是真正美的影子，灵魂通过爱欲追求真正的美。

（18）《斐多》，理念与不朽。

（19）《理想国》，论城邦。二元论非常明显，譬如，形而上学二元论。

（20）《斐德若》，爱的本质，哲学修辞的可能性。

　　　与《理想国》一样，灵魂存在三分。

　　（这些对话可能写于两次西西里之行之间。）

晚年作品

（21）《泰阿泰德》（该对话后半部可能写成于《巴门尼德》之后），知识不是感官知觉，也有别于真正的判断。

（22）《巴门尼德》，回应对理念论的批判。

（23）《智者》，反思理念论。

（24）《政治家》，真正的统治者是有知者，法治城邦只能算是临时替代品。

（25）《斐莱布》，善与快乐的关系。

（26）《蒂迈欧》，自然科学，工匠神出于此篇。

（27）《克里提阿》，理想的农业城邦，以及海上王朝"亚特兰蒂斯"。

（28）《法篇》与《厄庇诺米斯》，柏拉图对现实做出让步，修改了《理想国》中的乌托邦。

　　（在这些对话中，有一部分可能作于第二次西西里之行与第三次西西里之行之间，但是《蒂迈欧》《克里提阿》《法篇》与《厄庇诺米斯》应写成于第三次西西里之行之后。）

（29）《第七封信》《第八封信》，这两篇的写成时间应在前353年狄翁去世之后。

附：

　　柏拉图从未给出过完整的、完美的、完成的哲学系统。他的思想始终在发展，不断地提出新问题，重新思考之前没有考虑到的难题，从新角度强调或阐述自己的理论，引入某些修正。[①]因此，最好的办法是从发展的角度看待柏拉图的思想，按照目前可知的对话年代顺序逐一处理不同的

---

① 普拉希特博士说过："柏拉图是一个留住过往生命的生成者。"参见宇伯威格–普拉希特，《古代哲学》，第260页。

对话。这也是泰勒在自己的代表作《柏拉图：生平及其著作》中所采用的方式。但是对于本书而言，这种方式未免有些难以操作，所以我在本书中将柏拉图的思想分为几个单元进行讨论。然而，为了尽量避免将柏拉图不同人生阶段的观点混为一谈的危险，我将试着记述柏拉图理论渐进发展的过程。无论如何，只要我对柏拉图哲学的处理能够将读者引向对话本身，那么所有辛劳都是值得的。

第十九章

柏拉图的知识论

柏拉图的知识论不能在任何对话中找到系统表达和完整阐述。《泰阿泰德》确实致力于考察知识问题，但是它最终的结论是消极的，因为在这篇对话中，柏拉图的侧重点是反驳错误的知识论，尤其是知觉知识论。而且，柏拉图开始写《泰阿泰德》之前，他其实已经在《理想国》详细阐释了对应于存在等级的知识等级理论。因此我们可以说，针对这个问题，柏拉图先从肯定的方面着手，再进行否定性的批判。或者说，柏拉图首先逐步确认了知识是什么，而后再开始逐步思考其中的困难，并系统地反驳他认为错误的理论。① 但是，本书在研究柏拉图知识论的肯定方面之前，先研究他知识论中否定性、批判性的那个侧面似乎更为合适。所以，我将首先对《泰阿泰德》中提出的论证进行概括总结，然后再去处理《理想国》中关于知识的内容。这样做的原因，首先是出于逻辑上的需要，其次还因为，《理想国》根本上来说并不是一篇认识论对话。当然，《理想国》中包含了肯定的知识论内容，但是其中许多**逻辑**前提却都包含在稍后的《泰阿泰德》中。

总结柏拉图的知识论，并以系统化的形式将它阐述出来，这是复杂的任务，因为我们往往难以从柏拉图的本体论中分离出他的知识论。柏拉图并不是康德意义上的批判哲学家，虽然我们有时也能从柏拉图的哲学中看见批判哲学的先声（这也是一部分学者想要努力证明的事情），但是，

---

① 我们并不因此认为柏拉图在写《泰阿泰德》前对感觉知觉的地位有所犹疑（只需要去读《理想国》或者思考理念论的起源和暗含的内容就能明白），我们是指在柏拉图已经出版的作品中进行系统的探讨。

143 柏拉图倾向于假定我们能够获得知识，然后首先关注的问题是知识的真正对象。这意味着，在柏拉图那里，本体论与知识论的主题往往相互混合，或者说是被平行处理，就像在《理想国》中那样。我们会试图将知识论从本体论中分离出来，但是这样的尝试往往难以成功，这就是柏拉图知识论的特殊性所在。

一、知识不是感官知觉

苏格拉底与智者一样，也关注实践行为。但是他拒绝承认真理是相对的，没有确定的准则，知识没有恒定的对象。他坚信，道德行为建立在知识的基础上，而且这种知识就是不因感觉印象与主观想法的改变而动摇的永恒价值的知识，无论民族、不分年纪、对任何人都适用。柏拉图继承了老师的这个信念，他也认为存在客观意义上普遍有效的知识。但是，他希望从理论上证明这点，所以他深入地探究了知识问题，追问"知识是什么"与"知识关乎什么"。

在《泰阿泰德》中，柏拉图的第一步就是反驳错误的理论。他首先挑战的是普罗泰戈拉的理论，普罗泰戈拉认为，知觉即知识，对个人显得真的东西，对于这个人就是真的。他的做法是，先以辩证法分别引出赫拉克利特的本体论中蕴含的知识理论与普罗泰戈拉的知识论，将它们清晰地表述出来，然后再展示出这两种知识论得出的结果，证明实际上这种知识论中的"知识"概念，其实并不能满足真正知识的要求。柏拉图认为真正的知识应当是：绝对可靠的，关乎**是**什么。而感官知觉不具备这两种性质。

年轻的数学家泰阿泰德和苏格拉底展开了对话，苏格拉底问他何谓知识。泰阿泰德回答说，几何学，它既是科学也是技艺。但是苏格拉底却说泰阿泰德并没有回答他的问题，因为他问的是"知识究竟是**什么**"，而不是"知识**关乎**什么"。因此这段讨论有知识论的特点，但是还是那句老话，由于柏拉图知识论固有的特点，所以我们很难将本体论排除出去。而且，我们根本不能在知识论的讨论中，完全不触及本体论问题，因为**真空中**不存在知识。所谓知识，如果它确为真正的知识，那么它一定是关于某物的知识，而且它应是关于某种特殊对象的知识。

泰阿泰德受到苏格拉底的鼓励后，再次尝试回答这个问题，他答道，"知识不是别的，就是知觉"①，虽然感官知觉有许多种，但毫无疑问他首先想到的是视觉。苏格拉底提出要考察这个回答。他在对话的过程中，逐步引导泰阿泰德承认，按照普罗泰戈拉的观点，感官知觉意味着外观，而不同的对象有不同的外观。同时，他也使泰阿泰德承认，知识应是关于存在之物的，因此，所谓知识，应当是绝对可靠的。②这两点得到确认后，苏格拉底开始试着证明，如赫拉克利特所说，感官知觉的对象总是处在流变当中：它们从不**存在**，而是一直在**生成**。（显然，柏拉图不会接受赫拉克利特的观点，认为**万物**都在生成之中，但是他还是接受了赫拉克利特关于感官对象这部分的理论，从而得出结论，感官知觉不是知识。）同样一个事物，在某个时刻由某人看来可能是白色的，而另一时刻却是灰色的；某些时候可能令人感到炎热，而其他时候可能又令人觉得寒冷。因此"看似如此"正是"变成如此"，那么感官知觉也就总是关乎处在变化中的事物。因为对我而言，我的感觉的确是真实的，那么只要我确认我所感知到的，这一知识于我就是可靠的。所以泰阿泰德会说，知识就是感官知觉。

接着，苏格拉底提出要进一步审视这个观点。他提出反驳说，如果知识就是知觉，人与人之间就不会有聪明和不聪明的分别了。因为每一个人都是自己知觉的最好的仲裁者。而且，若果真如此，普罗泰戈拉又何以能够证明自己开设课程，并从中收取高昂的费用这一做法成立呢？既然我们每个人都并不无知，我们又何须围坐在他脚边听其授课呢？难道我们每个人不都是自己智慧的尺度吗？另外，如果知识就是知觉，如果"看见"等同于"知道"，那么某人过去看见某物，并知道了它，现在即使他仍记得此物，我们却不能说他知道此物了，因为此时此刻他没有看见（感知到）它。反过来说也是一样，某人的确能够记住之前感知到的东西，并且能**知道**它，尽管他不再感知到这个东西，这也说明了，知识与知觉并不是一回事（即使感知可能是知识的一种）。

---

① 柏拉图，《泰阿泰德》，151e2—3。
② 柏拉图，《泰阿泰德》，152c5—7。

之后，苏格拉底又开始在更广泛的基础上反驳普罗泰戈拉，"人是万物的尺度"这句话不仅指感官知觉，还指所有的真理。苏格拉底指出，对绝大部分人而言，他们所持有的信念往往是真假参半的，有时他们引以为真的信念，可能事实上并不为真。但是如果按照普罗泰戈拉自己的说法（即"人是万物的尺度"），即便有人认为他说的是一派胡言，普罗泰戈拉也必须承认，这个人握有真理（例如，也就是说作为万物尺度的人是个人）。

完成了一系列批判之后，苏格拉底对"知识即知觉"这个说法进行了总结：1. 知觉不是知识的全部；2. 即使在感官知觉本身的范围之内，它也不是知识。

1. 知觉不是知识的全部，因为绝大部分被普遍承认的知识，它们所包含的真理涉及的名称都不是知觉的对象。而且即便是对于可感事物，我们也必须经由理智反思才能够知道，而不能仅依靠知觉。[①]柏拉图以存在或不存在作为例子，假设有人看见了海市蜃楼，即时的感官知觉不能告诉他海市蜃楼究竟是不是客观存在的，理性思考才能帮助他确认这点。另外，数学的结论和论证也是不能通过感觉获得的。除此之外，可能还有人会说，我们对他人性格的了解远超"知识即感觉"这一定义的解释，因为我们对他人性格的了解并不是仅仅在感觉中被给予的。

2. 即使在感官知觉本身的范围内，它也不是知识。面对一件事物，如果我们不曾得到关于它的真理（譬如关于它是否真的存在，以及它是否与他物相似），那么我们也不能自称知道它。但是真理在反思、判断中，而不是仅在感觉中被给予。仅仅利用感觉或许能够给予，例如这是一件白色的东西，那也是一件白色的东西。如果我们要判断二者的相似性，那么心智活动就是必要的。同样，两条铁轨**看似**在远处相交，但通过理智反思，我们知道它们其实是平行的。

所以说，感官知觉绝不能担当知识的重名。另外，值得我们注意的是，柏拉图深受这种信念的影响：可感事物并不是知识真正的对象，也不可能变为知识的对象。因为知识应当是关于"是什么"（what is）的，关

[①] 柏拉图，《泰阿泰德》，185c4—e2。

于恒定不变之物的，而可感事物并不具备这样的特点。因为可感事物不**是**被感知的固定物，它们始终**生成着**。可感事物多少算作理解的对象，但是因为它们完全不能为心智所掌握，所以它不足以作为真正知识的对象。正如上文所说，知识应当绝对可靠；关乎**是**什么。

（值得注意的是，在柏拉图对"知识即知觉"进行反驳的过程中，他提出每种感官都只对应特殊的对象，譬如颜色，就只是视觉的对象；而心智的对象则是"适用于万物的共同语词"，于是感官、心智二者就对立起来。而所谓"共同的语词"，正是理型或者理念，它们在本体论意义上是恒定不变的对象，与个别可感的事物相对立。）

二、知识不是简单的"真判断"

泰阿泰德渐渐发现，他不能简单地说"知识就是判断"，因为判断可能会错误。于是，他回答说"知识就是真判断"——苏格拉底将它暂时当成对知识的定义，开始仔细审视。（这个时候对话出现了小插曲：苏格拉底试图弄清楚错的判断如何可能以及如何发生。对这一部分，本文将不会详述，仅粗略论及。讨论中提到，有一种错的判断的发生是因为混淆了两种不同类型的对象：当前的感官知觉对象与记忆影像中的对象。譬如，某人可能将站在远处的人误认为是自己的友人。远处确有一人，却并非那位友人。例子中的人拥有关于友人的记忆影像，即时所见的情景勾起了这份记忆影像，于是他错以为是自己的友人站在那里。当然，也不是所有错误的判断都是因为混淆了记忆影像与当前感知，譬如数学计算中出现的错误便不能归为这个原因。此时对话又提到著名的"鸟笼"比喻，也是为了说明其他种类的错误判断的产生如何可能，但是后来苏格拉底发现这个比喻不够充分，于是对话得出结论，认为在确定知识的性质之前，并不能很好地处理"错误判断"的问题。后来在《智者》中，关于错误判断的话题得以延续。）

讨论泰阿泰德的定义"知识即真判断"时，对话中浮现出了这个观点：即使那个做判断的人并不知晓任何真理，他也有可能做出真判断。这个观点的相关性是显而易见的。试想，如果此时我说："丘吉尔先生此时正在与杜鲁门打电话交谈。"这个判断**可能**是真实的，但实际上这与我是否拥有知识无关。即便客观意义上这个判断的确是真实的，"我"也可能只是恰好蒙对了而已。同样，无辜者受到诬告，法庭上所有证据都指向他，而且他本人也没有任何证据可以自证清白。试想，此时忽然出现了一位高明的律师，他一边巧妙地利用证据，一边煽动陪审团的感情，最终他们裁定被告人无罪，这的确是一个真判断，但是我们却不能说，他们知道此人无辜。前面已经说了，所有证据都指向此人。他们的裁定可能是真判断，但依据的是说服而非知识。综上所述，知识也不仅仅是真判断，泰阿泰德不得不重新给出定义。

三、知识不是"真判断"加上"说明"

经过上文的叙述，我们会发现，所谓真判断或许就是真信念，而真信念并不能等同于知识。于是，泰阿泰德提出，在这个定义的基础上，再补充上"说明"或"阐释"（逻各斯），真信念或许就会变成知识。对此，苏格拉底回应道，如果给出说明或进行阐释意味着要详细列举这个判断的基本成分，那么这些基本成分应当是已知或可知的。否则，这个定义就变成：知识是"在真信念的基础上，给出关于其中未知或不可知元素的说明"。这样的结论显然是荒谬的。不过话说回来，"给出说明"究竟意味着什么呢？

1. 我们不能说，在真信念的意义上，为真判断"给出说明"意味着用言辞将其表述一遍。因为如果是这样，我们会发现真信念与知识之间就没有任何不同了。我们确切地知道，一个人做出一个判断而该判断恰好是真的，与一个人因为**知道**什么是真的而做出了一个真判断，二者之间是存在差别的。

2. 如果说"给出说明"，就是分析该判断的基本成分（可知的成分），那么这种"说明"能否将真信念转化为知识呢？答案是否定的，单单分析基本成分，并不能将真实的信念转化为知识。因为那样的话，如果有人能够对组成马车的零部件（轮子、车轴等）如数家珍，难道他就拥有关于马车的专门知识了吗？如果有人能将组成一个词语的字母倒背如流，难道他就拥有了文法家们关于这个词语的全部知识了吗?(注意,我们应当了解,柏拉图在这里说的是单纯地列举各组成部分。例如,一个人能够讲述出推导某个几何定理的全部步骤,只是因为他从前在书本上阅读过这些内容,并且将它们牢记在心。即使他其实并不理解这一定理的必然性,也未曾掌握推导过程中必然的逻辑顺序,他仍能够列举出该定理的"各组成部分",但他并不拥有数学知识。)

3. 苏格拉底给出了第三种对"给出说明"的解释——它的意思可能是"有能力说出这件事物区别于其他事物的地方"①。如果这种说法是正确的,那么所谓知道某物,也就意味着有能力辨别出这件事物与众不同的性质。但是后来苏格拉底还是摒弃了这种解释,认为它不足以定义知识。

(1)苏格拉底指出,如果说关于某物的知识,就是指在关于该物的正确观念上再加上对其特征的说明,那么我们会让自己陷入矛盾。试想,如果说我拥有对泰阿泰德的正确观念,为了让这个正确观念转化为知识,我必须说出泰阿泰德与众不同的某些特征。但是,我先前有的正确观念如果本没有包含这些特征,那后者凭什么被称为**正确**观念呢?除非这个正确观念中包含了泰阿泰德的个人特征,否则我不能说**已经**拥有了关于他的正确观念;如果正确的观念中完全不包含泰阿泰德个人的特征,那么这个对泰阿泰德的正确观念,实际上可以适用于所有人,这样,我所拥有的就**不是**关于"泰阿泰德"的正确观念了。

(2)另一方面,如果我关于泰阿泰德的"正确观念"中已经包含他的个人特征,然后我宣称通过种差,我将把对于泰阿泰德的正确观念转化为知识。这也是荒谬的,因为这就好比说,我在对泰阿泰德的正确观念上加上了泰阿泰德与他人相区分的东西,但实际上泰阿泰德与他人的区分已经在关于泰阿泰德的正确观念中得到理解了。

注意:柏拉图在这里说的不是"**属的种差**",而是他在例子中所举出的个别可感事物,比如太阳,或者某个人,泰阿泰德。②最后他得出的结

---

① 柏拉图,《泰阿泰德》,208c7—8。
② 柏拉图,《泰阿泰德》,208c7—e4。

论不是说，知识无法通过种差的定义得到，而是说个别可感事物是无法定义的，它们根本不是知识的正确对象。这也是整篇对话真正的结论，即我们永远不可能获得关于可感事物的知识，由此可以引申到，真正的知识一定是关于普遍的永恒事物的。

四、真知识

1. 柏拉图一开始就预设，知识是可能获得的，同时知识必须是绝对可靠的，关于**实在事物**。真正的知识必须同时具备这两个特点，任何不符合这些条件的，都绝不是真正的知识。在《泰阿泰德》中，他已经证明，感官知觉抑或是真信念，都不具备这两个特点，所以也不是真正的知识。柏拉图部分地接受了普罗泰戈拉的看法，感觉和知觉都是相对的，但是他无法接受普遍的相对主义。相反地，那种绝对可靠的知识是可获得的，但这种知识与感官知觉不同，后者是相对的、难以捉摸的，总是处在主体和客体的各种暂时的影响下。柏拉图也接受了某些赫拉克利特的观点：感官知觉的对象，也就是个别可感事物，始终处在生成与流变的状态之中，不足以作为真正知识的对象。它们总是生成，随即消逝，它们的数量不定，无法通过定义掌握，也无法成为知识的对象。但柏拉图没有因此断言说，无物配成真知识之对象，他的结论只是，可感具体事物不是真知识的对象。真知识的对象应该是稳定的、持久的和确定的，能通过清楚的科学的定义被理解，这就是苏格拉底所说的**普遍**概念。于是，要考察心智的不同状态，就需要首先考察不同状态下心智的对象。

我们的知识总是关于本质上恒定不变的对象的，如果我们仔细地审视这些知识，就会发现，它们其实都是关于**普遍的**判断。就比如"雅典的制度是好的"这个判断，其中涉及的那个本质上恒定的成分是"好"。雅典的制度是可以变化的，可能我们此时说它好，彼时它就变坏了。但是"好"这个概念却是始终如一的，因为当我们说这个制度变"坏"了的时候，我们所遵照的尺度仍是那个固定的"好"的概念。而且，当时过境迁，雅典的制度变成漫漫历史中既定的经验事实时，我们仍可以说"雅典制度是好的"，如果我们想强调的是我们曾经称之为"好"的雅典制度的特殊形式（即便后来在雅典，制度发生过变化），那么可以说，我们的判断更多的乃是针对政体的**类型**做出判断，而不是完全针对作为既定史实的雅典制度做出的。至于这种类型的制度是否曾经在某个既定的历史时刻在雅典成为现实，就不是那么重要了，因为我们真正想说的是，这种普遍的体制（无论它来自雅典还是来自其他地方）具有普遍的好的价值。只要判断是恒定不变的，它就总会涉及普遍性。

再者，正如苏格拉底所说，科学的知识（这里所说的知识都带有强烈的伦理色彩）以定义为其目的，总是通过清晰明白的定义成形并最终确定下来。以关于善的知识为例，我们总是需要通过"善是……"的句式确认善的定义，才能表述出善的本质。但是应注意，定义总是关于普遍者的。因此，真正的知识也总是关于普遍者的知识。具体的制度会变化，但善的概念却始终如一，而我们也是通过这个恒定的概念才得以评判具体制度的好坏。也就是说，普遍概念本身才能够满足作为知识之对象的要求。关于最高的普遍者的知识，就是最高的知识；而关于具体事物的"知识"，也就是最低等的"知识"。

但是，这种说法是不是意味着，在真正的知识与"现实"世界（由具体事物组成的世界）之间，存在着不可逾越的鸿沟呢？而且，如果说真正的知识必须是关于普遍事物的，那么我们是否可以说所谓真正的知识，就是关于抽象事物与"不现实"的事物的知识呢？针对第二个问题，我想说明的是，柏拉图理念论的本质其实很简单：普遍概念并不是指完全脱离客观具体内容的抽象概念；相反，每个普遍概念总有与其对应的客观实在。亚里士多德对柏拉图的批评（亚里士多德认为柏拉图只是从具体事物中抽离出普遍概念，然后想象出由分离的普遍概念组成的超越世界）究竟在多大程度上是正当的，这还有待讨论。但无论如何，有必要指出：柏拉图的理念论并不是说，普遍实在是"分离"存在的，而是相信普遍概念往往有其客观对应，其对应的存在比可感事物有更高的实在性。至于本段第一个问题（真正的知识与"现实"世界之间是否存在着鸿沟？），一方面，我们必须承认，确定个别与普遍之间的准确关系是柏拉图所面临的最困难问题之一；另一方面，想要回应这个问题，我们必须从本体论的角度来处理理念论，所以当前我们权且将其略过，后文再做详述。

2. 在柏拉图关于知识论的肯定学说中，知识的等级是依据其对象的等级进行划分的，《理想国》利用那个著名的线段比喻[1]，讨论了这个问题。在此，我将给出对线段比喻的常见图示，并努力将它阐释清楚。[2] 柏拉图的讲述的确存在某些模糊的地方，但是显然柏拉图是在摸索着走向他所认为的真理，而且，据我们所知，他也不曾对其中的疑点加以澄清。因此，我们有时不免要进行推测。

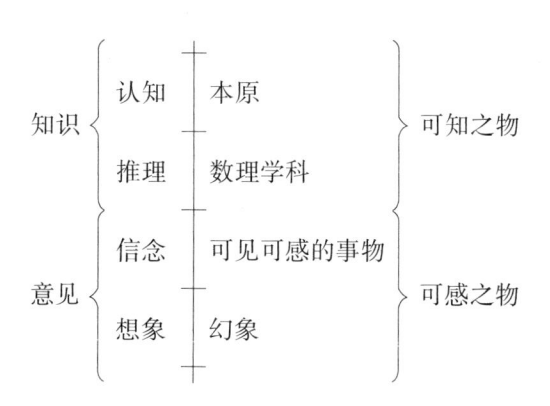

```
        ┌ 认知 │ 本原        ┐
知识 ┤            ├ 可知之物
        └ 推理 │ 数理学科   ┘
        ┌ 信念 │ 可见可感的事物 ┐
意见 ┤                          ├ 可感之物
        └ 想象 │ 幻象            ┘
```

人类的心智从无知到有知的发展有两个领域，δόξα（意见）和 ἐπιστήμη（知识）。只有后者能够被称作知识。那么心智的这两种功能有什么区别呢？二者的最大区别在于它们的对象不同。意见的对象是"影像或形象"，而知识就 νόησις（认知）的形式而言，其所涉对象则是本原或事物的原型（ἀρχαί）。如果我们问某人，什么是正义，这个人指出的是正义的不完美表现，一些与普遍理念不符的特殊事例，比如某个人的具体行为，某个具体的体制或法律，他并不清楚存在某种绝对的正义的原则，某种规范和标准，那么他的心智状态只停留在意见上，他其实只看见了影像与摹本，却误以为这些就是理念本身。但如果一个人理解正义本身，并能够将影像提升到形式、理念、普遍者，一切特殊事例都以此得到评判，

---

[1] 柏拉图，《理想国》，509d6—511e5。
[2] 线段的左边是思维状态，右边的是对应的对象。两边"最高"的都在顶部。在这里，柏拉图的认识论和本体论之间紧密的联系非常明显。

那么我们可以说这个人的心智状态就达到了知识的状态，即 ἐπιστήμη 与 γνῶσις。此外，意见的状态与知识的状态，二者是可以转化的。当一个人开始渐渐意识到，他原先以为是本原的事物实际上是影像或摹本，即理念不完美的体现，规范或标准不完全的体现，他就在某种程度上开始理解本原的理念本身了，而且他的心智状态也不再是意见，而是开始向知识转化。

但是，这条线段不仅仅能划分为两个部分，每个部分还可以再继续划分。所以，意见与知识各自还有两种等级区分。我们应该怎么理解这种区分呢？柏拉图告诉我们，最低的等级是幻象（εἰκασία），它有两种对象，一是影像或幻影，二是"水面或光滑之物上的倒影"。[①] 这种说法非常奇特，有些人可能会认为，柏拉图其实做了暗喻，以此影射那些错将倒影当作物体本身的人。但我们完全可以进一步合理地引申，柏拉图其实是在暗示影像之影像，或者对摹仿的摹仿。我们说如果某个人所以为的正义，就是雅典政制或某个具体的人之类的对正义不完全的体现，这个人的心智状态就是一般的意见。如果这时候出现一位修辞学家，他用极具煽动性的言辞对这个人多番游说，让他相信某些事情是真实和正义的，而其实这些事情甚至是不符合雅典政制和法律中那种具体的正义的，那么，这个时候他的心智状态就转向了幻象。他现在所以为的正义，其实只是对本就是正义之摹本的事物的更为蹩脚的摹仿，是"影像之影像"。另一方面，如果这个人最终还是深以为雅典法律或某个人的正义才是正义，那么他的心智状态就转向信念（πίστις）。

柏拉图认为，比起线段当中幻象阶段的影像，信念的对象是相对实在的，后者的对象是"我们身边的动物，整个自然世界和技艺世界"。[②] 这也就是说，如果一个人认为他所看见的某一匹马就是马的理念，而没发现这匹马只是对马的理念（即马的种）的不完美的摹仿，那么这个人的心智状态就处于信念当中。实际上，他不拥有关于马的知识，只有对马的意见。（按照斯宾诺莎的说法，这个人应处于**想象**的状态，他的知识是不

---

① 柏拉图，《理想国》，509e1—510a3。
② 柏拉图，《理想国》，310a5—6。

充分的。)同样，如果有人认为外在的自然世界就是真正的实在，并且不曾发现自然世界只是一个不可见世界的多少有些"不够实在"的摹本（换句话说，此人不知道可感事物其实只是对种的存在的不完美体现），那么这个人拥有的仅仅是信念。他虽然不似那些梦游者直接将幻象当作实在世界，但是他自己也并没有达到知识的状态，他不拥有真正的知识。

柏拉图在举例时提到了艺术，这或许可以帮助我们更清楚地理解这一区分。在《理想国》第十卷，柏拉图说，画家距真理有"三步之遥"。以人为例，存在人的种的形式——这是同一个种下的所有个体努力实现的理想样式，特殊个人是对这一种样式的摹仿，或不完美的实现。画家画出人像，画中之人就是对摹仿物的摹仿。任何以画中之人为真的人（可能有人会说，任何人看见杜莎夫人蜡像馆门口的警察蜡像都会把他当作真人），其心智状态都处于幻象之中。而有一些人认为，他所看见的、听说的或在书上读到的具体的人才是真实的人，这样的人也不能真正地理解种的样式，那么这些人的状态就是处于信念当中。如果有人能够理解理想的人（即理想的样式），他知道具体的人都是对种的理念的不完美实现，这个人的状态就达到认知层面。① 以正义为例也是一样，所谓正义的人，就是即便不可能完美地实现正义的理念，也还是会努力地在自己的言行中摹仿和体现正义的人。而剧作家就模仿这个正义的人，力图将他展现在舞台上。但是剧作家本人其实对正义一无所知。他所做的不过是对摹仿物进行摹仿罢了。

接下来，则是线段较高级的部分，它表示的状态是知识，涉及的对象是可知之物（νοητά）。总的来说，这一部分与可见的（ὁρατά）或可感对象无关，它是关于那个不可见的（可知之物）的世界。但是具体来说，应该怎么对其进行下一步细分呢？思想在严格意义上如何区别于推理？柏拉图认为，比起之前那个部分，推理（διάνοια）的对象就好似这个高级部分中的图像，灵魂必然要去研究它。推论从假设前提开始，但它不会得出任何第一性的原理，而是朝着某个结论推进。② 柏拉图的所指乃是数学。

---

① 柏拉图的艺术理论在后面的章节会讨论。
② 柏拉图，《理想国》，510b4—6。

譬如说，在几何学中，心智往往通过形象的图形，从假设出发，最后得出结论。柏拉图说几何学家总将诸如三角形的"质料"当作前提，然后运用可见的图形力图得出结论。他感兴趣的并不是图形本身（即不是这个或那个具体的三角形，具体的矩形或线段）。所以说，几何学家们虽然运用形象的图形和线段，但是"其实他们努力研究的事物只能通过思想的眼睛看见"①。

或许有人会觉得，这类数学对象其实可以算进理型或本原之列，柏拉图也可以将几何学知识等同于思想。但是柏拉图却没有这么做，他特意"多此一举"，难道只是为了让他的知识论能够符合线段说吗？切不可这么认为。相反，我们首先应当肯定柏拉图或许是为了强调"中间"等级（即它应是知识的对象，但是却次于理念，所以它并不是思想，而只是推理）的存在。②这在《理想国》第六卷末尾就十分清楚了③，"即便他们的确进入了纯粹理性的领域，并与第一原理产生了联系"④，但是他们并没有超越自己的前提假设，所以几何学家们并没有得到关于他们的对象的努斯或思想。从这一段话中可以看出，在线段最高的两个部分中，对象已不是区分的唯一标准了，还应根据心智状态进行区分。另外这段话也清楚地表明，理解或者说推理正是意见与纯粹思想的居间者。

数学的假设证明了这一点。内特尔希普认为柏拉图的意思是，数学家接受他的假设和公理，就好像它们是自明的真理，从未质疑过它们，而且如果有人质疑它们，数学家也只能说他无法讨论这个问题。在柏拉图那里，所谓"假设"，并不是说将一个**可能**不为真的判断"假设"为真，它是指那些自明的判断，我们无须去管它的基础，或者它与存在的必然关联。⑤针对这点，我们必须指出，柏拉图在 510c 中举出的关于"假设"的例子，是关于实体，而不是关于判断的例子。并且柏拉图说的是摧毁假

---

① 柏拉图，《理想国》，510e2—511a1。
② 参见哈迪（W. R. F. Hardie），《柏拉图研究》（*A Study in Plato*），第 52 页。
③ 柏拉图，《理想国》，510c。
④ 柏拉图，《理想国》，511c8—d2。
⑤ 内特尔希普，《柏拉图〈理想国〉讲演录》（*Lectures on the Republic of Plato*，1898 年），第 252 页以下。

设，而不是将它们归纳为不证自明的命题。在本章的结尾处会更深入地谈及这个问题。

亚里士多德在《形而上学》①中写道，柏拉图认为数学实体"介于理型与可感事物之间"。他指出："除了可感事物与理型之外，还存在着数学的对象，它占据中间位置，与可感事物不同，它是永恒不变的；与理型也不同，它总是有许多相似物，而理型自身每一个都是独特的。"从亚里士多德的叙述来看，线段最高的两个部分的差异也不能仅仅归于心智状态的差异。对象之间的差异必然也是存在的。（如果数学**本身可以**归到本原范围内，那么这个划分可能就只与心智状态相关，数学家正是这样做的，他们以假设的方式接受他的"质料"并试图得到结论，他们将会处于柏拉图所说的推理状态，因为他将自己的前提当作是自明自足的，而没有进一步对其进行质疑，而且他是借助保留形象的图形才得到结论。但是，他的推论并不关于那些可见的图形，而是关于观念上的数学对象的。所以，如果数学家能够令自己的假设"与第一原理产生关联"，那么即便其理智面对的对象始终不变，他的心智状态此时也会从推理达到认知。这种解释将较高线段两部分的区分局限在心智状态之内，柏拉图关于数学问题的一段论述似乎为它提供了支持，"只要数学问题与第一原理产生联系，它就进入了纯粹理性的领域"。但是如果亚里士多德的评述是对柏拉图思想的准确阐述的话，那么它显然不允许这种解读产生，因为他认为在柏拉图那里，数学实体处于本原与可感事物之间。）

如果我们承认亚里士多德说的是对的，柏拉图的确为数学对象单独划分出一个等级，与其他等级的事物有所区分，那么数学与其他事物的区别究竟是什么呢？首先，我们没有必要重新再将数学对象与列于线段低级部分的事物（即可感事物）相区分，因为我们已经讲得很清楚，几何学关于观念的且完美的思想对象，而与经验中的圆形或线段无涉（譬如车轮、铁环或鱼竿），它甚至与形象的几何图形无涉，因为后者也是可感的具体之物。所以，问题就变成，数学对象作为推理的对象与作为认知对象的本

---

① 亚里士多德，《形而上学》，987b14 以下，1059b2 以下。

原之间的差别究竟为何？

对于亚里士多德在《形而上学》中做出的评述的自然解释是，在柏拉图那里，数学家讨论的既不是可感的具体事物，也不是普遍之物，而是理智世界中的具体事物。譬如，当几何学家说两圆相交，他不是在讨论画在纸上的那些圆，也不是在讨论圆性本身，因为圆性如何与圆性相交？正如亚里士多德所说，他谈的是理智的圆，理智世界中尚有许多相似的圆。同样，"二加二得四"也不是在说二自身加上自身会等于四，这就毫无意义了。亚里士多德评述柏拉图的另一段话也佐证了这一点，"必须要先有二和三，而且这些数是不能相加的"[1]。对柏拉图而言，二**不是**一加一得到的，每个整数（包括一）都是独一无二的数型。从中我们可以看出，整数二其实就是二自身，而不是两个一。似乎在柏拉图看来，这些整数就是理型。尽管我们不能说有许多个二（就像圆性也只有一个），但是数学家在得到最终的理念本原之前，他们所处理的对象就是许许多多的二和圆。现在，几何学家在讨论相交的圆时，他讨论的不是可感世界中的具象事物，而是理智对象。但是，这些理智对象是相似的"多"而不是"一"，因此它们不是真正的普遍者，它们组成了一个单独的种类，即理智的具体物，这个种类要"高于"可感的具体物，但"低于"真正的普遍者。总而言之，柏拉图所谓的数学对象，即是理智世界中的这种具体之物。[2]

据我理解，泰勒似乎将数学对象的领域局限在观念上的空间的量。他说，以曲线为例，我们可以根据数学方程得到曲线的性质，但是实际上曲线本身并不是数。所以，它们不属于线段的最高等级——本原或理型，柏拉图将其等同于数。另外，观念上的空间的量是几何学的研究对象，由于它不是可感的对象，那么也就不属于可感事物的领域。所以，数学对象处在理型数与可感事物的中间地带。关于泰勒的这种说法，我完全赞同其中探讨几何学对象（相交的圆等）的部分。但是，将算术从数学的对象中

---

[1] 亚里士多德，《形而上学》，1083a33—35。
[2] 参见《理型与数》（"Forms and Numbers"），《心灵》（*Mind*），1926 年 11 月和 1927 年 1 月，重印载于《哲学研究》（*Philosophical Studies*）。

剔除，这真的合理吗？毕竟柏拉图在讨论推理的心智状态时，他并不单指几何学，他同时也说到了算术及其相关学科。[①]因此，我们如果断言说柏拉图所说的数学对象就仅仅是观念上的空间量，这显然是有失公允的。无论我们是否认为柏拉图应该先定了数学实体的范围，都不仅要考虑柏拉图**应当**说的东西，而且要考虑他**实际**说了什么，很有可能柏拉图自己也认为，他所说的数学既包含几何学的对象，也包含了算术的对象，甚至还包含了一些"相关学科"。那么，亚里士多德说柏拉图认为数不可相加，又是什么意思呢？我认为柏拉图之所以这么说，是因为他清楚地看见了数的独特性。另一方面，我们也将物体累加为一类，再去探讨这一类的特征。这些种类代表了它们下辖的个别的对象，与此同时，它们自己也是对象，只不过它们不是可感对象，而是理智对象。因此，我们可以将它们称为理智的具体事物，而且它们也与几何中的空间量一样，隶属数学对象。亚里士多德自己的数论可能也是存在问题的，所以他在某些方面错误地呈现了柏拉图理论。但是既然亚里士多德清楚地表明，柏拉图将数学实体列为居间的一类，我们很难想象他会在这样的问题上发生理解错误，特别是柏拉图自己的著作中也没有可怀疑之处，他不仅将数学对象视为一类，而且没有将这类对象等同为观念上的空间的量。

柏拉图论述道，如果数学家的假设（他提到了"奇数、偶数、图形、三种角以及各类分支和复合学科"[②]）与第一原理发生关联，便可以由更高级的理性对其进行认知。他还说过，更高的理智与第一原理相关，而第一原理是自明的。这似乎表明，柏拉图会接受现代将纯粹数学定义为其逻辑基础的做法。

最后还剩下线段最高级的部分需要简要讨论。处在思想状态的人将推理状态中的假设当作出发点，但是他们会超越假设，并到达第一原理。而且，这个过程（即辩证法的过程）与推理状态不同，认知状态的人不借助影像，而是依靠理念自身，通过严格地抽象推理[③]，向前推进。清楚掌

---

① 柏拉图，《理想国》，510c2 以下。
② 柏拉图，《理想国》，510c4—5。
③ 柏拉图，《理想国》，510b6—9。

握了第一原理之后，思维下降到随之而来的结论，同样，这个过程也是依靠抽象推理完成，完全不借助于可感的影像。①思想的对象是本原，即第一原理或理型。它们不仅仅是认识论的本原，同时也是本体论的本原，稍后的相关章节中我还会对此再做详细讨论。如果问题仅仅是，看见推理状态中的假设背后的终极本原（例如，纯粹数学在现代被还原为它们的逻辑基础），那么柏拉图意旨何在也不言而喻了。但是柏拉图曾明确地描述辩证法说它"摧毁假设"②，这样一来问题就有些复杂了——因为即便辩证法表现出数学家的假设有待修正，我们也很难从中发现辩证法如何能够摧毁前提假设。事实上，如果我们看一看柏拉图曾提到过的关于奇数和偶数的具体假设，柏拉图的意思就会渐渐明晰。柏拉图曾经说过，一个数如果既不是奇数，也不是偶数，那么它就是一个无理数；与此同时，在《厄庇诺米斯》③中，他将平方根与立方根也称作**数**④。那么针对这个例子，辩证法的任务即是要证明数学家的传统假设在严格意义上并不为真——他们认为不存在无理数，一切数都是整数，它们非奇即偶。柏拉图对点的看法也是这个道理，毕达哥拉斯学派认为点自为单元，而柏拉图却不以为然，他认为点"是线段的开端"⑤。在这个例子中，毕达哥拉斯派的观点，即点自为单元（也即点自身具备量），作为一个"几何学虚构"⑥，就是一个需要被辩证法"摧毁"的假设。

3. 在《理想国》的第七卷，柏拉图提出了那个著名的洞穴比喻，借此进一步对知识论进行阐述。⑦我将简要概述这个寓言，它的价值在于清楚地表明，心智由线段较低级的部分过渡到较高级的部分，这是知识论上的进展过程。在柏拉图看来，这个过程是认知状态由不充分到充分的"转向"的过程，而不是连贯的演进过程。

---

① 柏拉图，《理想国》，511b3—c2。
② 柏拉图，《理想国》，533c8。
③ 柏拉图，《厄庇诺米斯》，990c5—991b4。
④ 泰勒，《柏拉图：生平及其著作》，第501页。
⑤ 亚里士多德，《形而上学》，992a20以下。
⑥ 亚里士多德，《形而上学》，992a20—1。
⑦ 柏拉图，《理想国》，514a1—518d1。

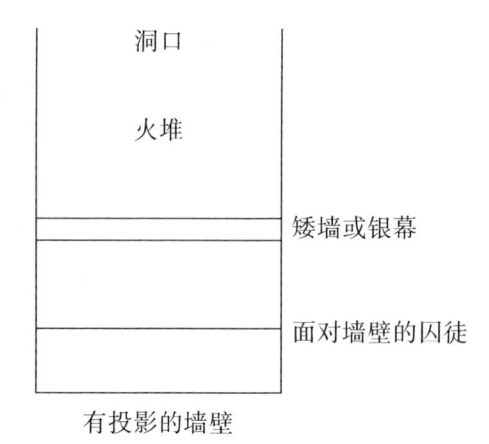

```
洞口

火堆

                    矮墙或银幕

                    面对墙壁的囚徒

        有投影的墙壁
```

柏拉图让我们设想某个隐秘的地下洞穴，它的洞口朝着阳光。洞穴里面生活着某些人，他们自打出生起，手足就被锁住，他们始终朝向洞穴的墙壁坐着，从未见过太阳的光芒。在这些囚徒身后不远处，也就是他们与洞口之间，燃烧着火堆，而他们与火堆之间则是一堵如同银幕的矮墙。沿着矮墙有许多人，将动物和其他物体的塑像高举过矮墙，来回走动。面朝墙壁的囚徒们既看不见这些走动的人，也看不见他们手上的物体，但是他们能看见投在面前墙壁上的影子。事实上，他们也只能看见这些影子。

这些囚徒代表的是大多数人——他们终其一生都生活在幻象的状态中，他们看见的是真理的倒影，听见的是真理的回音。他们对世界的看法都是残缺的，因"他们自己的激情与偏见，以及他人通过言语与修辞传递而来的他人的激情与偏见"而扭曲。[①] 他们比起孩童也没有强到哪里去，他们异常顽固地攥住自己扭曲的看法，而且丝毫没有逃离监狱的愿望。而且，即便有朝一日，他们被释放，突然看见那些倒影的实体，他们也会因为受不了火光的光辉而失明，从此更愿意相信从前自己所见的倒影为真。

但是，假使有哪个人成功地逃出洞穴，而且他的眼睛逐渐适应火光，在一段时间之后他就能直视那些具体的可感物了。他回头会看见他的同伴们仍坐在火光（象征着可见的太阳）之中，处于信念的状态。与此同时，

---

① 内特尔希普，《柏拉图〈理想国〉讲演录》(Lectures on the Republic of Plato)，1898年，第 260 页。

他自己则从幻象的影像世界中转向，他终于摆脱了偏见、激情与诡辩，来到了（有生命的事物）的真实世界之中。当然，目前他还没有到达不可感的、实在的理智世界。他现在已经清楚地看见其他囚徒所处的困境，他们被激情与诡辩所束缚。如果他能够更进一步，从洞穴中逃离到阳光下，他就能看见阳光普照的世界，以及清晰的物体（象征着理性实在），最后再努力一把，他就可以看见太阳本身，它代表着善的理念，也即最高的理念，"所有真实和美丽事物的普遍原因，真理与理性的源头"[1]。他终于达到了思想的状态。（关于善的理念，以及柏拉图在《理想国》中的政治关怀，我在稍后的章节将会详细谈到。）

柏拉图还谈到，一个人在看见阳光之后，重返洞穴之中，因为光线太暗他已经看不清洞穴之景了，所以他的一举一动会显得"滑稽"。而且，如果他试图解救剩下的囚徒，带领他们到阳光之下，那他就会被处以极刑，因为囚徒们都喜欢黑暗，并且深以为影子就是真实实在。在这里，我们或许能看见柏拉图对苏格拉底之死的影射，他为了让人们免受偏见与诡辩的误导，曾努力启发那些会听劝的人，并让他们理解真理与理性。

洞穴比喻中显而易见的是，柏拉图认为线段不同部分的"上升"是一个过程，但是这个过程不是连续的，也不会自动发生，它需要努力与心智训练。正因如此，柏拉图才会始终坚持对**教育**的重视，唯有通过教育，年轻人才能被带领，渐渐看到永恒和绝对的真理和价值，才能免于在充斥着错误、虚假、偏见、诡辩与盲目的倒影世界中度过余生。对于要成为政治家的人而言，教育更是重要。如果政治家和统治者也陷入幻想与信念之境，那么就好比一个盲人为一群盲人领路，而且比起个人之舟的沉没，国家之船的覆没是更可怕的事情。因此，柏拉图关注知识论的上升，并不仅仅是出于批判或学术上的兴趣，他更关注的是生活中的行为，灵魂的倾向，乃至城邦的善。个人若不知人的善，将不会也不能过好一生，而政治家若不知城邦的真正的善，则无法在永恒本原之光下检视政治生活，将自己的人民带向毁灭。

---

[1] 柏拉图，《理想国》，517b8—c4。

有人或许会问，柏拉图的知识论，正如线喻与洞喻所表达的那样，是否包含某种宗教暗示？毫无疑问，新柏拉图主义为柏拉图的理论赋予了宗教色彩。而且，基督教作家，譬如托名狄奥尼索斯，通过否定的方式追寻通向上帝的神秘上升，超越可感事物上升到它们不可见的本原，这一本原即致人失明的极致光亮，由此就能使灵魂处于摆脱黑暗状态的光亮之中。他们借鉴了经由新柏拉图主义而来的柏拉图的主题。但是，我们不能就此论断说柏拉图也是从宗教立场来理解上升。事实上，在仔细研究柏拉图的善的理念的本体论本质和地位前，这个问题是难以回答的，甚至在做了这一系列努力之后，我们也未必能获得确定结论。

第二十章

柏拉图的理念论

在本章中,我将从本体论的角度讨论理念论。我们已经讲过,在柏拉图看来,真知识对象应当是稳定不变的,它们是理智对象而不是感觉对象,而普遍者,就最高的认识状态思想而言,恰好满足这些要求。柏拉图的知识论已经非常清楚地指出,我们思想中的普遍者,并不缺少所指对象,但是我们尚未研究过另一个非常重要的问题,即它们所指的对象究竟是什么。有大量历史证据表明,柏拉图在学园中和著述期间,曾耗费大量的时间来审视理念论中的问题,但没有证据表明他彻底地改变过自己的理论,更不用说放弃理念论。不过,面对他人和自己所看见的困难,他试图对理念论进行说明和修改。亚里士多德曾说晚年的柏拉图试图将理念论数学化,以至于重蹈了毕达哥拉斯学派"神秘主义"[①]的覆辙,但是亚里士多德并没有说柏拉图**改变**过自己的理论。从亚里士多德的描述中唯一能得出的合理结论就是,至少亚里士多德在学园活动期间,柏拉图从始至终坚持的都是同一个理论。(至于亚里士多德是否误解了柏拉图的用意,那是另一个问题。)然而,即便柏拉图始终坚持理念论,试图澄清自己所要表达的意思以及理论中的本体论与逻辑学义涵,但是我们仍然不能总是清楚地理解他真正要表达的意思。非常遗憾的是,我们没有足够多的学园课堂记录,课堂记录会令对话中提出的理论更加明晰,在帮助我们了解柏拉图"真正的"观点方面,课堂记录也有着不可估量的价值,让我们知道那些他从未公开发表的口传学说。

[①] 参见斯塔斯,《希腊哲学批判史》,第 191 页。

164 　《理想国》中曾经论及，假如许多个别事物都拥有一个相同的名字，那么它们也拥有一个相应的理念。① 这就是共相（普遍者），借由概念（比如美）来把握的共同本质或性质。存在着许许多多美的事物，但是我们只用一个普遍概念来表达美本身。除此之外，柏拉图还认为，这些普遍概念不仅仅是主观概念，我们其实可以通过它们理解客观的本质。乍听之下，这个理论似乎非常粗糙幼稚，但是我们应当联系柏拉图的知识论——唯有思想可以把握实在，与感官知觉的对象不同，共相作为思想的对象，一定具有实在性。如果它们不是真实存在，那么它们如何能作为思想对象，为思想所把握呢？我们其实只是**发现**了它们，而不是创造了它们。另外，还有一点值得注意，柏拉图似乎首先考虑的是道德与审美方面的共相（以及数学科学的对象），考虑到他受到苏格拉底的影响，这么做也在情理之中。另外，他还认为绝对善与绝对美凭自身存在，并为它们下了定义。但是，当柏拉图渐渐将注意力越来越多地转移到自然事物上，考察类的概念，比如人或马时，困难就出现了，很难说这些类的概念所对应的普遍者也凭自身作为一种客观本质单独存在。为绝对善与绝对美做出相对清晰的定义或许比较容易，然而要定义一个人的客观本质，或者一匹马的客观本质，就不那么容易了。事实上，这件事本身就有些荒唐可笑。但是，如果各个本质之间并不是隔绝孤立的，那么我们就必须找到统一的原则，这样，所有的种本质都可以被统一在较高的属本质之下。柏拉图从逻辑的观点出发，从探究逻辑分类的问题入手，试图处理这个问题。但即便如此，似乎也不能表明他不再认为普遍共相具有本体论的地位。不过，即便他解决了逻辑分类方面的问题，也不意味着他同时解决了本体论统一方面的问题。

165 　柏拉图将这些客观本质命名为理念或理型，这两个词是可以通用互换的。《斐多》中曾突然出现过"理念"这个词。② 但是要注意，《斐多》中对这个词的用法与我们平时所说的"理念"不同。我们平时所说的"理念"（idea，观念）通常是指思想中的主观概念，就好比我们说："这只是

---

① 柏拉图，《理想国》，596a6—7，507a—b。
② 柏拉图，《斐多》，102b1。

一个理念，而不是真实的东西。"而柏拉图所说的理念与理型则是指，普遍概念的客观内容或客观所指。我们在普遍概念中理解客观本质，而柏拉图把这些客观本质叫作"理念"。在《会饮》等对话中，柏拉图并没有使用"理念"一词，但是"理念"的**含义**包含在对话之中。在《会饮》中，柏拉图讨论了绝对美，实际上那也是柏拉图的美的理念所要表达的意思。所以，柏拉图所说的绝对善也与善理念是一回事，这二者都是指善的客观本质，也即是所有善的事物之所以为善的根源。

柏拉图借理念或理型来表示客观本质，所以理解柏拉图的本体论非常重要，这让我们尽可能地确定柏拉图是如何看待这些客观本质的。除了与具体事物对应之外，这些客观本质是否还拥有超越的存在？如果有的话，它们彼此之间的关系，以及它们与现实世界中具体事物的关系又是怎样的呢？柏拉图是否只是通过构想出不可感的、非物质的、本质的超越世界来复制感官世界呢？如果真是这样，这个本质世界与神的关系是怎样的呢？柏拉图字里行间似乎常常暗示，存在着超越本质构成的分离世界。但是同时应当注意，其实语言本身最初都是用来指涉感官经验对象的，我们往往会发现语言不足以对形而上学真理做出精确的表述。例如我们禁不住要说"上帝预见"，这句话暗示了上帝处在时间之中，然而我们知道上帝不在时间之中，他是永恒的。然而，我们也没有办法充分讨论上帝的永恒性，因为我们自己并不拥有关于永恒的任何经验，而且我们的语言也不是用来表述这类事情的。我们生为人类，只能使用人类的语言，我们别无选择。这个事实提醒我们，不要过多将注意力耗费在柏拉图处理抽象的形而上学问题时所用的词句之上。我们必须努力去把握这些词句背后的意义。倒不是说柏拉图自己不相信普遍本质的永恒性。我只是想要指出，既然柏拉图坚持这个理论，我们就必须对它保持谨慎，不要因为过于强调柏拉图的遣词造句而错过了对这些语句背后意涵的真正思考。

对柏拉图理念论的通俗表达大抵如下：在柏拉图看来，我们借由普遍概念而掌握的对象，科学所处理的对象，作为谓词的普遍词语所对应的对象，都是客观理念或实存共相，它们存在于自己的超越世界之中。它们"脱离"可感世界，与可感事物相分离，它们与可感世界之间甚至"脱离"

实际上空间的分离。可感事物是对这些普遍实在的摹本或分有，但是普遍实在自身存在于不变的天上，而可感事物却不得不应时而迁，它们总是处于生成的状态中，甚至在严格意义上不能算作**存在**。理念存在于天上，彼此分离，也与任何"思想者"的心智相分离。理念论被如此表述，那么，实存的普遍共相要么**存在**（这样，我们所经验的现实世界就变成了非正当的复刻本），要么不存在，但是却以某种神秘的方式而具有独立性和**本质实在性**（这样，存在与本质之间的界限就变得模糊）。（托马斯学派的经院哲学家们认为被造物的本质与存在有着"真正的区别"。但是对他们而言，这种区别其实是在被造物**内部**的，非造物则是绝对存在与绝对本质的同一体。）导致对于柏拉图学说的传统理解的理由有三个：

1. 从柏拉图讨论理念的方式看来，理念很明显存在于另一个世界。所以在《斐多》中，他说在与身体结合之前，灵魂就已经在超越世界中预先存在了，它在其中认识了实存的理性实体与理念，这些理念具有"分离"于现实世界的本质。而认识过程的本质就是回忆，就是回想起灵魂在预先存在的状态中所清楚认识的那些理念。

2. 亚里士多德在《形而上学》[①]中称，柏拉图将"理念"分离了出来，苏格拉底尚未这么做。亚里士多德在批判柏拉图的理念论时也始终预设，柏拉图认定理念分离于可感事物而存在。亚里士多德问道：既然理念构成实在或物体"实体"，"那么，作为物体实体的理念怎么可能分离地存在呢"[②]？

3. 在《蒂迈欧》中，柏拉图曾经非常清楚地说过，神（或言"工匠神"）乃是以理念为摹本，塑造了世间万物。这意味着，理念是分离地存在的——它不仅仅与以它为摹本的可感事物相分离，甚至还与拿它作为摹本的神相分离。所以说，它应该一直存在于天上。

于是，针对柏拉图这一说法，各种各样的批评蜂拥而至：

（1）复制"真实"世界；

（2）在不具备充分的形而上学与基础的情况下，就妄自假定了许多

---

① 亚里士多德，《形而上学》，卷 A，987b1—10；卷 M，1078b30—32。
② 亚里士多德，《形而上学》，卷 A，991b2—3。

实存的本质（因为这些实存的本质甚至是独立于神的）；

（3）没有解释可感事物与理念之间的关系（只是运用了诸如"摹仿"或"分有"的隐喻）；

（4）没有解释各理念之间的关系，即它们究竟是种与属的关系，还是根据什么确切的原则而相互统一？另外，即便柏拉图试图去解决这个"一"与"多"的问题，最终也会失败，他只不过为世界又留下了一套充满幻想的理论，而且亚里士多德已经用自己的天才推翻了这种理论。

我们必须更加细致地研究柏拉图的思想，才能知道这种对理念论的通俗表达究竟有几分真实。但是现在我们就可以指出，上文列出的种种指责都选择性地忽略了这个事实，即柏拉图自己清楚地意识到杂多的理念亟需同一的原则，而且他也为解决这个问题做出了不少努力。他们还忘记了，我们拥有的不仅仅是对话，亚里士多德对柏拉图对话及课堂的引述无不证明了柏拉图曾**多么**努力想要通过新解释来解决这个问题，以及对于爱利亚学派的有关"一"的学说的运用。柏拉图事实上是否解决了其理论中的难题还有待商榷。但是我们不应该说，他自己从未意识到亚里士多德所指责的那些困难。相反，柏拉图自己其实早已预见到了亚里士多德提出的某些反驳，不仅如此，他认为自己也勉强解决了这些问题。亚里士多德显然并不认同柏拉图的解决方式，但是即便亚里士多德的想法的确是对的，也不能说柏拉图愚蠢得不曾想到过自己学说可能招致的反驳。除非我们的确有足够充分的证据，否则即便柏拉图的理论中有着难以解释和矛盾的地方，我们也不能说柏拉图的想法就是天马行空的幻想。

我们已经列举了支持对柏拉图理念论做传统解读的三个理由，在进一步考察对话中呈现出来的理念论之前，我将首先针对这三个理由稍做评论。

1. 不可否认，柏拉图谈论理念的时候，常常暗示着理念与"可感事物"是相分离的。我相信柏拉图确实持有这样的观点。但是有两个细节值得注意。

（1）如果理念的确是"分离"于可感事物而存在的，那么所谓"分离"就只能是说理念具有独立于可感事物的实在性。在这里不存在理念在空间之中的问题，严格来讲，也不存在说理念"在可感事物之中"或"在可感事物之外"的问题，因为根据假设，理念具有"无形"的本质，而"无形"不占据空间。由于柏拉图还是必须使用人的语言，所以当他表述理念的实存性与独立性时，很自然地会运用某些空间化的语词（他别无选择）。但是这并**不**意味着理念与可感事物的分离是在空间意义上的。而所谓"超越性"，即意味着理念并不会随着可感的具体事物而变化或消逝，它并不表示理念存在于属于自己的天界之中，就像上帝的"超越性"并不意味着上帝存在于与他所创造可感事物所处的空间、地点截然不同的地方。如果我们以为，柏拉图的理论中涉及具有长、宽和高的"理念人"存在于天界之中，那真是无稽之谈。这种想法会使得柏拉图的理论显得无比滑稽，不管理念的超越性究竟指的是什么，它一定不是**这个**意思。

（2）我们应当注意，不要过于强调诸如"灵魂先在说"与"回忆说"的理论。众所周知，柏拉图有时会利用"神话"，或者给出"近似的解释"，但是这并不意味着他会以同样的精确度和严肃度去对待以更科学的方式讨论的主题。所以，在《斐多》中"苏格拉底"在描述了死后灵魂的生活之后，还补充说，事实未必和他所说的完全相同。[①]但是，即便我们已经非常清楚，死后灵魂的生活具有"神话"性质，并且包含一定程度的臆测，仅仅根据"神话"就扩展出一套灵魂不朽学说显然是不合理的。但是仍有人这么做，他们断章取义地利用了苏格拉底在《斐多》中的论述。即使死后灵魂的景象并不能完全按照字面去解释或者得到完全的积极肯定，但是灵魂也"当然是不朽的"。另外，因为柏拉图将灵魂不朽与灵魂先在相提并论，所以如果完全将灵魂先在论当作是"神话"观点，似乎也不可取。柏拉图或许认为，这只是一种假说（因此，正如我上文说过的，我们不应该过度强调它们）。但是，总的来说，我们也不应该简单地说这种理论就是神话，而且，除非可以充分地证明它的神话本质，否则我们就应该将它作为严肃的理论来接受。即使灵魂先在，而且在先在的状态中对理念进行沉思，也**不**意味着理念存在于某个**地方**。同样，这也不必然说明

[①] 柏拉图，《斐多》，114d1—2。

理念具有"分离"的本质，因为它们可能被包含在同一个本体论的统一原则之下。

2. 在看亚里士多德《形而上学》中所做的评述之前，应当指出，亚里士多德对柏拉图在学园中传授的知识非常熟悉，理解也非常透彻。如果说，由于亚里士多德对当时数学发展的知识了解并不充分，所以这一背景一定会导致他曲解柏拉图的理念论，至少曲解了非数学的方面，这是十分荒谬的。无论他是否完全理解柏拉图的数学理论，都不至于直接导致他对柏拉图本体论的解读出现重大偏差。如果亚里士多德说，柏拉图"分离"了理念，我们不能轻易判断这句话是无知的批评。无论如何，我们必须小心，不能先验地假定亚里士多德"分离"的含义。其次，我们必须考察，亚里士多德对柏拉图的攻击是否就说明柏拉图持有那些被亚里士多德所攻击的结论。有些遭到亚里士多德批评的结论，**可能**是亚里士多德所认为的柏拉图学说在逻辑上的结论，虽然柏拉图自己可能并没有得出这些结论。如果是这种情况，那么我们就要考虑这些结论是不是真的由柏拉图的前提推论而来。但是，在讨论柏拉图公开发表的作品中的理念论之前，先讨论亚里士多德的批评是不合适的，最好把亚里士多德的批评放到后面，虽然现实是，由于我们在很大程度上要依赖亚里士多德来了解柏拉图在授课中讲了些什么，所以也不可避免地利用他来吸收柏拉图的学说。然而我们绝不能低估亚里士多德（这是这些初步评论的障碍），认为他是没有能力的笨蛋，无法理解真正的"大师"讲授了些什么。① 他可能不太公正，但是绝不可能是个笨蛋。

3. 不可否认，柏拉图在《蒂迈欧》中谈到了工匠神（世界秩序的动力因）以理念作为范式因（exemplary cause）塑造了这个世界以及其中的万事万物，这似乎暗示着理念与工匠神是断然区分的。所以，假如说我们将工匠神称为"神"，那么我们会得到这样的结论，即理念不仅仅在世界中的万事万物"之外"，同时也在神"之外"。但是，即使柏拉图在《蒂迈欧》中的言论的确蕴含了这种解释，我们仍有理由认为，《蒂迈欧》中

---

① 事实上，笔者认为亚里士多德对柏拉图理念论的批判并不公平，但这并非是因为亚里士多德不够聪明，无法理解柏拉图，而是因为他心中已经对此存在质疑的态度。

的工匠神其实只是**假设**，因此柏拉图的"有神论"也不应被过分强调。而且，还有非常重要的一点是，柏拉图在课堂上所传授的理论，与他在对话中所表述的理论并不完全相同。或者说，柏拉图自己课堂上发展出理论的某些方面，并没有在对话中得到完全的表达。从亚里士多德就柏拉图"论善"的课程所发表的评论，以及亚里士多塞诺斯所记录的课堂笔记看来，似乎在诸如《蒂迈欧》这样的对话中，柏拉图只是在以形象生动的比喻表达自己的思想。稍后我会再回过头来处理这个问题，现在我们必须先尽可能弄清楚，柏拉图的理念论究竟是什么。

1.《斐多》中的讨论始终围绕着灵魂不朽的问题，这篇对话表明，真理不能通过身体感官获得，唯能借由理性获得，知识蕴涵在"真正存在"的事物之内。[①] 那么，什么才是"真正存在"的事物呢，或者说，什么才是真正的存在呢？它们是事物的本质，苏格拉底举出了一些例子，诸如正义本身、美本身、善本身以及一些抽象的品质。这些本质始终如一，但是可感的具体事物却并不如此。苏格拉底假定这些本质是真正存在的。他论证说"就好像确实存在着抽象的美[②]、善以及大小"，举例说来就是，具体的美的对象之所以美，乃是因为它分有了抽象的美。《斐多》就以这些本质的存在来佐证灵魂不朽。对话指出，人之所以可以评判事物更相等或是更不相等，更美或是更丑，恰恰表明存在一种关于美或相等的本质的知识，它就是人们进行评判的标准。但是，人们来到这个世界，一天天长大，在这个过程中，人们并没有关于普遍本质的知识。那么，他们如何能根据普遍标准，对具体事物进行评判呢？难道不是因为在与身体结合之前，灵魂就已经预先存在，并在先在状态中拥有了关于本质的知识吗？所以说，学习的过程就是回忆的过程。在这个过程中，本质的具体呈现物唤起了我们的回忆，使我们最终想起曾经认识的本质。另外，既然此生对本质的理性知识，超越身体感官并上升到理智的领域，那么我们难道不应该假设，哲学家只要死后不再受到身体的羁绊与束缚，他的灵魂就会获得关于这些本质的知识吗？

---

① 柏拉图，《斐多》，65c2 以下。
② 柏拉图，《斐多》，100b5—7。

《斐多》中的理念论可以被很自然地解读为，理念就是实存的普遍者；但是请别忘了，这个理论暂时只是种"假设"，也就是说我们还需要清楚的第一本原，或证实这个假设，或推翻这个假设，或提出哪里尚需修改。当然，我们也不能排除这种可能性，即柏拉图只是因为自己也还不确定，所以才尝试性地提出这个理论。但是，更为合情合理的推测是，柏拉图之所以借苏格拉底之口，以尝试性的方式提出这样的理论，其实正是因为他非常清楚，历史上的苏格拉底还没有达到理念的形而上学学说，而且苏格拉底也从来没有抵达柏拉图最终的"善的本原"。柏拉图让苏格拉底在"遗言"中，以"先知"的口吻将理念论表述出来，这种安排实际上意味深长。[①]这似乎表现了柏拉图想让苏格拉底神圣化他自己的某些理论。我们可以看见，《美诺》谈到灵魂先在说与回忆说时，将它们归于"祭司与女祭司"[②]身上，就好像《会饮》中最杰出的部分是经由第俄提玛之口说出的。有些人认为，这些段落在柏拉图眼里显然是"神话"，但是也有可能这些充满假设的段落（**苏格拉底**的假设）恰恰揭示了柏拉图与苏格拉底有别的，属于他自己的理论。（任何时候，我们都不应该以回忆说为理由和借口，牵强附会地将柏拉图与新康德主义的理论扯上关系。新康德主义或许会认为，康德意义上的先验，其实是柏拉图的真理或隐含在柏拉图话语背后的真理。但是他们不能按照这个思路合理地解释柏拉图学说的其余部分。）因此，我认为，《斐多》中的理念论其实只表现出柏拉图学说的部分内容。我们不应该就此断定，柏拉图自己就认为理念是**分离的**实存共相。亚里士多德非常清楚地说过，柏拉图认为善是"一"。但是无论柏拉图是在书写《斐多》的时候已经秉持了这样的观点（这种可能性很大），还是他是在对话写成之后才发展出这样的观点，事实上，《斐多》中并没有出现这样的统一原则。

2. 在《会饮》中，苏格拉底转述了一段他与女先知第俄提玛的谈话，谈话的主题是，灵魂在爱欲的推动下提升到真正的美。人首先看到美的具象（即形体的美），随即开始思索灵魂的美；再来到科学领域，欣赏智慧

---

① 柏拉图，《斐多》，84e3—85b7。
② 柏拉图，《美诺》，81a5 以下。

的美；然后他来到"美的广阔海洋"，其中充满了"美与庄严的形式"；最后他会抵达对美的沉思，"美本身隽永不变，不可被创造亦不可被毁灭；它不增不减；它全然是美的，时刻是美的；它不会因与任何事物比较而变得不再美丽；不因地点变迁而减损美丽，亦不会因欣赏它的人而有所改变。这种终极的美丽并不在于一张美丽的面容，不在于一双美丽的手，或者身体的任何部位，它也不像任何美妙的谈话或科学。它不存在于任何生命物中，不存在于地上，甚至不存在于天上，不存在于任何的地方。它永恒自足、常存。其他美的事物之所以美都是因为分有它；但是即便它被分有，即便它有产出，但它自身不因此而减损，也不发生任何变化"[①]。这就是那个神圣、纯粹、自足而常存的美本身。这也是《希庇阿斯前篇》中所描写那种美，"美之为美，皆自它而来"[②]。

　　苏格拉底借女祭司第俄提玛之口来讲述绝对的美，以及爱欲的推动所带来的上升，但是第俄提玛似乎认为苏格拉底并不能和她一样到达这样卓越的高度，于是她屡屡提醒苏格拉底将注意力放在对象的深度上。[③]泰勒是如此解读的，苏格拉底是出于谦虚，所以才不将这种神秘直观归于他自己（虽然他自己的确曾经对此有所体验），只说自己是在转述第俄提玛的话。泰勒并不认为这段话达到的高度是历史上的苏格拉底未曾达到的，只是柏拉图的个人信念。"当第俄提玛谈到'圆满完美的直观'时，她表面上怀疑苏格拉底能否跟上她的思路，对此意涵，许多人不幸地发表了诸多废话……他们甚至还非常严肃地讨论，柏拉图在这里表现出了相当的自负，竟然认为历史上的苏格拉底达不到自己的哲学高度。"[④]如果确实像泰勒认为的那样，此处的确在讨论神秘直观，那么这段描述或许可以表现出柏拉图的傲慢。但无论如何，苏格拉底在这段演说之中并未涉及任何关于宗教神秘主义的问题。也没有任何实质性的理由说明柏拉图不能在终极本原上主张某种比苏格拉底更深刻的哲学洞见，因此也就不用受到任何合

---

① 柏拉图，《会饮》，210e1—212a7。
② 柏拉图，《希庇阿斯前篇》，289d2—5。
③ 柏拉图，《会饮》，209e5—210a4，210e1—2。
④ 泰勒，《柏拉图：生平及其著作》，第229页，注释1。

理的有关傲慢的指控。另外，如果真如泰勒所说，《斐多》与《会饮》中托苏格拉底之口说出来的意见也应该归于历史上的苏格拉底，那么为什么苏格拉底在《会饮》中表现得就好像他掌握了诸如绝对美的终极本原，而在《斐多》中谈起理念论（包含了抽象的美）时却是以试探的口吻呢？要知道，《斐多》记载的乃是苏格拉底的临终之言。或许我们没有理由期望历史上的苏格拉底已经部分理解了终极本原，这一点在他最后的遗言中已经有了一些明确的迹象。因此，我倾向于认为《会饮》中第俄提玛的演讲传达的观念并不属于历史上的苏格拉底。总而言之，学术讨论的关键在于：无论第俄提玛的演讲传达的究竟是苏格拉底的信念，还是柏拉图自己的信念，至少它表明了以下事实，即绝对之物的存在有迹可循。

美本身，美的本质，实存的本质，究竟是否"分离"于美的事物呢？确实，柏拉图在谈及科学的时候，似乎暗示我们可以通过美在不同事物中等级不同的具象化，得到关于美的纯粹普遍概念的科学理解。但同时，苏格拉底在《会饮》中的发言似乎引导我们去假设，美的本质不仅是概念，而且是客观实在。这是否能够说明它是"分离"的呢？在它们具有实在性的意义上，美本身或绝对美是分离的；它们并不是由于处于自己的世界，而在空间的意义上与具体事物相分离。根据预先的假设，绝对美是精神性的，但是时间、空间和方位范畴并不能应用到本质是精神性的事物之上。而面对那些超越了空间和时间的事物，我们并不能合法地问它在**哪里**。论及具体方位的时候，它哪儿也不在（但这并不意味着它不存在）。因此，"分离"在柏拉图的语境中，其实是在强调它们的实在性超越了抽象概念的主观实在性。它们具有实存性，但并不是在空间意义上具有分离性。因此我们可以说，本质是内在的，也是超越的，重要的是它具有**实在性**，独立于具体之物，而且是常存不变的。如果因为柏拉图说本质具有实在性，就认为它一定存在于某处，显然非常愚蠢。譬如，我们说"绝对美存在于我们之外"，与"一朵花存在于我们之外"并不相同，因为空间范畴并不能运用在绝对美上，所以我们也可以说绝对美内在于我们。另一方面，我们说它存在于我们之外，也并不说明它完全是主观的，受限于我们，伴随着我们进入存在，并通过我们的行动或者我们一起灭亡。绝对美是超越的，也是内在的，感官并不能触及它，我们只能借由理智理解它。

至于达到绝对美的途径，爱欲的意义，以及其中是否包含了某种神秘主义，这些问题我们稍后会处理。现在，我希望先简要指出，《会饮》中有足够多的迹象表明，绝对美并不是最后的统一本原。对话中有一段说到[①]，从许多不同的科学上升到一个科学，即关于普遍美的科学，这意味着那个包含着许多"美且庄严的形式"的"理念美的广阔海洋"，实际上属于甚至包含于一个绝对美的终极本原之中。而如果绝对美就是那个终极与统一的本原，那么将它等同为《理想国》中的绝对善，就显得非常必要了。

3.《理想国》清楚地说过，真正的哲学家就是那些一直汲汲于学习万物本质的人。他对数目庞大的美丽的事物或善的事物并不感兴趣，而是致力于认识美的本质和善的本质，这两者呈现在不同等级的具体的美的事物和具体的善的事物中。不是哲学家的人，往往过多关注杂多表象，而无暇关注本质，因此他们不能从美的现象中区分出美的本质，他们拥有的只是意见，而全无科学的知识。他们并不关注非存在物，因为非存在物根本不能够作为"知识"的对象，它纯然是不可知的。但是他们也不关注真正的常存不变的存在或实在；他们关心的只是一些转瞬即逝的现象或表象，一些处在**生成**状态中的对象。所以说，他们的心智状态是意见的状态，而其思维对象只是介于存在与非存在之间的现象，这些对象只能算作是意见的对象。另一方面，哲学家的心智状态则是知识的状态，他们知识的对象是绝对真实的，同时也是本质的（即理念），因此这些对象就是知识的对象。

至此，关于理念究竟是实存的还是"分离"的（"分离"一词也可以用来形容非感官的实在），柏拉图仍然没有给出明确的答案。但是接下来，从柏拉图关于善的理念的理论中，我们或许可以看出端倪，在《理想国》中，这个理念占据了尤为重要而特殊的地位。在对话中，柏拉图将善比作太阳，我们总是在阳光中才能够看见万事万物。善的作用也与此相同，从某个意义上说，它就是万物的美与价值的源头。当然，这只是一个比喻，所以也不该过分拘泥于它。太阳本身也作为物体而处于万物之间，我们断

[①] 柏拉图,《会饮》, 210a4 以下。

不可就此以为善也是如此。另一方面，柏拉图清楚地说过，知识的对象借助善才成为实在之物，因此善就是万物之根本秩序的统一本原，它的力量是最大的，同时也是最为崇高的。①它不是概念，也不是非实存的目的，即目的论的本原，尽管不存在，但一切事物都朝向它运作，它不仅是认识论的本原，同时也是**本体论**的本原，即存在的本原。因此，它本身就是真实的和实存的。

《理想国》中善的理念，与《会饮》中本质的美似乎并无不同。二者都代表了理性上升所能达到的高度。他将善的理念比作太阳，似乎正表明善不仅是万物的善之源，同时也是万物美的源头。善的理念使理智层面的诸形式与本质成为存在者，而科学与广阔的理性之美的海洋则是上升到本质美的过渡阶段。显然，柏拉图的研究旨在绝对的概念，万事万物绝对的完美与效仿的模式，终极的本体论本原。这个绝对者是内在的，诸现象都是它的具象化，不同等级的"复制"或分有。但是它又是超越的，它甚至超越存在本身，摹仿与分有的隐喻本身就已经说明，分有者与被分有者之间，摹仿者与被摹仿的范式之间，存在着截然的差距。如果有人试图将柏拉图的善归结为逻辑本原，完全忽视它作为本体论本原，那么，他最终一定会否认柏拉图形而上学的崇高。他甚至还会认为，所有的中期柏拉图主义者与新柏拉图主义哲学家完全误读了柏拉图。

关于这一点，我在此提出两点意见：

（1）亚里士多德在《欧德谟伦理学》②中说到，柏拉图将善等同于"一"。而亚里士多塞诺斯在回忆亚里士多德对柏拉图讲学的叙述时，也告诉我们，有许多听众来到课堂，希望听听关于人之善的内容，譬如财富与幸福之类，结果他们都非常惊讶，他们听的是一门关于数学、天文学，以及**善与"一"的同一性**的课程。在《形而上学》中，亚里士多德则认为："有些人认为存在永恒不变的实体，其中，还有些人主张，'一'本身即善本身，它的实体主要在于它的统一。"③这段话并没有直指柏拉图的大名，但是亚

---

① 柏拉图，《理想国》，509b6—10。
② 亚里士多德，《欧德谟伦理学》，1218a24。
③ 亚里士多德，《形而上学》，1091b13—15。

里士多德在别处[①]也清楚说过，对于柏拉图而言，"理念是万物本质的原因，而'一'则是理念本质的原因"。而且，在《理想国》[②]中，柏拉图在谈及心智向第一本原上升时，也曾说到善理念应当被看作"万物之美与万物之正义的普遍作者，光明之父，此世所有荣耀的主宰，彼世**真理与理性的源头**"。因此，似乎我们可以合理推断，"一"、善与本质美三者对柏拉图而言是相同的，而理念世界之所以存在，也是因为"一"。"流溢"这个词（在新柏拉图主义者看来无比亲切）从未被使用过，而且也很难说清楚"理念"究竟是如何来源于"一"。但非常清楚的是，"一"是统一性本原。另外，"一"自身虽然内在于理念，但同时它也是超越的，因此我们不能简单将它等同为具体理念。柏拉图告诉我们："善不是本质，但是它比本质更高贵且更有力量"，但另一方面，"善不仅是所有知识对象之所以可知的来源，而且也是这些对象存在与本质的来源"[③]，所以那些将目光投向善的人，实际上就是在注视"完满的存在之所是"。[④]这就表明，一方面善的理念超越了所有可见的和理智的对象，因而是超越的存在；另一方面，它作为最高的实在和真正的绝对，同时也是关于万物的本质与存在的本原。

柏拉图在《蒂迈欧》中写道："我们很难找到宇宙的创造者和父亲，即便我们找到了他，我们也绝不可能言说他。"[⑤]这句话正是针对对话中的工匠神而说的。但我们要记住：a.工匠神可能只是宇宙理性运作的象征；b.柏拉图明确地说过，有些对象是他拒绝描写的[⑥]，而其中之一就是关于"一"的全部学说。关于工匠神，只是某种"近似的解释"[⑦]。在《第二封信》中，柏拉图写到：用任何我们所知的称呼去称谓"宇宙之王"[⑧]都是错误的；而在《第六封信》中，他要求友人宣誓："以现在及未来作为

---

① 亚里士多德，《形而上学》，988a10—11。
② 柏拉图，《理想国》，517b7—c4。
③ 柏拉图，《理想国》，509b6—10。
④ 柏拉图，《理想国》，526e3—4。
⑤ 柏拉图，《蒂迈欧》，28c3—5。
⑥ 柏拉图，《第二封信》，314b7—c4。
⑦ 柏拉图，《蒂迈欧》，30b6—c1。
⑧ 柏拉图，《第二封信》，312e 以下。

万物统治者的神的名义,以统治和原因之父的名义。"①如果说"统治者"指的是工匠神,工匠神就不能同时也是"原因之父",这应当是在指涉"一"。另外,普罗提诺认为《理想国》中的"一"或善等同于这里所说的"父",我赞同这种看法。

因此,"一"就是柏拉图的终极本原,也是理念世界的源头。另外,如上文所说,"一"是超乎语言的。这意味着,新柏拉图主义者与基督教哲学家们所说的"否定之路"(via negativa)才是通向"一"的合理进路。但我们不应该就此武断地说,通向"一"的道路就是普罗提诺意义上的"迷狂"。《理想国》中说得非常清楚,这条道路是**辩证的**,人只能够通过"纯粹理性"②达到对善的观照。通过最高的辩证原理,灵魂上升至"对至善存在的沉思"③。我们稍后还会谈到这个问题。

(2)如果说理念以某种不明确的方式来源于"一",那么,具体的可感事物呢?柏拉图难道不是在理智世界与可感世界之间创造了无法沟通的裂缝吗?在《理想国》④中,柏拉图似乎对经验的天文学表露出了否定态度,后来由于经验科学的进步,他才不得不修正了自己的观点,在《蒂迈欧》中重新思索自然和关于自然的问题。(另外,柏拉图也渐渐意识到实在不变的可知世界与不实在的流变世界之间存在的二元对立难以消除。"我们真的会轻易地被说服,相信变化、生命、灵魂、智慧在完全真实的事物中没有位置,也就是说它既没有生命也没有思想,庄严地、孤零零地静止不动、缺乏理智吗?")⑤在《智者》与《斐莱布》中可以看出:想象与感觉(属于线段的不同阶段)在知觉的科学判断中会结合起来。从本体论角度来看,可感的具体事物除非真正从属于某个理念,或分有某个理念,否则绝不能成为知识与科学判断的对象。即只有在作为某类事物时,它才是真实可知的。这种可感的具体事物**本身**,就其特殊性来看,则是无法定义的不可知之物,它并不是真正的"实在"。柏拉图的这种信念显然带有

---

① 柏拉图,《第六封信》,323d2—6。
② 柏拉图,《理想国》,532a5—b2。
③ 柏拉图,《理想国》,532c5—6。
④ 柏拉图,《理想国》,529—530。
⑤ 柏拉图,《智者》,248e6—249a2。

爱利亚学派的痕迹。因此，可感世界并不完全是幻象，它只是包含了某些不实在的因素。但是无法否认，这种立场将具体事物中所包含的质料因素与形式因素截然区分开来，因而也会使可感世界与可知世界的"分离"问题无法解决。亚里士多德对于这种"分离"也多有批判。他认为确定的形式与形式呈现于其中的质料是无法分离的，二者都属于真实世界。在他看来，柏拉图简单地忽略了这个事实，并非法地引入了这两种因素之间的分离。在亚里士多德看来，真正的共相就是**确定的**共相，这个确定的共相是实在不能分离的一个方面。它就是在质料之中得以具象化的定义。柏拉图却从没有认识到这点。

（关于这个问题，斯登泽尔提出的看法精妙绝伦[1]：亚里士多德批判柏拉图的"分离"，其实是在批判柏拉图没能看出在种之外，并无属的存在。他引用了《形而上学》1037b8以下，亚里士多德攻击柏拉图的逻辑划分，他认为这种方法会把作为居间物的种差也纳入到最后的定义之中。举例来说，柏拉图的划分法可能使我们将人定义为"两足动物"。亚里士多德的反对理由在于，"无足"并不是"两足"之外的东西。即便我们承认亚里士多德对划分的反对是正确的，但他基于分离对柏拉图理念论的反对却不能被归为逻辑观点上的反对，因为亚里士多德对柏拉图的批判不仅在于后者在种之外加上了属，还在于柏拉图在具体事物外加上了普遍的理念。[2]亚里士多德很有可能认为柏拉图未能看到种外无属，这也就是说，没有可以帮助沟通理念与个别之物之间的分离的确定的共相。在这方面，斯登泽尔的看法十分有价值，但是亚里士多德攻击的"分离"并不只是针对逻辑而言。亚里士多德的所有批判都明白表现了这点。）

4. 在《斐德若》中，柏拉图谈到灵魂注视着"真正的存在，无色无形，不可触摸，只有理智可以看到"。[3]而且灵魂清晰地看到"绝对的正义、节制和知识，它们不显现在被造物中，也不在我们所谓的现实中的多

---

[1] 《柏拉图和亚里士多德的数与理念》（*Zahl und Gestalt bei Platon und Aristoteles*），第133页以下。
[2] 引自哈迪，《柏拉图研究》，第75页。
[3] 柏拉图，《斐德若》，247c6—8。

种样式里。这种正义、节制和知识在真正的、本质的存在之中"。对我来说，这似乎暗示了那些形式或者理念包含在存在的本原中，包含在"一"中，起码它们拥有自己的本质。当然，如果我们要想象绝对正义或节制自身如何存在于天上，我们不免会认为柏拉图的这番话天真幼稚、荒唐可笑。但是，我们应该先问问自己，柏拉图这番话到底是什么意思？应该如此匆忙地对其下定论吗？柏拉图这个比喻可能暗示：正义、节制等理念都客观奠基于价值的绝对本原之上，奠基在善之上，善包含了人性以及人类道德的理念。因此，善或绝对价值本原具有其目的，但这种目的并不是尚未实现或等待达成的，而是实存的。它是存在论意义上的本原，是至高的现实，是完美的形式因，是绝对，是"一"。

5. 需要注意，《巴门尼德》开篇就提出了这个问题：哪些理念是苏格拉底准备承认的。[①] 巴门尼德得到的回复是："相似"和"一与多"以及"正义、美和善"，等等。面对追问，他回答到：他还不确定是否应该将人、火、水等理念包括进来。而关于头发、污渍、灰尘的理念，苏格拉底则答道："当然不是。"然而，他承认有时会感到困扰，开始认为任何事物都有对应的理念。但他每次刚想采取这个立场，就马上"逃开"，担心他"会落到无底洞之中，充斥了无意义和幻灭"。因此，他又回到"我正在谈论的这种理念"。

斯登泽尔试图根据上述对话证明，理念在柏拉图那里一开始具有确定的价值含义，但这是继承苏格拉底的自然结果。这个名词后来才扩展为覆盖所有分类的概念。我相信这种看法大体无误，并且很可能正是因为理念含义的扩展（**明确的**扩展，因为它本来就包含隐含的扩展）才迫使柏拉图不得不开始关注在《巴门尼德》中考虑的那种问题。因为只要理念满载着道德和美的气质[②]，只要它具有价值目的，只要它在爱欲的推动下吸引人类，它内部的"一"与"多"就还不至于成为明显的问题，毕竟美和善是同一的。但是，一旦承认人的理念以及经验的种种事物的理念存在，那

---

① 柏拉图，《巴门尼德》，130a8 以下。
② 《柏拉图的辩证法》(*Plato's Method of Dialactie*)，艾伦（D. J. Allan）译，牛津，克拉伦登出版社，1940 年，第 55 页。

么，理念世界就有可能陷入"多"的危险之中，成为这个世界的复制品。理念与理念之间是什么关系？它们与具体事物的关系又是什么？这里有真正的同一吗？善的理念远离可感事物，不至于成为后者不被接受的复制品。但是若存在与具体的人"分离"的人的理念，它就很有可能不过是自然人的复制品。此外，这个理念在每个人身上得到完全体现还是部分体现？此外，如果我们要合理讨论个体人与理念人之间的相似性，是否应该假设"第三人"来说明这种相似性，并因此陷入无穷后退呢？这种质疑是由亚里士多德提出的，但柏拉图本人也早就想到了。他们的差别在于柏拉图（我们马上就能看到）认为他已经回应了这些质疑，亚里士多德则不认为柏拉图的回应解决了问题。

因此，《巴门尼德》讨论了个体事物及其理念的关系，巴门尼德对苏格拉底的解释提出了异议。根据苏格拉底的说法，这种关系可以被视为：（1）分有：具体的事物分有理念；或者被视为（2）摹仿：具体事物摹仿理念，具体事物成为理念的相似物。不严格地说，我们不可能将这两种解释对应到柏拉图哲学发展的不同时期，因为它们同时出现在《巴门尼德》[①]之中，也同时出现在《会饮》[②]之中。巴门尼德对苏格拉底的质疑是严肃的批评，而不只是某些人所说的精神游戏。这些是真实的质疑，而柏拉图在《巴门尼德》中借爱利亚学派哲学家之口说出，也是为了发展他的理念论。

具体事物是分有理念的全部，还是只分有理念的部分呢？巴门尼德认为这个两难困境是分有解释的逻辑后果。如果主张前者，理念就整个地在每个具体事物之中。如果主张后者，理念将同时是同一的和可分的（即多）。这两种情形都有矛盾之处。此外，如果两物相等是由于一定量的相等的存在，那么它们的相等就是凭借没那么相等的事物达成的。如果某物大是因为分有"大"，那么它之所以是大的就是由于它拥有没那么大的事物。这看上去也是矛盾的。（值得注意的是，这类质疑假设理念相当于具体事物，因此它们表明了我们不能这么解释理念。）

[①] 柏拉图，《巴门尼德》，132d1 以下。
[②] 柏拉图，《会饮》，111b2。在 212a4 中，可感物体的意思是"仿制品"。

苏格拉底提议采用摹仿说：具体事物是理念的复制品，而理念本身是样本或者范例。具体事物与理念之间的相似性构成了对理念的分有。针对这种说法，巴门尼德认为如果白的物体相似于白，那么白也相似于白的物体。因此如果白的物体之间的相似性需要假定白的理念才能得到解释，那么白的理念与白的物体之间的相似性也需要假定某个原型才能得到解释，这样又是无穷后退。亚里士多德的批评和这大体相同。但是，这些批评的真正含义在于，理念不能只是另一个具体物体，而且具体物体与理念之间的关系也和物体与物体之间的关系完全不同。① 这个质疑指出，我们需要考虑这些真实的关系是什么，而不是说理念论毫无用处。

还有质疑指出，苏格拉底的说法将导致理念变成不可知的。人类知识的对象是这个世界的事物，以及具体事物之间的联系。譬如，我们能够知道一个主人和一个奴隶之间的关系，但这个知识并不能告诉我们绝对的主人（主人的理念）和绝对的奴隶（奴隶的理念）之间的关系。为此，我们需要具备绝对知识。但事实上，我们不具有这样的知识。这个质疑使理念世界与现实世界完全平行的说法彻底破产。如果我们能够认识理念世界，那么现实世界中就必须存在某种理念世界的客观根据，这样我们才可能认识理念世界。如果这两个世界完全是平行的，那么就像我们只知道可感世界而无法认识理念世界那样，神也同样将只知道理念世界而无法认识可感世界。

以上种种质疑，《巴门尼德》都没能给出解答。但是需要注意，巴门尼德并未因此否定可知世界的存在，他坦率地承认：如果完全否认绝对理念的存在，哲学思想也就不存在了。因此，柏拉图在《巴门尼德》中提出这些质疑的结果是，驱动他进一步思考理念世界的本性以及它与可感世界的关系。但这些困难也清楚显示出，必须要有某种同一原则，但同时又不能消灭"多"。对话承认了这点，尽管被考察的同一是理念世界的同一，就像苏格拉底所说："无关乎可感事物带来的困惑，只关乎思想或者可以

---

① 普罗克洛指出，复制品和原型之间的关系并不只是相似，同时还有衍生，因此这关系不是对称的。引自泰勒，《柏拉图：生平及其著作》，第 358 页："我在镜子上的影像是我的脸的影像，但我的脸不是镜子影像的影像。"

说理念带来的困惑。"① 因此，这些问题没有在《巴门尼德》中得到解决。但是，我们不能说这些讨论摧毁了理念论，因为其中所说的难题仅仅表明这一理论需要得到比苏格拉底所做出的阐释更为深入和充分的探究。

在对话的第二部分，巴门尼德亲自引导谈话，试图演示他的"技艺"，即思考从既定假设推论出结论的方法，以及思考通过否定假设得出结论的方法。他提议由"一"的假设开始，看看肯定和否定它分别会出现什么后果。他另外还指出了某些次要的区分，然后是冗长复杂的讨论，但最后并没有达成令人满意的结论。本文无法详述讨论过程，但是必须指出，《巴门尼德》的第二部分不再是对"一"理论的反驳，正如第一部分不再反驳理念论。柏拉图非常尊敬巴门尼德，因此当然不会让巴门尼德说出对"一"理论的否定。《智者》提到爱利亚异乡人因为歪曲"学派之父巴门尼德"②而道歉，但是就像哈迪所做出的评论，这个道歉"很难成立，因为爱利亚学派之父巴门尼德在《巴门尼德》中也是这样歪曲自己的"③。此外，《巴门尼德》最后得出结论："如果'一'不存在，就没有什么存在。"这场对话的参与者并不都明白多的地位，"多"与"一"的关系，甚至"一"的确切性质，但是他们至少都同意，存在"一"。

6.《智者》这部著作在对话开始之前，首先聚焦在如何定义智者之上。对话者当然知道谁是智者，但是他们想确定智者的本性，用某个清楚的定义将它表示出来。这让我们想起《泰阿泰德》中苏格拉底拒绝承认知识就是真信念的解释。但当时讨论的是具体可感事物，而《智者》讨论类概念。《泰阿泰德》的问题可以做如下回应：知识在于通过属加种差，也就是**定义**来理解其类概念。这种方法通过分析或分类来实现定义，把需要定义的观念或名称归属到涵盖更广的属或类之下，再将这个属区分为自然的各部分。其中一个部分就是要定义的这个概念。在进行区分之前，还需要先进行综合和归纳，把至少看上去具有内在关联的术语进行对比，将其归于确定的属中，然后区分的工作就开始了。这个较大的属可以分为两个

---

① 柏拉图，《巴门尼德》，135e1—4。
② 柏拉图，《智者》，241a。
③ 《柏拉图研究》，第106页。

互斥的较小的属，它们之间通过是否存在某些独特的特征而得以区分。如此继续进行区分，直到需要定义的事物通过属和种差最终得到定义。（对话到此出现了有趣的插曲，讲述喜剧诗人艾比克拉特斯在学园分类南瓜。）

我们不必深入了解"智者"这个词的定义过程，也不必知道柏拉图为分类法所举的标准例子，即垂钓者的定义。但是，我们必须指出，他们的讨论清晰地显示出理念可以同时是"一"与"多"。譬如类概念"动物"是"一"，但同时，既然它包含亚种马、狐、人等次一级的属，所以它也是"多"。柏拉图说：属的理念弥漫在附属的各种理念之中或者说分散在它们之中，"混合"在它们的每个之中，但还是保持它自身的同一。理念之间存在分有，一个理念会分有或参与其他理念，就像运动的存在暗示了运动与存在的混合。但是，我们不能认为一个理念对另一个理念的分有和具体事物分有某种理念相同，因为柏拉图从没谈到过具体事物与某种理念之间的混合。因此，理念之间构成立体的等级体系，"一"是最高的，最普遍的理念。在此需要注意，柏拉图认为，地位越"高"的理念，内涵越充实，这个看法与亚里士多德的说法恰恰相反，亚里士多德相信概念越"抽象"，内涵就越贫乏。

还需要注意的是区分的过程。显然，柏拉图相信逻辑的划分也反映出真实存在的等级。划分的过程不能无限持续下去，你总会分到不可分的理念，这些就是最低的种。例如，人的理念在这种意义上是"多"，因为它包含了属以及所有相关的种差。但是它也不是多，因为在它之下并没有它可以被划归进去的附属性的种。在人这个不可分的种之下，是许多**个体的人**。因此，不可分的种是整个理念等级的最低级，而柏拉图很可能认为，通过区分的过程，理念下降到了可感范围的边界，因此可以联结不可见的世界与可见的世界。而个体事物与最低的种之间的关系，柏拉图或许打算在《哲学家》中说明，但是这篇预期在《政治家》之后完成的对话，最终没能写成，因此我们不能说这个漏洞已经被充分填补了。分离问题依然存在。斯登泽尔认为，柏拉图采用了德谟克利特的划分原则，只是在柏拉图那里，原子成了可知的"原子式理念"。我们知道，德谟克利特的原子的最大特征就是具有几何形状，而几何形状在《蒂迈欧》中也成为柏拉图所说的世界形成过程中的重要角色。但是，德谟克利特与柏拉图的关系仍然是个谜。①

我提到了理念之间的混合，但是需要注意，有些理念也是不相容的。至少它们的"特性"是无法"混合"的，譬如运动和静止。如果我说"运动不是静止"，我的说法为真，因为它表明运动和静止是不相容的，这里没有混合。然而如果我说"运动是静止"，我的说法为假，因为这个组合不能得到客观验证。苏格拉底在《泰阿泰德》中感到迷惑的问题，即错误判断的性质已经有了解决的希望。虽然，《泰阿泰德》中的这个问题与《智者》262e 中的关于错误陈述的讨论更为相关。柏拉图对此举了例子，"泰阿泰德坐着"为真陈述，"泰阿泰德在飞"为假陈述，在此，"泰阿泰德"是存在的主体，而"飞"是真实的理念，因此错误陈述并不是什么都没说的陈述。每个有意义的陈述都关于**某物**，而且如果我们承认不存在的事实或客观错误，这实在荒谬。虽然"泰阿泰德在飞"这个陈述具有意义，但是泰阿泰德实际上是"坐"着的，和另一个不同的理念"飞"之间的关系并不相符。因此，作为整体的陈述和作为整体的事实并不相符。柏拉图还遇上了其他困难，因为根据理念论，错误陈述其实并不存在，因为它没有对应的对象。这个难题没有出现在《泰阿泰德》之中，因为这个问题在对话最后都无法解决。"我们只有通过交织的理念才能对话。"②这不意味着所有有意义的陈述都只与理念相关，因为我们也有可能对某个具体事物，譬如对泰阿泰德做出有意义的陈述，但是，所有有意义的陈述都至少关系到某个理念，比如前文的真陈述"泰阿泰德坐着"中的"坐"着。③

《智者》描绘了理念的等级体系，它们结合得非常复杂。但它还不能解释具体事物和"原子式理念"之间的关系。柏拉图主张有些事物并非不存在，但同时也不是完全真实。在《智者》中，他发觉他不可能再继续坚持所有实在的完全不变性。理念或许是不变的，但精神的运动和变化无论

---

① 引自《柏拉图的辩证法》，第十章，"德谟克利特"。
② 柏拉图，《智者》，259e5—6。
③ 假定有"坐"和"飞"的理念是对柏拉图的原则合乎逻辑的运用，这当然也导致了巨大的困难。亚里士多德暗示，理念论的支持者并未越出假定自然实体理念的范围。(《形而上学》，1079a) 他也声称，柏拉图主义者不认可存在"关系"的理念，并暗示他们不相信"否定"这一理念。

如何必须被包含在实在之中。"生命、灵魂、理智"在完美的实在中应该有其立足之处。毕竟，作为整体的实在如果排除所有变化，那么理智，包括生命都不可能是真实的存在。所以结论就是："我们必须承认变化的事物和变化本身都是真实的。"① 此外，"实在或万物，都同时处在变和不变之中"②。因此，真实的存在必须包含生命、灵魂、理智以及它们带来的变化，但是那些纯粹感觉、不断变化的幻象，仅仅是生成的吗？半真实的领域和真实存在之间的关系是什么呢？《智者》没能回答这些问题。

7. 在《智者》③中，柏拉图清晰指出所有理念，即种属之间的等级体系，都包含在存在者的普遍理念之中。自然地，他同时也相信通过区分描绘理念的等级结构，不仅探讨了逻辑上的理念结构，还探讨了实在的本体论理念的结构。但是，姑且不论他是否成功区分了属和种，这些尝试是否有助于他克服具体事物与最低的种之间的分离呢？在《智者》中，他详述了如何进行区分，直到不可分的种，至此为止，意见和感觉都在其中。虽然原则上只有理智可以决定无定的"多"。《斐莱布》中提出相同的假设，我们必须限定无定之物以便继续区分，并尽可能地理解最低的种中的感官个体。(在《斐莱布》中，理念被称作 ἑνάδες 或 μονάδες。) 这里的要点在于，柏拉图认为，感觉具体物本身是无限定的、未确定的，它们只有被包含在不可分的种中，才成为限定的、确定的。因此，可感具体事物如果没能包含在或不能被包含在不可分的种之中，就根本不是真实对象，不是完全的实在。在进行区分以达到不可分的种时，柏拉图就是在尝试理解整个实在。因此，他说："但是无限的理念不能被带到'多'之中，除非'一'已经观测到了全部数，即'一'与无穷之间的数。学会这点之后，每个具体事物都可以被遗忘，从无穷中被排除出去。"④ 换句话说，区分必须进行到可知的具体事物都被包括到不可分的种之中，然后剩余的是具体事物中不可知的部分。既然后者对于理智是不可知的，就将其排除到变化或半真实

---

① 柏拉图，《智者》，249b2—3。
② 柏拉图，《智者》，249d3—4。
③ 柏拉图，《智者》，253b8 以下。
④ 柏拉图，《斐莱布》，16d7—e2。

的领域之中，不能算作真正的存在。柏拉图认为这样就可以解决掉分离问题，但那些不接受柏拉图对于感觉个体看法的人，认为这离问题的解决还很遥远。

8. 虽然柏拉图认为自己解决了分离难题，但仍然需要考虑可感的具体事物是如何存在的。理念的整个等级体系都包含在"一"之中，这个存在理念或者善理念是终极自足的原则，真实而绝对。那么，既不是实在又不是虚无的表象世界是如何存在的？它源自于"一"吗？如果不是，它来自何处呢？柏拉图在《蒂迈欧》中尝试回答这个问题，这里将简述其中要旨，之后谈及柏拉图的物理学时，我们再详细论述。

根据《蒂迈欧》的说法，工匠神将几何形式赋予容器或空间中的原初质料，使得混沌转化为秩序，并且以其为蓝本创造了可知的理念世界。柏拉图所说的"创造"，并不是在时间中创造或无中生有，它更像是分析，物质世界的精巧结构，也就是理性原因的运作，通过这种分析与"原初的"混沌状态相区分，但这并不暗示着混沌曾是实在。混沌的原初只是逻辑上在先，而不是在时间和历史的意义上在先。可是这样的话，物质世界的不可知部分就轻率地被假定为："伴随"着可知世界存在。希腊人似乎从未想过从虚无中创造的可能性，就像柏拉图把区分的逻辑过程停在不可分的种，并且在《斐莱布》中把具体事物放到了无定之物的领域。同样，《蒂迈欧》在进行物理学或自然科学的分析时，柏拉图把具体事物，也就是不能在最低的种之下考察的不可知的元素，放逐到"不和、无序运动"①的领域之中，由工匠神"接管"。因此，就像在柏拉图主义的逻辑中，感觉的具体事物不能由进一步推理得出，不能完全成为可知的。[黑格尔不是宣称克鲁格（Wilhelm Traugott Krug）手中的笔不能被推论出来吗？]因此，在柏拉图的物理学中，混沌元素虽然被理性"引入"秩序，但也没有得到解释，柏拉图无疑认为它是无法得到解释的。它既不能从**推理**中得出，也不是**从虚无中创造**的。它只是在那里而已，就是经验事实，我们所能说的只有这些。"分离"问题依然存在，不管混沌如何不真实，

---

① 柏拉图，《蒂迈欧》，30a4—5。

它总不是完全的虚无，而是世界的构成因素，但柏拉图从未解释。

9. 我已经说过，理念或者形式是有秩序、可理解的结构，它们作为整体形成多中之一。同时，每个从属的理念也是"多"中之"一"，直到不可分的种为止，之后就是无定之物的领域。这个复杂的理念在逻辑和形而上学意义上是绝对者。现在我必须提出以下问题：柏拉图是将这些理念视为神的理念，还是独立于神的理念？新柏拉图主义会认为这些理念就是神的思想，但是这种说法多大程度上符合柏拉图本人的看法呢？如果用这种说法解释柏拉图，就可以很容易解释为何理念世界同时既是"一"又是"多"：它是"一"，因为它在神圣心智或努斯之中，服从于神的设计；它是"多"，因为它反映了神圣思想内容的富足，因为它使自然界多样的存在客体现实化。

在《理想国》①的第十卷，柏拉图说神是理念床的作者。此外，神还是所有其他事物的作者，在这个语境中，事物意指其他的本质。这就是说，神通过**思考**创造出理念床，即在他的心智之中包含了世界、人以及所有其他需要的理念，柏拉图当然不会认为存在床的质料的理念。不仅如此，柏拉图既然用"王"和"真"来形容神（悲剧诗人离开王和真，立于第三层），而且他已经说过，善的理念是真理和理性的来源，②是存在和可知之物（理念）中的本质的作者③，这也许正显示出，柏拉图认为神就是善的理念④。有些学者相信，这就是柏拉图的意思，他们在有神论的意义上理解这一"神"了。他们的根据可能是《斐莱布》⑤，其中暗示主宰宇宙的心智拥有灵魂。苏格拉底确实说过，智慧和心智不可能没有灵魂而存在。因此神是活生生、理智的存在者。我们因此有了人格神，他的心智是理念的"居所"，他主宰宇宙，是"天上地下的王"⑥。

有关柏拉图思想的这种解释，还有很多可说之处，我也不否认，这

---

① 柏拉图，《理想国》，597b5—7。
② 柏拉图，《理想国》，517c4。
③ 柏拉图，《理想国》，509b6—10。
④ 事实上，柏拉图将神比作"王"和"真"，同时善的理念是"真和理性的来源"，意味着神或者理性和善并不相同。准确地说，这蕴含了新柏拉图主义的阐释。
⑤ 柏拉图，《斐莱布》，30c2—e2。
⑥ 柏拉图，《斐莱布》，28c6 以下。

种说法对于试图在柏拉图身上发现有神论体系端倪的人颇具吸引力。但是基于学术上的诚实，我不得不对这种说法提出诘难。以《蒂迈欧》为例，柏拉图说工匠神为世界带来秩序，以理念为蓝本塑造自然界的种种事物。工匠神可能只是象征性的角色，用来代表柏拉图所相信的运作于世界中的理性。柏拉图在《法篇》中提议建立夜间议事会或宗教法庭，纠正和惩罚无神论者。在柏拉图看来，"无神论者"主要是指否认理性运作于世界中的人。柏拉图当然同意灵魂和理智是真实的，但我们不可能确定地说按照他的观点，神圣理性就是理念的"居所"。还有值得讨论的地方是，认为工匠神渴望"万物都尽可能地像他那样存在"，而且渴望"万物都是善的"①。这些话表明工匠神和理念之间的分离是神话，而且在柏拉图的真实想法中，工匠神就是善，理念的最终来源。但是《蒂迈欧》从未说过工匠神创造了理念或他是理念的来源，反而将它们区分开来，工匠神是动力因，而理念是形式因。似乎我们的确没有决定性证据说柏拉图**没有**将它们联系起来，但我们至少需要小心谨慎地对待断定柏拉图**的确**将它们等同的说法。此外，如果《第六封信》中的"首领"和神就是工匠神或神圣理性，那么"父亲"呢？如果"父亲"就是"一"，"一"和理念的整个等级体系就都不能解释为工匠神的思想。②

但如果神圣理性不是终极的，"一"可能是终极的吗？不仅是终极的形式因，还是终极的动力因，"超越"心智与灵魂就像它"超越"本质？如果这种说法成立，我们能否接着肯定神圣理性以某种超时间的方式来自"一"呢？并且它或是包含理念如包含思想那样，或是像《蒂迈欧》所说的那样，"伴随"着理念存在？换句话说，我们能用新柏拉图主义的方式解释柏拉图吗？③《第六封信》中的"首领"和"父亲"能够支持这种看法，但是柏拉图从没说过善的理念是**灵魂**，这或许就意味着善超越了灵魂，即比灵魂更多而不是更少。事实上，在《智者》中柏拉图曾说过，尽管是借爱利亚的陌生人之口说的，"实在或者事物的总和"包括灵魂、理

---

① 柏拉图，《蒂迈欧》，29e1—30a7。
② 尽管在《蒂迈欧》37c中，"父亲"就是指工匠神。
③ 新柏拉图主义坚持神圣理性不是终极的，是来源于"一"的。

智和生命①，这暗示"一"或者实在整体，也就是《第六封信》中的"父亲"，不仅包括理念，同时还包括心智。如果真是这样，心智与《蒂迈欧》中的世界灵魂又是什么关系呢？在这篇对话中，世界灵魂和工匠神截然不同，工匠神"制作"世界灵魂。但是《智者》中又说理智必然有生命，而且这两者都必然有灵魂"居于其中"。②然而，这可能是在说，工匠神制作世界灵魂不能从字面上来理解，尤其想到《斐德若》中说过灵魂是最初的，不是被造的③。同时，世界灵魂和工匠神可能共同代表在世界中的神圣理性。这样的话，最高的实在是"一"，在某种意义上它是神圣理性（工匠神-世界灵魂）和理念的来源，但它绝不是在时间中创造了这些。接下来，如果我们将神和"一"等同起来，也许应该说神圣理性是神的心智，而理念就是神的理念。但我们需要注意，后来的新柏拉图主义而不是基督教哲学与这种解释关系更为密切。

柏拉图有他自己的意思，但就我们掌握证据来看，我们必须避免武断地解释他的思想。因此，虽然本文作者认为以上的第二种解释比较接近柏拉图原意，但也不会说这必然就是真正的柏拉图哲学。

10.现在我们必须简短地探讨理念论在数学方面的难题④。依据亚里士多德的说法⑤，柏拉图宣称：

（1）理念都是数；

（2）事物通过分有数而存在；

（3）数由"一"、"大和小"或不定的二构成，而不像毕达哥拉斯学派那样认为是由无限和有限二者构成；

（4）数学对象处在理念与事物之间的中间位置上。

在讨论"线"的时候，我已经讨论过数学对象或中间物，因此我们接着考虑如下问题：

---

① 柏拉图，《智者》，248e6—249d4。
② 柏拉图，《智者》，249a4—7。
③ 柏拉图，《智者》，245c5—246a2。
④ 对这个主题的理解我显然接受了泰勒的说法，可以参见他于1926年10月以及1927年1月在《心灵》上发表的文章，引自《柏拉图：生平及其著作》的"附录"。
⑤ 亚里士多德，《形而上学》，卷A第6、9章；卷M和卷N。

（1）柏拉图为什么将理念和数看作同一？这意味着什么？

（2）柏拉图为什么说事物因分有数而存在？

（3）由"一"和"大和小"组成是什么意思？

我只能简略评述这些问题，因为详尽的讨论需要大量的古代和现代数学知识，这超出了我的知识储备。况且根据现有资料，哪怕是数学专家也不容易得出明确的结论。

（1）柏拉图之所以把理念和数视作"一"，似乎是想借此对神秘而超越的理念世界进行合理说明或使之成为可理解的。在这种情况下，使之成为可理解的意味着寻找**秩序原则**。

（2）自然界的事物某种程度上都体现出这个秩序原则。例如，他们都是逻辑统一的实例，都尝试实现他们的理念：他们是理智和设计的产物。

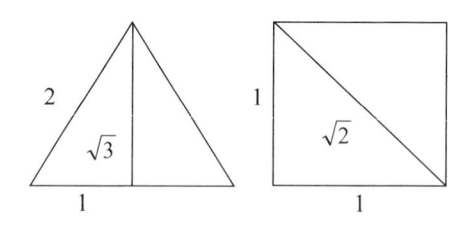

a. 这一事实体现在《蒂迈欧》篇中，身体之所以可感，依赖于身体微粒的几何结构。这种几何结构是由它们的表面决定的，它们的表面结构又来自两种三角形（等腰直角三角形和不等腰直角三角形），三角形的各边的比例体现为数。（左图为两个不等腰直角三角形，是正三边形的一半。右图是两个等腰直角三角形，是正四边形的一半。）

b. 这一事实的另一表述出现在《厄庇诺米斯》之中：官方祭祀的崇拜对象，错综复杂的天体运行，都正好符合数学的法则，并因此昭示了神的智慧。[①]

c. 因此，自然界的物体体现了秩序原则，并且多多少少是数学性的。但另一方面，它们也并非完全是"数学性"的，它们不是数，同样会体现偶然

---

① 柏拉图，《厄庇诺米斯》，990c5—991b4。

性，即非理性的因素"质料"。因此它们**不能**被称为数，而只是**分有**数。

（3）自然物体的非理性因素正是我们了解"大和小"的关键。

a. 给出边长之比的三个数字分别是，等腰直角三角形三边的比例是 $1:1:\sqrt{2}$，不等腰直角三角形则是 $1:\sqrt{3}:2$，两者中都有非理性的因素，即无理数，这体现着自然物体的**偶然性**。

b. 泰勒指出，但其实正是柏拉图自己[①]和斯米尔纳的泰奥（Theon of Smyrna）[②]提到的，在分数系列中（如今它派生于连续分数）可以找出以 $\sqrt{2}$ 为上限和以 $\sqrt{2}$ 为下限的数列。因此，这个数列的最初秩序，就是"大于或小于" $\sqrt{2}$，并且共同收敛于 $\sqrt{2}$。我们由此得知"大和小"或不定的二的性质。连续分数的"无穷性"，正是其"非理性"，看上去也就是质料因素，也就是**所有生成之物**的非存在因素。这是对赫拉克利特所说的自然实体是流变的数学表达。

对于自然界的物体来说，这种说法似乎相当清楚。但是，亚里士多德的格言"来自'大和小'，通过分有'一'，成为理念，即数"[③]应该如何理解呢？换句话说，我们应该如何解释"形式和质料"的扩展组成了整数本身？

让我们看看数列 $1 + \frac{1}{2} + \frac{1}{4} + \frac{1}{8} + \cdots + \frac{1}{2}n + \cdots$ 它们收敛于 2。可以清楚看到，这个有理分数的无穷数列趋近于有理数的极限，这个例子说明了"大和小"。柏拉图可能会把这种组合从"大和小"扩展到整数本身，但是他忽略了这个事实，作为收敛的极限的 2 和整数 2 并不相同。整数早已被**预设**在这个数列之中，这才使得这个数列的收敛性得以成立。在柏拉图学园中，整数通过不定的二由"一"演绎而来。这个不定的二似乎就是**整数 2**，并且还有"倍数"的功能。结果就是，整数在一个无理数列中推演而出。总的来说，如果没有更多文献、更确切的数学史资料，整数由"一"与"大和小"组成的说法，对于柏拉图的理念论而言，不过是莫名其妙的累赘罢了。

---

① 柏拉图，《理想国》，546c。
② 《柏拉图数学阐述》（*Expositio*），希勒（Hiller Eduard）编辑，43，5—45，8。
③ 亚里士多德，《形而上学》，987b21—22。

11. 这种泛数学化的倾向在我看来颇不成功，几乎所有独断论的哲学都预设"真实的必定是合乎理性的"，但这并不表示实在作为整体可以被我们合理化。把整个实在化约为数学运算，不仅是合理化整个实在——这勉强说得上是哲学家的任务，同时也预设整个实在可以**由我们**合理化，这就纯粹是假设了。确实，柏拉图承认自然界有不能被数学化，即不能被合理化的因素。但他将整个实在合理化，并推展到精神领域的尝试，使我们联想到斯宾诺莎的决定论和机械论的实在观（表现为"以几何方法证明的伦理学"），以及黑格尔尝试用逻辑规则去理解终极实在或神的内在本质。

最开始我们很难理解，为何在《会饮》中柏拉图相信人在爱欲的推动下提升到绝对美，而现在又倾向于泛数学化。这个明显的对立或许支持以下看法：柏拉图对话中的苏格拉底，并不都代表柏拉图的意见，而是代表苏格拉底的意见。因此，苏格拉底如对话所示引进了理念论，柏拉图再将其"数学化"。但是，姑且不说对《会饮》的神秘的和宗教的解释还远不能被证明是确定的解释，《会饮》所假设的"上升"是宗教和神秘的时刻，这与亚里士多德所说的柏拉图对理念的数学化解释之间明显对立，也并不必然说明对话中的苏格拉底就是历史上真实的苏格拉底，而柏拉图的个人见解大部分都在学园中得到讲述，或由对话中其他客串角色来表达。让我们回到斯宾诺莎的观点，我们会发现，他们中的一个人在神中直观万物的"一"，具有对神怀有理智之爱的理念直观，另一个人则试图用物理学的机械论观点来理解整个实在。再看帕斯卡，就更能感受到数学天才与宗教甚至神秘的性格完全是相容的。

此外，泛数学化与理念论也能互相支撑。实在被数学化越多，在某种意义上就越进入理念领域。反之亦然，想在理念世界找到自然的真正实在和存在，可以通过数学轻易达到。柏拉图就是最明白的例子，在他之前毕达哥拉斯不仅将对数学的兴趣，而且将泛数学化的倾向都与宗教、心理学上的兴趣结合起来。因此，我们没法说柏拉图**不能**将宗教的和先验的倾向与泛数学化的倾向结合起来。因为，从抽象角度来看，不论这两种观点是否相容，历史已经充分证明，在心理学的立场上它们是可以相容的。如果毕达哥拉斯学派、斯宾诺莎、帕斯卡可以做到，我们就没有理由先验地断定柏拉图不可能既书写具有神秘意涵的著作，又在论善的演讲中，大谈数学与天文，并把"一"和善视为同一的。尽管我们不能先验地断定这些，但我们还是可以探讨《会饮》中的苏格拉底所说的话是否能够从宗教角度上理解。

12. 根据柏拉图的说法，思维实现对理念的理解的过程究竟是怎样的呢？我已经简短讨论了柏拉图的辩证法与两分法，我想不会有人否认辩证法在柏拉图理论中的重要地位。但是，问题随即而来，如何接近"一"与善，柏拉图是否设想过某种宗教的，甚或神秘的途径？乍看之下，《会饮》似乎包含了某些神秘因素。如果我们完全按照新柏拉图主义者和基督教的思路来解读这篇对话，我们很可能获得我们想要探知的答案。但这种解释也不能一开始就被搁置一旁，因为许多现代声望赫赫的大学者对此给予了有力支持。

基于这种阐释，泰勒这样评价苏格拉底在《会饮》中的言论："实质上，苏格拉底对于那种精神历程的描绘，与圣若望在《心灵的黑夜》中的那首脍炙人口的卷首诗，克拉肖的诗歌《燃烧的心》，以及波拿文都拉的《心向神圣之旅》并无二致。"[①] 当然，许多人可能并不支持这种看法。在他们看来，柏拉图绝不是神秘主义者，如果他表现出某些神秘主义倾向，应当归咎于人在晚年的衰弱。斯塔斯认为："理念是理性的，这就是说，必须要通过理性才能够理解它。在多样之中发现共同的因素，这属于归纳推理的工作，而我们也只有通过它才可以获得关于理念的知识。凡是将柏拉图幻想为神秘主义者的人，都应当注意这个问题。不灭永存的"一"，以及绝对的实在，并不由直觉或任何神秘体验获得，它所需要的仅仅是理性的认知，以及勤奋的思考。"[②] 另外，里特也说："对于近来意图给柏拉图贴上'神秘主义者'标签的种种尝试，我想提出批评。这些尝试完全建立在'书信'中的某些伪造片段的基础之上，我认为这些片段仅仅是贫乏心灵希望在神秘主义中寻求避难所而产生的低劣作品。我实在感到惊讶，

---

① 《柏拉图：生平及其著作》，第 225 页。
② 《希腊哲学批判史》，第 190—191 页。

竟然有人将之奉为明智之作，甚至将之当作柏拉图哲学最终的结论。"[1] 里特当然也意识到，柏拉图真正的作品中的某些段落，确实可以做出神秘主义解释。但是，在他看来，这些段落不仅具有诗意和神秘主义的特点，而且也是这么被柏拉图自己理解的。柏拉图的早期对话还处在摸索之中，难免有时会披上诗意与神秘主义的外衣，以此表达那些没有完全成形的思想。但是在晚期对话之中，柏拉图则以更科学的方法处理自己的知识论与本体论，不再需要借助女祭司，或诗意的象征进行表达了。

如果我们主要从理念或目的的方面来理解善，我们就会将爱欲简单理解成人类朝向善与德性的更高本性的冲动（或者联系"回忆说"，爱欲就是存在于人类较高的本性中的自然引力，总是将人引向他在先在状态中所见的理念）。柏拉图绝不会接受相对主义伦理学。他始终认为，存在绝对的标准与规则，以及绝对的理念。因此，存在正义理念、节制理念、勇气理念，这些理念都是真实而绝对的，因为它们不会发生变化，是人类行为的不变标准。它们不是"事物"，因为它们是理念；但它们也不是主观的，因为它们"统治"着人类的行为。人不能像原子那样生活，他离不开社会和城邦，也离不开自然。因此，我们可以领悟包罗万象的理念（或者说"目的"），所有其他具体的理念全部从属于它。这个普遍理念就是善。领悟它的方式就是辩证法，即理性的演绎和推理。但是在人类较高的本性中，还有朝向真正的善与美的引力。如果有人错误地以为可感的美与善（譬如某种自然物体之美）就是真正的善，爱欲引力的冲动就会转而指向这种较低级的善，我们也会因此而变成凡俗的、囿于感官的人。然而，如果有人被引导着知道灵魂比身体更高更好，灵魂美也比身体美更有价值，这个人就可能会被引导着发现知识之美[2]、理念之美。这样，爱欲的力量就会引着他"朝向理性之美的无限海洋"，并且得到关于"其中蕴含的华美理念"的洞见。[3] 最后，他有可能渐渐明白，所有个别理念都从属于那个普遍的理念或目的，即善自身。这样，他就能够欣赏这

---

[1] 《柏拉图哲学的本质》，第 11 页。
[2] 柏拉图，《斐莱布》，51b9—d1。
[3] 柏拉图，《会饮》，210d3—5。

个普遍之美善的知识。理性灵魂与理念相亲近①，所以理性灵魂能够沉思理念，而且只要摆脱感官欲望，它就能够在这种沉思中自得其乐。②"再不足取的人，爱也能够推动他，因为爱总是借助神圣精神朝向德性。"③因此，对人而言，哲学生活或有智的生活才是真正的生活，因为只有哲学家可以获得真正普遍的知识，并理解实在的理性特征。根据《蒂迈欧》的描述，工匠神以理念为范例，塑造了整个世界，他力图使世界尽可能与理念相似，在它的支配下质料被允许存在。理解理念，并依据理念的范例安排自己与他人的生活，这正是哲学家的使命。《理想国》中所说的"哲人王"就是这个意思。

在《会饮》④之中，爱欲被描绘成"伟大的神"，处在神圣与有朽的中间位置。爱欲是"贫乏与富足之子"，换言之，爱欲就是**欲求**，对尚未拥有的事物的欲求。爱欲既是贫乏，是尚未拥有，但同时也是"对幸福与善的事物最热切的欲求"。"爱欲"被限定为这种爱欲，它未必是最为高级的，但它的内涵却比身体的欲求更为广阔。一般而言，爱欲即是"在美当中产生的欲求，无论是身体的欲求，还是灵魂的欲求"。另外，因为爱欲总是表现为，欲求善常存于我们，所以它也必定与关于不朽的欲求有关。⑤拥有低级爱欲的人，只能通过生产后代来寻求不朽；拥有较高级爱欲的人，就是荷马那样的诗人、梭伦那样的政治家，他们留下的"后代"更为深远长久，这是"他们与美之间爱的保证"。通过与美建立联系，人类达成不朽，产生真正的德性。

现在看来，就推论层面而言，上述似乎全都是理智主义的过程。但是，既然善的理念以及美的理念都属于本体论的本原，就并不存在任何先验原因，使善与美不能成为爱欲的直接对象，不能被直观领会。《会饮》中写道："当灵魂上升到顶点，就会'突然之间'看见美。"《理想国》中也写到：需要通过艰辛与努力，人们最后才能看到善。这些描述似乎都暗

---

① 柏拉图，《斐多》。
② 柏拉图，《斐莱布》。
③ 柏拉图，《会饮》，179a7—8。
④ 柏拉图，《会饮》，201d8 以下。
⑤ 柏拉图，《会饮》，206a7—207a4。

示了某种直观领会。我们认为这些对话都是有"逻辑的",它们或许并未表明存在任何神秘途径可以走向"一"。但是,这并不代表柏拉图从未设想过这种途径,或者是,如果他有过这样的设想,当他步入晚年开始撰写《巴门尼德》《泰阿泰德》《智者》等对话,他早已将这种神秘路径抛诸脑后了。这三篇对话处理特定的问题,我们有什么理由期待任何一篇对话就能够表现出柏拉图思想的所有方面呢?另外,虽然柏拉图从来没有主张应将"一"或善奉为官方宗教的信仰对象,但是这并不代表柏拉图完全否定了通过神秘或直觉的方式通达"一"的路径。无论怎样我们都不会认同,柏拉图的所作所为乃是为了在希腊传统宗教领域发动理性的激进改良运动(虽然,他的确曾在《法篇》当中提出了"净化宗教",他也曾明言,宗教的意义在于德性的生活和对理性在宇宙的运作的认识,即对于天体运动的认识)。然而,如果说"一"超越了存在与灵魂,关于"一"是否可以作为通俗宗教的对象,这对柏拉图而言就不再成为问题。总而言之,即便是新柏拉图主义者,虽然他们认为我们可以通过"迷狂"达到"一",但他们还是毫不迟疑地拥护传统的通俗宗教。

出于这些考虑,我们似乎只能得出如下结论:(1)辩证法途径乃是通达"一"的确定途径;(2)虽然不可否认柏拉图的某些章节的确包含神秘主义暗示,但是神秘主义却不是确定的途径,**或许**这就是柏拉图本人的意思。

13. 相较于苏格拉底哲学,柏拉图的理念论显然已经推进了很多。他声称存在不可见而非物质的存在者,这些存在者不是现实世界的倒影,它们在深层的意义上反而比物质世界更为真实。因此,柏拉图打破了前苏格拉底哲学的朴素唯物主义的格局。柏拉图赞同赫拉克利特的说法,即可感事物都处在流变、生成之中,所以不能将它们当作**存在**。但他不止于此,一方面,他认为有真正的存在,是某种固定不变的实体,它们是知识的最高对象,对我们而言是可知的;另一方面,柏拉图并没有就此陷入巴门尼德的立场,巴门尼德认为宇宙就是不动的"一",因此否认所有变化与生成。在柏拉图看来,"一"是超越的,所以我们无须为了"一"而否定变化生成,反而应当在这个"被造"的世界内充分肯定它们。另外，实在本身就包括心智、生命和灵魂，所以实在至少存在某种精神性的运动。甚至，超越的"一"并不排斥"多"，就好像现实世界的各种对象也不仅仅是"多"，其中反而存在某种统一，它们摹仿或分有理念，因而都在某种程度上分有秩序。它们不是完全真实的东西，但也不是非存在。虽说真正的存在不应是物质的，但这些对象也分有某种程度上的存在。心智及其作用——秩序，展现在这个现实世界之中。这个世界充满了心智和理性，但它不是阿那克萨戈拉的机械降神。

柏拉图不仅超越了前苏格拉底哲学，同时，他超越了智者乃至苏格拉底本人。关于智者学派，虽然柏拉图承认感觉的相对性。但是，他也像苏格拉底一样反对科学与道德方面的相对主义。至于苏格拉底，柏拉图将研讨范围延伸至伦理学之外，他不再仅仅囿于伦理的准则和定义，他将讨论带到了逻辑学与本体论领域。此外，我们并不确定苏格拉底是否尝试过为实在提出系统理论，柏拉图明确提出"实在的绝对者"。苏格拉底与智者们对早期宇宙论以及"一"与"多"问题进行回应（尽管在真正意义上，苏格拉底专注讨论的定义问题涉及"一"和"多"），柏拉图着手解决这些问题，不过是在更高的层面上，而且没有放弃苏格拉底奠定的基础。所以，我们或者可以说，柏拉图作为集大成者，尝试将前苏格拉底哲学，以及苏格拉底哲学中真正有价值的东西综合了起来。

当然，我们必须承认，柏拉图的理念论并不完备。即便在他看来，"一"与善就是最终的本原，二者包含了其他理念，但是，感官世界与理性世界之间仍然存在分离。柏拉图或许会认为，自己已经从知识论角度解决了这个分离问题，即只有统合理智、意见与感觉才可理解不可分的种。但是，从本体论角度来说，纯粹的变化生成领域仍然难以获得解释（然而，似乎希腊人从未"解释"过这个问题）。因此，柏拉图似乎未能充分阐明分有与摹仿的意义。在《蒂迈欧》[①]中，他明确说过，理念绝不在"其他任何地方的任何事物"之中。这清楚地表明，在柏拉图看来，理念并不是自然事物固有的组成部分。因此，假如单从这句话出发，试图消解

---

① 柏拉图,《蒂迈欧》, 52a1—4。

柏拉图与亚里士多德之间的分歧是毫无意义的。或许柏拉图的某些重要论述没有得到亚里士多德的公正评价，但我们可以确定，他对共相的观点显然与亚里士多德的观点相左。因而，我们不应该将柏拉图的"分有"理解为从某个"事件"中有"永恒事物"的"成分"。在柏拉图看来，"事件"或自然事物都不过是对理念的摹仿，或镜中倒影。因此，可感世界也正如稍纵即逝的影子，"伴随"着可知世界存在。柏拉图的理念论庞大且崇高，蕴含了不少真理（纯粹可感世界既不是唯一世界，也不是最高或最"真实"的世界）。但是，柏拉图并不认为可感世界仅仅为幻象或虚无，因此他的哲学不可避免会涉及某种分离，而歪曲事实是没有用的。总之，柏拉图不是唯一一个处理"特殊性"难题的体系哲学家。亚里士多德虽然很有见地地指出了柏拉图遇到的分离难题，但是他自己在处理共相问题时也遇到了不少困难。可以说，这两位伟大哲学家在处理实在问题时，各自强调了不同的侧面，需要通过更完全的综合，我们才可以调解并统合他们的见解。

但无论柏拉图的最终结论如何，无论他的理念论中包含多少不足或缺陷，我们绝不能忘记：柏拉图旨在建立确实无疑的真理。他非常坚定地认为，我们最终能够通过思想抵达本质，而且这些本质并不只是人类思维的主观创造（就好像譬如正义这样的理念也只是人类的创造，具有相对性的特征）。我们没有创造它们，我们发现了它们。无论是道德标准、美学标准抑或其他标准，我们在对事物进行评判时，总是依赖于标准，所有判断都必然包含这种标准，而且如果某个科学判断是客观的，那么标准也必须有客观所指。但是，在可感世界中我们没有也不能找到这些标准。因此，这些标准本身也肯定超越于这个可感个体构成的流变世界。虽然柏拉图的确认为，除非存在客观标准，否则经验就是不可解的。但是并不能就此认为，柏拉图曾提出了"批判问题"。我们不应该用新康德主义附会柏拉图，即便柏拉图的回忆说似乎具有康德所谓的先验含义，但是我们不能就此认为，柏拉图自己就将这些神话当作纯粹主观的先验表达。相反，许多证据表明，柏拉图相信，这些概念具有真正客观所指。实在之物是可知的和理性的，不可知者则皆是不理性的，不完全实在之物不是完全理性的。直到最后，柏拉图仍然坚信这点，而且他还相信，只有以他的理论为基础，（广义上的）经验才可能得到融贯的解释。柏拉图既不是康德主义者，也不是小说家或神话作家，他是**哲学家**。理念论是以哲学而理性的方式提出的（为解释经验而提出的哲学性"假设"），它并不作为神话或散文，也不出于对彼岸世界的希望。

因此，将柏拉图看作诗人，认为他只因消极避世而渴望创造理想的超越世界，以便躲入其中逃避现世的拘束，这种想法实在大错特错。这就好像马拉美的诗句："肉身如此可悲，唉！我已遍览群书，还是逃开吧！逃到彼岸世界……"[①]柏拉图的理论之所以如此在于他的确相信那个超感官的可知世界的**实在**，他认为这个世界有待哲学家**发现**，而不是将之创造出来。柏拉图的努力并不在于将"实在"化为梦境，以便于创造属于他自己的诗意世界，而在于从这个较低的世界向上提升到纯粹原型理念的较高世界。他深信这些理念都是真实存在的。马拉美有诗云："当我说'一朵花'，我的声音便遗忘、放逐了花的所有轮廓。此时，另一种东西，它是理念本身且十分美妙，便如音乐升起，这是一朵不存在于任何花束中的花。"他所思所想，其实是创造理想的花，而不是在柏拉图的意义上发现花的原型。就好像交响乐，乐器可以将壮丽风光转化为音乐，诗人也可以将经验中的具体花转化为花的理念，转化为梦中仙乐。此外，马拉美之所以要虚化具体情境，目的更多在于延展意象、方便联想（而这些都是极为个人化的，所以领会他的诗句十分困难）。但这些都与柏拉图毫不相关，无论柏拉图有多么高的艺术造诣，他首先都是哲学家而非诗人。

我们也不应认为柏拉图像里尔克，以某种手段内化实在。虽然我们自己建构的世界，的确会带有我们自己内在的色彩。这就好像墙壁上的阳光，在我们看来它的意义并不总在"它自身"（如原子、电子、光波，等等），我们看它的目光总是带着主观印象和联想，甚至会因我们的心境而变化。但柏拉图的工作并不在于通过主观再现丰富、美化和内化这个世界，而在于穿越这个可感世界，抵达思想世界，即超越的实在世界。当然，我们也可以继续讨论柏拉图理论的心理学起源（**或许**结论就是，柏拉

[①] 斯特芳·马拉美（Stephané Mallarmé），《诗集》（*Poems*），罗杰·弗莱（Roger Fry）译，查托与温达斯（Chatto & Windus），1936 年。

图在心理学上是消极避世者）。但是，我们应当记住，这种工作并不足以阐释柏拉图的意旨。无论柏拉图"潜意识"的动机是什么，毋庸置疑，他旨在进行严肃的、兼具哲学性和科学性的研究。

尼采曾讽刺说，柏拉图与整个世界为敌，他认为柏拉图因为对这个世界的敌意而试图建立超越的世界，因为对经验世界和人类生活世界的厌恶，道德上的私好与成见，让"此世"与"彼世"相对立。柏拉图或许的确因现实生活中的不如意而深感失望（譬如他在雅典城邦中的政治活动，以及在西西里岛的不愉快经历），但是他并没有因此对世界产生敌意。相反，他仍希望可以训练出真正的政治家，让他们延续工匠神的工作，将无序变成有序。即便他曾对人生和世界产生敌意，这也仅仅是针对其中的无序与残缺。因为它们不再具有和谐，不再能够表达稳固的实在，以及卓越的价值和普遍意义的稳固标准，所以他才会感觉失望。因此，问题的关键不在于什么影响甚至塑造了柏拉图的形而上学，无论它们是作为原因、条件或时机影响了或塑造了它，而在于这个问题，即柏拉图到底有没有证明自己的理论？可惜像尼采这样的人并不关心这个问题。我们不应该充满前见地排斥这种想法：所有具有秩序和理性的事物，都在不可见和超越的实在世界拥有客观基础。我相信，柏拉图不仅在形而上学中获得了真理标准，同时也煞费苦心地向我们证明，这*就是*真理。只要人们试图言说，他就肯定会做价值判断。判断预设了客观标准，价值可做不同程度的理解，但价值并不会自我"实现"，价值的实现势必依赖于人类意志，而且与神配合，这样才能实现理想的人类生活。当然，就自然知识而言，我们无法直观绝对（就柏拉图的理论所暗示的而言，这种知识是不可通达的，而就这种知识把真正的知识与对绝对的直接理解联系起来而言，它可能会在不知不觉中导致怀疑主义），但是通过理性的反思，我们肯定可以获得关于客观价值、理想与目的的知识，这就是柏拉图的要旨。

第二十一章

柏拉图的心理学

1. 早期朴素的宇宙论认为,灵魂由气、火或原子组成。柏拉图不曾受这种粗略的心理学迷惑,他既不是唯物主义者,也不是伴随现象论者,而是坚定的唯心论者。灵魂显然区别于身体,灵魂是个人最有价值的部分,灵魂的趋向即是人生的首要关怀。所以,在《斐德若》的末尾,苏格拉底祈祷道:"亲爱的牧神,以及在场的诸神啊,请赐予我美丽的内在,并让我所拥有的外在事物与我的内在相协调。我以智慧为富有。愿我所拥有的金银财富不要多过任何温良谦恭之人可以拥有的。"① 柏拉图的二元论心理学非常强调灵魂的实在性,以及其较之于身体的卓越。这也与柏拉图的形而上学二元论相呼应。在《法篇》中②,柏拉图将灵魂定义为"自发的运动"或"运动的来源"。所以说灵魂高于身体(身体本身不是运动的来源,总是被动地运动),这样,灵魂的在先性也就不言而喻了。在《蒂迈欧》中,柏拉图说:"唯一拥有理智的事物就是灵魂,它是不可感的;而诸如火、水、土、气则只是可见的形体。"③ 在《斐多》中,柏拉图也曾指出:灵魂不可能只是躯体的附属现象。西米亚斯认为,灵魂不过是身体的和谐,当身体死亡,灵魂也会随之消逝。但苏格拉底却指出,灵魂统治身体以及身体的欲望,如果灵魂仅仅是身体的和谐,那么,灵魂怎么能够统治身体呢?④ 而且,如果灵魂是身体的和谐,那么某些灵魂可能比另一

---

① 柏拉图,《斐德若》,279b8—c3。
② 柏拉图,《法篇》,896a1—2。
③ 柏拉图,《蒂迈欧》,46d5—7。
④ 柏拉图,《斐多》,85e3—86d4,93c3—95a2。

些灵魂更是灵魂（因为和谐的程度或大或小），这听起来十分荒谬。

虽然柏拉图肯定灵魂与身体存在本质上的区别，但是他也不否认，身体或许会对灵魂产生影响。在《理想国》中，柏拉图将身体训练也列为教育课程之一，他还认为某些音乐对灵魂有害，故而反对这些音乐。在《蒂迈欧》中，柏拉图也承认错误的身体训练与身体的恶习，可能会使灵魂不可挽回地陷入奴役状态。① 另外，在《法篇》中，他强调了遗传带来的影响。② 事实上，从父母那里遗传来的有缺陷的身体，以及错误教育和糟糕的环境，无一不是灵魂疾病的原因。"无人自愿为恶，恶人之所以为恶，是因为身体的恶习和愚蠢的教育方式，这些往往是不可选择的。"③ 因此，即便柏拉图的确说过灵魂只是栖居在身体之中而已，我们也千万不要以为他会否定灵魂与身体之间的相互作用。或许他没有**解释**过这种相互作用，在任何情形下，这其实都是最困难的任务。灵魂与身体的相互作用是明显的事实，我们必须接受这个事实：相互作用的确难以解释，但是仅仅因此，我们就否定它，或将之简化为灵魂对身体的单方面影响，于解决问题并无裨益。

2. 在《理想国》中，我们看见了对灵魂本性的三分④——据说柏拉图借用了毕达哥拉斯学派的说法阐发了这个理论。⑤ 后来在《蒂迈欧》中，这种理论再度出现，所以我们不应认为柏拉图曾经放弃过这种理论。⑥ 灵魂由三"部分"组成：理性"部分"、勇气或激情"部分"、欲望"部分"。我认为以"部分"译之，这是有充分理由的，因为柏拉图自己所用的词是 μέρος。但我还是在使用时加上了引号，这是为了表明，这个词语在这里是形而上学的词语，它不意味着灵魂是质料的或有广延的。μέρος 出现在《理想国》第四卷的 444b3，在这之前，柏拉图使用的词语是 εἶδος，这个词语表明，柏拉图将灵魂的三个部分看作形式、功用或行为的原则，而没

---

① 柏拉图，《蒂迈欧》，86b 以下。
② 柏拉图，《法篇》，775b 以下。
③ 柏拉图，《蒂迈欧》，86d7—e3。
④ 柏拉图，《理想国》，第四卷。
⑤ 西塞罗，《图斯库兰论辩集》，4，5，10（西塞罗在这里指两个部分，理性部分和非理性部分）。
⑥ 柏拉图，《蒂迈欧》，69d6—70a7。

有任何质料方面的意义。

理性，将人与野兽区分开来，它是灵魂中最高的成分或形式。它是不朽的、属神的。另外两种形式，即激情与欲望，则是有朽的。二者相比，激情的部分更加高贵（它在人身上接近于道德勇气），而且它天生是理性的盟友，虽然激情也存在于动物之中。欲望则是指身体的欲望，因为理性方面的欲望乃是对真理的热情，即爱欲（eros），它是身体爱欲在理性中的对应物。在《蒂迈欧》中①，柏拉图将理性部分置于头部，激情部分在胸部，而欲望部分则在腰部以下。激情成分应属于心肺的说法自古有之，可以上溯到荷马时代。但是我们很难断言，柏拉图真的是从字面意义上理解这些位置的。他很可能想说明，这些位置是灵魂的诸本原与身体相互作用的作用点，笛卡尔（他十分确信灵魂的精神性）不就曾经将那个作用点定位在松果体吗？但是归根结底，我们很难说柏拉图曾系统地研究过心理学，原因见下文。

柏拉图曾经说过灵魂是不朽的，《蒂迈欧》则更明确地说，只有灵魂的理性部分才有此特权。②但是，如果说灵魂的另外两个部分是有朽的和可朽灭的，这就意味着它们一定以某种神秘的方式与理性部分相互分离，或者它们二者另组成了一个或多个灵魂。《斐多》坚持灵魂的单纯性，可能是针对理性部分而言的。但柏拉图又在神话（《理想国》与《斐德若》）中写到，灵魂以整体的方式保持不朽，至少与身体分离之后，灵魂仍能保有记忆。我并不是想说应采取字面意思理解柏拉图神话中的一切内容，我只是想指出，神话中明显预设死后灵魂仍能保存记忆，并且也会受到它在身体中的前世的或好或坏的影响——这似乎暗示了灵魂以整体的方式得以不朽的可能性，并且即便当灵魂与身体分离之后，它不再能实际运用激情与欲望的能力，但至少还隐含了使用它们的潜力。不过话说回来，这只是可能的解读，从柏拉图所做的陈述，以及他惯常的二元论立场看来，他更可能认为只有理性部分可以不朽，而灵魂的其他部分则会消亡幻灭。如果柏拉图时而说灵魂的三个要素是三个部分（μέρη），时而说是三个形

---

① 柏拉图，《蒂迈欧》，69d6—70a7。
② 柏拉图，《蒂迈欧》，69c2—e4。

式（εἴδη），二者冲突，这可能恰好证明了柏拉图并没有充分地发展过心理学学说，从而没有注意到自己论述中的隐含意义。

3. 为什么柏拉图说灵魂本性三分呢？主要原因可能在于，他注意到了灵魂内部存在冲突。《斐德若》中有个著名的比较，它将灵魂中的理性因素比作马车的驾驭者，而灵魂的激情因素与欲望因素则分别是拉着马车的两匹烈马。[①] 其中，一匹马是好的（激情因素，它是理性天然的盟友，而且它"以节制和谦虚的德性热爱着荣誉"），另一匹则是劣马（欲望因素，它是"骚乱与粗鲁的朋友"）。好马容易听从马车驾驭者的指挥，而劣马则不受控制，它总是听从感性欲望的号令，马车驾驭者不得不用皮鞭驱使它。所以柏拉图的出发点正是人的内部时常发生冲突这个经验事实。但是他其实从来没有真正地讨论过，这个经验事实是如何与意识同一性相符合的。值得注意的是，柏拉图曾经坦诚地说过，"解释灵魂是什么，这项工作不但冗长繁琐，而且它其实应是属神的"，而"要说灵魂像什么，这个工作则简单得多，而且也是人类所能胜任的"[②]。因此，我们或许可以得出结论，究竟是将这三种行动的原则视为统一的灵魂原则，还是将其视为三个分立的部分原则，这在柏拉图本人的心理学中其实没有结论。

事实上，柏拉图主要的兴趣是在伦理方面，即应当坚持理性因素的统治权，让它扮演那个马车驾驭者。在《蒂迈欧》中，灵魂的理性部分，这个不朽而"神圣"的因素，是由造物神亲手制作的，它的材料与世界灵魂的材料是相同的。灵魂的有朽部分，则与身体类似，是由天上的诸神制作的。[③] 显然，这只是通过神话的表述来强调理性因素在灵魂中地位最崇高，它理应进行统治，因为它与神更亲近，所以它天然具有统治权。它还与不可感的理性世界有密切关系，它可以对理性世界进行深入的思考。灵魂的其他因素则与身体（即现象的世界）紧密关联，它们不能直接参与理性活动，也不能看见理念世界。在新柏拉图主义、奥古斯丁以及笛卡尔那

---

① 柏拉图，《斐德若》，246a6。
② 柏拉图，《斐德若》，246a4—6。
③ 柏拉图，《蒂迈欧》，41c6—42e4，69b8—c8。

里，我们可以清楚看到这种二元论的影子。[①] 而且，即便在基督教之中，除了托马斯·阿奎那及其学派所主张的漫步学派的灵魂学说外，柏拉图的**讨论方式**仍是最"流行"的。因为柏拉图所看到的"个人内部的斗争"，总是会在那些主张基督教伦理学的人的脑中盘旋。我们自己也的确能感受到内在的冲突，但是柏拉图的心理学并没有为此提供充分的解答，我们更需要的可能是某种关于灵魂的更统一的观念。因为，如果个人之内有多个灵魂，理性的与非理性的，那么，我们对于发生在自己内部的斗争的意识，以及关于道德责任感的意识，就会难以解释。我并不是想说柏拉图完全偏离了真理，相反，我想要表明，他将重点过多地放在了真理的某个侧面之上，从而忽视了真理的其他面向，没有给出令人满意的理性心理学。

4. 柏拉图非常清楚地说过，灵魂是不朽的。正如前文所说的，他所说的不朽只限于灵魂的某个部分，即理性。至于灵魂整体都保持不朽，这只是一种可能性。灵魂在与身体分离的状态下，显然不可能行使那些较低的功能。而且这种想法可能会得出这样的结论：当灵魂与身体分开进入不朽的时候，它甚至会变得不如从前完美。显然柏拉图不可能接受这种结论。

有些人全盘否定柏拉图的神话，因为他们不愿意接受其中"死后审判"的说法，他们似乎认为关于奖罚的理论是无关紧要的，甚至与道德学说相对立。但是这种态度公平吗？它真的符合历史批判原则吗？首先我们必须承认，这个神话中的某些细节不应该被严格对待（所有人都同意），但是另一方面，认为"今生的所作所为决定来世"，这种来世观念本身也未必就是"神话"。没有任何真正证据表明，柏拉图本人将整个神话看作镜花水月，如果他这样做，那么，他为什么在开篇就讲述这个神话呢？在我看来，柏拉图对死后审判所持的态度绝不是随意的，这甚至是他假设灵魂不朽的原因之一。柏拉图应该会认同莱布尼茨的观点："为了延续人类种族的希望，必须证明那个统管一切的神是公正而英明

[①] 引自圣奥古斯丁，《论大公教会的道德》，I, 27："人是一个理性的灵魂利用一个尘世的、会死的肉体。"

的。他会恰如其分地进行赏罚,从不留下漏网之鱼。这正是伦理学的伟大基础。"①

柏拉图是怎么证明灵魂的不朽呢?

(1)在《斐多》②中,苏格拉底曾经论证相反相生,譬如相对于"强"才有"弱",相对于"清醒"才有"睡眠",相对"睡眠"才有"清醒"。现在,"生"与"死"也是相反的,相对于"生"才产生"死"。因此,我们完全可以假设死后的生活。

这种论证建立在未经证明的无尽循环之上,它其实预先假设了相反者相生,"某物会产生出与自己相反的东西"。这种论证很难说服我们,它对灵魂分离于身体的状态只字未提,而且它本身也容易倒向轮回说。某个"时期"的在世灵魂可能不记得之前任何一个时期自己在世的记忆。因此,这里"证明"的是灵魂不朽,而不是个体灵魂的不朽。

(2)《斐多》③中出现的第二个论证从知识中的先验因素出发。人们在进行价值判断时表现出他们拥有关于标准和绝对准则的知识。但是这些绝对之物实际上并不存在于可感世界中。所以,人们就已经在先在状态中拥有这些知识了。同样,感官知觉不能给我们关于必然性和普遍性的知识。但是一个年青人,即便他没有接受过任何数学教育,也能够仅仅通过一系列的问答,而不需要教导,就"推导"出某些数学真理。因为他不曾从任何人那里学到这些,感官知觉也不能教给他这些,这就意味着他是从先在状态中学会了这些知识,而所谓的"学习"的过程,其实只不过是回忆的过程"(参见《美诺》,84以下)。

事实上,苏格拉底在《美诺》中所运用的提问过程就是一种教导,其中蕴含了大量数学知识。然而,即便数学不被解释为"抽象物",它仍可以是先验学科,而不必强行假设灵魂先在。即便我们在理论上假定,从未受过教育的奴仆美诺可以完全先验地推导出所有数学理论,这也不能说

---

① 约1680年,莱布尼茨致未署名收信人的信件。邓肯,《莱布尼茨哲学著作》(Philosophical Works of Leibniz),第9页。
② 柏拉图,《美诺》,70d7—72e2。
③ 柏拉图,《美诺》,72e3—77d5。

明奴仆预先存在过，康德的说法也是某种可能的解释。[1]

西米亚斯指出[2]，这个论证只证明了在灵魂与身体结合之前，灵魂就已经存在过。换言之，这个论证并不能证明，灵魂可以在死后保持不朽。对此，苏格拉底回应道，必须将这个回忆论证与之前的论证联系起来看。

（3）《斐多》中的第三个论证（假如将前两个论证合为一体，这就是第二个论证）从灵魂的单一性与似神性（即我们所谓的精神性）出发。[3] 有形事物总是难免消亡之命运。我们的身体也是某种可感事物。但是，灵魂却可以思索那些无形、不变、不灭的理念，并因为这种思索而与理念产生联系。渐渐地，灵魂离可感而有朽的身体越来越远，反而与理念越来越相似。另外，因为灵魂天生注定要统治身体，所以它也更倾向于神性。正如我们所认为的，灵魂是"神性的"，对于古希腊人而言，神性就是不死、不变。（这个论证后来发展为，从灵魂的高级活动以及观念的精神性推证出灵魂的精神性与单纯性。）

（4）《斐多》中的另一段论证出现在苏格拉底回应克贝的反驳中。（在前文中我已经讨论过，苏格拉底对西米亚斯的"伴随现象论"之反驳。）克贝认为[4]，灵魂经过了一系列身体生活之后，可能已经渐渐将能量"消耗殆尽"，所以到最后灵魂也会"随着某个人的死亡最终湮灭"。苏格拉底在回应这种看法的时候，提出了另一个关于灵魂不朽的证据。[5] 现在对话者们已经承认，理念是存在的。另外，当一个理念出现时，与它相反的那个理念就不会出现；当某物分有了某个理念，它不能同时分有与之相反的理念。譬如说，我们虽不能说火就是**暖本身**，但火是**暖的**，那么我们就不可能同时说它是"冷的"。灵魂分有了生命的理念，因此它就不能同时也分有与生相反的理念，即"死"。因此，只要死亡来临，灵魂要么消

---

[1] 这样说并不表示接受康德的批判学说，而是要指出：即便在柏拉图的假设之下，可能得出的结论也不止一种。
[2] 柏拉图，《斐多》，77。
[3] 柏拉图，《斐多》，78b4—80e1。
[4] 柏拉图，《斐多》，86e6—88b8。
[5] 柏拉图，《斐多》，103c10—107a1。

逝，要么隐退。而我们已经假设灵魂是不会消逝的。其实，严格说来，既然我们已经承认了灵魂的精神性，那么这段试图说明灵魂不死的论证根本称不上是论证。苏格拉底认为克贝已经认可了灵魂的精神性，但是他却仍要说明灵魂会把能量消耗殆尽。所以苏格拉底的回答就是针对于此——精神性本原是不会消耗殆尽的。

（5）在《理想国》^①中，苏格拉底假定了以下原则：除非是因为内在的恶，否则事物既无法被摧毁，也不会自己消亡。对于灵魂而言，恶就是"不正直、不节制、怯懦、无知"，但是这些恶并不会摧毁灵魂，有时坏人甚至比好人活得更长久。那么，既然内在的堕落都无法摧毁灵魂，外在的恶又如何可能摧毁它呢？（这种论证显然预设了二元论。）

（6）《斐德若》[②] 有段文字说到，某物推动他物，也被他物推动，那么，当它不再被移动时，它也就不再存在了。但是灵魂，却是自我推动的本原[③]，它是运动的来源和开端。而所谓开端，就肯定不是被创造出来的，因为如果是被创造出来的，那就不是开端了。但如果不是被创造出来的，那么也就是不可被摧毁的，因为灵魂作为运动的开端，它只要遭到摧毁，那么，整个宇宙以及所有的生命都将会"崩塌并停滞"。

只要我们承认灵魂是运动的本原，它就肯定是永远存在的（假如运动发源于开端），但这并不能证明个人的不朽。这段论证只能表明，个人的灵魂或许是由世界灵魂散发而出的，当身体死亡之后，个体灵魂或又复归于世界灵魂。当然，在通读了《斐多》及其神话，以及《高尔吉亚》《理想国》之后，我们就不会再误以为，柏拉图相信真正的个体不朽。[④] 但是，在对话的某些段落中，苏格拉底谈到此生乃是为永生做准备，他还在《高尔吉亚》[⑤] 中说过，欧里庇得斯所言的"生其实是死，而死才是真正的生"（这句话带有奥菲斯色彩）或许是对的。这让我们很难认同，柏拉图如此孜孜不倦地探讨不朽，只是针对灵魂的理性部分而言，丝毫无意

---

① 柏拉图，《理想国》，608d3—611a2。
② 柏拉图，《斐德若》，245c5 以下。
③ 柏拉图，《法篇》，896a1—b3。
④ 柏拉图，《理想国》，498b3—d6。
⑤ 柏拉图，《理想国》，492e8—11。

于任何个人意识以及自我同一性的延续。或许更合理的想法是，柏拉图或许会认同莱布尼茨的看法："让你忘记一切，成为中国的皇帝，对你来说有任何好处吗，先生？这和上帝将你毁灭，然后再创造出中国皇帝有何不同吗？"[1]

　　仔细推敲神话的细节并无必要，因为神话只不过是柏拉图借以传达真理的形象化表达而已：灵魂在死后仍然存在，以及灵魂的死后生活受到此生行为的决定。至于柏拉图究竟在多大程度上严肃地接受神话中提出来的灵魂转世说，我们不得而知。无论如何，哲学家的灵魂总是有望从轮回之中得到解脱，而罪不可恕的罪人则会被永囚在冥府之中。前面我们已经说到过，神话中关于死后生活的描述，与柏拉图关于"唯有理性部分可以在死后得以保存"的说法颇有出入，在这个问题上我认同里特的观点："我们不能完全确定，柏拉图自己所深信的灵魂不死，与《高尔吉亚》《斐多》以及《理想国》中神话所传达的内容完全相同。"[2]

　　归根结底，柏拉图的心理学理论并不成系统，他也没有完整的主张与论述。毫无疑问，柏拉图本人的兴趣更多地偏向于伦理学方面。但是，这并不意味着，柏拉图没有对心理学进行过思考，事实上，他对心理学有过许多敏锐的看法，分布在他的对话之中。我们可以想想这些例子：他在《泰阿泰德》中描述了遗忘与记忆的过程，在《斐莱布》中论述了记忆与回忆的不同，等等。[3]

---

[1] 邓肯，《莱布尼茨哲学著作》，第9页。
[2] 《柏拉图哲学的本质》，第282页。
[3] 柏拉图，《泰阿泰德》，191c8以下；《斐莱布》，33c8—34c2。

第二十二章
柏拉图的道德理论

一、至 善

柏拉图的伦理学旨在追求至善，并认为至善中包含了幸福，从这个意义上说，这是幸福伦理学。这里所谓的至善，即是人作为理性的与道德的存在而言，寻求他的人格真正的发展，正确地培育他的灵魂，并使他的生活实现整体的和谐与完满。当个人的灵魂处在它恰如其分的状态时，这个人就会是幸福的。在《斐莱布》的开头，苏格拉底与普罗塔库就分持两种针锋相对的立场。他们二人都同意，所谓善即是灵魂的某种状态，但是普罗塔库坚称善在于**快乐**，而苏格拉底却认为善在于**智慧**。于是，苏格拉底试图证明，这种快乐不可能是人类真正的唯一善，因为在那种纯粹快乐（可以理解为身体享乐）的生活中，没有思想、没有记忆、没有知识，也没有正确的意见，所以它"不是人的生活，而是海兽和牡蛎的生活"[1]。甚至普罗塔库也不认为这样的生活是人们所渴求的。另一方面，没有任何快乐的"纯粹理智"生活也不是人类的唯一善。即使我们说理性是人最崇高的部分，理性活动（尤其是对理念的沉思）是人最高级的能力，但归根结底，人并不是纯粹理性的。因此，那种属人的幸福，应该是"混合"的生活，它既没有排斥理性生活，也没有排斥感官快乐。在这里，柏拉图认可了与痛苦无关的快乐（即理性方面的快乐）[2]，同时，他还认可了因欲望的满足而产生的快乐，只要它们本身没有坏处，而且我们在享用这些

---

[1] 柏拉图，《斐莱布》，21c1—8。
[2] 柏拉图，《斐莱布》，51。

快乐的时候能确保节制。正如按照比例调配才能将水和蜂蜜调配成一杯可口的饮料，为了创造出好的生活，我们也应该遵照比例来调节感官快乐与理性生活。①

柏拉图认为，所谓好的生活，首先就必须包括所有真正的知识，即关于永恒对象的准确的知识。但是，如果某人对几何学中那些精确而完美的曲线、直线了若指掌，却认不出这些线条在日常生活中略显粗糙的相似物，那么他可能就找不到回家的路。因此，在这种混合的生活中，除了第一等级的各种知识，还需要某些第二等级的知识。只要人们清楚意识到这些对象属于第二等级，不误将这些粗糙的相似物当作真理本身，这种知识就不会对人产生什么害处。换言之，想要过上真正好的生活，人们也毋需与这个物质的世界以及有死的生命断然划清界限。但是他必须意识到，这个世界不是唯一的世界，也不是最高的世界，只是理念世界蹩脚的复刻本而已。（关于音乐，普罗塔库认为"如果要让这种生活配称为人的生活"，音乐就必不可少；但苏格拉底认为，音乐中充满了"猜测与摹仿，并不纯粹"。②）

现在，我们已经完成了混合饮料的第一步，所有"水"已经倒入碗中，接下来应该往里面调多少"蜂蜜"呢？这个问题的关键在于知识最终决定容许多少快乐。首先，柏拉图说，知识也算是"真实"和"纯粹"的快乐，至于剩下的快乐，知识只会接纳那些伴随健康清醒的心灵，以及各种形式的善的快乐。"愚昧而邪恶"的快乐则不应该混杂进来。

因此，建立善的生活的秘诀就是在调配的过程中注意尺度与比例。只要放错比例，这就不再是所谓的混合，而是一团混乱。因此，所谓善，就是某种美的形式，由尺度与比例组成，对称、美、真则是善的三种形式或标识。第一是明智；第二是比例、美或完整；第三是理智和实践理智；第四是知识、技艺与意见；第五是不掺杂痛苦的快乐（身体的快乐或精神的快乐）；第六是节制和无害地满足欲望——这就是人的善，也是人的幸福生活。这其中的推动力是爱欲，即对于善与幸福的渴望。

---

① 柏拉图，《斐莱布》，61b4 以下。
② 柏拉图，《斐莱布》，62c1—4。

人的至善与幸福中当然也包含关于神的知识。如果说理念是神的观念，那么这就非常明确了。即便按照《蒂迈欧》中的说法，神从理念中分离出来，神也对理念进行沉思，那么对人来说，思索理念正是他与神相似的地方，这会让他获得莫大的快乐。而且，假如某人不曾留意到神在这个世界留下的造物痕迹，那么，他就不可能会感到快乐。所以柏拉图会说，神的快乐正是人类幸福的典范。[①]

获得幸福的途径就是追求德性，也就是使人尽可能地与神相似。我们必须"尽我们所能与神相似，即我们必须借由智慧变成正义者"。[②]"神照看任何想要通过追求德性变得正义，并且像神一样的任何人，就人能达到神的形象而言。"柏拉图在《法篇》中说过"神是万物尺度，他的地位远远高于人们的预期"（他以此回应普罗泰戈拉的那句名言）。"与神亲近的人，就会越来越与神相像，甚至变得和他一样。这就是为什么我们说，温良之人是神的好友，正因为温良之人与神相似……"[③]他接着又说到，向神祈祷或祭祀是"世界上最高贵的事情，同时也是通往幸福生活的最佳途径"，但他同时也指出，不虔敬或是邪恶的祭祀是不会为神所接纳的。[④]因此，崇敬与德性都属于幸福，所以说，追求德性与过有德性的生活固然都是获得幸福的途径，但是这并不意味着德性在幸福之外，它其实内在于幸福之中。人之善首先是灵魂状态，而且唯有真正的有德之人才配称为善人和幸福者。

二、德　性

1. 通常我们会认为，柏拉图接受了苏格拉底的"德性即知识"。在《普罗泰戈拉》中[⑤]，苏格拉底在反驳智者们的看法时曾经论证过，不虔敬的正义与虔敬的不义，二者听起来都十分荒谬，因此各种德性之间不可能完全分离。另外，不节制者追求的事物往往是对人有害的，相反，节

---

① 柏拉图，《泰阿泰德》，176a5—e4。
② 柏拉图，《泰阿泰德》，176b1—3。
③ 柏拉图，《理想国》，613a7—b1。
④ 柏拉图，《法篇》，715e7—717a3。
⑤ 柏拉图，《普罗泰戈拉》，330c3 以下。

制者追求的事物都会是好而有益的。我们还认为，追求好而有益的事物乃是明智的，而追求有害之物则是不明智的。因此，节制与明智之间也存在千丝万缕的联系。同样，所谓真正的勇气，就是即使深知自己面临危险，也在战争中坚守阵地，勇气并不是鲁莽。所以，勇气也和节制一样，与明智息息相关。当然，柏拉图并不是要否认，根据针对的对象以及它们所属灵魂的部分，德性各有不同。他只是在强调，因为所有这些不同德性都是对关于善恶的相同知识的表达，所以它们应该来自某个统一整体。而种种不同的德性正是通过明智，或者通过关于善以及获得善的方式的知识而得到统一。对此，《美诺》表达得非常清楚，**如果**德性是知识或明智，德性就是可教的。《理想国》对此也有所表述，只有哲学家才知道什么对人真正有益。智者们固然对于"流行"的德性观念信手拈来，但是他们却不能教授德性。只有真正拥有关于德性的知识的人（哲学家）才能够教授德性。"德性即知识"这种理论乃是针对这样的事实而发的："善"不是相对性的术语，它指向绝对且不变的事物，否则善就不可能作为知识的对象。

从"德性即知识"和"德性可教"，柏拉图得出了第三个观点："无人有意作恶"。假如某人选择了事实上的恶，其实是他在表面上的善下做出了选择：他以为他渴望的事物是好的，但是实际上却是恶的。柏拉图确实能够理解欲望是难以控制的，它不管不顾地横冲直撞，拼命挣脱马夫的桎梏，径直奔向那些看起来好的东西。但是假如马夫真的无法再控制这匹劣马，那么按照柏拉图的理解，要么是因为这位马夫不具有关于善的知识，要么是因为他的知识尚不牢固，欲望的冲击令他蒙蔽了双眼。乍看之下，这种从苏格拉底那里继承而来的理论，似乎与柏拉图对道德责任的明显承认有所冲突。但是实际上，柏拉图大可以这样回应：一个人即便知道什么是真正的善，一时的激情仍然可能暂时蒙蔽了他的双眼，以至于他以为表面上善的东西就是真正的善，此时他所犯的错误只是，激情暂时蒙蔽了自己的理智。如果有人反驳说，有人可能会正是因为那是恶而故意行恶，那么柏拉图还能这样回应："恶是他所认为的善。"如果真的有这种人，他明知某些事物是恶而有害的，却仍然选择它，这就只是因为他完全不顾及自己所有的知识,而将眼光附着在事物的某个侧面,使之看起来是善的。他事实上应该为将眼光附着于此而负有责任,但是他选择的实质仍然是表面上的善。某个人可能深知,谋杀自己的敌人归根结底也是对自己有害的恶行,但是他仍然选择这么做,这是因为他将焦点完全放在"敌人之死可以满足复仇欲"或者是通过消灭对方获得某些利益这些方面,这就是近在他眼前的看起来是善的东西。这里我们发现,古希腊人需要更明确的关于**善**与**正确**,以及二者之间关系的观点。这个人明知谋杀是错误的,但是他还是让它发生了,这是因为谋杀**在某种层面上**对他是**善**的。他既然知道谋杀是错误的,那么他也应该知道,所谓"错误"总是与"根本上的恶与有害"息息相关,但是这也不会影响这个行为具有"善的方面",即这个行为是有用的,或值得欲求的。当我们使用"恶"这个词的时候,我们常常是在指"错误",但是柏拉图说无人自愿去做他以为恶的事情,这并不是指没人会做自己觉得错误的事情,而是说没人会故意去做他明知在任何方面都对自己有害的事情。

在《理想国》中[①],柏拉图探讨了四种主要的德性:智慧、勇敢、节制与正义。智慧是属于灵魂理智部分的德性,勇敢是激情部分的德性,节制旨在将灵魂的激情部分与欲望部分控制在理性部分之下。正义是灵魂各部分普遍共有的德性,它是指灵魂的每个部分都各司其职以达到和谐。

2. 在《高尔吉亚》中,柏拉图反驳两种观点,一是将善与恶分别定义为快乐与痛苦,二是卡里克勒提出的"超人"道德论。在反驳普罗塔库的时候,苏格拉底论证说,行不义之事(譬如成为僭主)比受不义更为痛苦,因为行不义会使人的灵魂堕落,这正是人所承受的最大的恶。而行不义之后还逃脱了处罚,则是最为糟糕的事情,因为唯有承认灵魂中的恶,并接受惩罚,才能够悔改。这时候卡里克勒加入了讨论,他打断了苏格拉底的话:"你说的不过是关于'正确'的通俗观点,它们并不是自然的,而是习俗的。"[②] 从通俗的观点看来,行不义的确是令人蒙羞的,但是这仅仅是属于大众的道德。弱者,同时也是大多数人,他们聚集起来以限制

---

① 柏拉图,《理想国》,第四卷。
② 柏拉图,《高尔吉亚》,482e3—5。

"他们之中的强者",并口口声声说只有适合他们大多数人的行为才是**正确的**,而对他们有害的行为就是**错误的**。[1] 然而,无论是在人类还是在兽类当中,真正的自然法则就是"正义更多地在统治者那里,远甚于在被统治者那里"。[2]

苏格拉底首先对卡里克勒愿意坦诚表明自己"强者即正义"的观点表示感谢,接着他又指出,假如数量上占据大多数的弱者的确这样实行了对"强者"的暴政,那么实际上这些弱者才是强者,按照卡里克勒的说法,他们也才是更正义的。这种回应并不仅仅是挑字眼,因为如果是这样,卡里克勒还要继续坚持他对习俗道德的反对,那么他就必须向我们证明,他所谓的强者,这些意志坚定却不道德的个人主义者们,究竟在什么意义上"优于"大众,又凭什么有权进行统治。一开始,卡里克勒回答说,这些强者比"奴隶与平民组成的乌合之众"更聪明,因此他们理应进行统治。苏格拉底随即回应到:这么说的话,医生就应该吃喝得比谁都多,而鞋匠也应该穿着比谁的鞋都大的鞋子。这种回答令卡里克勒深感恼怒,于是他说道,他的意思是:在国家各个部门中任职的那些聪明人和勇敢者,应该去统治城邦,正义也更多地在他们那里,而不在平民那里。苏格拉底追问他,那么强者是否也应该统治自己?卡里克勒毫不犹豫地回答说,强者应该完全放纵自己的欲望与激情。这样的回答让苏格拉底找到了可趁之机,他马上将卡里克勒理想中的强者比作漏罐:他试图用快乐填满自己,却永远做不到,他过得类似于鸻鹬,那完全不是人的生活。卡里克勒本想承认总是犯痒而又能总是为自己挠痒的人所过的生活大可称得上是幸福的生活,但是他却在娈童的例子上迟疑不定,最后他只好说"快乐"有**质**的差别。这就得出了以下结论:快乐是从属于善的,这就意味着,理智就是快乐的裁判,只有令身体与灵魂都保持健康和谐的快乐才会受到理智的认可。这就是为什么,只有节制者才是真正善的和幸福的,不节制者反而是不幸的。不节制者就是在对自己行恶,最后苏格拉底通过死后审判

---

[1] 很明显,这个观点与尼采的学说非常类似,虽然尼采的看法并不太具有政治性,且与僭主也相去甚远。
[2] 柏拉图,《高尔吉亚》,483d5—6。

的"神话"为自己的论证画上了句号。①

3. 柏拉图明确地表达了反对"对敌人行恶,对朋友行善"这句格言。"行恶"绝无可能是善的。在《理想国》第一卷中,特拉西马库斯曾经对这种理论进行过表述:"除非我们的朋友是好人,我们才对他行善;除非我们的敌人是坏人,我们才去伤害他。"②苏格拉底认为,所谓"伤害"就是实质上的伤害,而不是简单的惩罚,他将惩罚看作治疗,因此他在反对波勒马库斯时说道,伤害就是使人灵魂更加堕落,也就是使这个不义者更加不义,按照波勒马库斯的说法,正义者竟然会使不义者变得更加堕落。所以这显然是不义者才做的事情,正义者并不会这样做。

---

① 柏拉图,《高尔吉亚》,523 以下。
② 柏拉图,《理想国》,335a7—8。

第二十三章

城 邦

柏拉图政治理论的发展始终与其伦理学密不可分。从本质上来说，古希腊人的生活是某种公共生活，他们以城邦为生活场地，离开城邦的生活是难以想象的。对任何真正的希腊人而言，脱离城邦者不可能是完满的好人。只有借助社会（而在古希腊，社会即是城邦），个人才可能过上善的生活。对这一经验事实的理性分析带来的理论后果是，有组织的社会是一个"自然"机构，人本质上是社会的动物，亚里士多德与柏拉图都接受这种理论：那种认为社会将遏制人的自由发展与成长，而且本质上是恶的的理论，对希腊人而言是十分陌生的。（有些人以蚁穴和蜂巢比喻希腊社会，这种做法显然是愚蠢的，因为在雅典随处可见个人主义，它不仅体现在城邦的内讧之中，也体现在城邦的互相攻伐之中，例如，许多人试图自立为僭主。但是这种个人主义并不完全反对社会，它将社会看作预先存在的事实。）柏拉图总是将人的幸福以及人真正的好生活当作自己的关怀，所以对他这样的哲学家而言，准确地定义城邦真正的性质与功能，就变成了当务之急。如果城邦公民在道德上都是坏人，就不可能确保有好的城邦。反过来，如果城邦是坏的城邦，那么其中的公民们也会发现，他们根本无法过上好生活。

柏拉图不认为有两种不同的道德分别适用于个人和城邦。城邦由个体组成，而它存在的目的就是要引导这些人过上好的生活，存在绝对的道德准则，同时统治着所有个人与城邦。利益必须屈服于正当。柏拉图认为城邦与人格或有机体不同，它不应脱离限制和道德法则而发展。城邦不能作为对与错的仲裁，它不是自己道德法则的根源，也不是自己行为的绝对判断标准。《理想国》对此做了非常清晰的表述。对话者们从寻找正义的本质入手，但是在第一卷的末尾，苏格拉底却说"我不知道什么是正义"[1]。在之后的第二卷中，苏格拉底又说，如果研究城邦，就可以看见"写得更大、范围更广"的相同字母，因为城邦的正义"更大也更容易辨认"[2]。于是他提议，"我们先来看看城邦中体现的正义与不正义的本性，然后再由大到小，看在个人那里是什么样，再将二者加以比较"。这句话的含义显然是说，无论在个人那里还是在城邦那里，正义的原则都是相同的。如果个人是城邦的成员，而个人正义是由理念的正义决定的，那么，无论是个人还是城邦，都不可能不受不变的正义准则的约束。

现在，并不是每个现存的政制或政府都体现了理想的正义原则。但柏拉图并不关心这些现实的城邦是否符合城邦应有的样子，他在《理想国》中设立的目的是要发现理想的城邦，他旨在描绘城邦的范例，让现实城邦都尽可能效仿它。柏拉图的确在自己晚年的作品《法篇》中表现出了对"可实践性"的让步，但是总体而言，他的目标始终是勾画出某种准则或者理念，根据现实城邦与之接近的程度，来评判现实城邦的善恶。柏拉图深信，政治应该是某种科学，而名副其实的政治家必须知道何谓城邦，以及城邦的生活应有的样子，否则他将有可能带领城邦和公民之舰走向倾覆，这样他就不配称为政治家，充其量只是"政客"。他的亲身经历让他知道现实的城邦总是充满了谬误，于是他终于放弃了自己的政治实践生涯，但是他始终不曾放弃寻找真正的政治家并对其进行教育的希望。柏拉图在《第七封信》中吐露了自己的可悲经历，先是经历了公元前404年的寡头政治，随后民主制又卷土重来。他说："结果就是，我，一个原先对公共事业饱含热情的人，在看见了公共生活中暗流涌动，以及政权来回交替之后，感到头晕目眩……最后我终于看清，现存的所有城邦都没有意识到自身政制的糟糕。除非发生什么奇迹，否则他们的政制几乎都是无可救药的。因此我不得不表达对哲学的赞美，它提供了有利视角，使我们可以在所有城邦和个人之中分辨什么是正义。唯有让真正追随哲学之人获得

---

[1] 柏拉图，《理想国》，354c1。
[2] 柏拉图，《理想国》，368e2—369a3。

政治权力，或者让城邦中的统治者们承蒙神恩成为真正的哲学家，人类才可能幸免于恶。"①

我将在下文简述柏拉图的政治理论，先谈《理想国》，再谈《政治家》与《法篇》。

一、《理想国》

1. 城邦是为了满足人们的需要而存在的。人与人之间并不是独立存在的，他们需要彼此帮助与协作来生产生活的必需品。因此他们聚集起来，互帮互助，建立了共同的居所，并"将这个居所命名为城邦"②。城邦一开始的目的是经济目的，并因此产生了劳作的专业分工原则。不同的人有不同的自然禀赋，他们各自以适合自己的方式服务于城邦。而且，如果一个人根据自己的天赋全神贯注于某种工作，那么，他的工作无论在质上还是在量上都会优于旁人。一个农民不会生产耕作所需的犁和锄头，但是其他专门从事工具生产的人为他们提供这些工具。因此，目前从经济的角度看来，城邦的存在需要各种人：农夫、编织工、鞋匠、木匠、铁匠、牧人、商贾、货郎、工人，等等。但是仅仅依靠这些人，只能过上非常粗糙的生活。如果是"奢侈"的城邦，它还需要更多的人，比如说音乐家、诗人、教师、护士、理发师、厨师、甜品师，等等。但是随着奢华城邦的成长，人口也会随之增多，原先的土地大小渐渐不能满足城邦的需要，这时城邦就需要侵占邻邦的土地。柏拉图在这里看到了战争的经济原因。（当然，柏拉图在此并不是在为侵略战争辩护：可以参阅他在《法篇》中关于战争的论述。）

2. 根据专业分工细化的原则，只要爆发战争，城邦中就需要专门的护卫者阶层，他们以参加战争为业。这些护卫者在血气方面必须长于他人。另外，因为他们必须清楚知道谁才是城邦的真正敌人，在这个意义上，他们也应该热爱智慧（哲学）。既然他们必须以知识为基础来行使自己的护卫任务，他们也必须接受教育。这种教育从音乐（包括叙事诗）入手。柏

---

① 柏拉图，《第七封信》，325d6—326b4。
② 柏拉图，《理想国》，369c1—4。

拉图说，孩童时期学到的东西往往会给人留下深刻的印象，我们不能让城邦中的孩童在这个阶段学习那些与他们成年之后所学相悖的意见。[①]也就是说，荷马与赫西俄德讲述的关于诸神的传说不应该教授给城邦的孩子们，其至不应在整个城邦内流传，因为这些诗人总是将诸神刻画得纵情声色、道德败坏、变化不定。同样，如果有人描绘神背弃承诺或口出恶言，这也令人难以忍受，而且不被允许。不能说神创造了世界所有的善与恶，而只应说神创造了世间的善。[②]

我们应当注意，即使苏格拉底开始是在讨论城邦的起源——他说城邦是为了满足人各种各样的自然欲望而产生的，因此城邦的起源是经济的。但是很快，他话锋一转，开始谈到教育问题。城邦之所以存在，并不只是为了简单促进人类经济方面的需求，因为人类也不仅仅是"经济人"。城邦进一步的目的是人的幸福，它要根据正义的原则，让人过上好的生活。这样，教育就有了必要性，因为城邦的成员全部都是理性存在者。但是并不是任何教育都可以适用，城邦只应施行真和好的真正教育。有些人负责安排城邦生活，决定教育的原则，并在城邦中分派任务，他们应该拥有关于真正的真与善的知识。换言之，他们必须是哲学家。正是因为这种对真理的坚持，使得柏拉图令人意外地将诗歌与戏剧排除在理想城邦之外。柏拉图并不是体会不到荷马或索福克勒斯作品中的美，相反，正是因为诗歌运用了美的语言及意象，柏拉图才会认为它们是危险的。诗歌语言的美与魅力，就像裹着糖衣的毒药，会蒙蔽头脑简单者。柏拉图的兴趣首先是伦理上的，他反对诗歌描述诸神的方式，因为在诗歌中，神常常表现得不道德。如果说理想城邦姑且允许诗歌的存在，这也只是为了利用诗歌塑造某些正面的道德形象，城邦可能也会容许部分抒情诗在严格的监管之下传播，但叙事诗则仍然会被禁止。还有部分音乐（譬如伊奥尼亚音乐与吕底亚音乐）也会因为过于阴柔或过于轻松快乐而被驱逐出城邦。（我们或许会觉得，柏拉图似乎过分夸大了古希腊的这些伟大作品可能带来的负面影响，但是柏拉图之所以这样说，乃是受某些原则驱使，而所有严肃地

[①] 柏拉图，《理想国》，377a12—c5。
[②] 柏拉图，《理想国》，380a5—c3。

信奉客观道德法则之人,都必须承认这些原则,即使他们在这些原则的实际应用方面或有争议。因为,既然已经承认灵魂以及绝对道德准则的存在,那么公共统治阶级就有责任尽其所能地防止公民的道德堕落——只要他们采取的手法不会为城邦与公民带来比道德堕落更大的危害。纠结于艺术的绝对权力在这里毫无意义,柏拉图不让自己受到这些无价值的思虑困扰,这是非常可以理解的。)

除了音乐,体育也在城邦年轻公民的教育中扮演了重要角色。这种对身体的训练,对于那些要成为城邦守卫者或战士的人而言,将会像是苦行。这个"简单而节制的系统"并不是训练出毫无活力的运动员,他们"终日浑浑噩噩,他们的生活作息哪怕稍稍被打乱,他们可能就会一病不起"。这个系统的目的,是要培养出"勇敢的战士,他们就像无眠无休的家犬,时时刻刻都保持警惕,全神贯注地观察和聆听"[①]。(柏拉图这些针对城邦中年轻人心理与体能方面教育的提议,在今天已经被广泛采纳,人们既可以出于好的目的使用这种教育方式,也可能为了恶的目的利用它。政治领域中的实践性提议,既可以为了实现城邦真正的利益而被采纳,也可能被滥用而对城邦造成危害。柏拉图深谙此理,因此对他而言,选择什么人做城邦的统治者,这是非常重要的事情。)

3. 到目前为止,我们已经看见了城邦中两大阶层——较低的工匠阶层与较高的护卫者阶层。现在问题来了,谁来做城邦的统治者呢?柏拉图回答道,应当从护卫者当中遴选出城邦的统治者。统治者不能太年轻,他们必须是自己阶层中最杰出的人,聪明有力量,而且非常关心、热爱城邦,将城邦利益当作自己的利益。他们绝不会在追逐城邦利益的时候,还考虑自己的得失。[②] 人们只有从孩提时代起,开始观察和学习什么才是城邦真正的利益,并终身不渝地追逐它,才会被挑选成为城邦的统治者。他们同时也是完美的护卫者,甚至可以说唯有他们才配称得上是真正的"护卫者"。而其他护卫者,其实应被称为"辅助者",他们的职责只是奉行统

---

① 柏拉图,《理想国》,403e11—404b8。
② 柏拉图,《理想国》,412c9—413c7。

治者的决定。①（关于统治者的教育，我将只是非常简短地谈谈。）

于是，我们可以看见，理想城邦由三大阶层组成（暂不包括奴隶阶层）：底层的工匠阶层，较高的辅助者或者说军事阶层，以及最高的护卫者。然而，即便辅助者们所处的位置看似比底层工匠要荣耀得多，但是城邦中的公民与野兽不同，不会欺压弱小；即便辅助者比城邦其他子民要更为强大，但他们仍然应该保持友善，所以说城邦必须保证，让辅助者们接受正确的教育，并拥有正确的生活模式。柏拉图说，他们不能够拥有私人财产，但是城邦其他公民要负责供应他们的日常需求。辅助者们有公共食堂，同时他们也应该像军人，在军营中共同生活。他们不准携带或触摸金银。"这样既可以拯救他们，也可以拯救城邦。"②但是只要这些人开始聚敛财物，他们很快就会成为僭主。

4. 我们应该还记得，在对话开始，柏拉图打算确定正义的性质，后来他发现这个任务颇有难度，于是提议，如果先研究城邦中的正义，或许可以更清楚地看见正义究竟是什么。现在，我们已经清楚划分出城邦中的阶层，接下来可以试图理解城邦中的正义了。城邦的智慧集中在统治者（或者说护卫者）这个较小的阶层之中，勇气在辅助者的阶层中，节制在于城邦中被统治者对统治者恰如其分地服从之中。所谓的城邦正义，就是每个人都不干预别人，只专注于自己的事情。对于个人而言，当灵魂的各种功能都各司其职，各种元素都各守其位，低者恰如其分地服从高者，灵魂达成和谐时，个人就达到正义。那么对城邦而言，所谓正义，就是所有的阶层，以及构成各阶层的所有个人都以正确的方式，发挥自己的功能。而政治上的不义，就在于相互干涉与灵魂不满足，这会导致某个阶层干预其他阶层的事务。③

5. 在《理想国》第五卷中，柏拉图提出了著名的"同妻共子"的提议。女人像男人那样接受训练，在理想城邦中，她们的任务不仅仅是待在家里哺育幼儿，她们还要像男人那样，接受音乐、体育以及军事等方面的

---

① 柏拉图，《理想国》，414b1—6。
② 柏拉图，《理想国》，417a5—6。
③ 柏拉图，《理想国》，433a1 以下。

训练。柏拉图之所以提出这样的主张,理由在于:除了在繁殖后代方面,男女并无差别。女性诚然比男性更为柔弱,但是两性所具有的自然禀赋却是相似的。就自然禀赋而言,女性其实可以胜任男性的所有工作,甚至是战斗。条件符合的女性也会被城邦挑选出来,分享城邦的护卫者的生活和职务。根据优生学原则,柏拉图认为城邦公民的婚姻关系必须由城邦控制,尤其是较高阶层的公民。因此,护卫者或辅助者的婚姻受到行政长官的管辖,不仅为了职责的高效履行,也为了获得尽可能优良的后代,而他们的后代一出生,就会被送往城邦的育婴所。但是应当注意,柏拉图从未基于滥交的自由恋爱而提倡过完全的共妻制度。工匠阶层仍保有私有财产和家庭,只有在城邦较高的两个阶级中,私有财产和家庭生活才被取缔,这完全是为了整个城邦的利益。在城邦中,护卫者与辅助者的婚姻是被严格安排的。他们只能迎娶行政长官所规定的女子,然后再遵照规定,只在特定的时间同房并孕育后代。如果他们在规定的时间以外与女性发生关系,并且让女性受孕,那么女性必须流产。① 较高阶层的后代假如被判定为不适合本阶层的生活,即便他是"合法"出生的,也会被降为工匠阶层。

(在基督徒看来,柏拉图的提议未免显得惊世骇俗。他想要最大程度地提升人类种群,这样的出发点固然是好的。但是他提出的措施却令基督徒深恶痛绝,在关于人格的价值以及人类生命之尊严方面,柏拉图的观点与基督教的原则背道而驰。另外,基督徒会认为,即便优生学在饲养牲畜中取得成效,这并不意味着它对人类也同样起作用。因为人类具有理性灵魂,不是依赖外物,而是蒙恩于全能的上帝的创造。美的灵魂必须与美的身体相伴吗?善的品质总是寄居于强壮的身躯中吗?即便柏拉图的办法真的成功了,这种"成功"究竟意味着什么呢?对于人类来说,这并不意味着,政府有权实施这样的措施。如今有人追随或想要追随柏拉图脚步,他们主张要强迫不适合生育的人绝育,但是他们并没有如同柏拉图那样的好借口,毕竟柏拉图生活的时代是在基督教出现之前。)

---

① 柏拉图,《理想国》,461c4—7。

6. 有人反驳，没有任何城邦能够实际按照这种方式被组织起来。对此，"苏格拉底"回应说，我们并不应该期望任何理想可以分毫不差地在现实中实现。但是，他又问到，哪种最微小的改变，可以使城邦实现这种体制？随后，他自问自答地说，这种改变既不微小，也不简单，这就是将统治权交到哲人王的手中。在柏拉图看来，统治的民主原则简直荒谬，统治者理应按照知识来进行统治，且这种知识必须是关于真理的知识。而具备关于真理知识的人，就是真正的哲学家。柏拉图以船的比喻来阐明自己的观点。① 我们可以想象一艘船，"船主比船上其他的人高大强壮，但是他有些耳聋，还有些近视，而且他也没有多少关于航行的知识"。这时船员发起了反叛，他们控制了这艘船，然后"饮酒作乐，行船如他们所料仍然顺利"。但是他们不懂舵手的技艺，也不知道真正的舵手应该是什么样的。所以说，柏拉图之所以反对雅典的民主制，是因为政治家对自己的职责一无所知，民众又对其虎视眈眈，似乎随时准备摆脱政治家取而代之，就好像驾驶城邦之船并不需要任何专门的知识。柏拉图非常反对以这种不求甚解又随遇而安的方式领导城邦，他提出要奉行哲人王所制定的规则，因为哲学家才是拥有关于行驶城邦之船真正知识的人，唯有他可以带领城邦之船安然穿越暴风雨，克服旅途中的所有困难。哲学家是城邦教育结出的最完美果实。他能够，也唯有他能够，描绘出理想城邦的具体轮廓，并将它付诸实践，因为他已经熟识理念世界，并可以将它们当作范式，建构现实中的城邦。②

被选为统治者候选人的公民不仅要学习音乐和体育，还要学习数学和天文。让他们学习数学，不仅是为了使他们懂得计算，更是为了让他们通过数学学习理解理性对象。这既不是"为了买卖"，也不是为了军事用途，而是为了让他们可以从"生成之物过渡到真理或存在之物"③。这样，他们才可以朝向真理，并获得哲学精神。④ 但是这些学习，都只是辩证法

---

① 柏拉图，《理想国》，488a1—489a2。
② 柏拉图和苏格拉底一样，也认为民主制根据选票以及个人演讲能力选拔官员与将领的方式是不理性的和荒诞的。
③ 柏拉图，《理想国》，525b11—c6。
④ 柏拉图，《理想国》，527b9—11。

的预备，通过辩证法才能够不借助任何感官，而仅仅依靠理性之光发现绝对存在，最终他可以"通过理智观照，达到绝对善，并在其中触摸到理性世界的边缘"①。他按照"线喻"中的阶段逐渐上升。因此，城邦选定的统治者或护卫者的候选人以及那些身心健全、德行无失之人，也都将逐步经历这个教育过程。到了30岁，表现优秀者就可以开始参加辩证法训练。这个学习阶段耗时5年，学业完成之后，他们将被"送往各地，统率军队，或者担任其他可以胜任的公共职务"。这样，他们就获得了必要的生活经验，而且也能在他们接触到种种诱惑之时，展示出"坚定或是退缩"②的不同态度。经过15年的工作（这时他们已经50岁了），脱颖而出者就会"以他们的灵魂之眼观照照亮万物的普遍之光，领悟至善，他们以至善为范例，赋予城邦和个人生活以秩序。当然，他们以哲学为自己的主要追求，并借此赋予自己的生活以秩序。但如果职责所在，他们也会为了政治事务不辞辛劳，为了公共福祉施行统治。他们这么做是因为他们必须这么做，而不会自以为做了什么伟大的事情。当他们培育出了新一代和他们相同的人，他们将自行退位，交接权力，之后就将去往福岛常居。城邦会为他们竖起纪念碑，如果皮提亚的神谕准许，城邦还会像对待诸神那样，向他们祭祀"③。

7. 柏拉图在《理想国》第八卷与第九卷之中，发展出了某种历史哲学。完美城邦应该是贵族制的。但是，假如城邦的两个较高阶级相互勾结，共同盘剥其他公民，把他们当作奴隶，城邦就会由贵族制转变为斯巴达-克里特政体（即荣誉政治），这种政体集中表现了灵魂激情部分的优势。之后，随着对于财富欲望的逐渐膨胀，政治权力的大小越来越依赖于财富的多寡，城邦会彻底转为寡头制。这时，贫穷阶层越来越对寡头政治心生不满，他们会推翻富人统治，最终建立起民主制度。但是，民主制的特点就是夸大对自由的热爱，这种不切实际的热爱会将城邦引向僭主制。最初，这位所谓大众的拥护者会在这冠冕堂皇的伪装下得到保护，之后他

---

① 柏拉图，《理想国》，532a7—b2。
② 柏拉图，《理想国》，539e3—540a2。
③ 柏拉图，《理想国》，540a7—c2。

会渐渐摘除假面，发动政变并自立为僭主。哲学家是最幸福的人，他们的灵魂被理性统治，所以贵族制的城邦是最好的，也是最幸福的；僭主们却是野心与激情的奴隶，他们是最糟的人，过得最不快乐，所以僭主统治下的城邦也最糟糕、最不幸福。

二、《政治家》

在《政治家》末尾，柏拉图指出，政治科学（或者说统治的科学）与其他技艺并不相同，譬如将军和法官的技艺，因为其他技艺都是辅助性的技艺。将军只是统治者的助手，遵照后者的命令行动，法官也仅仅根据立法者定下的法律做出决断。因此，统治技艺理应比这些具体的技艺和科学更优越，我们或者可以说它是"某种公共科学，凌驾于其他技艺之上，它护卫法律以及城邦中的一切事物，并将它们编织为整体"①。柏拉图将君主制的科学与僭主制的科学区分开来，他认为后者仅仅依赖于强制，真正的君王（或者说政治家）则"顺乎人意地进行自愿管理"②。

"数量上占优势的人们，无论他们是谁，都不可能拥有政治知识，或者明智地统治城邦"，但是"真正的统治可以在小部分人之中，或在个人那里找到"③，因此理想的统治者应当为各种个例立法。柏拉图认为，法律应当根据情境变迁得到修改，任何对传统权威的迷信都不应该阻止法律依据新需求和新条件进行革新。如果面对新情境，法律仍因循守旧，就不免显得荒唐，就好像医生面对不同的病症，仍然坚持使用旧的治疗方法。但是，这样因时而新的法律属于神，根据我们作为人的知识与能力，我们只能满足于次好，即满足于法律统治。统治者根据业已完成的法律管理城邦。法律必须至高无上，侵犯法律者必须被处以刑罚。④

城邦的统治者可以是一个人、少数人或者多数人。但在社会秩序良好的情况下，一个人的统治（君主制）是最好的，少数人统治退而求其

---

① 柏拉图，《政治家》，305e2—4。
② 柏拉图，《政治家》，276e10—12。
③ 柏拉图，《政治家》，297b7—c2。
④ 柏拉图，《政治家》，297e1—5。

次，多数人统治则是最糟糕的。但在缺乏法律的社会中情况则恰恰相反，一个人的统治（即僭主政治）是最糟糕的，少数人统治情况稍好些，多数人统治则最不糟糕。因此，在柏拉图看来，民主制"在法律明晰的社会中是最糟的，在缺少法律的社会中是最好的"，因为"多数人的统治在任何层面上都是软弱的，因此与其他制度相比，它无法行大善，也无法作大恶。在这种城邦中，人们必然会推脱责任"①。

柏拉图怎么看待那些善于蛊惑人心的僭主呢？我们可以从柏拉图对僭主的评述，及其对那些不学无术的盲目的政治家的观察中找到答案。这些人都是"偶像拥护者，他们自己也被塑造为偶像；他们一方面是伟大的模仿者和魔术师，另一方面是一流的智者"②。

三、《法篇》

1. 《法篇》的创作似乎深受柏拉图个人经历的影响。因此他说，建立理想政制的最好情况或许是，明智的政治家遇见了明智又仁慈的僭主或君主，这样那些改良措施就可以付诸实践。③柏拉图在叙拉古（虽然并不愉快）的经历或许至少让他明白，比起雅典这种民主制城邦，在君主制城邦中建立理想体制反而希望更大。另外，柏拉图也借鉴了雅典历史，雅典发展为商业和海上帝国，而没落于伯罗奔尼撒战争。所以在《法篇》第四卷中，柏拉图规定这个理想城邦至少距离海洋要有1 600公尺。即便这个距离看起来还是有些过近了。这意味着这个城邦应该以农业为主，不事商业，自给自足，不依赖进口。柏拉图的话道出了古希腊对商业的偏见："作为日常陪伴，海洋是怡人的，但它却也是苦而咸的。它令贩夫走卒充斥大街小巷，令人灵魂不忠诚和动摇。它还使城邦变得不友善，无论对其他人，还是对它自己的子民。"④

2. 城邦应当是真正的政体。而民主制、寡头制以及僭主制都不可取，

---

① 柏拉图，《政治家》，303a2—8。
② 柏拉图，《政治家》，303b8—c5。
③ 柏拉图，《法篇》，709d10—710b9。
④ 柏拉图，《法篇》，705a2—7。

因为它们都是阶层城邦，它们的法律只为了某个阶层的利益，而不立足于整个城邦的善。有这样法律的城邦不是真正的政治体，而只是团体，在这种城邦之中，正义的观念也没有真正的意义。① 政府委任官员不应该根据出生和财富，而应该根据个人的品格和统治才能。而且，官员必须服从法律。"如果城邦的法律凌驾于统治者之上，统治者遵从法律，那么，诸神的祝福与救赎都将降临城邦。"柏拉图在这里再次强调了他在《政治家》中的说法。

城邦的存在不是为了城邦中某个阶层的利益，而是为了引导好生活。柏拉图在《法篇》中，再次以毫不含混的语词重申了灵魂和灵魂倾向的重要性。"在个人所拥有的事物中最为神圣和真实的就是他自己的灵魂，仅次于诸神"，"地上地下所有的黄金，都不足以交换人的德性"。②

3. 柏拉图认为庞大的城邦是不必要的，他规定城邦公民的数量为5040人，这样就"恰好能被59个除数整除"，而且这个数目可以"同时满足战争与和平的需要，对于所有契约和交易，包括税收与分配，都刚刚好"③。除了5040名公民，柏拉图还谈到了5040间屋舍，这些屋舍提供给城邦5040个家庭（而非个人）使用。不管怎样，公民们就将拥有房屋和土地，柏拉图虽然认为共产更为理想，但是他在《法篇》中则更为注重实践性，从而退居到次好城邦。与此同时，柏拉图还思考了避免城邦因财富增长而变为商业城邦的方法。譬如，公民之间只能流通无法为外邦所使用的货币。④

4. 柏拉图详细讨论了各类官员的职责和任命，我将简要列举其中的一两项。譬如，城邦中有37名法律监管者，他们的年龄都应在50岁以上，退休年纪不得超过70岁。"任何人只要是骑兵或步兵，或在服兵役期间参与过战争，都可以参加官员的选拔。"⑤城邦还设有公民大会，共有360名议员，皆为选拔而来，每个财产阶层都选拔出90位公民成为议员。为了

---

① 柏拉图，《法篇》，715a8—b6。
② 柏拉图，《法篇》，726a2—3，728a4—5。
③ 柏拉图，《法篇》，737e1—738b1。
④ 柏拉图，《法篇》，742a5—6。
⑤ 柏拉图，《法篇》，753b4—7。

避免出现极端或盲目的观点，选拔方式也经过精心设计。另外，城邦中还需要官员执掌音乐与体育这类的事务（各设两名官员，一名官员掌管教育，另一名专事竞赛）。而这类官员中最重要的就是执掌教育的官员，他们负责监管男女青年，他们的年龄也需在50岁以上，"他本人必须至少有合法的子女，一男一女或就一个孩子。选举者与被选举者本人都应当知道这是城邦所有职位中最伟大的"，立法者绝不应当使教育成为次要或偶然的事情。①

5. 城邦中设有由妇女组成的委员会，她们负责指导新婚夫妻度过最初10年。如果夫妻在这10年间没有子嗣，他们就应当离婚。男性公民的结婚年龄应该在30岁至35岁之间，女性则在16岁至20岁之间（后来改为18岁至20岁）。对婚姻的不忠行为将会遭到惩罚。20岁至60岁之间的男性皆有服兵役的义务，女性则应在生产之后50岁之前服兵役。30岁以下的男性及40岁以下的女性，均不得担任任何公职。在我们看来，城邦对婚姻的这种监管与干预，似乎是难以接受的，但是柏拉图却以为这是合乎逻辑的结果。"新娘和新郎应该考虑，尽其所能为城邦孕育出最好和最美的模范孩子。"②

6. 在第七卷中，柏拉图讨论了教育的主题与方法。他认为，公民从婴儿时期开始就应当接受城邦教育，应当时常摇晃婴儿，这样可以使他灵魂的情感部分得到调和，并产生出"灵魂中的平和与宁静"。③3岁至6岁的男女幼童应在神庙中共同游戏，由妇女在旁监管。6岁之后，男女幼童将被分开，并接受不同的教育。虽然柏拉图仍认为女孩也应受到类似于男孩的教育，但他认为还是应该稍做区分。孩童们会在体育和音乐的方面接受教育，后者将受到仔细监察，城邦的诗集将被制作出来。城邦应建立学校，聘请许多教师（外邦人）。孩童们白天都在学校度过，除了基本的体育与音乐，学校还会教授基本的数学与天文学。

7. 柏拉图也为城邦的节庆与祭祀立法。每天"都至少有官员代表城

---

① 柏拉图，《法篇》，765d5—766a6。
② 柏拉图，《法篇》，783d8—e1。
③ 柏拉图，《法篇》，790c5—791b2。

邦、公民以及牲畜向某位神或半神进行例行的祭祀"。① 另外，柏拉图也制定了农业法与刑法。在刑法的方面，柏拉图认为应当考虑囚犯的心理状况。他就伤害（βλαβή）与不义（άδικία）做出了区分，这种区分后来逐渐发展成今日的民事诉讼与刑事诉讼。②

8. 在第十卷中出现了著名的提议，即惩罚无神论者与宗教异端。任何人只要认为宇宙不具有理智，只是因物质的运动而产生，都是无神论者。柏拉图反对这种观点，他认为所有运动都必有根源，因此追根究底之后，我们必须承认存在自我推动的本原，它是灵魂或心智。因此，灵魂或心智就是宇宙运动的根源。（柏拉图认为，掌管宇宙的灵魂不止一个，因为灵魂中既存在秩序，也存在无序，因此至少有两个灵魂。）

所谓有害的异端，他们承认神存在，却认为神对人毫不关心。③ 对于这种立场，柏拉图反驳道：（1）诸神不可能不具有管理小事的能力。（2）神不可能会因为懒惰或过于挑剔而不在意细节。即便是人间的工匠也会注重细节。（3）神意并不体现在对人间法律的"干涉"上。神圣正义无论如何都会在生命的连续中体现出来。

更危险的异端邪说认为，神会接受贿赂，所以人类可以收买诸神，令诸神宽恕不义行为。④ 柏拉图批评道：我们难以想象，神若是舵手，会因为醉酒而忘记职责，使他的船只和船员沉入汪洋；我们也难以想象，神若是战场上驾御战车的统帅，会收受敌军贿赂，故意使自己的军队在战争中失败；同样，神如果像牧羊人，他也绝不会允许强盗劫掠自己的羊群，再与之坐地分赃。任何类似的想法，实际上都犯了亵渎罪。

柏拉图提议，如果罪证确凿，无神论者与宗教异端就应当接受惩罚。如果这个人在道德上并无恶行，那么就将其关进感化院，拘禁5年以上。期间，夜间议事会成员将去探访他，就他所犯的错误跟他说理（前文提到的两种异端所犯之罪的刑期将更为漫长）。如若再犯，他就会被处以死刑。

---

① 柏拉图，《法篇》，828b2—3。
② 柏拉图，《法篇》，861e6 以下。
③ 柏拉图，《法篇》，899d5—905d3。
④ 柏拉图，《法篇》，905d3—907d1。

另一种情形是，假如异端借他人的迷信敛财，或设立不道德的仪式，他将被判处终身监禁，关押在城邦中最荒凉的地方，死后也不能下葬，他的家人也会受到城邦的监视。出于安全考虑，柏拉图还规定，城邦中不允许民众以私人名义建设神庙或举行仪式。① 他说，在对不虔敬行为进行诉讼之前，法律的护卫者应当确认"这个行为究竟是出于心中的信念，还是仅仅是孩子气的轻率之举"。

9. 第十一卷到第十二卷涉及的法律观点，以下几条比较有趣：

（1）柏拉图说，在任何一个"宽容而有序的城邦"中，如果一个人是循规蹈矩的，无论他是自由民还是奴隶，却处于极端贫困当中，这就是非常奇怪的事情。因此，法令会规定，城邦中禁绝乞丐，以乞讨为生将被遣出城邦，"这样，我们的城邦中就不会有这种人了"②。

（2）以牟利为目的承接诉讼，并企图导致司法不公之人，都将被处以死刑。③

（3）若有公民侵占公款和公共财产，他将被处以死刑。因为，此人充分享受了城邦的教育，却还有此行径，足以证明他是无可救药的。但是，如果是外邦人或奴隶企图侵占公共财产，法庭就将从轻发落，因为他或许还不是无可救药的。④

（4）城邦中会设立监察团，专门负责听证官员们任期结束后的述职。⑤

（5）夜间议事会（该议事会在日间工作开始前举行凌晨会面）将由10位经验丰富的法律护卫、在任的教育长官及前任教育长官，以及10名年届30岁至40岁、经过选举的男性公民组成。这个议事会的成员都是受过良好教育之人，他们能领会"多中之一"，知道德性是"一"（即他们都应该接受过辩证法训练）。另外，他们还接受过数学和天文学的训练，对运行在世界之中的神圣理性也有坚定信念。夜间议事会成员对神以及善的理念都颇有所知，因此他们组成的议事会就具备监督国政的资格，可谓是

---

① 柏拉图，《法篇》，909d7—8。
② 柏拉图，《法篇》，936c1—7。
③ 柏拉图，《法篇》，937d6—938c5。
④ 柏拉图，《法篇》，941c4—942a4。
⑤ 柏拉图，《法篇》，945b3—948b2。

"政府与法律的救星"[1]。

（6）为了避免引起困惑、混乱以及无谓的创新，在未获城邦许可的情况下，任何人不得造访外邦。而且，只有年满40岁的公民才可能获得出国许可（当然，军队远征不在此列）。出国者回到城邦之后，应当"告诉年轻人，外邦制度比不上我们城邦的制度"[2]。然而，城邦也会派遣出国观察员，让他们考察外邦是否有什么值得城邦借鉴的东西。这些人应年届50岁至60岁，他们回国之后必须向夜间议事会呈交考察报告。不仅公民出国受到城邦监管，外邦人来访也须经过审查。那些纯粹为了商业目的造访城邦的外邦人，最好与城邦公民保持距离；而受政府礼聘邀请而来的贵宾，则会受到热情招待。[3]

10.奴隶制。《法篇》说得非常清楚，柏拉图支持奴隶制。在他看来，奴隶是属于奴隶主的财产，这种财产并不被城邦拒斥。[4]另外，在当时的雅典，男性公民与女性奴隶所生的孩子似乎会被视为自由民。柏拉图并不赞成这种做法，他认为无论女性奴隶嫁给了自由民还是获得自由的奴隶，她的孩子都应属于她原先的主人。[5]在另外某些问题上，柏拉图也是如此，他的许多想法显得比当时雅典社会的实际情况更加严厉。在对话中，他甚至没有像雅典的法律那样给予奴隶适当的保护。[6]虽然他在谈及公共职能时，谈到了对奴隶的保护（譬如，如果奴隶因举报违法行为而被杀，就应当按照谋杀公民的罪名给凶手量刑）[7]，他也允许奴隶提交关于谋杀的罪证，在此情况下，城邦保证该奴隶不会因此受到其主人的虐待。但是，柏拉图并没有谈到虐待奴隶之人会被起诉，当时的雅典法律却对此做出了明文规定。从《理想国》中就能看出[8]，柏拉图不喜欢奴隶在雅典的民主社

---

[1] 柏拉图,《法篇》,960e9 以下。
[2] 柏拉图,《法篇》,951a2—4。
[3] 柏拉图,《法篇》,949e3 以下。
[4] 柏拉图,《法篇》,776b5—c3。
[5] 柏拉图,《法篇》,930d1—e2。
[6] 《柏拉图和希腊奴隶制》("Plato and Greek Slavery"),格林·莫罗（Glean R. Morrow）,载于《心灵》,1939 年 4 月, N. S. vol. 48, No. 190。
[7] 柏拉图,《法篇》,872c2—6。
[8] 柏拉图,《理想国》,563。

会中不受拘束，但这并不代表他赞成虐待奴隶。因此在《法篇》中，即便他宣称"奴隶犯错当受惩处，在训诫他们时不应将他们当作自由民，这只会令他们无法无天"，"在对奴隶说话时，应当使用命令式，无论他们是男人还是女人，我们都不该与其玩笑"。但他也清楚说过："我们应当小心照管他们，这不仅是出于对他们的关怀，更重要的是出于对我们自己的尊重。对待奴隶的正确方式，并不是虐待他们，而是尽可能公正待之，甚至要比对待与我们平等之人更加公正。因为，人们可以轻易对奴隶行不义，如果有人对奴隶仍能保持公正，就说明他是真的尊重正义，厌恨不义。"① 因此，我们得出的结论应当是：柏拉图只是将奴隶制当作事实予以接受。但是，他既不喜欢雅典人对待奴隶的方式，也不喜欢斯巴达的方式，他认为前者太宽松，后者太严苛。

11. 战争。在《法篇》第一卷，克里特的克莱尼阿斯（Cleinias）曾说过，克里特的立法者制定法律条例时，总是着眼于战争。战争是城邦与城邦之间的自然状态，"不必传令官宣告，城邦之间向来如此"②。斯巴达的麦克卢立刻表达了赞同。但来自雅典的异邦人却指出：（1）如果即将发生的是内战，最好的立法者会尽量避免战争在本邦爆发。如果最后战争还是爆发了，立法者就将努力调停战争中的各派，令他们化干戈为玉帛。（2）至于与外邦的战争，真正的政治家的做法是努力为本邦争取最大利益。和平与善意就是城邦的最大幸福。因此，没有哪个好的立法者会着眼于战争而对城邦的和平状态做出安排，他们只会为了和平而参与战争。③ 柏拉图完全不认同城邦是为了战争而存在，对于现代社会中的军国主义分子，他大概认为是不可理解的。柏拉图指出"战场上的胜利，即便对于胜利者而言也是致命的。但教育却不会令人走向灭亡"④。

12. 假如人们也像柏拉图那样，对人的生活、善以及好生活进行反思，他就绝不会忽略人的"社会关系"。人出生在社会中，除了家庭，他还与

---

① 柏拉图，《法篇》，776d2—778a5。
② 柏拉图，《法篇》，626a2—5。
③ 柏拉图，《法篇》，628c9—e1。
④ 柏拉图，《法篇》，641c2—7。

外界有更广泛的联系。社会正是他要过好生活，最终达成人生目的的地方。任何人都不是孤立的原子，任何人也都不可能仅为自己而活。尽管许多思想家从人本主义的角度、人的地位和命运来审视自己，并提出某些关于人的社会关系的理论。但是，如果他们还没有形成某种政治意识，他们就不会从中得出任何关于国家（城邦）的理论。如果有人认为，自己是如波斯帝国那样的强大独裁力量下的消极成员，那么，他除了缴纳税款和服义务兵役之外，不可能扮演任何积极角色，他的政治意识也并未觉醒。无论是哪个独裁者，无论在哪个王朝，无论是波斯还是巴比伦，对他而言，情况都大同小异。但是，假如这个人属于政治共同体，他的肩上担着对共同体的责任，那么他不仅有义务，还有权利和行动，这样，他就会具备政治意识。对于缺乏政治意识的人而言，国家是某种与他对立的东西，如果不是压迫性的东西，起码也是异质的东西。这时，他会觉得自己只能通过个人行为或参与其他民间团体得到解放，而绝不会通过国家政府，这样的人不会设想任何国家理论。此外，在具备政治意识的人看来，自己是国家整体的组成部分，国家是自己的延伸，这样他才会对国家进行反思，并提出国家理论。

　　希腊人具备很高的政治意识。对他们而言，城邦之外的好生活是难以想象的。所以，对于柏拉图而言，更为自然的是从整体的角度出发反思好生活，在反思人的好生活的同时，也应当反思理想的城邦。他是哲学家，所以他关心的不是理想的雅典或理想的斯巴达，而是理想的城邦，它是现实的城邦应当效仿的理念。这当然不是在否认柏拉图受到过当时希腊城邦制度实践的影响，而是在说明他发现了政治生活的基础原理。换言之，他为关于城邦的**哲学**理论奠定了基础。我之所以要强调是关于城邦的"哲学"理论，乃是因为可以立即付诸改革的理论往往不具有普遍性。然而柏拉图在讨论城邦问题时总是基于城邦自身的本质，因此这种讨论就是普遍的，普遍性是关于城邦的哲学理论的根本特点。毋庸置疑，柏拉图的确讨论过现实中希腊城邦所需的改革，而且，他的理论也脱胎于希腊城邦的背景。但是，因为他从一开始就力图使理论具有普遍性，回应"政治生活的本质是什么"这个问题，所以我们也必须承认他叙述了有关城邦的哲学理论。

　　柏拉图与亚里士多德的著作是政治理论的奠基之作,后人在他们的基础上才得以思考城邦的本质。《理想国》提出的许多细则或许难以实践,而且即便得到实践也未必会达到理想的效果。但是,柏拉图的伟大思想在于,他指出城邦应尽可能促进公民的好生活,同时也要令公民的世俗生活过得富足安乐。古希腊这种对城邦的看法,也是后来托马斯所持有的观点,比后世的自由主义观点更为优越。因为自由主义将国家当作机构,其功能只是保护公民的私有财产,总体而言,这种观点对城邦的成员持有消极态度。当然,从实践角度看,即便是自由主义者,也不可能采取完全放任的政策。比起古希腊的国家观点,自由主义的观点显得贫瘠、空洞而消极。

　　正如黑格尔所说,在古希腊,个体没有得到足够的重视。("在《理想国》中,柏拉图让统治者们去决定个人应处的阶层,分配个人的工作任务。在所有的关系中都缺少了主体的自由原则……柏拉图从未重视主体的自由原则。")① 许多强调社会契约的现代理论家都坚持这种观点。在他们看来,人生来就是原子,分离且孤立,人与人之间相互对立。正是在这种情形下,国家被设计出来,用以保存个人,同时还要保护和平与私有财产。这种看法不无道理,所以我们或许应当同时借鉴洛克的个人主义与古希腊伟大哲学家的思想。另外,假如国家真的能兼顾人类生活各个方面,它就必然也会承认超自然的社会(即教会)的地位和权利。但我们也应当警惕,不要因为过于强调宗教的权利以及人类超自然目的的重要性,而低估或摧毁国家的价值,国家也是"完美的社会",人的现世的幸福皆系于此。

---

① 黑格尔,《法哲学原理》,第185和299节,戴德(S. W. Dyde)译,乔治·贝尔出版社(George Bell & Sons),1896年。

第二十四章
柏拉图的物理学

1.《蒂迈欧》是柏拉图唯一的"科学"对话,其中凝练了柏拉图的物理学理论。这篇对话大约写成于柏拉图 70 岁前后,柏拉图原本想撰写三联剧:《蒂迈欧》《克里底亚》《赫摩克拉底》。①《蒂迈欧》详细介绍了物质世界的形成,以及人与各种动物的起源。《克里底亚》讲述了一则故事,关于远古雅典抵挡住了亚特兰蒂斯的入侵,最终却因洪水与地震毁灭。根据学者们的猜测,《赫摩克拉底》可能讨论了希腊文化的重生,以采纳柏拉图的未来的改革建议而结尾。因此,《克里底亚》的后半部分可能会谈到,苏格拉底式的理想国在古时候也已得到实现。②这样,《赫摩克拉底》就可以顺利成章地提出改革建议。在这三篇对话中,《蒂迈欧》是已经写成的,《克里底亚》只完成了一半,《赫摩克拉底》则只停留在构思阶段。根据合理的猜测,柏拉图可能意识到自己时日不多,因此中途放弃了这部历史传奇的撰写。事实上,他想在《赫摩克拉底》中写的某些内容,都写到《法篇》(第三卷)中去了。③

因此,《蒂迈欧》实际上是另外两篇政治对话的序言,所以我们不应认为柏拉图在晚年突然对自然科学产生了浓厚兴趣。可能的情况是,因为学园对科学的兴趣日渐浓厚,所以柏拉图也受到了影响,另外他自己可能也觉得,确有必要谈谈物质世界,阐明它与理念的关系。但是,这并不能说明,柏拉图的主要兴趣已经从伦理学、政治学与形而上学,转移到了自

---

① 柏拉图,《蒂迈欧》,27ab。
② 柏拉图,《蒂迈欧》,26c7—e5。
③ 请参阅康福德教授译注《蒂迈欧》的"导言"。

然科学。另外在《蒂迈欧》中，他也曾经明确说过，对于物质世界的解释只可能是"近似的"，我们不可能做到正确无误，甚至不可能做到使这个解释自足。[1] 这句话明显表现出，在柏拉图看来，物理学绝对不是精准的科学，故而也不能算作真正意义上的科学。但是，由于理念论的特殊性，柏拉图必须对物质宇宙进行适当解释。毕达哥拉斯学派认为万物都是数，柏拉图则认为万物只是分有数（保留了前者的二元论）。因此，读者们自然会期待柏拉图从物理学角度，针对这种分有过程进行相应解释。

毋庸置疑，柏拉图创作《蒂迈欧》还有更为重要的原因，即他希望展示作为理性作品的有序宇宙，表明人类分有了两个世界：理智世界与感官世界。他相信"心智安排万物"，而不认为"像某个天才（德谟克利特？）所说的那样，万物散乱无序"[2]。灵魂是"万物之中最古老也是最神圣的"，而且"正是心智，统领着整个宇宙"[3]。因此，在《蒂迈欧》中，柏拉图向我们展示了理性借助心灵赋予万物秩序的图景，并向我们说明人类不朽灵魂的神圣起源。（整个宇宙都是二元的，一方面是永恒的理性世界，另一方面是流变的感官世界。人类是小宇宙，因此也具有二元性，永恒灵魂属于实在世界，身体则终将变化和消逝。）世界完全是心智的作品，心智根据理念塑造出物质世界。在这种理论的基础上，城邦也应当根据理念，由理性统领和组织，而绝不能受制于非理性或"偶然"的因素。

2. 如果柏拉图也认为自己的物理学说只是"近似的解释"，我们是否应顺势将这篇对话当作"神话"来看呢？首先需要明确的是，无论《蒂迈欧》的理论是否是神话，它都应被归于柏拉图本人。笔者完全认同康福德对泰勒的反驳，泰勒认为《蒂迈欧》是柏拉图对话伪作，它是对"公元前5世纪毕达哥拉斯学派"学说的概括与表述，"这是处心积虑的尝试，试图将毕达哥拉斯的宗教、数学，与恩培多克勒的生物学相融合"[4]，所以"柏拉图不应该为这篇对话中的细节和理论负责"。姑且不论对于柏拉图

---

[1] 柏拉图，《蒂迈欧》，27d5—28a4 与 29b3—d3。柏拉图从未放弃知识论与本体论中的二元论立场，这里也不例外。
[2] 柏拉图，《蒂迈欧》，28c6—29a5。
[3] 柏拉图，《法篇》，966d9—e4。
[4] 《蒂迈欧》评注（*A Commentary on Plato's Timaeus*），第 18—19 页。

这样伟大且有原创性的哲学家，伪作的说法是否行得通。但是，正如康福德所言，假如确实如此，为什么我们在亚里士多德与塞奥弗拉斯特等古代先哲那里，却找不到任何类似的质疑痕迹呢？如果《蒂迈欧》所言真的不代表柏拉图本人的看法，这些先哲怎么会忽略这点呢？而且如果他们发现了这个有趣的事实，为何要对此三缄其口呢？直到20世纪，我们才发现《蒂迈欧》中的这个真相，未免令人难以相信。柏拉图的确借鉴了某些其他哲学家的观点（尤其是毕达哥拉斯），但是无论《蒂迈欧》所言是否是借鉴而来的，它都确实是柏拉图自己的看法。

其次，虽然柏拉图借蒂迈欧之口表达了自己的理论，但是这些叙述仍属于某种"近似的解释"，因此，我们也不应将之视为精确的科学说明。原因很简单，柏拉图并不认为可能存在某种精确的科学说明。一方面，柏拉图强调，我们应当牢记我们"只是人类"，所以应该接受"近似的故事，且不应该再有奢望"[1]，这句话似是在暗示真正自然科学的不可能性正是源自人类本身的脆弱。另一方面，柏拉图还做了进一步说明，他明确说过，精确的自然科学之所以是不可能的，就在于"其对象的本性"。对于近似之物的说明"本身也只能是近似的"，"就像生成之物相较实存之物，像信念相较真理"[2]。这些理论本身就是在"近似性"与可能的基础之上被推演出来。但这却不意味着这些理论是"神话的"，柏拉图并不是出于某些未曾言明的缘由故意编造出这些理论，并借它们来象征其他更为精准的理论。或许《蒂迈欧》确实具有象征性，但是我们应该根据不同情况进行更为具体的讨论，而不应该不分青红皂白地将柏拉图的物理学完全等同于神话。柏拉图曾有这种说法："我不认为对物质世界做精确表述是可能的，但是下面这种表述与其他表述同样是近似的，或者更为近似。"但柏拉图还有其他说法："以下这种解释是神话的、象征的和描绘的说明，我借它来表达我心中精确的解释"。当然，如果我们执意认为这种"近似"的说明实际上等同于"神话"，那么《蒂迈欧》自然也是神话。但是，如果我们所指的是这个意义上的神话：作者对真理成竹在胸，却故意用象征手法

---

[1] 柏拉图，《蒂迈欧》，29d1—3。
[2] 柏拉图，《蒂迈欧》，29c1—3。

进行描绘和表达，那么《蒂迈欧》（至少就其整体而言）就绝不能算作是神话。在对话中，柏拉图毫无保留，也在尽力说清楚他本人所想。

3. 柏拉图首先讲述了世界的起源。感觉世界是生成变化的，"生成变化之物，必另有动因"①。这个动因，就是工匠或者工匠神。他"接管"②处于不协调状态，并混乱地运动的一切事物，赋予它们秩序，照着永恒的理念摹本塑造出物质世界，使它成为"拥有灵魂与理性的生命"③。摹本是生命的理念，这个理念包括"天上诸神、空中翱翔者、水底潜游者，以及陆地行走者"。④由于生命的理念只有这一个，所以工匠神也只制作出了一个世界。⑤

4. 工匠神如此行事的动机何在？工匠神是善的，"希望万事万物都尽可能地像他那样存在"。另一方面，他又认为有序比无序好，于是他力图将万物塑造得完美。⑥然而，他又受限于手中的质料，所以他只能尽力而为，令世界"尽可能的善和完美"。

5. 我们应当如何看待工匠神这个角色呢？一方面，他至少代表世界之中的神圣理性。但另一方面，他却并不是造物主。《蒂迈欧》中表现得足够明显，造物神只是将业已存在的质料"接管"过来，并在其原本的基础上力图使其臻于完善，他并不是在虚无中创造出万物的。柏拉图说道："宇宙之起源，乃是必然性与理性混合之结果。"⑦必然性也被称为不定因（Errant Cause）。"必然性"很自然会令我们想起固定法则的支配，但是这并不是柏拉图的本意。参考德谟克利特或伊壁鸠鲁的宇宙观或许可以让我们更好地理解柏拉图所谓的"必然性"。他们认为世界由原子构成，其中没有理性的参与。所以，必然性其实就是**无目的性**，指的是世界中不借助理性形成的部分。在原子论体系中，世界起源于原子的"偶然"碰撞。如果我们还记得这个问题，那么，我们就会更容易了解柏拉图为何将不定因

---

① 柏拉图，《蒂迈欧》，28c2—3。
② 柏拉图，《蒂迈欧》，30a3—4。
③ 柏拉图，《蒂迈欧》，30b1—c1。
④ 柏拉图，《蒂迈欧》，39e3—40a2。
⑤ 柏拉图，《蒂迈欧》，31a2—b3。
⑥ 柏拉图，《蒂迈欧》，29a3—30a6。
⑦ 柏拉图，《蒂迈欧》，47e5—48a2。

与偶然性联系起来。在我们看来，这两者似乎是相互对立的概念，但是，对于柏拉图而言，它们非常相近，因为它们都不涉及理性和有意识的目的。正是基于这个缘由，柏拉图在《法篇》中谈到，有些人认为世界"不起源于心智的活动，也不源自任何神或任何技艺，而是源自自然与偶然"，或者源自必然性。① 亚里士多德认为这种宇宙观的特点在于，它认为世界具有自发性。虽然由于原子的运动是其他原子在先运动的结果，但我们也可以认为宇宙源于必然性。因此，自发性、偶然性以及必然性就是三种相互联系的观念。就各因素本身而言，它们究竟最后表现为自发性、偶然性抑或必然性，只取决于选择的是何角度。但归根结底，它们都不涉及目的，除非理性的运作被引入进来。② 因此，柏拉图会说理性"说服"了必然性。这也就是说，理性使"盲目"的各个元素服从于自己的规划与目的，即便质料在一定程度上难以驾驭且不可能完全服膺于理性之运作。

总而言之，工匠神并非造物主。另外，柏拉图可能从未认为"混沌"状态曾经实际存在过，即他不相信世界的确曾经有段历史处于纯然混沌之中。无论如何，这种看法是学园历来的传统，历来鲜有反对声音（普鲁塔克与阿提库斯）。亚里士多德以为，《蒂迈欧》描述了世界在时间中的形成（或者他至少是在批评这种解读方式）。但是，他同时也明确提到过学园成员的看法。他们认为，他们之所以以这种方式描述世界的形成，只是为了解释方便，只是为了理解宇宙，而不是真的认为那种混乱状态曾经确实存在过。③ 在新柏拉图主义者中，普罗克洛与辛普利西乌斯也给出了类似解释。如果这种解释真的成立，那么工匠神的形象不怎么接近于造物主。他是理性在世界中运作的象征，他是《斐莱布》所说的天空与大地的君王。④ 此外，我们应该注意到，在《蒂迈欧》中，柏拉图自己也曾经说过："我们难以找到宇宙的创造者或者宇宙之父，即便找到了，我们也根本不可能向所有人谈论他。"⑤ 然而，如果工匠神是象征性的角色，那么，

---

① 柏拉图，《法篇》，889c4—6。
② 亚里士多德，《物理学》，卷 B 第 4 章，196a23。
③ 亚里士多德，《论天》，279b33。
④ 柏拉图，《蒂迈欧》，28c7—8。
⑤ 柏拉图，《蒂迈欧》，28c3—5。

《蒂迈欧》在工匠神与理念之间做出的区分就不过是形象化的说法。关于理念，我的看法倾向于新柏拉图主义的解读（把理念与心智、"一"联系起来），但是我也承认，理念也**可能**是心智或理性产生的理念。不管在哪一种情况下，我们都没必要构想以下这种图景：认为工匠神是世界之外的神圣工匠，他就像字面表明的那样，完全区别于理念。

6. 工匠神"接管"的究竟是什么？柏拉图说过："承载所有生成变化之物的容器。"① 之后，他又形容那是"不会毁灭的永恒空间，提供场所供万物存在，但是它自己不通过感觉而通过不纯粹的理性被把握，并难以被当作信念对象"②。这样看来，原初元素并不是在空间之外形成的，反而是在空间**之内**显现的。柏拉图曾以黄金做比喻：人可以将金块塑造成各种形状。③ 但是，他随后又补充道："空间从来不会与它自己的特征完全分开。因为它向来都在接纳万物，丝毫不会受到进入它的其他事物的特征的影响。"④ 因此，极有可能原初元素并非在空间或容器之外得以形成，而是在其中才得以显现。

柏拉图认为，四元素（土、气、火、水）不能被当作实体，因为它们不断变化："不待被指认为'这物'或'那物'，也不待我们用任何句子将其形容为恒定存在，它们便悄悄溜走了。"⑤ 它们更应被称作**性质**，在容器中显现："在容器之中，所有这些性质始终都是生成变化之物，它们出现又消逝。"⑥ 因此，工匠神"接管"（1）容器（"它不可见，无法言状，接纳一切，以一种复杂的方式与可知界相关联，非常难以理解"）⑦ 以及（2）原初的性质（它们出现在容器之中，工匠神依照理念范式将它们塑造成不同事物）。

7. 工匠神继续赋予四种原初元素以不同的几何形状。柏拉图将万物溯源到三角形，他选择了等腰直角三角形（半个正方形）与不等腰直角三角

---

① 柏拉图，《蒂迈欧》，49a5—6。
② 柏拉图，《蒂迈欧》，52a8—b2。
③ 柏拉图，《蒂迈欧》，50a5—b5。
④ 柏拉图，《蒂迈欧》，50b7—c2。
⑤ 柏拉图，《蒂迈欧》，49e2—4。
⑥ 柏拉图，《蒂迈欧》，49e7—50a1。
⑦ 柏拉图，《蒂迈欧》，51a7—b1。

形（半个等边三角形），认为工匠神在这两种图形之上建造出了稳固的正方形与各种等面的多面体。[1]（如果有人问柏拉图，为什么要从三角形开始，他会回答道："本原还太遥远，只有神以及与神亲近之人才知道。"[2] 柏拉图曾在《法篇》[3]中说过，只有到达第三维度之后，万物才会"对感官来说是可感的"。因此，为了便于表达，他选择从二维的平面入手，先撇开那些更遥远的本原。）这样，立方体就被建构出来了：正四面体被指定给了土（最为稳固且不易变），棱锥体被指定给了火（因为火"最易变"，拥有"最尖锐的边缘，每个方向都有最尖锐的角"），正八面体被指定给了气，正十二面体被指定给了水。[4] 这些立方体都极其细小，所以我们无法感知它们，只能感知到它们聚集形成的整体。

这些基础的立方体和粒子可以互相转化，譬如，水可以在火的作用下分解为原初的三角形，然后这些三角形会在空间中重新组合，或恢复到原来的形态，或变为其他的形态。其中只有土是例外，即便土被分解，由于它原初三角形是特殊的（立方体由等腰三角形或半个正方形构成），所以土粒子"无法变成其他粒子"。[5] 亚里士多德反对这种例外，他认为这种例外既不合理，也无法为观察所证明。[6]（柏拉图似乎将这种粒子看作某种"运动或力量"[7]，在分解状态中，它们仍"残留着它们本质的特征"[8]。所以，里特会说："物质可以被定义为空间中的活动之物。"[9]）从原初元素中，我们熟知的实体得以产生。譬如，铜是"明亮而坚硬的水"，包含了土粒子，"当这两种实体因为时间的作用开始分离"，铜的表面就会出现铜绿。[10] 但是柏拉图发现，列举实体的生成与性质不过是"消遣"，

---

[1] 柏拉图，《蒂迈欧》，53c4 以下。
[2] 柏拉图，《蒂迈欧》，53d6—7。
[3] 柏拉图，《法篇》，894a2—3。
[4] 柏拉图，《蒂迈欧》，55d6 以下。
[5] 柏拉图，《蒂迈欧》，56d5—6。
[6] 亚里士多德，《论天》，306a2。
[7] 柏拉图，《蒂迈欧》，56c4。
[8] 柏拉图，《蒂迈欧》，53b2。
[9] 《柏拉图哲学的本质》，第 261 页。
[10] 柏拉图，《蒂迈欧》，59c1—5。

只是"清醒而感性的娱乐",能给人带来无害的快乐。[①]

8. 根据对话的描述,工匠神创造了世界灵魂(但似乎在这里不能完全依照字面意思去理解,因为在《斐德若》中,柏拉图宣称灵魂是非创造物[②])。世界灵魂是三种东西的混合物:(1)居间存在物(即不可见的理念存在与生成中的纯粹可感存在之间的居间存在);(2)居间的同;(3)居间的异。[③]由于工匠神在塑造不朽的灵魂时使用的是与世界灵魂相同的原料,[④]所以世界灵魂以及所有不朽的灵魂都分享了双重的世界。一方面是不变世界,因此灵魂自己也是不朽而有理智的;另一方面是流变世界,灵魂在其中也有生灭变化。星体具有理智的灵魂,它们就是天上诸神[⑤],工匠神将他们创造出来,然后指令他们塑造人类的身体,以及人类灵魂中的有朽部分。[⑥]在《斐德若》中,我们看见,人类灵魂并没有真正意义上的开端,普罗克洛也选择在这个意义上解读柏拉图。但是,从《法篇》看来,柏拉图对于这个问题似乎仍然保持开放态度。[⑦]

至于希腊传统诸神,诗人已经极为详尽地描述了他们的系谱,柏拉图认为"对我们而言,想知道或说清楚他们的源起,这是过于困难的任务"。所以,最好还是"跟随既定用法"[⑧]。对于拟人神是否存在的问题,柏拉图似乎持不可知论的态度[⑨],他并没有公然对之表示否定。在《厄庇诺米斯》[⑩]中,除了天界诸神,他还谈到了不可见的精神体的存在(在亚里士多德以前的希腊哲学传统中,这种精神体扮演了重要角色)。因此,即便柏拉图对于希腊传统诸神起源和宗谱的故事非常不屑,对于这些神明是否以希腊人所相信的形式存在,似乎也持怀疑态度,但他仍然保持着传统的信仰崇拜。

---

① 柏拉图,《蒂迈欧》,59c5—d2。
② 柏拉图,《斐德若》,246a1—2。
③ 柏拉图,《蒂迈欧》,35a1 以下。
④ 柏拉图,《蒂迈欧》,41d4 以下。
⑤ 柏拉图,《蒂迈欧》,39e10—42a1。
⑥ 柏拉图,《蒂迈欧》,41a7—d3,42d5—e4。
⑦ 柏拉图,《法篇》,781e6—782a3。
⑧ 柏拉图,《蒂迈欧》,40d6—41a3。
⑨ 柏拉图,《斐德若》,246c6—d3。
⑩ 柏拉图,《厄庇诺米斯》,984d8—e3。

9. 工匠神既已构造出了宇宙，便开始力图使宇宙与其范式生命或存在更加相像。后者是永恒的，但是"这个性质无法完全归诸创造物。然而他想方设法创造出与永恒相似的运动。与此同时，他安排永恒天体，服膺于'一'的永恒性，依据数创造出近似永恒的运动，这就是我们所说的时间"[①]。时间就是天体的运动。为了让人类不至于混淆时间，工匠神将明亮的太阳赐予人类。太阳的明亮，配合其他天体的亮度，使人类可以分清昼夜。

10. 关于人类和其他动物的体魄、力量的形成，我们无法追究细节。关于这点，我们只需要知道柏拉图十分强调目的性，就像他做过的那种古怪的观察："诸神想着，在前的更为高贵，人体的前部比后部更适合领导。所以，诸神使我们绝大部分的运动都朝着那个方向。"[②]

总结起来，柏拉图所说的世界之形成就是"接受了所有有朽的和不朽的生命之后，这个世界就变成了可感、有生命的创造物，这里面容纳了所有可见之物、理性的影像，以及可感神，他至高至伟、至善至美，还有这独一无二的天上世界"[③]。

[①] 柏拉图，《蒂迈欧》，37d3—7。
[②] 柏拉图，《蒂迈欧》，45a3—5。
[③] 柏拉图，《蒂迈欧》，92c5—9。

第二十五章

柏拉图论艺术

一、美

1. 柏拉图是否能够欣赏自然之美？对于这个问题，我们掌握的资料并不充分，因此难以组织出具体的观点。但是在《斐德若》①的开头有段对自然风景的描写，另外在《法篇》②的开头也有段类似的描写。虽然在这两段文字中，对自然风景之美的欣赏都出于功用的目的，即把它当作休憩场所或者开展哲学讨论的场景。然而对于人类之美，柏拉图则确乎是欣赏的。

2. 柏拉图是否真的欣赏纯艺术呢？我们之所以提出这个问题，是因为他出于道德的考虑，认为在理想的城邦中应该将剧作家与叙事诗人驱逐出境，这种做法或许意味着他对文学与艺术缺少欣赏的态度。出于形而上学和道德的考虑，柏拉图的《理想国》对于绝大部分诗人都持拒斥的态度。但是书中仍有种种迹象表明，柏拉图实际上深知诗作的魅力。《理想国》398 的描述并不完全是讽刺。在第 383 的位置，苏格拉底也曾肯定论述道："即便我们十分赞赏荷马，但我们也不应该苟同他所写的，宙斯托了谎言之梦给阿伽门农。"柏拉图还借苏格拉底之口说出："虽然自我青年起，就对荷马又爱又敬，但这不能阻止我这么做。我必须说，在所有悲剧作家之中，他看起来确实是卓越的教师和领袖。然而，在真理面前诗人不应该被尊崇。"③还有"我们愿意承认，荷马是伟大的诗人，也是一流悲剧作家。但是我们必须认识到，我们的城邦唯一能允许的诗歌，只有那些

---

① 柏拉图，《理想国》，230b2 以下。
② 柏拉图，《理想国》，625b1—c2。
③ 柏拉图，《理想国》，595b9—c3。

歌颂神或德性的诗歌"①。柏拉图还曾经非常明确地说,只要诗歌或其他艺术获得这个有序城邦的准许进入城邦,"我们就将十分高兴地接受它,因为我们知道自己也能敏锐感受到它的魅力,但我们仍然不会因此而背弃真理"②。

了解这些之后,我们就不可能再去说柏拉图是不通艺术与文学的粗人了。但如果有人说,柏拉图对于诗人的赞赏只不过是出于习俗的违心之举,那么,我们或许应该看看柏拉图自己的艺术成就。如果柏拉图本人不曾表现出任何艺术家的精神,他所谓的诗人的魅力,或许他的这种说辞就可以被归咎为人云亦云,甚至是一种讽刺。但是,如果我们想想柏拉图是《会饮》《斐多》这些对话的作者的话,那么真的会相信他对艺术与文学的指摘(或说严格的限制),乃是出于他自己不具备美学方面的敏感性吗?

3. 柏拉图如何论述美?在柏拉图看来,毫无疑问,美是客观真实的。《希庇阿斯前篇》与《会饮》都说到,美的事物之所以美,就在于它们分有了普遍美,即美本身。所以,当苏格拉底说"美也是某种真实的事物",希庇阿斯回答道"当然是真实的,何须再问"③。

这种理论的直接后果就是美有等级。因为存在真正的实存的美,则事物的美就会不同程度地与这个客观标准相符。所以,《希庇阿斯前篇》会介绍相对性的概念。与美的男孩相比,最美的斧头也显得丑陋;与美的女孩相比,再精致的陶瓷也显得粗糙。但比起神来,人同样显得粗陋。对美自身而言,虽然美之物都是因为分有它而美,但它自身不是"可以用美丑形容之物"④。因为"它不是部分美,部分丑;它也不是此时美,彼时丑;它也不会与某物相比是美的,而与他物相比则是丑的;它的美丽不会因地而移,也不会因不同人的评价而变化……相反……它归根究底是自足的存在"⑤。

另外,因为这种至美是绝对的存在,是所有被分有的美的源头,所

---

① 柏拉图,《理想国》,607a2—5。
② 柏拉图,《理想国》,607c3—8。
③ 柏拉图,《希庇阿斯前篇》,287c8—d2。
④ 柏拉图,《希庇阿斯前篇》,289c3—5。
⑤ 柏拉图,《会饮》,211a2—b2。

以它不是美的事物，也不是物质的。它必然超越感官和非物质。既然真正的美是超感官的，那么，我们就会发现美的艺术和文学作品只具有较低层次，因为它们是物质的。美本身却是非物质的，艺术、文学之美诉诸感官，而绝对美则诉诸理性（如果我们联系柏拉图所说的爱欲，那么，此处应指理性意志）。现在，我们大概不会再对柏拉图的这种崇高理念心存疑问，他从感官万物上升到"神圣而纯净的美本身"。但是这种超感官的美的理论，会使他难以为美做出可以适用于美的所有表现的定义。

《希庇阿斯前篇》[①]写道："一切有用之物都是美的。"因此，效用就无异于美。一艘有用的战船，或者一个有用的机构，都会因为其效用而成为美的。但是，究竟在何种意义上，至美才能被认为与效用等同呢？如果柏拉图的理论是融贯的，那么答案应该是"绝对的效用"。我们可能会觉得这个理念很难被接受。苏格拉底则在这里引入了条件限制：如果说有用的就是美的，那么，究竟有用之物是用于善的目的，还是用于恶的目的，抑或无论善恶，只要有用即为美呢？他不会认可用于恶的目的的有用之物也是美的，因此唯有用于善的目的、真正有益的事物才是美的。所谓有益，就是会**产生**某种善的东西，但是，如果说美即是有益，那么，美与善就不再是相同的。它们一个是原因，一个是结果。由于苏格拉底同样不能认同"美的事物不同时是善的"的结论，因此他提出，所谓美就是能给眼睛与耳朵带来快乐，比如说，美丽的人、缤纷的图案、精美的雕塑、美妙的声音、动听的音乐及诗歌，等等。这个定义显然与之前所说的"至美是非物质的"矛盾。它还引起了另一个理论困难。通过视觉给人带来快乐的事物，不仅仅是因它通过**视觉**而成为美的，如若这样，美丽的声音就难成其为美了。同样，音韵的美也不完全因为它带来了**听觉**上的享受，倘若如此，雕塑就不能成为美的了，因为我们既然不能听见它，它怎么会是美的呢？这样，所有能够为视觉或听觉带来审美快乐的事物，就必须拥有某种共同特性让它们都成为美的。这种共同特性是什么呢？或许它就是所谓的"有益的快乐"？因为视觉与听觉的享受都是"最无害、最好的快乐"。但

[①] 柏拉图，《希庇阿斯前篇》，295c1 以下。

苏格拉底又说道，倘若真是如此，我们就又绕回了原点：美不是善，善也不能是美。

如果我们坚持上述有关美的定义，我们就会发现这与柏拉图整体的形而上学立场不相符。如果美是超越性的理念，它怎么可能给听觉与视觉带来快乐呢？柏拉图曾在《斐德若》[①]中宣称，美与智慧不同，它拥有向感官显示自身的特权。但是，它是通过本身就是美的事物，还是通过本身不美的事物显现自身？如果是后者，那么，它如何可能真正显现呢？如果是前者，在这件事情上，感官中显现的美，与超感官中显现的美，是否统一在相同定义之下呢？果真如此，统一在什么定义之下？柏拉图并没有给出任何可以同时涵盖这两种美的定义。在《斐莱布》中，柏拉图谈到，真正的快乐从美丽的形状、颜色与声音而来，接着他还解释说，他所指的是"直线或曲线"以及"那些纯粹而圆滑，不含杂质的声音"。这些事物"不是因为与他物相比而显得美丽，美就在其本性之中"。[②] 在这段话中，柏拉图在美以及美带来的快乐之间做出了区分，我们还应该联系他的这段话来理解："无论在什么地方，尺度与对称都通向美与德。"[③] 这似乎暗示了美存在于尺度与对称之中。或许，这就是柏拉图做过的最接近"同时适用于感官的美与超感美"的定义了。(他的确明确说过这两种美都是存在的，而且其中一种因复制另外一种而产生。)但是，如果我们将分散于各篇对话的关于美的论述全部考量进去，我们或许会承认柏拉图的徘徊踟蹰，但"在各种想法之间，美善合一颇有可能"，[④] 尽管《斐莱布》提供的定义看起来似乎是最有前景的。

二、柏拉图论艺术

1. 柏拉图认为，艺术的起源应当在人的自然的表达本能中去寻找。[⑤]

---

① 柏拉图，《斐德若》，250d6—8。
② 柏拉图，《斐莱布》，51b9—c7。
③ 柏拉图，《斐莱布》，64e6—7。
④ 《美学》(Aesthetic)，贝奈戴托·克罗齐(Benedetto Croce)著，第165—166页，第二版，道格拉斯·安斯利(Douglas Ainslie)译，麦克米伦出版社，1929年。
⑤ 柏拉图，《法篇》，653—654，672b8—c6。

2. 就形而上学层面，或者本质来说，艺术是"摹仿"。理念是原型和范例，自然事物则是摹仿的结果。以人像为例，它是对具体的自然的人的复制和摹仿。因此，艺术就是摹仿的摹仿。然而，真理唯有在理念中才可寻求。所以说，艺术作品距离真理至少有两步之遥。柏拉图的志趣只在真理，因此他自然会贬低艺术，尽管他其实也能够感受到雕塑、绘画与文学的美与魅力。在《理想国》中，这种对艺术的轻视得到了尤为强烈的彰显，这种轻视针对画家、悲剧作家、诗人，等等。① 柏拉图的言语有时甚至稍显可笑，譬如，他说画家并没有准确地刻画出对象，连摹仿都算不上，仅仅是摹仿了表象而非事实。② 画家画床的时候，只会从床向感官呈现的那个视角来画它。诗人描绘手术与战争这类事物时，实际上对他所谈论的东西并不具有真正的知识。于是，柏拉图便得出结论："摹仿性的艺术与真理相隔甚远。"③ "它比实在低了两个等级，并且即便对真理一无所知，也可以轻易地创作，因为它只是表象，而非实在。"④ 那些人为了生产真理的影像而奉献一生，岂不可惜。

在《法篇》中，柏拉图对艺术的评判似乎稍有缓和，尽管柏拉图并没有改变自己的形而上学立场。他说道，音乐的卓越不能仅由它带来的感官快乐所衡量。随后他又补充说道，唯有"摹仿善的事物"的音乐才能被称为卓越的音乐。⑤ 此外"那些想要追求最好的音乐的人，不应当追求令人快乐的音乐，而应追求真实的音乐；正如我们所说，摹仿的真理在于根据质与量来反映事物"⑥。他仍然认为音乐是摹仿性的，但是他却承认，如果这种摹仿能够以自身为媒介尽可能成为被摹仿的事物，那么，它有可能是"真实的"。他似乎已经做好准备将音乐与艺术引入城邦，并且这不仅仅是出于教育的目的，同时也因为它们本身是"无害的快乐"⑦。但是他仍然坚持艺术摹仿说，而且只要读过《法篇》的第二卷，我们就一定会发

---

① 柏拉图，《理想国》，597c11 以下。
② 柏拉图，《理想国》，597e10 以下。
③ 柏拉图，《理想国》，598b6。
④ 柏拉图，《理想国》，598e6—599a3。
⑤ 柏拉图，《法篇》，668a9—b2。
⑥ 柏拉图，《法篇》，668b4—7。
⑦ 柏拉图，《法篇》，670d6—7。

现柏拉图所说的这种摹仿是狭隘而缺乏想象力的。(《理想国》与《法篇》都认为音乐是摹仿性的,在我看来,将**音乐**也认作是摹仿性的,似乎暗示着这种摹仿扩展到包含了象征。)通过这种摹仿观,柏拉图实际上提出了好的艺术评论家应当具备的素质,即他应当知道:(1)艺术作者所摹仿的对象是什么;(2)什么是"真的",什么不是真的;(3)该作品在语言、韵律以及节奏方面是否恰到好处。[①]

值得注意的是,柏拉图的艺术摹仿论同时也暗示,在柏拉图心中,艺术有其独有的领域。知识关涉理念次序,意见关涉自然事物中的可感次序,那么幻象的对象则属于想象的层次。艺术作品就是想象的产物,它诉诸人类的情感因素。我们不必认为柏拉图所谓艺术的摹仿**本质**上是指拍照式的翻拍,虽然他所说的"真实"的摹仿似乎就是指这种翻拍。理由很简单,自然事物并不是对理念的拍照式的翻拍,因为理念属于一种次序,而可感的自然物属于另一个次序,所以我们大可用它们之间的关系进行类比。艺术作品也不一定完全是自然事物的翻拍,它应该是想象所创造的产品。另外,柏拉图对音乐的摹仿性的看法同样让我们难以将摹仿与翻拍等同起来。艺术更应该是想象的象征,而且正因为它不妄论真伪,而只是想象、象征和戴上美的光环,所以它本身才诉诸人的情感。

人的情感多种多样,有些有益,有些有害。因此,必须由理性决定哪些艺术是得到准许的,哪些又是必须被驱逐的。柏拉图在《法篇》中明确表示,在城邦中某些形式的艺术是被准许的。这无疑表明艺术在人类活动中有独特领域,不可还原为其他事物。这个领域或许不具有太高的地位,但它仍然是独立领域。这在对话中可以得到印证,柏拉图说起埃及艺术墨守成规,随后评论道:"不论通过什么方式,只要人们能够发现自然的曲调,他都应该以固定而合法的形式将之体现出来。"[②] 但我们也必须承认,柏拉图本人并没有认识到(即便他实际上认识到了,也没有将其表现出来),美学沉思本身具有无利害的特点。他更关注艺术在教育与道德方面的作用,毫无疑问,这些作用与美学沉思本身并不相关。但另一方面,

---

① 柏拉图,《法篇》,669a7—b3。
② 柏拉图,《法篇》,657b2—3。

这些作用在某些层面上却是真实的，柏拉图既然认为道德优异远比美学感知更为重要，他就必然会将之纳入考量。①

3. 有关艺术及音乐的流行观点会认为，它们是为了产生快乐而存在的，但柏拉图并不认同这种观点。如果说某物没有用途，或不真或不"相似"（就摹仿而言），仅仅因其蕴含的魅力而存在，这件事物带来的快乐就成为唯一的评判标准。②现在，以音乐为例，它具有表现性也具有摹仿性，而好的音乐就是对"真理的摹仿"③。因此音乐，或说至少是好的音乐，就提供了某种"真"，故而音乐就绝不仅仅是因其魅力而存在的，亦不能仅以其给感官带来的享受为评判标准，其他艺术亦同此理。于是我们可以得出结论，各种形式的艺术都可以获准进入城邦，只要它们能够各安其分，并恰当发挥其教育职能，这种职能即提供**有益**的快乐。柏拉图绝不会认为艺术不会或说不应该提供快乐。他认为城邦应当"恰当地尊重缪斯女神赐予的教诲与快乐"④。他甚至还说道："每个成年人或少年，自由人或奴隶，男人或女人以及整个城邦，都不应该禁止自己受那种旋律吸引，这种旋律应当丰富多变以免重复，这样歌手就总是乐于演奏并享受它带来的快乐。"⑤

即便柏拉图在《法篇》中认可了艺术具有快乐和消遣的功能，认可了艺术所能提供的"无害的快乐"。⑥然而，对于艺术，他所关心和强调的仍在于教育和道德功能，即艺术能够提供有益的快乐。比起《理想国》，《法篇》对于艺术的态度更为自由开放，但柏拉图对艺术的态度并没有发生根本的改变。我们可以看到，在这两部对话中，城邦都必须对艺术进行严格监管与审查。即使在柏拉图说应当"恰当地尊重缪斯女神所赐予的教诲与快乐"的那个段落中，他同时还询问是否应该允许诗人"如其所愿

---

① 关于更多柏拉图对艺术的讨论，可参见柯林伍德（R. G. Collingwood）的文章《柏拉图的艺术哲学》（"Plato's Philosophy of Art"）发表于《心灵》，1925 年 4 月。
② 柏拉图，《法篇》，667d9—e4。
③ 柏拉图，《法篇》，668b4—7。
④ 柏拉图，《法篇》，656c1—3。
⑤ 柏拉图，《法篇》，665c2—7。
⑥ 柏拉图，《法篇》，670d7。

地排练合唱，而不考虑诗歌善恶"①。换言之，获准进入城邦的艺术，必须与理念保持联系（经由自然的事物进行"真理的摹仿"），这是想象力的创造可能达成的。如果没有做到这点，这种艺术就是无益的、坏的，因为在柏拉图看来，好的艺术必须是对"真理的摹仿"。这里再次表明，艺术具有特有的功能，即便这种功能并不崇高，但它毕竟是教育梯级中的某个环节，满足了人类（表达）的需要，提供了娱乐和无害的消遣，同时它也是人类活动的形式固定的表达，即创造性的想象力的表达（这里的"创造性"必须联系摹仿理论进行理解）。柏拉图的艺术理论无疑显得简略粗糙、不够完备，但是我们不能说他在这个领域毫无建树。

附：柏拉图的影响

1. 柏拉图本人作为典范，已经形成了很大影响。他的一生完全献给了真理，献给了不变、永恒和绝对的真理的实现，他始终坚定相信这种真理，像苏格拉底那样时刻准备接受理智的引领。他竭力将这种精神带到学园之中，在这位伟大教师的引领下，成员们全身心地追求真理与善。尽管柏拉图是伟大的理论哲学家，在理智领域矢志不渝地追求真理，但他又不仅是理论家。他热衷于道德，相信绝对的道德价值与标准是现实存在的。他迫使人们思考，让他们意识到，自己最为宝贵的财富就是不朽的灵魂，所以每个人都应当努力培育出真正的德性，只有这样才能获得幸福。好生活建立在永恒而绝对的典范之上，它既在私人生活也在公共生活中得到体现，既在个人也在城邦中实现。因此，相对主义宣扬的那种个人道德应当受到排斥，智者学派的"政治家"那种投机、肤浅、自私的态度，以及"强权即正义"的理论也都应该遭到弃绝。

如果说，人的生活**应当**遵照理念范式并受到理智统领，那么，我们必须承认世界的整体是心智的运作。无神论完全不足取，整个世界的秩序都依赖于神圣理智，它按照理念的模式和筹划赋予宇宙以秩序。大宇宙中的天体有规律地运动，人作为小宇宙也应该这样。如果人可以遵照理智，

---

① 柏拉图，《法篇》，656c5—7。

努力在自己的人生与言行中实现理念，那么这个人就会近乎神圣，无论在此生还是在来世，他都将得到幸福。柏拉图所谓的"来世"，与其说根源于对此世的憎恶，毋宁说是他坚信超越者与绝对者真实存在的结果。

2. 另一方面，从柏拉图最杰出的学生亚里士多德那里，似乎也能看出柏拉图的个人影响力。亚里士多德曾经这样追忆恩师：

> 其人举世无双，
> 其名令鼠辈缄口吞声，欲赞无言。
> 其以言传，以身教，
> 施教化，明理义，
> 有德者，亦有福祉。
> 呜呼，吾辈无有望其项背者。①

亚里士多德最初信奉柏拉图的理论，但后来逐渐提出了反对意见。但是，即便他后来对经验科学的兴趣与日剧增，也从来没有放弃形而上学，并且相信好生活只来自真正的智慧。换言之，他从来没有完全抛弃柏拉图的遗产，而且毫无疑问，亚里士多德的哲学与其师是不可分离的。

3. 柏拉图的理论在学园中，以及在新柏拉图主义学派中的发展，我将稍后详谈。通过新柏拉图主义，柏拉图深深影响了奥古斯丁乃至整个中世纪思想的形成。事实上，即便最伟大的经院哲学家托马斯·阿奎那奉亚里士多德为"哲学家"，我们也仍能感到，他体系中的许多地方其实可以溯源到柏拉图。另外，在文艺复兴时期，佛罗伦萨的柏拉图学园曾努力复兴柏拉图传统。柏拉图《理想国》的影响也可见诸圣托马斯·莫尔的《乌托邦》和坎帕内拉的《太阳之城》。

4. 时至今日，柏拉图的影响似乎已经不及古代或中世纪。但事实上，他仍是所有唯心论哲学和所有客观理念论之父，同时他的认识论、形而上学和政治伦理学，无不对后来的思想者有深远影响，虽然这种影响可能是

---

① 罗斯编辑，《亚里士多德残篇》（*Aristotelis Fragmenta*），623，1870 年。

积极的，也可能是消极的。我们只需想想怀特海或哈特曼这样的大师，便可以想见柏拉图在现代的影响。

5. 柏拉图身居欧洲哲学的顶峰，但他为我们留下的哲学体系并不完整。一方面，我们没有掌握他在学园中讲课的资料和记录，这实在非常遗憾，因为我们或许可以从中弄明白长期以来困扰研究者们的问题的答案。但另一方面，我们或许应当庆幸完整的柏拉图哲学体系没有流传下来，正因如此，我们才更容易从他身上发现哲学精神的绝佳典范。如果说柏拉图没有留给我们完整的学说体系，那么，他留给我们的其实是从事哲学思考的方法示例以及致力于追求真与善的典范。

第二十六章

老学园

在整个古代，柏拉图哲学都保持着深远的影响。但对于柏拉图学派的发展，我们还是应当划分出不同阶段。老学园由柏拉图的门徒和同侪组成，或多或少坚持柏拉图哲学的教条内容，其中"毕达哥拉斯主义"的部分受到格外重视。在中期学园与新学园时期，反教条的怀疑论倾向占据了统治地位，但之后不久，它们又回归到折中的教条主义。这种折中主义在中期柏拉图主义表现得尤为明显，直到古代哲学接近尾声时才被新柏拉图主义取代。新柏拉图主义将柏拉图思想中不同时期的因素加以综合，形成了完整融贯的体系。

在老学园中，聚集了奥布斯的菲利普斯（Philippus of Opus），赫拉克利德斯（Heraclides Ponticus），克尼杜的欧多克索（Eudoxus of Cnidus）等知名人士。继承柏拉图执掌学园的依次为：斯彪西波（Speusippus，公元前348/7—前339/8年）、塞诺克拉底（Xenocrates，公元前339/8—前315/4年）、波勒谟（Polemon，公元前315/4—前270/69年）、克拉特斯（Crates，公元前270/69—前265/4年）。

斯彪西波是柏拉图的侄子，也是学园的首任继承者。为了坚持柏拉图的二元论，他放弃了理念与数之间的差异，主张数构成了实在[1]。这样，柏拉图的数-理念论之间的区分虽然得到消除，但根本的分离却仍然保留了。由于他提出了科学知觉论[2]，因此他有时被说是放弃了柏拉图的知识-知觉二元论。但我们应该记得，柏拉图本人也表现出了这种倾向，譬如在

---

[1] 残篇，42，a—g。
[2] 普拉希特，《古代哲学》，第343页。

理解原子式的理念时，他让理性与感觉合作。

我们很难确切说老学园的学员们有何主张，因为他们都没有完整的著作保留下来（除了菲利普斯，《厄庇诺米斯》很可能是他写的），我们仅有的根据就是亚里士多德的叙述以及其他古代作者只言片语的描述。但显然，斯彪西波认为，实体来自"一"和绝对的"多"。他根据植物与动物的成长和发展，认为善或目的是生成的终点而非起点。所有起源于"一"的生命存在中包括了不可见的理性或者神[1]，他将这种东西等同于世界灵魂。（这或许能为新柏拉图主义的解读方式提供某种理论支撑。）人类灵魂作为整体是不朽的。但我们应该注意，斯彪西波在解读《蒂迈欧》中的"创造"时，仅仅把它当作表达手法，而不认为它指的是在时间中的实际创造，世界并没有时间上的开端。另外，他将希腊传统的诸神解读为物理力量，这使他的思想具有无神论色彩[2]。

卡尔西登的塞诺克拉底从斯彪西波手中接过学园，他认为理念就是数，源自"一"与不定的二（前者是努斯或宙斯，诸神之父；后者是阴性的本原，诸神之母）[3]。自我与他者（Other）加之于数，就得到了世界灵魂，即自动的数。塞诺克拉底区分了三个世界：月下世界、天界与超天体界，每个世界都具有或善或恶的"精灵"（demons）。他利用"精灵"的存在来解释流行的神话。诸神的恶行是精灵作祟，违反伦常的异教实际上祭拜的是精灵而不是诸神[4]。和他的前任斯彪西波相同，塞诺克拉底也认为灵魂不是在时间中被创造的，即便是灵魂中非理性的部分也会在死后继续存在。他又与后继者波勒谟相同，反对肉食，因为肉食会助长灵魂的非理性部分，最终使之凌驾于理性部分之上。塞诺克拉底与斯彪西波以及克冉托尔都认为（与亚里士多德的意见相左），《蒂迈欧》中所说的"简单物优先于复合物"[5]，实际上指的是逻辑上在先，而非时间上在先（《论不可分割的线》被归为亚里士多德的作品，文中反对塞诺克拉底关于细小的无

---

[1] 残篇，38—39。
[2] 西塞罗，《论神性》，第一卷，13，32。
[3] 残篇，34 以下。
[4] 残篇，24 以下。
[5] 残篇，54。

形线的假设，塞诺克拉底利用这一假设从数中推导出了尺寸）。

赫拉克利德斯接受了毕达哥拉斯派的艾克方杜斯的学说，认为世界由许多粒子组成，他称之为连续的体积（ἄναρμοι ὄγκοι），它们彼此被空间隔开。通过神的运作，这些物质粒子才组成世界。因此，灵魂也是物质的（包含了以太，塞诺克拉底将以太添加到其他元素上）。赫拉克利德斯认为地球每日都绕轴自转，另外，他还认为水星与金星绕太阳公转，他似乎还曾暗示地球也这样运转。

欧多克索是古代最为著名的数学家与天文学家之一（公元前497—前355年）。在哲学方面，他有两点主张值得注意：1. 理念与万物是"混合的"[1]；2. 快乐是最高的善[2]。

克冉托尔（Crantor，公元前330—前270年）是首个为《蒂迈欧》作注之人。在他的解读中，"创造"并不具有时间意涵，不是发生在时间中的事件。柏拉图之所以这样描写，只是为了符合逻辑先后的顺序而已。克冉托尔的解读与前述斯彪西波、塞诺克拉底无异。在《论痛苦》中，克冉托尔认为人应当舒缓自己的激情（Metriopathy），这一主张反对了斯多亚学派关于"无情"的理想。[3]

---

[1] 亚里士多德，《形而上学》，卷A第9章，991a8—19。
[2] 亚里士多德，《尼各马可伦理学》，1101b27以下；1172b9以下。
[3] 西塞罗，《学园派》，2，44，135；《图斯库兰论辩集》，3，6，12。

第四部分
亚里士多德

第二十七章

亚里士多德的生平和著作

一、亚里士多德的生平

公元前384或前383年,亚里士多德生于色雷斯的斯塔吉拉,是当时马其顿国王阿明塔斯二世的御医老尼各马可的儿子。亚里士多德17岁时前往雅典求学,于公元前368/367年成为学园成员,并在此地与柏拉图保持交往超过20年的时间,直到后者于公元前348/347年去世。亚里士多德进入学园的时期正是柏拉图后期辩证法发展的时期,同时宗教倾向也正在这位伟大哲学家的思想中发展壮大。在这个时候(即在柏拉图去世之时),亚里士多德可能已经注意到了经验科学,或许他可能已经有很多观点与他的导师不同了。但是在柏拉图在世期间他们师生之间不可能决裂。我们无法断定,亚里士多德在学园期间是否已经采取了与他的导师完全不同的哲学立场。此外,即使在柏拉图死后,亚里士多德仍然以"我们"来表述柏拉图主义的理念论,而且在柏拉图死后不久,亚里士多德赞誉柏拉图时还说道:"让坏人连称赞的资格都没有,他用他的一生和教导展示了如何令幸福和善合二为一。"[1] 有观点认为,亚里士多德是柏拉图在学园里真正意义上的对手,他是导师身边的一根刺。这种说法几乎不成立,亚里士多德将柏拉图视为他最钦佩的良师益友,即使在多年之后,在他自己对科学有了更为浓厚的兴趣之后,柏拉图在形而上学和宗教上的教导依旧对他产生了深远的影响。的确,柏拉图这方面的教导对于亚里士多德来说也许具有特殊价值,可以使亚里士多德偏重经验的

---

[1] 罗斯编辑,《亚里士多德残篇》,623,柏林,1870年。

研究倾向获得平衡。"事实上,一个冷静、稳定、不变、纯粹批判的,不带有幻想、经验或历史的亚里士多德只是神话,这个神话在事实面前不堪一击,事实自身到目前为止是被人为封锁住的。"① 下面我将简要指出,结合亚里士多德的著作可以看到,哲学家的个人观点是逐渐发展起来的,正如一般人自然期待的那样。

在柏拉图离世后,亚里士多德与塞诺克拉底离开了雅典(柏拉图的侄子斯彪西波掌管学园,亚里士多德与他的观点不尽相同,无论如何,亚里士多德可能都不想继续留在学园,屈居新的掌管者之下)。他在特洛亚特的阿索斯建立了学园的分支。在这里,他影响了阿塔内斯城的统治者赫米亚斯,并娶了他的侄女(也是养女)皮提阿。在阿索斯期间,亚里士多德开始发展自己独到的哲学观点。3年后他来到莱斯博斯岛上的米提利尼,正是在那里,他结识了土生土长的艾雷色斯人塞奥弗拉斯特,这位青年后来成为亚里士多德最著名的学生。(赫米亚斯与马其顿的腓力谈判,想出了希腊人战胜波斯人的方法。波斯将军孟托设计将赫米亚斯捉拿并带回苏萨,在那里他被严刑逼供但始终保持沉默。他的临终遗言是:"告诉我的亲朋好友,我没有做出任何玷污哲学的事情。"亚里士多德为他写了一首诗,表达对他的敬意。②)

公元前343/342年,亚里士多德应马其顿的腓力之邀前往佩拉,承担他年仅13岁的儿子亚历山大的教育工作。亚里士多德在马其顿宫廷期间,尽己所能向这位年轻的王子施以道德影响,亚历山大后来在政治舞台上享有突出地位,被后人尊称为亚历山大大帝。这本该让亚里士多德开阔视野,从一般希腊人的狭隘观念中解放出来。但事实却似乎并不像我们所期待的那样,亚里士多德从未放弃延续以城邦为生活中心的希腊观念。亚历山大于公元前336/335年登基,随后,亚里士多德离开马其顿,他的教学活动也随之结束。他回到故乡斯塔吉拉,亚历山大为报答老师重建了这座城邦。此后,他们师生之间的联系逐渐变得淡

---

① 维尔纳·耶格尔,《亚里士多德:发展史纲要》(*Aristotle. Fundamentals of the History of His Development*),罗宾森(R. Robinson)译,克拉伦登出版社,1934年,第34页。
② 第欧根尼·拉尔修,《名哲言行录》,5,7和5,8。

薄，亚里士多德虽在某种程度上赞成马其顿的政策，但却不同意亚历山大将希腊人与"野蛮人"等同的态度。此外，公元前327年，被举荐侍奉亚历山大的卡利斯蒂尼，即亚里士多德的侄子，因被疑心谋反而受到处决。

公元前335/334年，亚里士多德重返雅典，并在那里建立了自己的学派。除了已经离开雅典多年这个事实，亚里士多德自己的思想也有所发展，毫无疑问，他不可能再回到以前的雅典学园。新学派位于城市的东北角吕克昂（古希腊哲学家讲的园林）。该学派以漫步闻名，成员统称为漫步学派，因其在讨论时在回廊中走来走去的习惯或在回廊中进行教学而得名。这所学校是献给缪斯女神的。除了日常已有的教育和教学工作，吕克昂学园还有比柏拉图学园更为独特的方式，即许多成熟的思想家结成团体或者共同体共同学习和研究。事实上，这更像是大学或是科研机构，有图书馆和教师，也有固定的课程。

公元前323年，亚历山大大帝去世，希腊人对马其顿宗主权的反对使他们同时反对曾与亚历山大大帝年少时期关系密切的亚里士多德，并以渎神之名控告他。亚里士多德因此离开雅典（据说他这样做的理由是避免雅典人对哲学犯下第二次错误），前往埃维厄岛的哈尔基斯，居住在他已故母亲留下的房产之中。不久之后，于公元前322/321年因病去世。

二、亚里士多德的著作

亚里士多德的著作可大致分为三个主要时期：1. 与柏拉图交往时期；2. 在阿索斯和米提利尼从事教学活动时期；3. 在雅典领导吕克昂学园时期。他的著作分为以下两类：1. 公开作品，这部分大多以对话的形式写成，是普通出版作品；2. 用于教学的作品，这是亚里士多德在吕克昂讲学的主要教材。第一类只余残篇，第二类有大量存世。这些教学作品最早因罗德岛的安德罗尼柯（约公元前60—前50年）的编辑而为公众所知，正是这些作品为亚里士多德赢得了文风率直、不作矫饰的声誉。已经有人指出，亚里士多德虽然是伟大的哲学术语创造者，却忽略了行文风格和语言之美，他的哲学关注颇为严谨，因此不允许以隐喻或是神话来代替明确的推理。虽然这些真正用于教学的著作缺乏文学性，但亚里士多德自己出版的作品（如今只剩残篇）却没有忽视文学性。即便偶尔加入神话，它们流畅的行文风格还是深受西塞罗的赞许。① 它们代表了亚里士多德的早期作品，是他在柏拉图的直接影响下所作，他当时正处于逐渐形成自己独立研究方式的过程中。

1. 第一阶段

无论是内容还是形式，亚里士多德与他的老师柏拉图在文字创作方面大致上都非常相近，即便在对话录中，亚里士多德似乎都使自己作为对话的领导者出现。"……在其〔亚里士多德的模式〕中，对话里的其他角色都从属于作者自己的角色。"② 对话中的亚里士多德极有可能仍主张柏拉图哲学，只是后来才改变想法。普鲁塔克认为亚里士多德改变了主意。③ 不仅如此，伊索克拉底的学生克菲索多罗斯（Cephisodorus）把诸如关于理念论观点这样的柏拉图的理论强加给亚里士多德。④

（1）《欧德谟伦理学》或是《论灵魂》都属于这一时期。在这些对话中，亚里士多德叙述了柏拉图的回忆说，表述了对理念预先存在的理解，这主要是受到了导师柏拉图的影响。亚里士多德以《斐多》中提到的"灵魂不仅仅是身体上的和谐"为线索，为灵魂不朽进行辩护。和谐有其反面，即不和谐，但灵魂没有反面，因此灵魂不是和谐。⑤ 亚里士多德假定灵魂先在及其实存性，理念也一样。正如那些生病的人可能会失去记忆一样，灵魂进入到此世的生命中，忘记了前世；正如那些恢复了健康的人会记得生病的痛苦一样，灵魂也会在经历死亡之后记得这一世的生命。灵魂脱离身体存在是生命的正常状态，而灵魂居住在身体中才是真的患了重病。⑥ 这个观点与之后亚里士多德自己独到的思想大相径庭。

（2）《劝勉》也属于这一时期的作品。它不是一篇对话，而是亚里士

---

① 西塞罗，《论演说家》，1，6，49。
② 西塞罗，《致阿提库斯的信》，1，3（或 1，9，4）。
③ 《论道德德性》(De virtute morali)，c. 7。
④ 尤西比乌，《福音初阶》，XIV，6，努美尼乌斯之后。
⑤ 罗斯编辑，《亚里士多德残篇》，41。
⑥ 罗斯编辑，《亚里士多德残篇》，35。

多德给塞浦路斯的泰米臣的一封信。在这篇作品中,他仍然坚持柏拉图的理念论,并且把哲学家描述为沉思理型或理念而忽视摹仿物的人。[1] 这里的实践智慧是柏拉图意义上的,指的是形而上学的思辨,因此具有理论意义,而不是《尼各马可伦理学》中表达的纯粹实践含义。在《劝勉》中,亚里士多德还强调,世俗的善没有价值,人生就是灵魂的死亡或坟墓,只有通过身体的死亡才能进入真实的高级生活。这种观点肯定受了柏拉图的直接影响,因为在《尼各马可伦理学》中,亚里士多德坚持世俗的善对于真正幸福生活的必要性,至少在某种程度上是不可或缺的,即使是哲学家也不例外。

(3)亚里士多德最早的逻辑学、物理学著作,甚至包括《论灵魂》(卷Γ),都可能追溯到这一时期。因此,如果《形而上学》的草稿(包括卷A)可以追溯到亚里士多德的**第二**阶段,那么,《物理学》(卷B)应该可以追溯到他的**第一**阶段,因为在《形而上学》卷A中有对《物理学》的引用,或者说至少已经有了对四因说的预设。[2] 很有可能《物理学》被分成两部分,卷A、卷B以及卷H属于亚里士多德的早期作品。

2. 第二阶段

亚里士多德逐渐偏离柏拉图的立场,并对柏拉图学园的教育采取了更为批判的态度。表面上,他仍然以学园成员自居,但在这一时期,他对柏拉图主义的批判观点逐渐形成。《论哲学》是这一时期的代表作,这部著作虽然还明显带有柏拉图的影响,但也有了很多对柏拉图批判的独到见解。因此,虽然亚里士多德将柏拉图视为此前哲学的最高峰(事实上,在谈论在亚里士多德之前的哲学时,亚里士多德一直持这个观点),但他仍然批评柏拉图的理念论或理型论,至少对于柏拉图后期发展的理念论是如此的。"如果理念是另一种非数学的数,我们就无法理解它。有多少人能理解这种数呢?"[3] 同样,虽然亚里士多德或多或少采纳了柏拉图的天体神学,但

---

[1] 扬布里柯,《哲学规劝录》,假定扬布里柯著作的第6—12章包含了亚里士多德《劝勉》的段落。引自耶格尔,《亚里士多德:发展史纲要》,第60页以下。
[2] 亚里士多德,《形而上学》,卷A,983a33—34。
[3] 罗斯编辑,《亚里士多德残篇》,11。

不动的动者概念已经出现,①只是他还没采用后期形而上学中多样的推动者观点而已。他用可见的神指宇宙或天界,这还是出自柏拉图的术语。

有趣的是,我们在这篇对话的完善等级学说中找到了证明神存在的论据。"一般来说,只要有所谓更好,就一定有最好。在万物中,的确有一个比其他事物都更好的事物,这也就是那最好的事物,就是神。"亚里士多德显然假设了真实的形式是有等级的。②他对于神存在的主观信念是通过灵魂的迷狂体验、预言能力(比如在睡眠状态时),以及通过仰望漫天星辰获得的,虽然对这些神秘现象的认识与亚里士多德后期思想的发展几乎没什么关联。③在这篇对话中,亚里士多德将柏拉图的思想资源和他批判柏拉图哲学时的循环论证结合起来。比如,当他批评柏拉图的理念论或《蒂迈欧》的创世学说时,他还主张世界的永恒性。④

《形而上学》的初稿似乎可以追溯到亚里士多德思想发展的第二阶段,即转型阶段。包括卷A("我们"这一词的使用表明他仍处在转型阶段)、卷B、卷K(1—8章)、卷Λ(第8章除外)、卷M(第9—10章)、卷N。根据耶格尔的研究,《形而上学》初稿主要是反对斯彪西波。⑤

《欧德谟伦理学》通常被认为属于这个阶段,是亚里士多德停留在阿索斯期间所作。亚里士多德仍保有柏拉图实践智慧概念,但哲学沉思的对象不再是柏拉图的理念世界,而变成了《形而上学》中超越的神。⑥《政治学》初稿可能也写于第二阶段(包括卷B、Γ、H、Θ),主要讨论理想城邦问题。柏拉图理想国式的乌托邦受到亚里士多德的批评。《论天》和《论生灭》大概也是这个时期的作品。

3. 第三阶段

这一阶段是公元前335—前332年,即亚里士多德在吕克昂活动的

---

① 罗斯编辑,《亚里士多德残篇》,21。这一片段表明亚里士多德还没有明确阐述第一推动者的存在或是突破他自己之前的观点。
② 罗斯编辑,《亚里士多德残篇》,15。耶格尔教授认为这一对话也包含了有关运动和因果关系的证明。
③ 罗斯编辑,《亚里士多德残篇》,12以及14。引自《法篇》,966d9—967a5。
④ 罗斯编辑,《亚里士多德残篇》,17。
⑤ 耶格尔,《亚里士多德:发展史纲要》,第192页。
⑥ 亚里士多德,《欧德谟伦理学》,1249b。

时期。此时亚里士多德已成为注重经验的观察者和科学家，他想在稳固的基础上建立确定的哲学殿堂。我们不得不对亚里士多德在他生命的最后时光，在自然与历史两大领域展现出的细节研究能力感到惊叹。学园中的确有分类的练习，主要以逻辑为目的，涉及一定的经验观察，但像亚里士多德指导下的吕克昂那样对自然和历史中的细节做出持续而系统的调查研究却是前所未有的。对自然现象和历史进行精确研究的精神的确是出现在希腊世界的新气象，这点无疑要归功于亚里士多德。但不能说亚里士多德在生命的最后阶段只是个实证主义者，因为没有可靠的证据表明他只专注于精确的科学研究而抛弃了形而上学。

亚里士多德在学园的讲课构成了他"教学"著作的基础，正如已经提到的那样，这些作品在学园成员中间流传，由安德罗尼柯首次出版。绝大多数的教学著作都属于这个阶段。当然，可能除了某些写于更早时期的作品。这些教学作品给学者带来了许多困难，例如，由于卷与卷、章与章之间的联系不够连贯而呈现出的思想逻辑断裂等问题。现在看来，对学园来说，这些课程展示的作品相当于出版物，但这并不意味着每部著作都代表一次单独的讲课或是一个连续的课程系列。它们原本是不同的章节或讲稿，后来被组合起来，定了统一的标题。这种组合的工作可能只有一部分是由亚里士多德本人完成的。随后，它继续在学园中代代相传，最早也要到安德罗尼柯那时才首次完成整理。

亚里士多德第三阶段的作品可以分为：

逻辑学著作

在拜占庭时期组合为《工具论》

（1）《范畴篇》（至少内容上是亚里士多德的观点）

（2）《解释篇》（论命题和判断）

（3）《前分析篇》（论推理，共两卷）

（4）《后分析篇》（论证明、原理的知识等，共两卷）

（5）《论题篇》（论辩证法和或然证明，共八卷）

（6）《辩谬篇》

形而上学著作

《形而上学》是由不同时期的讲课内容集结而成的著作，以其在亚里士多德全集中的重要地位著称，可能在安德罗尼柯之前漫步学派就这样称呼它了。

自然哲学、自然科学、心理学等方面著作

（7）《物理学》这部著作有八卷，前两卷肯定是亚里士多德在柏拉图主义时期所作。

（8）《形而上学》卷 A 983a32—33 引用了《物理学》，或者明确预设了《物理学》卷 B 的原因理论。《物理学》卷 H 可能属于亚里士多德早期作品，而卷 Θ 根本不属于《物理学》，因为它引用了《物理学》中的语句，还说明道："正如我们在《物理学》中已经提到过的。"[1]整部著作可能由一系列独立专著集结而成，这个假设得到了证实，因为《形而上学》把《论天》和《论生灭》两部著作当作《物理学》加以引用。[2]

（9）《天象论》（四卷）

（10）《动物志》共十卷，比较解剖学和生理学，最后一卷可能是亚里士多德后学的作品。

（11）《解剖学》共七卷，已失传。

（12）《论动物前进》（一卷）

（13）《论动物运动》（一卷）

（14）《动物史》（五卷）

（15）《论灵魂》亚里士多德的心理学著作，共三卷。

（16）《自然诸短篇》，包括一些短篇论文，涉及感知、记忆、睡与醒、梦境、长生与夭折、生与死、呼吸、梦中预言，等等。

（17）《问题篇》，似乎是本"问题集"，由亚里士多德笔记中的核心部分或是随笔组成。

---

[1] 亚里士多德，《物理学》，第八卷，251a9、253b8、267b21。
[2] 亚里士多德，《形而上学》，989a24。

伦理学和政治学著作

（18）《大伦理学》，共两卷，至少就内容而言，它似乎是真正的亚里士多德著作。[1] 有些部分可以追溯到亚里士多德与柏拉图意见相近的时期。

（19）《尼各马可伦理学》，共十卷，亚里士多德去世后由他的儿子尼各马可编辑整理而成。

（20）《政治学》，卷 B、Γ、H、Θ 属于亚里士多德第二阶段作品。耶格尔认为，卷 Δ 到卷 Z 是先加进去的，最后才加上卷 A，因为卷 Δ 将卷 Γ 当作全书的开始。"卷 B 的内容都是消极的。"[2]

（21）《158 个城邦的宪法合集》。其中雅典的宪法于 1891 年才在纸莎草纸上被发现。

美学、历史以及文学方面著作

（22）《修辞学》，共三卷。

（23）《诗学》，未完成，部分散佚。

（24）雅典戏剧表演的记录合集，奥林匹亚以及皮提亚竞技中的胜利者名单。这是亚里士多德对有关荷马的问题，城邦领土主权等问题所写的著作。

我们没有必要认为所有这些作品都是由亚里士多德本人完成的，比如《158 个城邦的宪法合集》，但这些作品的确是由他开始并在他的监督下进行的。他委托他人编纂了自然史（塞奥弗拉斯特）、数学和天文学（罗德岛的欧德谟）、医学（美诺）。人们只能对他广泛的兴趣和远大的目标感到叹服。

从上面列出的作品来看，亚里士多德展现了与柏拉图相当不同的精神。很明显，亚里士多德转向了经验和科学，他并不倾向于认为这个世界的客观对象是半虚幻的，或是认为它们不适合成为知识的对象。毫无疑

---

[1] 引自 H. 冯·阿尼姆（H. von Arnim），《亚里士多德三大伦理学》(*Die drei aristotelischen Ethiken*)，维也纳学术会议报告，2 Abl., 1924 年。

[2] 耶格尔，《亚里士多德：发展史纲要》，第 273 页。

问，随着时间的推移，这种差异越来越大了，再加上亚里士多德反对柏拉图的理念论和二元心理学这个事实，导致这两大哲学家在基本概念上出现根本差异。当然，这个观点有其正确性，因为在原则问题上，他们的确持不同立场，风格也有差异（至少如果我们比较柏拉图的通俗作品与亚里士多德的教学著作的话），但这种差异很容易被夸大。从历史角度来看，亚里士多德主义并不是柏拉图主义的对立面，但它的发展的确纠正了（或试图纠正）柏拉图的片面理论，如理念论、二元心理学，等等，并在物理事实上提供了坚实的基础。尽管某些有价值的东西同时遭到遗漏，但那只是表明两种哲学不应被视为截然对立的两个系统，而是哲学之精神与身体互补的学说。后来新柏拉图主义尝试对两者进行综合，中世纪哲学也表现出同样的综合精神。例如，托马斯虽然以"哲学家"特指亚里士多德，但他不可能也不愿意把自己完全从柏拉图的传统中切割出来，而方济各教会的圣波拿文都拉，以柏拉图为师，但也没有轻视漫步学派学说的作用，邓·司各脱结合亚里士多德的思想元素发展了方济各精神。

不能因为亚里士多德对事实感兴趣，并热衷于树立坚实的经验科学基础，就假定他缺乏系统化的能力，或是放弃了形而上学的兴趣。因为无论是柏拉图主义还是亚里士多德主义都以形而上学为其基础。因此，歌德把亚里士多德哲学比喻成金字塔，以规则的形式从广阔的地基上升到高处，而柏拉图的哲学则像方尖碑或火舌冲向天际。然而，我必须承认，在我看来，亚里士多德的思想方向越来越远离他最初持守的柏拉图立场，而他的新思想无法与他试图保留到最后的柏拉图遗产完美融合。

第二十八章
亚里士多德的逻辑学

虽然亚里士多德在不同的场合分别对哲学做出了不同分类[1],但我们依然可以将他的哲学观点分成以下几个方面[2]：

(1) 理论哲学。[3] 在这里，知识就是知识，没有任何实用目的，它被分为：a. 物理学或自然哲学，与运动的事物相关。b. 数学，与不动的但与物质不分离的事物相关。c. 形而上学，与超越的分离者和不动的事物相关。(因此，形而上学也包括我们所知的自然神学。)[4] d. 实践哲学主要涉及政治学以及作为附属学科的战略学、家政学和修辞学，因为这些学科的研究目标都附属和依赖于政治科学。[5] e. 诗性哲学与生产而非行动相关，后者属于实践哲学(包括广义的或是具有政治意义的伦理行动)，与所有的意图相关，并以艺术理论为目的。[6]

(2) 亚里士多德逻辑学通常被称为"形式"逻辑。因为他的逻辑学是对思想形式的分析(因此又被称为分析)，这算是合适的名称。但如果将亚里士多德的逻辑学理解为只关注人类思想的形式，而与外在现实毫无关联，这就大错特错了。他主要关心的是论证的形式，并假定科学证明的结论给出了有关现实的确定知识。例如，三段论"人都是会死的，苏格拉

---

[1] 亚里士多德,《论题篇》,卷 A 第 14 章,105b19 以下。
[2] 亚里士多德,《论题篇》,卷 Z 第 6 章,145a15 以下；亚里士多德,《形而上学》,卷 E 第 1 章,1025b25。
[3] 亚里士多德,《形而上学》,卷 K 第 7 章,1064b1 以下。
[4] 亚里士多德,《形而上学》,卷 E 第 1 章,1026a10 以下。
[5] 亚里士多德,《尼各马可伦理学》,卷 A 第 1 章,1094a18 以下。
[6] 决定这些哲学分支排序的是它们的对象,亚里士多德将"神学"置于最高地位。引自《形而上学》,卷 K 第 7 章,1064b1 以下。有意见认为这种三分在亚里士多德本人那里没有充分的依据,他没有将诗学当作哲学的美学理论,而仅仅将其视为实践手册而已。

底是人，因此苏格拉底会死"，这并不仅仅是依据形式逻辑规则正确推导出的结论，亚里士多德认为这个结论可以在现实中得到验证。因此，他假定了知识的实在论，对他而言，逻辑虽然是对思想形式的分析，但它所分析的思想却是以现实为对象，它在自身之中对现实进行的概念重构，而且在正确的判断中，有关现实的陈述可以在外部世界得到证实。这是逻辑对于思考实在的人类思想的分析，尽管亚里士多德也承认，正如他们的心灵感知的那样，事物并不总是存在于精神以外的现实之中，例如普遍。

这点在他的范畴学说中清晰可见。从逻辑角度来看，范畴包括我们思考事物的方式，例如谓述实体的属性，但同时也是事物实际的存在方式。事物是实体，也确有其偶性。因此，范畴不仅要求逻辑，还要求形而上学的处理。亚里士多德的逻辑不能与康德的先验逻辑类比，因为它并不是孤立地关注思想的先验形式，所谓先验形式，即心灵单独在主动的认识过程中做出的贡献。亚里士多德没有提出"批判问题"。他假定了某种实在论的认识论，认为我们在语言中表达的思想范畴也是精神以外的现实的客观范畴。

（3）《范畴篇》和《论题篇》给出了十个范畴：实体（人或马）、数量（三码长）、性质（白色）、关系（双倍）、何处（在市场上）、何时（去年）、姿态（躺着或坐着）、具有（装备了武器，穿着鞋子）、施为（切开）、遭受（被切割或被烧）。但在《后分析篇》中，变成了八个范畴，何处和姿态被归到其他范畴之下。[①] 因此，亚里士多德并不认为范畴的推演是不可改动的。尽管如此，即使亚里士多德并没有将十范畴的划分视作不可更改的，我们也没有理由认为他的范畴表杂乱无序、没有结构。相反，范畴表井然有序，其中概念的分类、概念的基本类型影响了我们的科学知识。κατηγορεῖν 原意是谓词，在《论题篇》中，亚里士多德认为范畴是对谓词的分类，即我们思考实际的存在的方式。例如，我们可以讲一个对象被设想为实体或是实体的限定，也就是限定实体的九种范畴之一。在《范畴篇》中，亚里士多德将范畴作为属、种及个体的分类，从最高的属开始下到个体实体。如

---

① 亚里士多德，《后分析篇》，卷 I 第 22 章，83a21 以下，83b15 以下。

果我们考察自己心中的概念所代表的东西就会发现，例如，我们拥有有机体、动物（隶属的属）、羊（动物的种）的概念；但有机体、动物、羊，都包含在实体的范畴之中。同样，我们可以设想普遍的颜色、普遍的蓝色、深蓝色；但颜色、蓝色和深蓝色都属于性质的范畴。

然而，在亚里士多德的思想中，范畴并非只是简单的心理表现模式、概念范式。它们代表了外部世界中存在的实际模式，并构成了逻辑学与形而上学之间（后一种学科以实体作为主要研究对象）的桥梁。① 因此，范畴既有本体论的一面，又有逻辑学的一面，或许范畴之间的秩序和结构在本体论方面才表现得最清楚。因此，为了使存在存在，实体就必须存在，这是起点。只有个体存在于心灵之外，而且对于个体而言，以这种方式独立存在就意味着它必定是实体。但它不能仅仅作为实体而存在，它还必须有偶性。例如，一只天鹅不能孤立存在，它要有颜色，除了颜色还要有数量、广延。于是，我们就有了最初的三个范畴：实体、数量、性质，这是对象的内在规定。但这只天鹅在种的自然本性上与其他天鹅是相同的，与其他实体在大小上可能相等或不等。换句话说，它与其他对象有某种关联。此外，这只天鹅作为物理实体，必须在某个确定的**地方**，某段确定的**时期**存在，并且有着某种确定的**姿态**。再者，物质实体属于宇宙系统，有其**施为**和**遭受**。所以，有些范畴属于对象本身，作为对象的内在规定，而另一些属于它的外在规定，与其他物质对象相关联。由此可见，即使范畴的数目可以通过将某些范畴归于另一些范畴之下而得到减少，但对范畴进行归纳的原则却绝不仅仅是一个随机的原则。

在《后分析篇》（与定义相关）和《论题篇》中，亚里士多德讨论了一般性术语与它们谓述的主词之间的**谓述**或多重的关系。它们是**属**、**种**、**种差**、**特性**以及**偶性**。《论题篇》（卷 A 第 8 章）中，亚里士多德根据主词和谓词之间的关系对谓词进行划分。因此，如果谓词与主词有相同的外延，它就可以告诉我们主词的本质或是主词的特性。如果谓词与主词没有相同的外延，它就形成了主词定义里的部分属性（不是属就是种差），或

---

① 亚里士多德，《形而上学》，1017a23—24。

者并非如此(在这种情况下,它会是偶性)。

本质定义是由属加种差合成的严格定义,亚里士多德认为定义涉及划分到最低种的过程(参见柏拉图)。① 但值得注意的是,亚里士多德知道我们并非总是能够获得本质或真正的定义,因此他允许名义上或描述的定义,② 尽管他对后者评价不高,且认为本质定义才是唯一值得被称作定义的定义。然而,这个区分非常重要,因为事实上,就物理科学研究的自然对象而言,我们不得不接受特殊的或特征性定义,即使它们比亚里士多德的名义的或描述的定义更接近理想,但实际上仍然没有达到理想层面。

[有些作者强调语言对哲学的影响。例如,因为我们说玫瑰是红色的(这对社会生活和人际交往来说是必要的),我们自然会倾向于认为,在实际事物的秩序中,有"红色"的性质或偶性存在于玫瑰这个事物或实体之中。因此,实体和偶性的哲学范畴可以追溯到语词的影响。但我们应当记得,语言跟随思想,它是建立在思想之上的表达,这对哲学术语而言尤为如此。即使当亚里士多德放弃心灵思考事物的方式时,他也不可能放弃作为思想媒介的语言,但语言跟随思想,思想跟从事物。语言不是先验构成。]

(4)对亚里士多德来说,卓越的科学知识就是从一般推出个别或是从原因推出结果,因此我们知道决定事实的原因以及事实与它的原因之间的必然联系。换句话说,当我们知道了事实所依赖的原因,而且只作为这个事实而非其他事实的原因,甚至事实只能如此时,我们就拥有了科学知识。③

不过,从逻辑的角度看,前提先于结论,亚里士多德清楚地认识到,逻辑上就自身而言的在先的与认识上对我们而言的在先的是不同的。他明确指出"'在先的'和'更为熟知的'是含糊不清的语词,因为'在先的'与'更为熟知的'在存在的秩序上与对人而言上是不同的。我的意思是,与感觉越接近的对象,对人而言越是在先的和更为熟知的;而那些无

---

① 亚里士多德,《后分析篇》,卷 II 第 13 章。
② 亚里士多德,《后分析篇》,卷 II 第 8、10 章。
③ 亚里士多德,《后分析篇》,卷 I 第 2 章,71b。

条件在先的和更为熟知的对象则离感觉更远"①。换句话说，我们的知识始于感觉，即从个别开始，然后上升到一般或普遍。"因此，我们必须弄清楚归纳的首要前提，因为所有方法，甚至是在感觉中植入普遍的方法，都是归纳的。"②因此，亚里士多德不仅要处理演绎，还要处理归纳。例如，在上述三段论的大前提中，"人都是要死的"建立在感官知觉之上，亚里士多德必须要证明感官知觉和记忆，因为这两者与此相关。所以，我们有了"感官**本身**从不出错"的信条：只有判断才有真或假。

因此，如果一位病人得了妄想症，"看见"粉色的老鼠，这感觉本身并没有错。当病人断定粉色的老鼠在"那里"，就像真实存在于外在世界的对象，这就出错了。同样，太阳**看起来**比地球小，这对于感觉的部分而言并没有错。事实上，如果认为太阳比地球大，感觉才出现问题。由于个人缺乏天文学知识，从而**判断**太阳客观上小于地球，这才是真正的错误。

（5）因此，在《分析篇》中，亚里士多德不仅讨论科学的证明、推论或演绎等方法，还谈到归纳法。对于亚里士多德来说，科学的归纳法就是**完全**归纳法，他明确指出："归纳法就是枚举所有的情况。"③**不完全**归纳法对演讲者尤其有用。亚里士多德使用实验，但却没有详细说明归纳的科学方法论以及假设法的用处。他承认："通过归纳法，三段论对我们来说更加清晰了。"④但他仍然将演绎，也就是三段论论证视作典型。对演绎过程的分析被他提到很高的层次，并且分析得非常全面；但对归纳法则不然。在古代世界，这无疑是非常自然的，当时数学的发展远远高于自然科学。然而，在指出感官知觉无法达到普遍后，亚里士多德随后指出，我们可以观察许多个体或是注意某个事件的重现频率，再运用抽象理性，获得关于普遍本质或原则的知识。⑤

（6）在《前分析篇》中，亚里士多德探讨了推论的形式，他定义了三段论："只要确定某些论断，某些异于它们的事物便可以必然从如此确

---

① 亚里士多德，《后分析篇》，71b—72a。
② 亚里士多德，《后分析篇》，卷Ⅱ第19章，100b。
③ 亚里士多德，《前分析篇》，卷Ⅱ第23章，68b。
④ 亚里士多德，《前分析篇》，卷Ⅱ第23章，68b。
⑤ 亚里士多德，《后分析篇》，卷Ⅰ第31章。

定的论断中推出。"① 他将三段论分为以下三种形式：

  a. 中项在一个前提中是主词，在另一个前提中是谓词。M 是 P；S 是 M；所以 S 是 P。因为动物都是实体；人都是动物；所以人都是实体。

  b. 中项在两个前提中都是谓词。P 是 M，S 不是 M，所以 S 不是 P。因为人都会笑；但是马不会笑；所以马不是人。

  c. 中项在两个前提中都是主词。M 是 P，M 是 S，所以 S 是 P。因为人都会笑；而人都是动物；所以有些动物会笑。

  在《论题篇》②中，亚里士多德区分了证明的推理（即"推理的前提是真实且首要的，我们最初是通过真实而首要的前提对推理的前提有所了解"）和辩证的推理（即推理是从"被普遍接受的意见"或"被所有人、大多数人或是最有声望的和最杰出的人接受的观点"之中得出的）。他又加上了第三种推理，"论争"的推理（它源于"表面被公认，但实际则不然的观点"）。《辩谬篇》充分讨论了第三种推理，亚里士多德检查、分类并且解决了很多谬误。

  （7）亚里士多德清楚地看到，演绎的前提自身也需要证据，但从另一方面来看，如果每个原则都需要证据，我们就会陷入无限后退，**什么**也不能证明。因此，他认为一定有某些确定的原则，它们是众所周知、无须论证的。③ 这其中最高的原则就是**矛盾原则**。我们无法为这个原则给出证明。例如，矛盾原则的逻辑形式是："在两个命题中，如果其中一个肯定某个事物而另一个否定这个事物，那么，一个必为真而另一个必为假。"矛盾原则的形而上学形式是："一事物不可能同时并且以同一种方式既是又不是同一主体的属性。"其逻辑形式不能为形而上学形式给出证明。它仅仅表明了以下事实：没有人能够对这一切思想的基础和预设的原则提出

---

① 亚里士多德，《后分析篇》，卷 I 第 1 章，24b。
② 亚里士多德，《论题篇》，卷 A，100ab。
③ 亚里士多德，《后分析篇》，卷 I 第 3 章，72b。

质疑。①

因此，我们有：第一原理，由努斯来理解；从第一原理中必然推导出的原则，由知识来理解；以及偶然且可变的原则，即意见的主体。但亚里士多德也看到，三段论的大前提，例如人都是会死的，无法直接从第一原理中获得，它还依靠归纳。这是关于普遍的实在论问题，亚里士多德认为，归纳法表明普遍者暗含于清晰可知的具体个体中。②

（8）在本书中，我不会对亚里士多德的逻辑学进行详细的阐述和讨论。但有必要强调，在科学的这一分支上，亚里士多德为人类思想做出了相当大的贡献，在三段论方面尤为突出。早在学园讨论理念论的时候，学生们就已经开始追求逻辑分析与划分了（从《智者》的讨论中就可以看到）；但首先将逻辑学（"分析学"）作为一门独立科学建构起来的是亚里士多德；发现、分离并分析推理的基本形式三段论的人，也是亚里士多德。这是他的永恒成就之一，而且就算这是其唯一的积极成就，也足够令其名垂青史了。我们没有理由断言亚里士多德对演绎过程进行了完整的分析，经典的三段论假设了三个命题，每个都有主词和谓词形式；三个语词，各取自每个命题中的主词和谓词，且基于此种情况，由其中的两个命题可以确定第三个命题，或是纯粹逻辑形式，或是一个附加的存在断言，就像直言三段论第三格③那样。亚里士多德没有考虑到红衣主教纽曼在其《赞同的语法》一书中讨论的推理的其他形式，即心灵不是从确定的命题而是从某些具体事实中得出结论的。在形成对这些事实的批判性评价之后，心灵再考虑这些事实并得出结论，这不是一般性的命题（如合理的归纳），而是具有特殊性的结论，如"这个犯人是无辜的"。可以肯定的是，一般性命题暗含其中（如，某一类型的证据与被告的无罪是相容的还是矛盾的），但心灵实际上并不关心从预设命题中得出其含义，而关注许多具体事实的含义。圣托马斯·阿奎那承认这种推理，并将之归因于"思想的

---

① 亚里士多德，《形而上学》，1005b35。
② 亚里士多德，《后分析篇》，卷 I 第 1 章，71a。
③ AAI（Darapti）所有 M 是 P，所有 M 是 S，所以有些 S 是 P。（这种形式需要假定某些 M 确实存在。）——译者注

力量",也称其为"特别的原因"①。此外,即使是从亚里士多德所分析的这种推理形式来看,他还是漏掉了以下问题:这些作为推论开端的一般性原则只是简单的形式原则,还是具有本体论内涵?似乎他在大部分地方都假设了后一种观点。

但是反过来批评亚里士多德没有对推理的所有形式进行完整的研究,以及未能明确提出并解决就人类思想形式而言可能出现的所有问题,这显然是荒谬的。他承担的工作完成得非常优秀,他的逻辑学论著(后来总称为《工具论》)是人类心灵的杰作。我们可以肯定,亚里士多德认为自己是逻辑分析和系统化的先驱,这不是没有道理的。例如,他曾在《辩谬篇》这本书的结尾表示,虽然在他之前已经有很多人探讨过修辞学的主题,但像推理的主题却几无前人的著述可供参考,因此他不得不寻求突破,开垦新地。推理过程的系统分析不光是没有部分地被完成,甚至根本上就是一片空白。修辞学家们让他们的学生在"论争性论证"中进行经验训练,但是他们从来没有制定过相关主题的科学方法论或系统性阐述,因此亚里士多德不得不自己从头开始。毫无疑问,亚里士多德在《辩谬篇》中关于特定主题的讨论,基本上就是关于一般三段论的发现和分析。

时常有人会说,现代的逻辑研究似乎已经令传统的亚里士多德逻辑丧失了所有价值,好像现在可以把亚里士多德的传统逻辑放进博物馆的储藏室中了,只有哲学界的古文物研究者才会对它们感兴趣。另一方面,那些在亚里士多德传统下成长起来的人可能会对传统表现出错误的忠诚进而攻击现代的符号逻辑。这两种极端观点都是无根据的,我们有必要以理智平和的立场承认亚里士多德逻辑的不完善性和现代逻辑的价值,但同时也拒绝怀疑亚里士多德逻辑学没有涵盖逻辑的所有范围。这种理智平和的立场是那些对逻辑学进行深入研究的人所持有的,需要强调的是,不是只有那些在当代仍然认为亚里士多德逻辑学有价值的学院哲学家才持有这种态度。因此,尽管苏珊·斯泰宾肯定地断言,"不能认为传统逻辑构成了演

---

① Ia, 78, 4。引自 IIa, IIae, 2, 1。

绎法的全部主题"，但她承认"传统三段论仍保有它的价值"[1]；而肖尔兹则宣称"亚里士多德的《工具论》至今仍然是最美、最有启发性的逻辑学导论"[2]。现代符号逻辑可能是对亚里士多德逻辑学非常有价值的补充，但它不应该被视为与之完全相反的对立面。它不同于非符号逻辑的地方在于其更高的形式化程度，举例说来，就是命题函数的概念。

（9）上述对亚里士多德逻辑学的简要概括可以在《工具论》中所讨论的几个特定论题的总结中看到，从中也可以看出亚里士多德的逻辑分析范围非常广。在《范畴篇》中，亚里士多德讨论了主词和谓词的变化范围，在《解释篇》中讨论命题、模态和断言的对立，并引出第七章和第十章关于排中律的讨论。在《前分析篇》卷 I 中，他讨论了纯粹命题、必然命题和偶然命题的转换，分析了三段论的三种格，并给出了建构或发现三段论的规则，例如间接推理（第 36 章）、否定（第 46 章）、不可能的证据和假设（第 23 章和第 44 章）。在卷 II 中，亚里士多德论述前提与结论之间的真实与虚假的分布、三段论的缺陷、狭义的归纳法、通过例证法"列举所有的情况"（第 23 章），等等。

《后分析篇》卷 I 讨论了演绎科学的结构和科学的逻辑起点、统一、差异、区分和逻辑顺序、无知、错误与无效；卷 II 讨论本质定义和名义性的定义、定义与论证的差别、本质属性的不可证明性、获得基本真理的方式，等等。《论题篇》中讨论了谓词、定义、证明的技巧或辩证法的实践，《辩谬篇》则讨论谬误的分类及其解决方案。

---

[1] 苏珊·斯泰宾（Susan Stebbing），《现代逻辑学导论》(*A Modern Introduction to Logic*)，伦敦，1993 年，第 102 页。
[2] 《逻辑学史》(*Geschichte der Logik*)，柏林，1931 年，第 27 页。

第二十九章

亚里士多德的形而上学

1. "人生而求知。"① 亚里士多德的《形而上学》以如此乐观的方式开篇。这本书或者说讲义集很难读懂,阿拉伯哲学家阿维森纳说他已经读了四十遍亚里士多德的《形而上学》,可还是没有理解它,但《形而上学》是理解亚里士多德哲学的关键,这也对后来的欧洲思想具有深远影响。② 虽然人类渴望求知,但知识却有不同的程度。例如,**仅有经验**的人(亚里士多德这样称呼他)可能知道某种药物可以在某人生病的时候治好他,但却不知道其中的原因。而有**技艺**的人知道原因,比如,他知道某人发烧了,也知道治疗发烧的药可以减轻症状的原因;他知道某种普遍性,因为他知道这种药物可以治愈所有同类患者。技艺的目标在于某种成果,但在亚里士多德看来,这并不是智慧,因为最高的智慧不在于产生什么或获得某种影响,它是无功利的,智慧在于理解实在的第一原理,即理解知识本身。亚里士多德认为寻求知识本身的人高于为了追求实际效果而寻求知识的人。换句话说,因其本身而值得欲求的科学,比仅仅关注结果的科学具有更高的地位。

这门因其自身而值得欲求的科学,也就是关于第一本原或第一原因的科学,它始于好奇。人们开始对事物感到好奇,想要知道他们看得见的

---

① 亚里士多德,《形而上学》,卷 A,980a1。
② 书名《形而上学》只是表示此书在亚里士多德全集中的位置,即在《物理学》之后,但就其所关注的最初以及最高的本原和原因而言,此书也具有形而上学的意义,因此它比《物理学》更为抽象,《物理学》主要讨论一种存在的特殊形式——处于运动状态的存在。不过,如果我们想要知道亚里士多德的**形而上学**究竟讨论了什么内容,那么就不仅需要研读《形而上学》这本书,还要研读《物理学》。

事物的原因，哲学就产生于这种求知欲，而不是因为知识可能具有任何实用性。在所有科学中，这种科学是自由的，因为它像是自由人那样，是为了自身而非他者存在。对亚里士多德而言，形而上学就是这样最为卓越的智慧，哲学家或爱智者就是追求有关实在的终极原因和本质的人，他们欲求知识本身。这样看来，亚里士多德是"独断论者"，他认为这样的知识是可获得的，但他绝不是认为无须任何证明就可以提出理论的独断论者。

因此，智慧研究事物的第一本原和原因，也就是说，智慧是最高等级的普遍知识。这意味着它是距离感官最遥远、最抽象的科学，因此是最为困难的科学，因为它要求思想做出最大的努力。"感官知觉为所有人所共有，因此非常简单且与智慧无关。"[①]但在亚里士多德看来，虽然智慧是最抽象的科学，却也是最精确的科学，"因为那些包含较少本原的科学要比那些包含较多本原的科学更为精确，例如，算术就比几何学精确"[②]。此外，这门科学就其本身而言是最可知的，因为它考察的是万物的第一本原，而这些本原自身要比它们的应用更可知（因为它们依赖于第一本原，反之则非如此）。但对我们而言，它们并不是最可知的，因为我们必须从感官事物开始，而它需要我们通过相当的理性抽象的努力，从直接为我们所知的、感官的对象出发，才能到达它们的最终原理。

2.《物理学》中列举了四种智慧或哲学所追问的原因：事物的实体或本质、质料或者载体、运动的来源或动力因以及目的因或善。在《形而上学》卷A中，亚里士多德探讨了前人的观点，以便发现他们是否讨论到了除他所列举的四种原因之外的其他原因。就这样，他把到目前为止的希腊哲学史做了简要概述，但他并没有把他们的观点分门别类地整理，无论这些观点与他的目的是否相关，因为他希望追溯四因说的演进，他的结论也很清晰，即在他之前，没有哲学家发现这四种原因之外的任何其他原因，也没有人以令人满意的方式将四种原因罗列出来。与黑格尔相同，亚里士多德认为先前的哲学是他个人观点的预备，当然他没有黑格尔辩证法

---

① 亚里士多德，《形而上学》，982a11—12。
② 亚里士多德，《形而上学》，982a26—28。

的说法，但他们都认为自己的哲学是对于前人哲学思想的更高综合。亚里士多德的观点肯定有些道理，但也不是完全正确，他对先哲的评价有时并不公平。

泰勒斯和早期希腊哲学家专注于质料因，他们想要找到万物的终极基质，即不生不灭却能使万物由之而生又复归于此的本原。于是，哲学家泰勒斯、阿那克西美尼、赫拉克利特，提出了一种质料因，恩培多克勒则设定了四元素来解释。但既然所有元素都出自相同的质料因，为什么会发生这一切呢？事物由之生灭的动力因又是什么？世界上的生成必有其原因，这些事实本身最后一定会促使思想家去研究质料因之外的原因。对于这一困难的尝试性回答可以在恩培多克勒和阿那克萨戈拉的哲学中发现。阿那克萨戈拉认为，任何物质元素都不可能是事物展现出美与善的原因，所以他断言在物质世界中有努斯的活动，这使他与胡说八道的前人们比起来，更像一个头脑清醒的人。① 尽管如此，他只将努斯当作机械降神去解释世界的形成，当他找不到别的解释时，就随时将努斯拉进来：只要找到别的解释，他就将努斯舍弃了。② 换句话说，亚里士多德不满阿那克萨戈拉简单地把努斯当作无知的托词。而恩培多克勒假设了两种主动本原，爱与争，但他的用法既不充分也没有保持一致。③ 因此，这些哲学家已经成功区分了亚里士多德四因中的两因，质料因和动力因，但他们并没有系统地拓展这些概念，或是详细阐述任何一致而系统的哲学。

毕达哥拉斯学派在这方面贡献不大，在他们之后就是柏拉图的哲学，他发展出了理念论，认为理念是事物的本质原因，因此在某种意义上，也是唯一的原因，但与事物相区分。因此，亚里士多德认为柏拉图仅仅用到了两种原因，"形式因和质料因"④。至于目的因则未被此前的哲学家们明确指出或对此有满意的讨论，只是偶尔提及。⑤ 事实上，亚里士多德对柏拉图的评价并不公平，因为柏拉图在《蒂迈欧》中既谈到作为动力因的工

---

① 亚里士多德，《形而上学》，984b15—18。
② 亚里士多德，《形而上学》，985a18—21。
③ 亚里士多德，《形而上学》，985a21—23。
④ 亚里士多德，《形而上学》，988a8—10。
⑤ 亚里士多德，《形而上学》，988b6—16。

匠神概念，也用到了诸星之神。除此之外，他还主张目的学说，认为生成的最终原因是至善的实现（在摹仿的意义上来说）。然而，通过分离，柏拉图也的确阻碍了具体事物的内在形式或本质的实现以及成为它自身的最终原因。

3. 在《形而上学》第三卷（卷B）中，亚里士多德说明了某些主要的哲学问题，他在第四卷（卷Γ）开头就宣布，形而上学关注的是存在本身，是对存在之为存在的研究。特殊的学科会分离出具体的存在领域，并在这个领域中讨论存在的属性。但形而上学家不考虑存在的这样或那样的特性，例如生命或数量，而是讨论存在本身以及存在的本质属性。现在，说某物存在就是说它是"一"："一"才是存在的本质属性，在所有的范畴里都能发现存在本身，所以"一"也存在于所有的范畴之中。至于善，亚里士多德在《尼各马可伦理学》（1096）中也认为它适用于所有的范畴。因此用经院哲学家的话来说，"一"和善是存在的超越属性，因为它们适用于所有范畴，所以它们不局限于某个范畴，也不构成属。如果人的定义是"理性的动物"，那么动物是属，理性是种差。但我们不能以动物性来谓述理性，以属来谓述种差，但可以谓述这两者的存在。因此，存在不是属，"一"和善也是如此。

然而，"存在"这个术语并不能在完全相同的情况下谓述所有的存在物，如果某种实体"是"（is），在质的意义上具有存在，它只是实体的属性，不能说是"去存在"（to be）。那么，存在的哪种范畴是形而上学尤其关注的呢？实体的范畴最为主要，因为万物都是实体或实体的属性。但也可能有很多不同种类的实体，第一哲学或形而上学研究的又是哪种呢？亚里士多德回答说，如果有不变的实体存在，那么形而上学研究的就是这不变的实体，因为它关注的是"作为存在的存在"（being qua being），而存在的真正性质就表现在不变、自存的事物之中，而非可变的事物之中。运动的原因不可能存在无限多种，所以至少有这个不变的存在，它导致运动同时保持自身不为所动，而这不动的实体包含了存在的所有性质，它具有神的特性，所以第一哲学被称为神学也是合理的。数学的确是理论科学，关注的是不动的对象，但这些对象，**虽然在思考时与质料分离**，却不单独存在；物理学研究的是既离不开质料又不能免于运动的事物；只有形而上学所面对的才是既与质料相分离，又保持不动的对象。①

［在《形而上学》卷 E 中，亚里士多德简单区分了可变实体与不可变实体，但在卷 Λ 中他将实体分为三种：可感的和可朽的；可感的和不朽的，如天体；不可感的和不朽的。］

因此，形而上学关心的是存在，它首要研究的是作为实体范畴的存在，而非"偶性存在"，因为"偶性存在"不是科学的对象②，它也不研究真，因为真与假存在于判断中，而不在事物之中。③（它也建立了第一原理或公理，尤其是矛盾律，这当然不是演绎出来的，矛盾律是统管所有存在和所有知识的最终原理。）④但如果形而上学研究不可感的实体，那么，确定什么是不可感实体就显得十分重要了。这些实体是数学的对象吗？或是普遍概念吗？还是超越性的存在与"一"的理念？亚里士多德回答说，不，它们都不是。他由此对柏拉图的理念论进行批评，下面将简述其观点。

4.（1）亚里士多德认为，柏拉图的理论使得科学知识成为可能，并得到解释，这证明普遍概念不只是心理的幻象还是真实的；但这不能证明普遍概念在个别事物之外还有其独立的存在。如果严格运用柏拉图的理论，应该有否定、关系这样的理念存在。因为无论何时我们设想一个与很多对象相关的共同概念，都有必要假定一个理念，于是否定、关系等也必有其理念。"我们证明理念存在的方法没有一种有说服力，因为这些方法有的出自不具有必然性的推论，有的出自我们并不认为是事物理念的理念。"⑤

（2）理念论或理型论**毫无用处**。

a. 在亚里士多德看来，理念只是对可见之物的无目的的重复。它们被设定以解释世间万物因何存在。但只是假设另一个事物之"多"的存

---

① 亚里士多德，《形而上学》，1026a6—32，以及 1064a28—b6。
② 亚里士多德，《形而上学》，卷 VI (E) 第 2 章。比如说，假设一个糖果制造商的目的是给予人快乐；但如果他的产品也可以带来健康，这就是"偶性"。
③ 亚里士多德，《形而上学》，卷 VI (E) 第 4 章。
④ 亚里士多德，《形而上学》，卷 IV (Γ) 第 3 章。
⑤ 亚里士多德，《形而上学》，990b8—11。

在，并没有什么用，就像柏拉图一样。柏拉图就像一个连很小的数目都算不清楚，却还觉得如果将数目加倍将会更容易计算的人。[1]

b. 理念对我们获得关于事物的知识毫无用处。"它们并不能帮助我们获得对于其他事物的知识（因为它们不是这些事物的实体，否则它们就应该在其之中）。"[2] 这似乎显示了亚里士多德对可见事物的兴趣，然而柏拉图并不是真的关心这个世界的事物本身，而是将之作为理念的垫脚石。可以说，知道了现象所指向的或者试图实现的样式，我们就能以自身为动力因促使其实现。柏拉图对这点非常重视。例如，通过了解现实城邦所仿效的理想城邦样式，或多或少有助于我们对现实城邦进行改革，因为我们知道目标是什么。

c. 当解释事物的运动时，理念就毫无用处了。虽然事物是由于理念而存在的，但它如何说明事物的运动以及它们的生成与消亡呢？"首先需要讨论的问题是，理念对于世界上的可感事物，不论是永恒的、生成的还是停止的，究竟有什么用呢？"[3] 理念是静止的，如果世界的对象都是理念的摹仿物，那么它们也应当是静止的；但又或者它们在运动，就像它们现在一样，那么它们的动力因是什么？

亚里士多德对柏拉图的上述批评并不公正，因为柏拉图充分意识到了理念不是动力因，正是由于这个原因，他引入了工匠神的概念。后者虽然或多或少地具有神话色彩，但我们依然可以清楚看到，柏拉图从未把理念当作运动的本原，他试图通过别的途径对世界的运动做出解释。

d. 理念本应用来解释可感对象，但这样一来它们自身是可感的。例如，理念的人是可感的，就像苏格拉底那样。形式类似拟人化的诸神，诸神只是永恒的人，因此理念也只是"永恒的可感事物"[4] 而已。

这并不是很有效的批评。如果理念的人被视为具体的人在理念层面上的复制品，也就是在"理念"的宽泛意义上，当实际的人被提升到发展

---

[1] 亚里士多德，《形而上学》，990a34—b8。
[2] 亚里士多德，《形而上学》，991a12—13。
[3] 亚里士多德，《形而上学》，991a8—10。
[4] 亚里士多德，《形而上学》，997b5—12。

的最高峰时，那么理念的人当然是可感的。但是究竟柏拉图本人的意思是这样的吗？虽然他在某些情况下用到的术语可能暗含了这个含义，但这种过度的观点绝不是柏拉图理念论的本质。理念是存在概念或是理念样式，例如，虽然人的存在概念中包含物质的理念，但也不是说它自身一定是物质的。事实上，当假定理念的人意味着一个**理念**时，则物质性和可感性都被从假设中排除出去了。当后来的柏拉图主义者将人的理念置于神圣心灵之中，难道会有人认为他们是把现实具体的人放在了神的心灵之中吗？这种异议似乎只在亚里士多德的哲学中才出现，也就是说，到此为止，就他与柏拉图之间的联系而言，他的批评并不是特别合理。关键是他对理念论的反对非常粗略，这种粗略的解释对真正理解柏拉图的理念论毫无用处。

（3）理念论或者理型论是一种**不可能**的理论。

a."实体与使它们之为实体的'事物'是不可能分别独立存在的。因此理念怎么可能既是事物的实体又独立存在呢？"① 理念包含了可感事物的本质和内在真实性；但独立于可感事物存在的对象又怎能包含这些可感事物的本质呢？不管怎样，它们之间的关系究竟是什么呢？柏拉图试图利用"分有""摹仿"等术语来解释它们的关系，但亚里士多德反驳道："说它们（即可感事物）是范式，其他事物都分有它们，这只是使用了诗歌的隐喻，其实什么都没有说。"②

如果分离意味着地点上的分离，这个批评肯定是非常到位的。但就理念论而言，分离一定暗指地点上的分离吗？难道不能意味着独立性吗？如果理念被当作存在概念或是理念，那么就不可能照字面将之理解为地点上的分离。亚里士多德似乎是完全站在他自己的立场上进行讨论的，他认为理念是可感事物的内在本质。他提出分有毫无意义，除非有真实的内在理念，与质料共同构成事物，这样的解释不可能得到柏拉图的承认。亚里士多德正确地指出了柏拉图理论的不足；但在拒绝柏拉图的范本时，他也暴露了自己的（亚里士多德的）理论缺陷，他没有为本质的永恒性提供真

---

① 亚里士多德，《形而上学》，991b1—3。
② 亚里士多德，《形而上学》，卷 M，1079b24—26；卷 A，991a20—22。

正超越的基础。

b."万物都来自理念，但这个'来自'却不是一般意义上的'来自'。"① 亚里士多德在这里再次提到理念与被称作理念的事物之间的关系问题。在这个问题上，他反对使用柏拉图那仅仅是诗歌隐喻的解释术语。这当然是柏拉图理论中的关键点之一，柏拉图本人似乎也感觉到该解释的不足。他确实没有用让人满意的方式说清楚他所用隐喻的真正含义以及可感对象与理念之间的真正关系是什么。但奇怪的是，亚里士多德在《形而上学》中论述柏拉图的理论时，完全忽略了工匠神。造成忽略的原因可能是亚里士多德认为，世间运动的最根本原因是**目的**因，而超出地面的**动力**因这种观点无法被他接受。

c. 理念与它们之为理念的事物一样是个体事物，但它们应当是普遍概念而不是个体。例如，理念的人是像苏格拉底那样的个体。而且，假如很多事物共有一个名称，那么就一定存在一个永恒的理念范式，我们需要假设第三人，既是苏格拉底摹仿的对象，又是理念的人。这是因为苏格拉底和理念的人有着共同本质，所以在他们之外一定有独立存在的普遍概念。但同样的困难会一直出现，我们会陷入无限后退。②

如果柏拉图认为理念就是事物，那么亚里士多德的批评可以说十分到位。但柏拉图真的这样认为吗？如果他把理念看作实际存在的概念，它们也不会在"苏格拉底是个体"的意义上是个体。当然，它们还是个体的概念，但是柏拉图试图将整个概念或理念世界系统化，形成一个精密的系统，即世界的理性结构。打个比方，这个世界总是在努力地具象化，但总不能充分表现，因为所有的物质事物都不可避免出现偶然和意外。（这使我们想到了黑格尔的普遍范畴理论中有关自然的偶然对象的说法。）

（4）反对"理念就是数"的理论。

a. 没有必要过于细致地研究亚里士多德的异议和批评，因为理念的数的理论可能是柏拉图思想中的一次不成功的发展。就像亚里士多德所

---

① 亚里士多德，《形而上学》，卷 A，991a19—20。
② 亚里士多德，《形而上学》，卷 A，990b15—17；卷 K，1059b8—9。

说:"近代哲学家将数学当作哲学的全部,虽然他们认为研究它是为了研究其他事物。"[1]

为了了解亚里士多德对数以及相关问题的大致讨论,应参看《形而上学》卷 A 991b9 到 993a10,以及卷 M 和卷 N 部分。

b. 如果理念就是数,那么它们是如何成为原因的?[2] 如果这是由于存在物是其他的数(例如,"有一个数是人,另一个数是苏格拉底,还有一个数是卡里亚斯"),那么为什么"这一组数产生了那一组数呢"? 如果这意味着卡里亚斯是他自身元素的数率,那么他的理念也就是元素的数率,严格来讲,两者都不能算是数了。(当然,柏拉图觉得理念是范式因而不是动力因。)

c. 怎么可能存在两种数呢?[3] 如果除了理念数之外还有必要设定另一种数,亦即数学对象,那么区别这两种数的依据又是什么呢? 亚里士多德认为,我们只知道一种数,那就是数学家所研究的那种数。

d. 但是,是否存在两种数,例如理念和数学对象(柏拉图);或者只存在一种类型的数,例如与可感事物相分离的数学的数(斯彪西波)。然而,亚里士多德反对说,如果理念是数,那么它们不可能是独一无二的,因为组成它们的元素相同(事实上,理念的独特性并非是说他们彼此之间没有内在关联);数学对象"无论如何都不能独立存在"[4]。原因之一便是如果我们接受数学对象是独立存在的,也就是说在可感的体、面、线之外一定独立存在着体、面、线,那么分离的体之中的面和线也对应着其他分离的面和线。无限后退将是不可避免的。于是"结果非常荒谬,因为我们发现除了可感的体之外,还有另一种'体';除了可感的线,还有三种'线',它们有的与可感的线相分离,有的在数学的体之中,还有的与数学的体相分离;另外还有四种线和五种点。数学究竟研究的是哪一种呢"[5]?

e. 如果事物的实体是数学的,那么运动的来源是什么?"如果大与

---

① 亚里士多德,《形而上学》,992a32—b1。
② 亚里士多德,《形而上学》,991b9。
③ 亚里士多德,《形而上学》,991b27—31。
④ 亚里士多德,《形而上学》,1077—1214。
⑤ 亚里士多德,《形而上学》,1076b28—34。

小是被推动的，显然理念也会被推动；如果不是，运动又是从何而来的？假如我们不能回答这个问题，那么所有对自然的研究都将是无效的。"①（正如前面提到的那样，柏拉图试图证明运动另有其来源，而理念本身是不动的。）

（5）亚里士多德对柏拉图的数学对象与理念数等学说的解释有部分相当粗糙，例如，他觉得柏拉图认为数学对象或理念都是事物。此外，亚里士多德自己面临着反对抽象数学理论带来的巨大困难（例如，亚里士多德认为几何学家研究的不是分离的数学对象，而是抽象的可感事物），比如我们无法从自然中抽象出完美的圆，因为自然中没有完美的圆可供我们去抽象。而从另一方面来看，我们很难通过"纠正"自然中不完美的圆来得到完美的圆的理念，除非我们预先知道什么是完美的圆，否则我们不可能知道自然中的圆是不完美的。对此，亚里士多德可能有两种回答：虽然自然界中不存在完美的圆可供测量，但给出了观想的材料，足以抽象出完美的圆的理念；数学上的图形和公理或多或少是武断的假设，所以数学的首要条件就是一致性与逻辑性，而不必假定每一种几何学都要符合"真实"世界，换句话说就是，不必假设有个与此相对应的理念世界，是精神对"真实"世界的反映或洞察。

总的来说，我们不能偏向柏拉图或亚里士多德中的任何一方，而是应当将他们两人说得对的地方结合起来。这正是新柏拉图主义所做的尝试。例如，柏拉图将理念当作范式因，后来的柏拉图主义者则将它们置于神之中。若加以适当的限定，这种观点是正确的，因为神圣本质是所有造物的最终模型。②另一方面，柏拉图假定我们对理念已经具有或者能够具有直接的知识。就像马勒布朗士所说的那样，现在我们当然不具有关于神圣理念的直接知识。我们能够直接认知的只有表达了的普遍概念，这种普

---

① 亚里士多德，《形而上学》，卷 A，992b7—9。
② 圣托马斯·阿奎那援引圣奥古斯丁的神圣理念（the Divine Ideas），认为在神圣心灵（the Divine Mind）中有许多理念（圣托马斯，I, 15, 2），他反对柏拉图"这些理念外在于神圣心灵"的观点（引自圣托马斯，I, 15, 1, ad 1）。他解释道，并不是说在上帝之中有许多偶然的种，但是上帝完了解他的本质，他知道他的本质是许多受造物所摹仿（或是分有）的对象。

遍概念存在个体之外。因此就有了在神之中的外部理念模型，个体对象的基础，即其种上的本质，以及存在于我们心智中的抽象的普遍概念。从这个观点来看，亚里士多德对柏拉图的批评可以成立。因为我们有着直接知识的普遍概念只是个体事物的本质。这样，我们可以把柏拉图和亚里士多德的观点整理成一套完整的哲学观点。柏拉图的工匠神应该等同于亚里士多德的思想的思想，永恒的理念应该是指称神，亚里士多德的具体普遍者和抽象理论也应当被接受。我们不能因为这两位伟大思想家所处的地位而全盘接受他们的观点，亚里士多德对柏拉图理念论的批评虽然很有价值，但也不能因此就将柏拉图的理论贬得一文不值。奥古斯丁的哲学就通过新柏拉图主义而受到柏拉图思想的充分浸润。

尽管不得不承认亚里士多德对柏拉图理念论的基本批评是正确的，理念论确实含有分离问题，自身无法得到证成，从而需要亚里士多德的内在理念学说（我们抽象地思考它的普遍性）的补充，但我们并没有完全倒向亚里士多德的批评。我们可以问，"你为什么认为亚里士多德对柏拉图的批评值得认真思考？如果亚里士多德对柏拉图的评论是正确的，那么他对柏拉图理论的批评就能够成立；但如果他的批评不正确，那么他不是故意曲解柏拉图的理论就是没能真正理解它"。

第一，我们必须承认，至少在亚里士多德心里，他想批评的是柏拉图本人的理论，而非某些与柏拉图不同的柏拉图主义者的观点，只要仔细阅读《形而上学》，我们就能够发现这一点。第二，也要承认的是，尽管亚里士多德主要批评的是柏拉图在学园中讲授的理论，但他对柏拉图对话录的内容也非常熟悉，知道他的某些批评在《巴门尼德》中已经被提出了。第三，没有理由假定柏拉图在学园中讲授的理论与他公开发表的著作中的理论相悖或矛盾。倘若相悖，我们有理由相信亚里士多德对此肯定会有所提及。但反过来说，如果他并未提及柏拉图观点的改变，在没有得到更好的证据之前，我们也不能肯定有这样的改变。该理论的数学形式很可能是柏拉图对理论的补充，或是推测性的证明和解释，它是"秘传"的版本（我们可以用这个词表达某种不太成功的联想，而不需要同时暗示这个数学版本是**另一个不同的**理论）。亚里士多德在这些方面提出了他对柏拉图理念论的批评。(但请记住《形而上学》不是一部连贯的著作,它的写作并不是为了出版,所以我们不能马上假设亚里士多德在演讲中提出的对柏拉图理论的所有反驳都同样被他本人严肃地看待。一个人在演讲中所表达的,往往不会以同样的方式出现在他的出版著作之中。)

如此,我们似乎陷入了尴尬的境地。一方面是柏拉图除了他本人在《巴门尼德》中提出的难题之外,也的确持有亚里士多德所批评的那种形式的理论(在这点上柏拉图显得很愚蠢);另一方面,亚里士多德几乎误解了柏拉图的理论(在这点上亚里士多德同样很愚蠢)。现在,我们既不希望承认柏拉图或亚里士多德是愚蠢的,也不愿意讨论任何这类问题,因为这类问题必然涉及我们个人的某些假设。柏拉图从未彻底解决分离问题,亚里士多德也没有很精通当时的高级数学,但这并不表示他们是愚蠢的,这点很容易被承认。可是这种认可显然无法应对亚里士多德批评中所涉及的难题,他觉得柏拉图的理论描述过于天真,他也很少提及对话录,对工匠神更是绝口不提。或许解决这个困难的办法如下,亚里士多德早就意识到柏拉图无法解决分离问题,所以他打破老师的理论而采取了完全不同的立场。当他**站在这个立场**反对柏拉图时,柏拉图的理论无论怎样都会显得奇怪和难以相信,因此,他可能很容易认为自己是在试图以某种夸大其理论漏洞的方式来突出争论的论题。我们可以以黑格尔为例进行说明。有人认为黑格尔的理论体系是纯粹理性上的杰作或狂想,为了其争论的论题,他们可以夸大甚至歪曲其理论体系中的弱点,没有什么比这更容易了。即使对于那些认为这套体系根本就不正确的评论家,我们也不能公正地指控他们蓄意歪曲了理论。我们希望这些评论家为了历史的真实性而采取其他的行动,但我们也很难因为他们选择扮演批评家的角色而说他们愚蠢。我不相信亚里士多德对柏拉图有任何敌意,就像谢林和叔本华对黑格尔的那样,我认为亚里士多德只是在扮演批评者的角色,夸大了他认为错误的理论中的弱点。至于他绝口不提工匠神,可以说至少有部分是因为,他是站在自己(即亚里士多德)的立场上来批评柏拉图的,他不接受工匠神的概念;所以对此他没有认真考虑。此外,亚里士多德有理由相信《蒂迈欧》中所描述的工匠神实际很大程度上是象征性的角色,因为即使是在学园中，**如果**柏拉图也没有解决心灵或灵魂的真正性质及地位，那么就不难理解，为何亚里士多德在批评理念论时可以完全忽略工匠神的角色，因为他不相信任何世界的形成是**在背后的**。这种忽视可能在某种程度上是不合理的，但上述解释可能让我们更容易理解他为什么要这么做。我们的意见可能并不完全令人满意，我们也欢迎严肃的批评，但这些意见起码可以让我们不用被"柏拉图和亚里士多德谁是傻瓜"这类的问题困扰。毕竟，亚里士多德对柏拉图理论的批评基本上是合理的，因为柏拉图使用术语"摹仿"和"分有"时，明显暗示了在物质事物中存在某种形式元素，也就是某种相对稳定的本原，而与此同时，他也未能提供某种有关实体形式的理论，因此**无法**解释这种内在的形式元素。亚里士多德正确地提出了这个元素，但当他看到柏拉图的分离的理念**无法**解释这个元素时，就连同柏拉图的理型论也否定了。他主要是从**生物学家**的观点（生物学家坚持内在的生机），以及《形而上学》第十二卷中所设想的神学角度来看待柏拉图的理论。他并没有使用柏拉图式的范型论、数学主义和工匠神。因此，当我们从亚里士多德自己的思想体系来看待问题时，他对柏拉图理论的态度也是可以理解的。

5. 虽然亚里士多德一直批评柏拉图分离的理念或形式学说，但他仍然同意柏拉图所主张的，普遍者不仅仅是主观概念或是口头的表达，因为心灵中的普遍者与事物中的特殊本质相符，尽管这种本质无法在与心灵分离的任何情况下独立存在，它只在心灵之中，并通过心灵的活动而分离。与柏拉图一样，亚里士多德确信普遍者是科学的对象，所以，如果普遍者不真实，如果它无论如何也不具有客观真实性，那么，一切科学知识都将不复存在，因为科学不研究个体本身。普遍者是真实的，它不仅在心灵中具有实在性，在事物之中也是如此，虽然它存在于事物中时，不像存在于心灵中那样涉及形式上的普遍性。属于同一个种的个体才是真正的实体，但它们所分有的客观的普遍者，在数目上并不与同一种下的个体数目一样。种的本质就数目而言与每个种下的个体数目不同，可另一方面，它与同一个种下的个体在种上是一样的（即它们在种的方面完全类似），这种客观的相似性是抽象的普遍概念的真正基础，它在心灵中数目一致，并能无差别地谓述种下的所有个体。柏拉图与亚里士多德一致认为，真正的科学研究的是事物之中的普遍元素，即研究种的相似性。科学家关注的不是作为个别的金块，而是金子的本质，是在所有个体金块中都能找到的种的相似性，即表明金子是一个种。"苏格拉底借助定义推动了这个理论（即柏拉图的理论）"，"虽然借助了定义，但他并未将普遍从个体中区分出来，这点做得很正确。结果很清楚，没有普遍就不可能获得知识，但分离普遍与个别也是我们反对理念论的原因"①。严格说来，对亚里士多德而言，不存在客观的普遍者，但心灵的主观普遍在事物上有客观的基础。普遍的马是一个主观概念，但在个别马的实体形式中有客观的基础。

个体才是真正的实体，普遍者是实体吗？换句话说，将个体划归其下的种，或者说是种元素、形式本原，可以被称为实体吗？亚里士多德认为不能，除非是在次要或派生意义上说的。只有个体是谓述的主词，并且它本身不谓述其他事物。种可以在次要意义上被称作实体，这是肯定的，因为本质的元素比作为个体的个体具有更高的实在性，并且它是科学的对象。因此，亚里士多德把个体称之为第一实体，把种称作第二实体。②由此看来，亚里士多德将他自己置于矛盾的指控中。这所谓的矛盾在于，如果只有个体才是真正的实体，科学关注的是实体，那么个体就必然是科学的真正对象。但事实上，亚里士多德的观点刚好相反，他认为科学并不关注个体本身，而关注普遍者，换句话说，亚里士多德一方面认为科学研究实体，个体在首要意义上是实体；另一方面，他也认为普遍者具有优先性，并且是科学的真正对象，这似乎与他的前提刚好相反。

为了回应对于这种自相矛盾的观点的指责，我们可以从两方面入手：（1）如果我们理解了亚里士多德的真正**意涵**，就会知道其实并不存在矛盾。当他说个体，且只有个体才是真正的实体时，他是为了反对柏拉图"普遍

---

① 亚里士多德，《形而上学》，卷 M，1036b2—7。对比卷 K，1059b25—26 和卷 Z，1036a28—29。
② 亚里士多德，《范畴篇》，第 5 章。要注意的是，"第一""第二"的说法并非价值区分，而是指对我们而言的次第。我们首先认识个别事物，然后通过抽象认识普遍，但是亚里士多德并没有放弃这样的观点，即普遍者是科学的对象，是比个别事物更高的实在。

者自身是分离的实体"之学说。但他并不否认普遍者在事物的形式或种的元素层面上是真实的。个体是真正的实体,但使之成为这样或那样的个体,成为事物的主要元素和科学对象的,是普遍的元素或事物的形式,即在普遍形式方面心灵的抽象和考虑。所以,当亚里士多德说普遍者是科学的对象时,他并没有自相矛盾,因为他没有否认普遍者具有某种客观实在性,只是否认它是分离独存的。普遍者的确存在于个体之中,它的客观实在性不是超越的而是内在的,即具体的普遍者。只有个体是真正的实体,但可感的个体事物是复合的,在科学知识中,理智直接抵达普遍的元素,它真实地在那里,虽然只能作为**个体的元素**具体地存在着。毫无疑问,亚里士多德受到了以下事实的影响:个体会生灭,但种却长存。因此,作为个体的马会死,但马的本性仍然保持不变(种的而非数量上的)。科学家研究的是马的本性,不仅仅是"黑美人"或是任何其他个别的马。(2)即使是在术语方面,亚里士多德也并非真的自相矛盾,因为他特别区分了实体的两种含义。实体在首要意义上是个别实体,由质料**和**形式构成;实体在次要意义上是形式元素或种的本质,它与普遍概念相符。第一实体是不谓述其他事物,而被其他事物(即偶性)谓述的主体。第二实体是本性,即种的本质,与普遍概念相符。此外,亚里士多德所说的第一和第二实体,不是本性、尊贵或时间意义上的先后次序,而是对我们而言的第一和第二。①

个体实体是由主体或基质和形式本质组成的。属于个体实体的情况和关系,可以被分为九种附属的范畴。普遍者之所以成为科学的对象,是因为它是本质元素,所以它比**仅**是具体物的个体拥有更高的实在性。普遍者当然只存在于个体之中,但这不代表我们不能在普遍性上使普遍者成为科学对象,可我们只能通过理解个体来理解普遍者。

亚里士多德认为普遍者对于科学来说是必不可少的,真的是这样吗?(1)如果科学就是有关普遍的知识,答案就显而易见了。(2)如果科学意味着亚里士多德所说的智慧,那么可以肯定地说,哲学家并不关

---

① 策勒认为:"把某种更高的现实归因于形式是矛盾,它始终是普遍性,也是在形式与质料的混合物之间进行的比较,同时他也表明,只有普遍者才是知识的对象,它在其自身中是先验的和更为人所知的。这一矛盾的结果是通过对整个亚里士多德体系进行观察得到的。"(《古希腊哲学史纲》,第274页。)这并不是对这种所谓矛盾的积极陈述。

心作为个别存在，例如，如果哲学家关注的是偶然的存在，那么不是关注这样或那样个别的偶性存在本身，而是关注偶然存在的本质特性，即使他以偶性存在为例证进行说明。如果必须限于实际经验到的个别的偶性存在，无论是他自己经验到的，还是来自其他人的可信赖的证据，他的结论都将被限制在这些个别存在之中。但作为哲学家，他希望可以得到适用于所有可能的偶性存在的普遍结论。（3）如果科学指的是我们今天通常所说的含义，那么就得必须承认，虽然我们希望认识某类存在的真正普遍本质，获得其理念，但它却不再是**必不可少**的了。例如，植物学家无须知道植物的本质定义，就可以很好地对植物进行分类。对他们来说，观察现象就足以划分和定义种类了，并不需要知道真正的种的本质是如何被定义的。经院哲学家希望能够给出定义，其中最有代表性也最有意义的就是他们经常提到的"人是理性的动物"。但他们不会给牛或金凤花任何本质的定义，我们通常满足于"名义上"的本质，虽然它并不是真正的本质，但即使如此，某些普遍特性的知识依旧是必要的。因为即使你无法确定种差，也可以就同种的个体的某些普遍特性来下定义。假设"有理性的动物"是人的真正定义，如果你无法得到这一定义，也可以把人描述成无毛的、说话有意义的两足动物，但你至少要知道"无毛"和"说话有意义"这两个普遍概念。所以，即使从偶性进行的区分或描述也以某种方式暗示了对普遍者的辨识，因为即使一个人无法准确地定义普遍者，也能够识别它。尽管人们对普遍者仅有一个模糊的认识，但他们无法准确地定义它或清楚地理解它。普遍定义，也就是真正的本质定义，是某种理想的状态，即使经验科学在实践中并未完成这个理想，亚里士多德仍以其理想的样态来谈论它。他永远不会同意像密尔这样的经验论者或唯名论者的观点，但他承认，我们通常只有描述而没有真正的定义。

6. 亚里士多德反对将数学对象或理念当作实体。他在《形而上学》中反驳柏拉图的理论时，只是简单地否定了它们是实体，但我们看到在《范畴篇》中，他在次要的或派生的意义上将它们叫作第二实体。无论如何，只有个体才是真正的实体。还有一点需要注意。亚里士多德认为①，可感个体不能由其质料来定义，质料元素会导致它们毁灭，还会让它模糊我们的认知。另一方面，实体主要是事物的可定义的本质或形式，也是因之质料而成为某种确切的具体对象的本原。② 所以，实体主要是形式，它本身是非质料的，亚里士多德一开始认为可感的个体事物是实体，后来他的观点变成了，只有纯形式才是真正主要的实体，真正独立于质料之外的形式只有神、天上的理智和人的主动理智，所以只有这些形式才是真正的实体。如果形而上学研究实体，那么它相当于"神学"。在这里，我们可以清楚看到柏拉图主义的影响，因为，尽管他批评柏拉图的理念论，亚里士多德显然仍继续将质料当作思想不能通过的元素，把纯粹形式当作可理解的事物，这并不表明亚里士多德的想法是错误的，而是无论对错，这种观点都显然来自柏拉图主义的遗赠。

7.正如我们所看到的，亚里士多德给出了四种本原：质料、形式、运动的来源或动力因和目的因。变化或运动（一般说来，运动包含所有从起点到终点的过程，就像叶子的颜色从绿色变成棕色）真实存在于世界，尽管巴门尼德认为变化是虚幻的，但亚里士多德仍然思考着变化的事实。他认为其中的某些因素必须被承认，例如，变化的基质一定存在，因为我们随时都能观察到有正在变化的事物。橡树由橡子而来，床由木材而来。有些东西被改变，并不断接受新的限制。首先，对于新的限制来说，它处于潜能状态，然后在某种动力因的作用下获得新的现实。雕刻家用于雕刻的大理石一直处于潜能状态，直到他被雕刻家赋予新的形式或限制，即雕塑的形式。

现在，大理石获得了雕塑的形式，发生了变化，但在实体仍是大理石这种意义上说，这一变化只是偶然的，不过形状或状态却不同了。可在某些情况下，实体并非一成不变：牛吃了草，草被消化之后得到了一个新的实体形式。绝对地说，万物最终都会变成其他的事物，这表明有终极基质，它自身不具有任何确切的特性，只是潜能本身。这就是亚里士多德所

---

① 亚里士多德，《形而上学》，卷 VII（Z）第 15 章。
② 亚里士多德，《形而上学》，卷 VII（Z）第 17 章。

谓的载体的原初质料①，也就是经院哲学家的原始质料，它存在于所有物质事物之中，也是变化的最终基质。当然，亚里士多德非常清楚，没有任何动力因能直接在原初质料本身上起作用。能够起作用的，总是一些确定的事物，一些已经实现的基质，例如，雕刻家雕琢的大理石，这是他的质料，是他进行改变的基质，他不能对原初质料本身起作用。同样地，是草变成牛，而非原初质料本身。这意味着原初质料从不作为自身而存在——我们或许称之为赤裸的原初质料，它总是与形式相结合，从而具有形式或特质。因此，原初质料无法脱离形式独立存在，它只能在逻辑上与形式分离；但就它是物质对象的实在元素以及实在变化的最终基质来说，它又真实地与形式相分离。因此，我们不能说原初质料是物质宇宙中最简单的物体，因为它根本不是物体，而是物体中甚至是最简单的物体中的元素。在《物理学》②中，亚里士多德谈到，表面上，地球上物质世界最简单的东西是四种元素，土、气、火、水，但它们本身包含对立的一面，因此可以相互转化。如果它们能够变化，那么意味着它们也是由潜能和现实组成的。例如，**气是气**，但也**能变成火**。它有气的形式或**现实**，但也有变成火的潜能。不过在逻辑上需要假定，某种可变成万物的潜能（即某种未经修饰的**潜能**），要先于可变成火或其他任何特定事物的潜能而存在。

变化是先前存在的物体的发展，这个物体不是确定的物体，而是尚未变化却有着变成其他事物的能力的物体，这是从潜能到现实的过程，但潜能也是实际存在的，只是还没有成为它所是的事物而已。例如，汽并非无中生有，它来自水。但它不是来自水本身：水之为水只能是水而不能是其他。汽源于水，这是说水能变成汽。同时"要求"要把水加热到一定的温度才能变成汽；但它还不是汽，它还缺少汽的形式——这不仅意味着它没有获得汽的形式，还表明它能够并且应当具有汽的形式，只是它还没

---

① 亚里士多德，《物理学》，193a29和191a31—32。从这个角度看，人们也可能从原初质料入手探讨这一问题。研究任何物质实体，分析所有它与其他实体（如颜色、形状等）相同的明确特征。最终留下的实体是绝对无形式、无特征的，它不能独立存在，但可以在逻辑上被预设出来。这就是原初质料。参见斯塔斯，《希腊哲学批判史》，第276页。
② 亚里士多德，《物理学》，卷Ⅰ第6章；卷Ⅲ第5章。

有得到。因此，变化就不仅有两种因素，而是有三种因素了，变化的结果包含两个积极的元素，形式和质料，还有第三个元素——缺乏。缺乏不是像形式和质料那样的积极元素，但它却是变化所必须预设的。由此，亚里士多德给出了变化的三个预设：质料、形式和缺乏或是突变。①

8.因此，具体的可感实体是由质料和形式组成的个体存在。但使这种存在成为确定事物的形式元素，在最低种的所有个体中都是一样的，例如，不论是苏格拉底还是柏拉图，作为人的种特性或本质是相同的（当然不是指数目上的相同）。如此的话，形式就不能使具体的可感实体成为这个或那个个体了。形式不能是可感对象的个体化原则。亚里士多德认为的个体化原则是什么呢？是质料。因此，卡里亚斯和苏格拉底在形式上是相同的（即人的形式或本性），他们的区别在于获得的质料不同。②这种观点也被圣托马斯·阿奎那所采纳。但他看到了无特性的原初质料给个体化原则带来的困难，因此，他又提出"定量质料"来解释：质料先行对量有要求。但须等到质料与形式结合时，才能获得该量，这种以质料为个体化原则的理论其实也得自柏拉图学说的启发，因为柏拉图以理念（或形式）为普遍者。

这个理论表明：每个纯粹形式都必须是它所在种的唯一成员，必须穷尽种的所有可能性。所以，在该种中没有质料，也就没有个体化原则。圣托马斯·阿奎那也得出这样的结论。他还认为（这是他不同于圣波拿文都拉的观点），纯粹理智或天使形成了许多的种，一个种里不可能有很多天使或非物质的形式。亚里士多德也得出了这个结论，他在指出"多"取决于质料后，进一步说明，不动的第一推动者没有质料，所以不仅在形式或定义上是"一"，在数量上也一定为"一"。③的确，这个存疑的段落似乎反对了亚里士多德多个不动的动者的理论，但这至少表明，他意识到了这种"质料作为同一种下的个体化原则"的学说所带来的后果。

另外，这个学说还有更为深远和严肃的后果，根据亚里士多德的理

---

① 亚里士多德，《物理学》，卷 I 第 7 章。
② 亚里士多德，《形而上学》，1034a5—8。
③ 亚里士多德，《形而上学》，1074a33—38。

论，质料是个体化原则，本身不可知的东西，那么个别的具体事物就不是完全可知的了。除此之外，亚里士多德还明确表示，个体不能被定义，然而科学所关注的正是定义或本质，所以个体本身不是科学的对象，也不是完全可知的。亚里士多德的确注意到[①]了理智个体（即数学上的圆）和可感的圆（如铜盘或是树的年轮），虽然它们无法被定义，但能通过直观或知觉而被领会；可是他并没有详尽解释或提出任何有关个体直观的理论。虽然这个理论确实不可或缺。例如，我们充分相信我们的确可以知道某个人的性格，可我们无法通过推论或科学的理论来获得这种知识。事实上，人们很难避免这样的印象，亚里士多德对科学定义、对关于种本质上的实体知识的推崇，以及对可感个体知识的贬低都只是柏拉图的教育留给他的遗产。

9.《形而上学》卷 H 中，亚里士多德讨论了潜能和现实的概念。对潜能和现实的区分极其重要，因为它使亚里士多德能够承认真实发展的学说。麦加拉学派否认潜能，但亚里士多德并不同意。他认为没有现实地进行建造工作的建筑师就不具有建造的能力，这种说法是极为荒谬的。当然，从某种意义上说，如果"不能建造"指的是"不能现实地进行建造活动"（这里显然用了矛盾律）的话，在没有现实地进行建造时，建筑师的确没有建造的能力。但他具有建造的潜能，即能够建造的能力，即使他并没有现实地使用这种能力。通过简单的说明，我们发现这种潜能不是简单的对现实的否定。处于深度睡眠或昏迷状态的人实际上并没有进行思考，但作为一个人，他具有思考的潜能，而一块石头，尽管它实际上没有思考，但它也没有思考的潜能。就其形式的完全实现而言，自然对象处于潜能状态。就如橡子或一棵小树就其完全发展（长成橡树或一棵大树）而言，是处在潜能状态中的。这种潜能可能是使他物变化的力量，也可能是一种自我实现的力量，但在任何情况下，它都是真实的，介于不存在与现实之间。

亚里士多德认为，现实先于潜能。[②] 现实总是由潜能产生，潜能也总

---

① 亚里士多德，《形而上学》，1036a2—6。
② 亚里士多德，《形而上学》，1049b5。

是通过现实才实现出来，潜能总是处于实现之中，就像人是由人所生的。这意味着潜能**在时间上**先于现实。但在原则上，现实**在逻辑上**先于潜能，因为现实是潜能存在或获得的目的。因此，一个孩子在时间上先于他作为成人的现实性，可他的成年在逻辑上先在，因为他的少年是为了成年而存在的。此外，永恒实体先于可朽的实体，那些永恒的、不灭的，才是最高意义的现实。例如，神必然存在，而且必然存在的东西也一定具有完全的现实性。作为运动或是潜能向现实转化的永恒来源，神必定是全面完满的现实、不动的第一推动者。亚里士多德说①，永恒的事物一定是善，在它们身上不可能有缺陷、恶和错误。恶指的是某种缺陷或错误，在完全现实的实体中不可能有缺陷。也就是说，恶的本原不可能独立存在，因为没有质料的事物是纯粹的形式。"恶无法脱离恶的事物而存在。"② 在亚里士多德的思想中可以清楚地看到，神具有柏拉图善理念的某些特征，他还表明一切善的原因就是善本身。③ 不动的第一动者，是一切运动的来源，也是目的因，还是潜能变成现实的**最终原因**，即善得以实现的原因。

通过区分潜能和现实，亚里士多德回应了巴门尼德的问题。巴门尼德曾说，变化是不可能的，因为存在不可能来自非存在（无只能生无），同样的，它也不可能来自存在（因为存在已经存在了）。因此火不可能源于气，因为气是气而不是火。对此亚里士多德的回应是，火并非来自作为气的气，而是来自能变成火但尚未变成火的气，即具有能变成火的潜能的气。抽象来说，事物从其缺乏变成其存在。如果巴门尼德反对说，这等于是说某物是从非存在获得存在的，那么亚里士多德会回应道，事物不是仅从其缺乏获得其存在的（即纯粹缺乏），而是从**主体之中的**缺乏获得其存在。若是巴门尼德反驳，在这种情况下事物的存在来自存在，这是矛盾的，亚里士多德可以回答说，存在并不是来自存在本身，而是来自同样也是非存在的存在，也就是即将成为存在的非存在。因此，亚里士多德通过区分形式、质料和缺乏，或者更好地说，区分现实、潜能和缺乏，回应了

---

① 亚里士多德，《形而上学》，1051a20—21。
② 亚里士多德，《形而上学》，1051a17—18。
③ 亚里士多德，《形而上学》，985a9—10。

巴门尼德提出的难题。[①]

10. 对潜能和现实的区分，导致了存在等级的学说，因为很显然，某物对它自己的起点来说可能是现实，而对更远的终点来说则是潜能。用一个普通的例证来讲就是：对未被雕琢的石头来说，被雕琢的石头就是现实，因为前者具有可被雕琢的潜能；但是对于将要建造却尚未动工的房子来说，被雕琢的石头就是潜能。同样，灵魂对身体而言是现实，因为它能感觉也能活动，但对于更高的努斯的活动来说，它就是潜能了。所以说，最底层的是原初质料，它本身是不可知的，也不能脱离形式而实际存在。它与对立物（像热和冷、干和湿等）结合，形成四种物体，即土、气、水、火。这些相对（虽然不是绝对）单纯物依次形成无机物（比如黄金）与生物的简单组织（被统称为同质体）。以同质体为质料，再产生异质体与有机物。因此，随着等级的逐渐递增，直到我们到达没有混杂质料的人类主动理智、天体的独立理智，最后抵达神。（当然，存在的等级学说不应被当作进化论来看。纯粹理念并非由质料演变而来。此外，亚里士多德认为种是永恒的，而个别的可感对象是可朽的。

11. 变化是如何开始的呢？未被打磨的石头一直保持着石头本身的状态：它不会自己打磨自己。而被打磨过的石头也不会自己变成房子。这两种情况都需要外在原因作为变化或运动的来源。换句话说，除了形式因和质料因，还需要**动力**因。但动力因不一定非要在经历变化的事物*之外*，例如，亚里士多德认为四种元素中的每一种都具有趋向它在宇宙中的适当位置的自然运动（比如，火"向上"），并且这些元素会与它的自然运动相一致，除非它受到了阻碍。它属于趋向其自身本性的元素的形式[②]，因此形式因和动力因一致。但是这并不意味着动力因总是与形式因相同，在灵魂被当作运动的发起者，同时也是有机体的形式本原时，两种原因是一致的；而在房屋建造者的例子中，两种原因就不一致。再以人类的生育为例，父亲只有在特殊性上，而不是数量上，才是孩子的形式因。

12. 我们记得，亚里士多德认为自己是第一位真正思考目的因的思想

---

① 亚里士多德，《形而上学》，卷 Δ 第 12 章，以及卷 Θ。
② 亚里士多德，《论天》，311a1—6。

家。虽然他非常强调目的，但对亚里士多德来说，这个目的不等于**外在**目的，就像我们一般会说草的生长是为了给羊提供食物。相反，他更坚持内部或内在的目的性（因此苹果树的目的，不是给人类提供健康美味的苹果或是苹果汁，而是达到它所能发展的完善，即其形式的完善），因为在亚里士多德看来，事物的形式因通常也是它的目的因。[①] 所以，马的形式因是马的种形式，也是它的目的因，因为同一个种的个体自然力求在讨论中完美地体现其种形式。这种对形式的自然追求意味着，目的因、形式因和动力因往往是相同的。例如，在有机体中，灵魂既是复合体的形式因或决定元素，也是动力因（即运动来源），同时还是目的因，因为有机体中的内在目的就是种形式下的具体化个体。因此，橡子在它长成橡树的整个过程中，趋向其目的因的完全实现。在亚里士多德看来，是目的因通过吸引的方式使之运动。在橡树的例子中，目的因就是形式因，因为它通过规定橡子成长过程的期限，使橡子长成橡树。我们当然可以反对说，橡子的目的因（即橡树的完美形式）还不存在，所以不能使之成长，另一方面也不能像在心灵中构想的那样使之成长（就像艺术家心中的构图，就是具有原因的行动），因为橡子没有心灵和反省的能力。回顾以上事实，亚里士多德会毫无疑问地回答说，橡子的形式是橡树在萌芽阶段的形式，它有着与生俱来的自然倾向，要实现自身的完全发展。但如果有人继续向他追问，亚里士多德可能会遇到困难。

当然，尽管亚里士多德有把所有原因混合起来的倾向，但他并未否认这些原因可以在物理上互相区分。例如，在房屋建造中，房子的形式因（也有人说成是一栋房子的形式原因），不仅在概念上，也在物理上不同于它的目的因，建筑师脑海中对房屋的构图或计划，也与动力因不同。但一般说来，动力因、目的因、形式因和质料因往往结合成两种，亚里士多德倾向于将四因归为二因，即形式因和质料因（尽管现在，我们使用"原因"这个词时，首先想到的自然是动力因，然后可能是目的因）。

这种对目的的强调并不意味着亚里士多德排除了所有机械的因果关

[①] 亚里士多德，《形而上学》，卷 H，1044a36—b11。亚里士多德，《物理学》，卷 B 第 7 章，198a24 以下。

系，他在讨论自然界的目的论时，曾经用拟人化的语言（也是他的名言）说过"自然不做徒劳之事，不行多余之举"①。这句话至少与他在《形而上学》中的神学观点不一致。有时目的性与机械性可以结合，就像实际上，因为光的微粒要比玻璃的微粒细小，所以光透过灯照进来，有利于避免我们跌倒。②但在其他情况下可能只有机械的因果关系在起作用（就像动物眼睛的颜色没有目的，而仅仅受到其出生环境的影响）。③此外，亚里士多德还明确指出，我们不能总是寻找目的因，因为有些事情只能由质料因或动力因来解释。④

13. 所有运动，所有从潜能到现实的转变，都需要某些现实的原理，但如果所有生成、所有物体的运动，都需要现实的推动原因，那么整个世界、整个宇宙，就需要一个第一推动者。⑤然而特别需要注意，"第一"这个词不能理解为时间上的在先，因为根据亚里士多德理论，运动必然是永恒的（使运动开始或是令它消失，也都需要运动本身）。它应当被理解为至高无上的，第一推动者是永恒运动的永恒来源。此外，第一推动者不是作为创造者的神，世界的存在无始无终，并非从永恒之中创造出来的。神形成世界，而并非创造世界，并且他作为**目的因**推动世界，是运动之源。在亚里士多德看来，如果神用物理的动力因果关系引起运动，**推动**世界的形成，那么他自身也将改变，因为被动者对于推动者会有反作用力。因此，神作为目的因，必须是作为被渴求的对象而引起运动。我们稍后还将谈到这个问题。

在《形而上学》卷 Λ 第 6 章以下，亚里士多德表明，这个运动的本原必须是没有潜能的纯粹现实。他先假设世界的永恒性（他认为，如果时间有开始，那么在时间之前还会有时间，这是矛盾的，因为时间与变化有本质关联，所以变化也一定是永恒的），他认为一定有自身不变，也

---

① 亚里士多德，《论天》，卷 A 第 4 章，271a33。
② 亚里士多德，《后分析篇》，94b27—31。亚里士多德，《论动物的生成》，743b16。
③ 亚里士多德，《论动物的生成》，778a16—b19；789b19。亚里士多德，《论动物部分》，642a2；677a17—19。
④ 亚里士多德，《形而上学》，1049b24 以下。
⑤ 亚里士多德，《形而上学》，卷 Δ，以及亚里士多德，《形而上学》，卷 Θ 第 6 章，258b10 以下。

没有任何潜能的第一推动者来引起运动,因为如果它可以停止引发运动,那么运动或变化就不是必然永恒的了,这与它所是不符。因此,第一推动者必须是纯粹的现实,如果它是纯粹的现实,那么它也必定是无质料的,因为质料性有被作用和发生变化的可能。此外,经验表明存在永不止息、做着圆周运动的天体,也证实了这个理论,因为必定有第一推动者去推动天体运动。

我们已经讨论过,神是作为目的因、作为被渴求的对象来推动宇宙的。显然,神被认为直接推动第一天体,导致星辰日夜围绕地球转动。他通过激发爱欲和渴求来进行推动(对非物质的天体而言,渴求的就是可理解的),所以必定存在第一天体的理智和其他天体的理智。每个天体的理智都是精神的,并且天体渴求尽可能接近地摹仿它的理智的生命。由于无法摹仿其理智的精神性,它只能做次好的事情,即进行圆周运动。早期亚里士多德也曾主张柏拉图的星辰灵魂理念,因为在《论哲学》中他提到星辰自身有灵魂,推动自身,但他放弃了这个概念,转而支持天体理智的理论。

但奇怪的是,亚里士多德对于不动的动者的**数目**似乎并没有非常明确的信念。因此,在《物理学》中提到不动的动者数目复多的地方有三处,①在《形而上学》中也有所提及。②耶格尔认为,《形而上学》卷Λ的第8章是后来加入的。在第7章和第9章中(这两章前后连贯,共同构成了"原版"《形而上学》的一部分),亚里士多德都提到了一个不动的动者。但在第8章中则提到了55个超越的推动者。普罗提诺后来反对此观点,他认为这些第一推动者的关系完全是模糊不清的。他还质疑,如果像亚里士多德所说的那样,质料是个体化的原则,那么如何出现复多的推动者?亚里士多德本人也发现了这个问题,他曾在第8章中提到,但没有给出解答。③即使在塞奥弗拉斯特时代,仍有某些亚里士多德主义者坚持**一个**不

---

① 亚里士多德,《物理学》,258b11;259a6—13;259b28—31。耶格尔认为这三个段落是后来增加的,因为只有在第三段中,亚里士多德假定了许多不动的推动者实际存在,罗斯(《亚里士多德〈物理学〉》,第101—102页)据此合理地认为这段是在《形而上学》卷Λ完成后补充的。
② 亚里士多德,《形而上学》,卷Λ第8章。
③ 亚里士多德,《形而上学》,1074a31—38。

动的动者,因为复多的推动者引起各自独立的运动,要如何才能协调呢?

中世纪哲学家假设有许多理智或天使在推动天体,基本上是基于复多的推动者的概念。通过服从和依赖第一推动者或上帝,它们获得了唯一可能的位置,因为如果要实现和谐,那么其他的推动者必须服从第一推动者,无论是直接的还是间接的(即分等级的),都应该通过理智和渴望与他建立联系。这是新柏拉图主义者的观点。

第一推动者是非物质的,没有任何身体性的运动,他的活动必须是纯粹精神的,即理智的。换句话说,神的活动是思想。但他思想的对象是什么?知识是对对象的理智的分有,神的对象必须是所有可能对象中最好的,并且在任何情况下,神所享有的知识都不能涉及变化、感觉或新奇。因此,神在永恒的直观活动或自我意识中认识他自身。亚里士多德将神定义为"思想的思想"[①]。神是实存的思想,永恒地思想着他自身。此外,神没有任何外在于他自身的思想对象,因为这将表示他有一个外在于自身的目的。因此,神只知道他自己。托马斯·阿奎那[②]和其他人(如布伦塔诺)都尝试以这种方式来解读亚里士多德:不排除有关世界的知识和神意的践行。但即使阿奎那对神的认识是正确真实的,也不代表这是亚里士多德的观点。"亚里士多德从未有过神创论或神意论的学说。"[③]他确实有时会以不同的口吻说起这点,比如他谈到神是军队的领袖,给军队带来了秩序,或是神给了不能像星辰那样永恒存在的事物以生生不息的延续性,但这些说法都很难在他对第一推动者的讨论中用到。[④]

亚里士多德的神是人格神吗?亚里士多德有时说神是不动的第一动者,有时又称之为神,[⑤]而在《尼各马可伦理学》中,他又说到诸神。[⑥]与大多数希腊人那样,亚里士多德似乎并不担心神的数目,但如果我们说他

---

① 亚里士多德,《形而上学》,卷 Λ 第 9 章,1074b33—35。
② 《形而上学》评注,第 xii 页,第 xi 讲:"然而,这并不意味着,所有与他自身不同的事情都不为他所知。因为通过了解他自己,他就知道了其他所有事情。"
③ 罗斯,《亚里士多德》,第 184 页。
④ 亚里士多德,《论天》,卷 A 第 4 章,271a33。亚里士多德说,神和自然不做徒劳之事,但也没有详细阐述他的不动的推动者的理论。
⑤ 亚里士多德,《形而上学》,卷 Λ 第 7 章。
⑥ 亚里士多德,《尼各马可伦理学》,1170b8 以下以及 1179a24—25;亚里士多德,《形而上学》,1179a24—25。

是明确而绝对的一神论者，那么就必须说他的神是有位格的。亚里士多德没有说第一推动者是人格的，拟人化的位格也与他的想法相去甚远，但是由于第一推动者是理智或思想，因此在哲学的意义上是人格性的。亚里士多德的神不是人格性的第二名称（secundum nomen），而是人格性的第二事物（secundum rem）。但需要补充的是，没有迹象表明亚里士多德曾想过把第一推动者作为崇拜的对象，或是当作适于祈祷者祈祷的存在。事实上，如果亚里士多德的神是完全以自我为中心的，那么，对人而言则根本谈不上尝试与他进行位格上的交流。在《大伦理学》中，亚里士多德明确谈道，那些认为我们可以与神建立友爱关系的人是错误的。因为上帝不可能回报我们的爱，同时，我们在任何情况下都不能说我们**爱神**。①

14. 其他关于神存在的论证都能在亚里士多德的著作中找到基本形式。因此，在《论哲学》的残篇中，他描绘了人在第一次看到大地、海洋的美丽以及天空的庄严时，认为那是神的杰作。这是目的论论证的前身。② 在这本书中，亚里士多德至少暗示了这一点，它后来被托马斯·阿奎那发展成了"第四条道路"（当然，要通过各种中间环节）。亚里士多德在此谈道："有更好的话，就有最好；存在着的事物之中有比其他更好的事物，那么就有最好的事物，那必定是神。"③ 这个论点只能得到**相对**的最好：为了达到绝对的最好，或者说完美，就有必要引入因果关系的观念，即所有有限度的完美最终都来自或分有了绝对的完美，它是所有有限完美的源泉。这是阿奎那的做法，他引用了《形而上学》中的一段话④，甚至借用亚里士多德关于火的说明：火被认为是最热的事物，因为它是其他热的事物的原因。⑤ 就亚里士多德本人而言，用完美的程度来证明神的存在，似乎是在他早期深受柏拉图影响时的观点：在《形而上学》中他没有用这个论点来证明神存在。总的来说，我们必须承认，亚里士多德在创作《形而上学》时，已经从通俗的宗教概念（像《论哲学》中的残篇）中脱

---

① 亚里士多德，《大伦理学》，1208b26—32。
② 罗斯编辑，《亚里士多德残篇》，14。
③ 罗斯编辑，《亚里士多德残篇》，15。
④ 亚里士多德，《形而上学》，993b23—31；1008b31—1009a5。
⑤ 圣托马斯，《神学大全》(*Summa Theologica*)，1a，q. 2，art. 3，"论肉身"。

离出来了。他偶尔还是会使用与《形而上学》卷 Λ 不相符的概念，但无论如何，我们不能要求亚里士多德回避所有通俗的语言，使用绝对而严谨的表达和概念。很有可能他从来没有真正试图系统化地表达他的神学观点，或是调和他关于神的旨意及其在世界中的活动的一些表达与《形而上学》中的思辨。

15. 综上所述，显然亚里士多德的神的观念还不够完善。他的确展现了比柏拉图更为清晰的对终极神性的理解，但至少在《形而上学》卷 Λ，他没有谈神在世界上的运作，这是柏拉图非常坚持，也是任何完善的理性神学至关重要的元素。亚里士多德的神**只有**在作为目的因时才是动力因。他不知道这个世界，也没有要在这个世界上实现的神圣计划：自然目的论不过是无意识的目的论（至少这是唯一与《形而上学》中给出的神的形象真正相符的结论）。因此，就这方面来说，亚里士多德的形而上学不及柏拉图的形而上学。另一方面，虽然亚里士多德的很多学说都要溯源到柏拉图，但是他通过内在目的论，具体可感对象的运动是其潜能的充分实现等，将可感世界的实在性建立在比前人更为坚实的基础之上，同时也让生成和变化获得真正的意义和目的，即使在这个过程中他放弃了柏拉图思想中某些有价值的元素。

第三十章
自然哲学和心理学

1. 自然是一切物质对象和运动主体的总体。事实上，亚里士多德并没有真正定义自然的意义，但很明显，从他所写的《物理学》①这本书中可以看到，他认为自然是自然事物的总体，自然事物能够开始变化和结束变化，即它具有变化的内在倾向，人造物（例如床）就没有自我运动的能力。组成床的"简单"物体有能力开始变化或运动，但只有在它们作为自然物时才如此，当它们作为床的组成部分时，就没有这种能力了。当然，这个观点必须符合这种学说，即从静止状态到运动状态的无生命体必须是由一个外在的作用力引发的。但正如我们已经提到的那样，当该作用力移除障碍，例如在一个大锅的锅底烧了一个洞，水就依照它自身的运动方式，自然地向下流出去了。这可能是一个矛盾，一方面自然的对象本身有其运动的本原，另一方面，亚里士多德又说任何被推动事物的运动，都是由一个外部作用者引起的。②然而，亚里士多德认为，运动是通过动物开始的，例如，动物的觅食，不过并不是绝对的开始，因为若没有食物作为外在的吸引力，就不会有运动。同样，当水从锅底的洞流下来时，这种向下的运动的确可以说好像是元素的自然运动，但它仍然是由那打出洞，从

---

① 亚里士多德，《物理学》，卷 B 第 1 章，192b13 以下。
② 在《物理学》，卷 H 第 1 章，241b39 以下和卷 Θ 第 4 章，254b7 以下，亚里士多德的观点似乎有点暧昧。他认为，被动的东西总有使其运动之物，或者由于其自身而运动或是由于其他事物而运动，不是每个运动的事物都是因其他事物而运动的。在接下来的讨论中，现实对于潜能的优先性原则以及他对不动之动者的存在的争论，已经足够清晰地表明，在他看来，不动之物才是运动的绝对发起者。无论是什么引起运动，它自身都必须是绝对不动的。当然，是否真有多个不动的动者，这是另外的问题。但这个原则是明确的。

而移除水流自然运动障碍的外在作用力偶然造成的,也是由产生水并使它具有重量的东西(假设是最初的相反物"热或冷")直接导致的。对此亚里士多德表示,无生命的物体自身是"被动的开端"而不是"导致运动的开端"①。

2. 运动有广义和狭义两种,广义的运动可分为生成和消逝两种,狭义的运动分为三种:质的运动、量的运动、位置的运动。第一种是质的变化,第二种是量的变化,第三种是我们通常意义上的运动。②

3. 位置变动的前提,也是所有运动的前提,是处所和时间。处所的存在③或通过位移的事实得到证明,例如有水的地方变成有气的地方;或通过四大元素有其自然处所的事实得到证明。这些自然处所的区别不是简单相对于我们而言的,而是独立存在的。例如"向上"是火活动的处所,"向下"是土活动的处所。因此,处所是存在的,而且亚里士多德将之定义为"包容者的最初的、不动的界限就是处所",④ 即经院哲学家所说的"容器不为所动的首要边界"。那么,亚里士多德的处所就是对于某个物体的限制,这种限制是不动的。如果接受这个定义,那么很明显,既不可能存在空的处所,也不可能有任何宇宙或世界之外的处所,因为处所是封闭物体的内在限制。但是亚里士多德区分了物体的容器和它的处所。在船顺着小溪漂流而下这个例子中,流动的小溪本身是容器,而不是船的处所。处所是容器最先的不动的限制,且向外展现。实际上根据亚里士多德的理论,这整条河流才是船和船上之人的处所,因为河流"作为整体"⑤是静止的。物理宇宙中的一切都在处所之中,但宇宙本身却不在处所之中。因为运动是通过改变处所发生的,所以宇宙本身不能向前运动,只能运转。

4. 亚里士多德认为,一个物体只能靠现存的推动者的推动才能运动起来。但我们所说的抛掷物是什么呢?⑥最初的动者传给媒介的——如空

---

① 亚里士多德,《物理学》,254b33—256a3;亚里士多德,《论天》,311a9—12。
② 亚里士多德,《物理学》,卷 E 第 2 章,226a24 以下;卷 Θ 第 7 章,260a26 以下。
③ 亚里士多德,《物理学》,卷 Δ 第 1 章,208a27。
④ 亚里士多德,《物理学》,卷 Δ 第 4 章,212a20 以下。
⑤ 亚里士多德,《物理学》,卷 Δ 第 4 章,212a19—20。
⑥ 亚里士多德,《物理学》,215a14 以下;266b27 以下。

气或水——不仅是运动,还有运动的力量。受到推动的空气中的第一个粒子又推动其他粒子和抛掷物。但是这种运动的力量随距离的增加而减弱,到最后抛掷物就算没有遇到相反的力量,也会静止下来。因此,亚里士多德不相信惯性定律;他认为强制运动会减速,而自然运动会加速(参见《物理学》,230a18 以下)。在这点上,阿奎那同意他的观点,反对菲洛波努斯、阿尔彼特洛基、奥利维等人的动力(impetus)理论。

5. 对于时间,亚里士多德指出,它不能简单地被当成运动或变化,因为运动是"多",而时间是"一"。[①] 但时间显然与运动和变化相关联,如果我们意识不到变化,也就察觉不到时间。亚里士多德对时间的定义是"运动的计量或可计数的运动"[②]。在这个定义里,他没有提到纯粹的数而是提到用来计数的数,即运动的可计数方面。然而,时间和运动一样,是一个连续体,它由离散的点构成。

不论处在运动还是静止中,只有那些能运动的事物才处于时间之中,永恒**并且**不动的事物不在时间之中。(运动是永恒的,但显然它不是不动的,因此它在时间之中,时间也必然是永恒的。在这个意义上说,它从来没有开始,也永远不会结束。)值得注意的是,运动所指的不一定是位置的变动,因为亚里士多德明确表示,人在意识到精神状态的改变时,也可能认识到时间的推移。在亚里士多德的说法中,处于运动中的时间是**可计数的**,这不是说我们计数变化中的**现在**,仿佛变化的周期是由离散的时间点组成的。他的意思是,当一个人意识到了时间,他就认识了"多",即多个阶段。时间是变化或运动元素的一个方面,它使心灵能够认识多个阶段。[③]

如果我们要度量时间,我们必须有个衡量标准。据亚里士多德的说法,直线运动并不适宜于这个目的,因为它不是统一的。如果是自然运动,它就是加速的;如果是非自然运动,它就是减速的。那么,什么运动是自然且统一的呢?亚里士多德认为,圆周运动就是自然的统一,而且天

[①] 亚里士多德,《物理学》,卷 Δ 第 10—11 章,218a30 以下。
[②] 亚里士多德,《物理学》,卷 Δ 第 11 章,219b1—2 以下;220a24—25 以下。
[③] 罗斯,《亚里士多德〈物理学〉》,第 65 页。

体的自转也是一个自然的运动。因此，我们可以证明太阳最适合用来达到我们度量时间的目的。①

亚里士多德提出了一个问题②：如果没有心灵，是否还有时间？但他未能详细解答这一问题。换句话说，时间是运动的量度或可计数的运动，如果没有心灵去计数，还会有时间吗？他的回答是，严格来说是没有时间的，但是会有时间的基质。罗斯认为，这一立场与亚里士多德关于连续体的看法是一致的。③在连续体中，没有现实的部分，只有潜在的部分。当某个事件打破了连续体时，它们才会成为现实的存在。时间的持续也是这样的。持续着的"现在"是通过心灵的区分才成为现实存在。问题是，心灵还未存在时，时间是否存在？乍看之下，这一问题对亚里士多德来说并非难题，因为在他看来，动物和人一直都是存在的。但其实，真正的困难在于，计数不是创造部分，而是识别已有的部分。④不管怎样，如果没有时间，怎么可能会有变化？根据亚里士多德的观点，我们可能会回答，因为时间没有真正区分运动的先后，时间是独立于心灵存在的，运动虽然得到了来自心灵的补充，但它也是独立于心灵存在的。时间的"部分"是潜在的，因为它们无法在形式上区分开彼此，除非有"计数的"心灵；但它们也不是潜能的，因为没有心灵它们就不能真正地存在。亚里士多德的立场与康德不同，它本身也不能通向康德的立场。

6. 亚里士多德还提出了无限的可能性问题。

（1）他认为，无限的物体是不可能的⑤，因为所有物体都被一个表面限定，没有一个被表面限定的物体是无限的。他也证明了无限的物体是不可能实际存在的，因为它既不能是复合的也不能是单一的。例如，如果假设它是复合的，那么组成它的元素要么是无限的，要么是有限的。现在，如果一个元素是无限的而其他元素是有限的，那么后者就被前者消融了，但不可能有两个无限的元素，所以这个无限的元素就等于整个无限的物体

---

① 亚里士多德，《物理学》，223a29—224a2。
② 亚里士多德，《物理学》，223a21—29。
③ 罗斯，《亚里士多德〈物理学〉》，第68页。
④ 罗斯，《亚里士多德〈物理学〉》，第69页。
⑤ 亚里士多德，《物理学》，204a34—206a7。

了。而如果元素是有限的，这样有限元素的组合也不可能形成一个实际无限的物体。亚里士多德还认为，绝对的"上""下"是存在的，这表明无限的物体不可能实际存在，因为对无限物体而言，这样的区分是毫无意义的。也不可能存在无限的数，因为数是可以计算的，但无限的数不能被计算。①

（2）另一方面，虽然亚里士多德反对实际存在无限的物体或数，但他承认另一种意义上的无限。② 无限潜在地存在。例如，空间的延展不是实际的无限，但就无限可分而言是潜在的无限。一条线并不是由无限个实际的点组成的，因为它是一个连续体（在《物理学》中，亚里士多德尝试以这样的方式解决爱利亚学派的芝诺提出的难题）。但它无限可分，虽然这种潜能上的无限可分无法在现实中完全实现。时间在潜能上也是无限的，因为它可以被无限添加，但在现实中，时间永远不可能无限存在，因为它是一个相连不断的连续体，它的各个部分无法共存。因此，时间与空间的延展相似，都是无限可分的（虽然实际上不可能实现）。但是时间与空间的延展不同的一点是，它可以通过相加得到潜在的无限，而根据亚里士多德的说法，空间延展虽然没有最小值，却有一个最大值。第三种潜在的无限是数的无限，它类似于时间，也可以通过相加的方式得到潜在的无限，因为我们不能计算出一个超出它之外一切计算和叠加都不可能的数。然而数不像时间和空间延展那样，可以被无限分割而不受影响，它有一个最小量——单位。

7. 据亚里士多德所说，所有的自然运动都朝向某个目的。③ 自然所寻求的目的到底是什么？就是从潜能状态到现实状态的发展，是形式在质料中的体现。亚里士多德和柏拉图一样，都觉得自然是目的论的而不是机械论的，即使我们很难看到亚里士多德如何在逻辑上承认一般意义上的自然具有有意识的目的论。然而，这个目的论并非无孔不入、无坚不摧，因为质料有时会阻碍目的论的实现（例如，怪物的出现必须归因于有缺陷

---

① 亚里士多德，《物理学》，卷 204b7—10。
② 亚里士多德，《物理学》，卷 206a9。
③ 亚里士多德，《论天》，卷 A 第 4 章，217a33。

的质料①）。因此，目的论作用在任何个体上时，都可能会被不服务于目的的意外事件阻碍，意外事件由于特定情况而无法避免。这就是"偶然事件"，由虽然不"依据自然"但"通过自然"的事件组成，例如，怪物是通过生育产生的。这种事情不受欢迎，它与亚里士多德的运气不同，运气表示理想事件的发生，也可能是希望达到的目的，例如，在地里发现宝藏。②

亚里士多德用什么理由证明"自然"是有目的的呢？柏拉图曾使用世界灵魂和工匠神的概念来解释自然的目的，但亚里士多德认为，有些目的性的活动内在于自然界自身。他的确在一些地方谈及神，但对于自然与神的关系，却从来没有给出任何令人满意的说明，在《形而上学》中谈到神时，他似乎又排除了神在自然中的目的性活动。或许亚里士多德对经验科学产生的越来越浓的兴趣让他忽略了将自己的立场系统化的必要，这甚至让他被冠上了"与自己的形而上学预设不一致"的罪名。虽然我们并不想反对或者质疑亚里士多德的自然目的论，但不得不承认，在亚里士多德经常谈及自然时，他几乎无法在其形而上学体系和神学中找到什么理由来说明，自然是有意识的运作和组织原理。这种说法显然具有柏拉图思想的特征。

8. 亚里士多德认为，宇宙是由两个不同的世界——月上世界和月下世界组成。月上世界是诸星辰，它们永不消逝，除了位移没有改变，它们的运动轨迹是圆周而不是直线，如同四种元素的自然运动。亚里士多德认为，星辰是由质料性元素以太组成，以太不同于其他四元素，是第五种较高的元素，除了以圆周运动的方式位移外，没有任何其他变化。

亚里士多德坚持认为地球是球形的，静止地处在宇宙的中心，水、空气和火或温暖位于同一层面，和地球同心，并且以球形绕着它运动。在它们外面还有很多天体，最外层是固定的星辰，第一推动者推动了它们。亚里士多德接受卡利普斯将三十三作为天体数量的观点，提出这个理论的

---

① 亚里士多德，《论动物的生成》，767b13—23。
② 亚里士多德，《物理学》，卷 B，第 4—6 章；亚里士多德，《形而上学》，卷 E 第 2—3 章。

目的是解释行星的实际运动。亚里士多德认为还有二十二个反向运动的天体介于其他天体之间，是为了抵消一个天体对下一个环绕的天体中的行星运动的干扰。因此，除了最外层的天体，共有五十五个天体。这是他在《形而上学》中的解释：有五十五个不动的动者，此外还有推动了最外层天体的第一推动者。(他认为，如果用欧多克索的计算方法取代卡利普斯的计算方法，那么天体的数目就是四十九个。)①

9. 在这个世界上，个体有生成也有消逝，但种和属是永恒的。因此，在亚里士多德的体系中并没有现代意义上的进化。尽管亚里士多德没有发展任何时间进化论或物种进化论，但他能够并且也确实发展出了某种理论，即所谓"理想"的进化论，这也是关于宇宙结构或存在等级的理论，其中存在的等级越高，形式的地位就越主要。位于底部的是无机的质料，在此之上是有机的质料，植物的存在不如动物完善。但是植物具有灵魂，这是生命的本原，亚里士多德对它的定义是"自然物体的隐德莱希(entelechy)，天生具有生命能力"或是"自然有机体的第一隐德莱希"。(所以，在《论灵魂》卷 B 第 1 章 412a27—b4 中，灵魂就是潜在具有生命的自然躯体的第一现实性，而且，这样的躯体具有器官。如果必须要说出灵魂共同的东西，那就是拥有器官的自然躯体的第一现实性。)灵魂是身体的现实，也是形式、运动本原和目的。身体是为灵魂而存在的，每一个器官都有它的目的，即成为现实。

亚里士多德在《论灵魂》的开篇指出，关于灵魂的探讨是非常重要的，因为灵魂是有生命物体的重要本原。②不过这是个困难的问题，因为我们很难找到可以使用的正确方法，但他极为明智地坚称，思辨哲学家与自然主义者有不同的立场，因此他们的定义方式是不同的。并不是每个思想家都认识到不同的学科有不同的方法，认识到一门特殊的学科不能采用化学家或自然科学家的方法，但这并不意味着它得出的所有结论就必然是无效的。③

---

① 亚里士多德，《形而上学》，卷 A 第 8 章。
② 亚里士多德，《论灵魂》，402a1—9。
③ 亚里士多德，《论灵魂》，402a10。

亚里士多德称[①]这种复合实体是天生具有生命的自然物，这种生命存在的本原被称为灵魂。身体不能是灵魂，因为身体不是生命本身而是拥有生命。（在《论灵魂》卷A中，亚里士多德给出了心理学的历史，他认为，关于灵魂不同的哲学家有不同的观点，"最深远的差别是，有些哲学家把元素视作有形的，而有些哲学家视其为无形的"。亚里士多德将自己与柏拉图主义者并列，同时反对留基伯和德谟克利特的追随者。）对灵魂来说，身体一定是质料，而对身体来说，灵魂是形式或现实。因此，亚里士多德在他对灵魂的定义中说到，灵魂是身体的隐德莱希或现实，身体具有潜在的生命，正如他所说，"生命的潜能"并非指一个没有灵魂的事物，而是指拥有灵魂的事物。因此，灵魂是身体的实现，它不能与身体分离（虽然亚里士多德可能会认为，有些部分是可以分离的，因为准确来说它们不是身体的现实）。因此，灵魂是生命体的原因和本原：（1）作为运动的来源[②]；（2）作为目的因；（3）作为生命体的真正实体（即形式因）。

不同的灵魂类型形成了一系列等级，较高的包含较低的，反之却并非如此。最低形式的灵魂是营养的或植物的灵魂，它进行着同化和繁殖的活动。我们发现，这种灵魂不仅在植物中存在，也在动物中存在。当它存在于植物中时，它是独立自存的。为了所有生命体都能继续存在，这些功能是必要的。因此，在所有的生命体中都能发现这些功能，但在植物中只有这些功能，没有灵魂的更高的活动了。对于植物来说，感觉不是必要的，因为它们不用动就可以自动吸取他们所需的营养。（事实上，不动的动物同样如此。）但动物天生具有运动能力，就必须要有感觉，如果它们在发现食物后不能辨别出来，那么觅食也没有用。

所以动物拥有更高的灵魂形式——可感觉的灵魂，有感知、欲望和位移三种能力。[③]想象在感觉能力之后，记忆是想象进一步的发展。[④]正

---

① 亚里士多德，《论灵魂》，412a。
② 亚里士多德坚持认为，如果把运动归为灵魂的特点，那么这种定义就是不合适的。灵魂的运动的确十分活跃，但却不是其自身在运动。这种说法是对柏拉图主义"灵魂是自我运动的实体"的学说的反驳。亚里士多德，《论灵魂》，卷A第3章。
③ 亚里士多德，《论灵魂》，卷B第3章。
④ 亚里士多德，《论灵魂》，427b29以下；《修辞学》，卷A第11章，1370a28—31；《论记忆》，第1章；《后分析篇》，卷B第19章，99b36以下。

如亚里士多德已经指出的，所有生命都需要营养来维持，所以他认为，触觉也是必要的，当动物接触到食物时，它可以进行区分。① 食物通过味道吸引动物，食物不会拒绝味道，因此味觉是必要的。其他的感官虽然不是绝对必需的，但也都是为了让动物更好地生存。

10. 比动物灵魂更高级的是人类灵魂。这一灵魂将所有较低灵魂的能力都统一在自身之中，营养、感知、欲望和位移，可它还有一个与众不同的能力，那就是拥有努斯，即理智。理智表现为两种方式，作为科学思考的能力和深思熟虑的能力。前者以真理为对象，追求真理本身，而后者也以真理为目标，但不是为了它自身，而是为了实践和审慎的目的。除了努斯之外，灵魂的所有能力都与身体分不开，它们也会消亡，但努斯先于身体而存在，它是不朽的。"唯有理智是从外界进入的，神圣的，因为没有什么身体性的活动与理智相关。"② 然而，这个进入身体的努斯需要一个潜在的本原，即一个"白板"，在上面可以印上形式。因此，我们区分出主动理智和被动理智。（亚里士多德自己用的是主动者，主动理智首次出现在阿芙罗蒂西亚的亚历山大那里，公元 220 年。）主动理智从想象或幻象中抽象出形式，当形式在被动理智中被接受时，就是现实的概念。（亚里士多德认为想象的作用能够体现在所有思考之中。）只有主动理智是不朽的。这样的理智是可分离的、不承受作用的和纯净的，从实体意义上说它就是现实性。因为作用者永远都比被作用者尊贵，本原比质料更尊贵……只有这才是不朽的和永恒的……而被动理智是可生灭的，离开了这种理智就不可能有思维。③ 我们以后还将谈到这一点。

11. 我们不考虑主动理智的问题，十分清楚的是，亚里士多德并没有在《论灵魂》中赞成柏拉图的二元论，因为他让灵魂成为身体的隐德莱希，并将两者结合成一个实体。亚里士多德对灵魂和身体的结合要比柏拉图主义者更为紧密：亚里士多德并不认为身体是灵魂的坟墓。与身体结

---

① 亚里士多德，《论灵魂》，卷 B 第 12 章；《论感觉及其对象》，第 1 章。
② 亚里士多德，《论生灭》，卷 B 第 3 章，738b27 以下。（此句应出自《论动物的生成》736b27—28，而非《论生灭》。——译者注）
③ 亚里士多德，《论灵魂》，430a17 以下。

合对灵魂也有好处，因为只有这样，灵魂才能实践它的能力。这个观点被中世纪的亚里士多德主义者，如托马斯·阿奎那等人继承，尽管许多杰出的基督教思想家曾经认为，并依然认为这很容易让人联想到柏拉图传统——我们只要想想奥古斯丁就可以了。亚里士多德坚持认为，关于灵魂与身体的结合，柏拉图学派没有给出任何令人满意的解释。他认为，柏拉图学派似乎认为任何灵魂能进入任何身体。这是不可能的，因为每个身体都有独特的形式和个性。[1] "笛卡尔的观点是，灵魂的存在是第一确定的，质料的存在则是后来的推论，亚里士多德会觉得这种观点是荒谬的。整个自我（灵魂和身体）是既定的且不容质疑的事实。"[2] 不用说，如果亚里士多德反对笛卡尔的观点，那么他也将反对那些将整个人类灵魂和它的所有活动还原为身体伴随现象的观点，这种观点认为人类思想的最高活动仅仅是大脑运行的结果。但是，亚里士多德的心理学在发展的过程中似乎已经有点伴随现象论的立场了。尤其是如果在亚里士多德眼中"人类的主动理智不是个体化原则"这个假设成立的话，那么死后就不存在像苏格拉底或卡里亚斯这样的个体心灵。然而，历史有机进化学说的缺失自然使亚里士多德不接受现代意义上的伴随现象论。

12. 接下来是老生常谈的问题："亚里士多德关于主动理智的准确说法是什么？"我们无法说出亚里士多德的**准确**说法：这是一个解释的问题，在古代和现代世界都有不同的解释。亚里士多德在《论灵魂》中的说法如下："理智是可分的，无知觉的和纯粹的，它本质上是现实性。因为主动者总是比被动者具有更高的价值，有创造力的本原比质料更有价值。现实的知识与它的对象一致；潜能的知识在时间上先于个体，但通常来说它没有时间上的在先性；理智有时作用有时又不作用。当它被分离的时候，它是本质的，并且唯有它是不朽的、永恒的。不过，我们并不记得这些，因为主动的理性是无知觉的，而被动的理性是会消逝的，而且，如果没有主动理性，那么没有什么是可以思考的。"[3]

---

[1] 亚里士多德，《论灵魂》，414a19 以下。
[2] 罗斯，《亚里士多德》，第 132 页。
[3] 亚里士多德，《论灵魂》，430a17 以下。

这段话引起很大争议，也有许多不同的解释。阿芙罗蒂西亚的亚历山大把"理性"，即主动理智等同为神，扎巴莱拉（公元16世纪末和17世纪早期）后来继承了这个观点，他把神在灵魂中的作用当作已知的潜在物的照亮，就像太阳的光使可见之物实际被看到。罗斯指出，[①] 亚里士多德在《论灵魂》中谈到的神的内在性，这与他在《形而上学》中谈到的神的超越性可能是一致的，但另一方面，如果认为这两本书有可能代表了亚里士多德关于神的不同观点，那么就如罗斯所说，扎巴莱拉和阿芙罗蒂西亚的亚历山大的解释就不太可能了。因为亚里士多德可能将神描述为不动的动者，它的因果活动是某种吸引力，就像目的那样，它仅仅认识自身。他也可能在另一本书中把神描述为内在于人，以此方式向人传授知识。

如果主动理智不能被当作神，那么，它是每个人之中的个别而具体的本原，还是所有人都具有的相同的本原呢？亚里士多德说"我们不记得"，他断言[②] 记忆和爱恨在死后消失，它们属于人而不是那"无知觉"的理性，这似乎表明，独立存在的主动理智没有记忆。尽管这并不能肯定地证明，每个人的主动理智在其分离状态中不是个别的，但这样的解释似乎难以接受。此外，当亚里士多德断言，"潜能的知识在时间上优先于个体，但通常它没有这种时间上的优先性，理智有时作用有时又不作用"时，他似乎区分了个体和主动理智，个体有时能知道有时不能知道，主动理智本质上也是主动本原。也许，亚里士多德把主动理智当作是所有人共有的本原，在这种理智之上有其他等级的分离的理智，它进入每个人并在其中起作用，而且能在个体的死亡中幸存下来。如果这是正确的，那么结论就是，人的个体灵魂及其质料将一起消逝。[③] （然而，即使人们同意

---

① 罗斯，《亚里士多德》，第153页。
② 亚里士多德，《论灵魂》，408b24—30。
③ 托马斯·阿奎那在其《亚里士多德〈论灵魂〉评注》中（3，lect. 10）并没有解释阿威罗伊式的亚里士多德观点（阿威罗伊认为物质和运动永恒存在，不为真主所创造。——译者注），即否定个体的不朽。主动理智是本质的，且只有一个主动原则，因此，它并不受到爱好和情绪的影响，也无法保持种的延续。因此，分离的人类理性无法保持与身体结合的状态，而且在《论灵魂》中，亚里士多德也并未提及在死亡到来之后它又是如何起作用的。但是，这并不意味着亚里士多德否认个体的不朽，或是谴责被迫和绝对静止状态的分离理智。

这种解释，也必须承认其中有很大的困难，即在亚里士多德看来，柏拉图的主动理智与苏格拉底的主动理智在数目上是完全相同的。如果他相信每个个体的主动理智都具有个体特性，那么他所谓的"来自外部"是什么意思？这仅仅是柏拉图主义的残余吗？）

第三十一章
亚里士多德的伦理学

1. 亚里士多德的伦理学明显是目的论的。他关心的是有利于人的善的行为,而不考虑就它自身而言是否正确。对人来说,有助于获得善或目的的行为就是"正确"的行为;相反,不能让人获得善的行为就是"错误"的行为。

"一切技艺和探究、所有行为和选择,似乎都是以某种善为目的,因此善的正确定义就是万物的目的。"① 但有许多不同的善,它们对应着不同的艺术或科学。因此,医生的技艺是以健康为目的,航海技艺以安全航行为目的,家政学以财富为目的。此外,有些目的从属于其他更根本的目的。服药可能会导致睡眠,但这种直接目的从属于健康这个目的。同样,给骑兵的马制作马衔和缰绳是某种工艺的目的,但它从属于更广泛、更全面的目的,即有效地进行军事行动。因此,这些目的都有进一步的目的或善。但如果有个目的,我们为了它本身而欲求它,而且还因为它本身去欲求所有其他从属的目的或善,那么,这个最终善就是最高的善,事实上,就是善本身。亚里士多德想知道,这个善是什么,与它相对应的科学又是什么。

对于第二个问题,亚里士多德认为研究人的善的是政治学。城邦和个人都有同样的善,但这种善在城邦中更为伟大和高贵。②(在这里我们可以看到对《理想国》的回应,在理想城邦中,我们可以看到显而易见的

---

① 亚里士多德,《尼各马可伦理学》,1094a1—3。
② 亚里士多德,《尼各马可伦理学》,1094a27—b11;亚里士多德,《大伦理学》,1181a 和 b。

正义。）而在亚里士多德看来，伦理学是政治学的分支，我们可以说，他首先讨论了个体的伦理学，然后才在《政治学》中讨论政治的伦理学。

对于什么是属人的善这个问题，亚里士多德指出，它无法像数学问题那样得到精确回答，这是由于主题的性质，因为人的行为是伦理学的主题，而且人的行为不具有数学上的精确性。① 数学和伦理学之间更大的不同在于，前者从普遍原理出发追求结论，后者则是从结论入手。换句话说，在伦理学中，我们是从人的实际道德判断入手，并通过比较、对比和选择，来制定普遍法则。② 这个观点的前提是，人自身中根植着一些自然倾向，以和谐和中道的普遍态度去分辨较为重要的东西和不重要的东西，这就是人的伦理生活。这种观点为自然的伦理学提供了基础，但与主观武断的伦理学相反，它最大的困难是建立道德**义务**，特别是在亚里士多德的体系中，他无法将人类行为伦理学与神的永恒律法联系起来，中世纪那些接受了亚里士多德大部分观点的基督教哲学家们也对此做了很多尝试。然而，尽管有这样那样的缺陷，亚里士多德伦理学的大部分内容明显还是常识性的，它建立在通常被看作是好人或善良的人所进行的道德判断的基础之上。亚里士多德希望他的伦理学能够为这些有资格对这类事物进行判断的人提供依据和补充。③ 我们可以认为，知识分子和专家的品味在亚里士多德对理想生活的构图中具有重要影响，但我们无法因此指责亚里士多德试图建立纯粹先验的和演绎的伦理学，或用几何学方式证明的伦理学。此外，我们可以清楚看到当时希腊人对人类行为的看法，比如亚里士多德对伦理德性的解释。他也确实认为自己是在处理人性本身的问题，并且他的伦理学也建立在人性的普遍特质之上，只要排除他对"野蛮人"的看法。如果他今天还活着，在回答如弗里德里希·尼采等人提出的问题时，无疑会坚持人性的基本普遍性和恒定性，以及永恒价值的必然性，这些价值不

---

① 亚里士多德，《尼各马可伦理学》，1094b11—27；亚里士多德，《欧德谟伦理学》卷 I 第 6 章。
② 在《欧德谟伦理学》中，亚里士多德谈到，我们从"真实但模糊的判断"（1216b32 以下）或"最初混乱的判断"（1217a18 以下）开始，然后逐渐形成明确的道德判断。换言之，亚里士多德开始以人的普通道德判断作为论证的依据。
③ 亚里士多德，《尼各马可伦理学》，1094b27 以下。

仅仅相互关联，而且建立在人的本性之上。

人们普遍认为的人生目的是什么呢？亚里士多德认为是幸福，他像真正的希腊人那样接受这个观点。但是很显然，只有这个答案并不能让我们走得太远，因为不同的人对幸福有不同的理解。有些人认为是快乐，有些人认为是拥有财富，有些人认为是拥有荣誉，等等。不仅如此，同一个人在不同时期对幸福也有不同的理解。当他生病时，他会把健康当作幸福；当他贫困时，他可能把财富当作幸福。但快乐是奴隶的目的而非自由人的目的，荣誉也不能作为人生的目的，因为它取决于给予者，而不是真正属于自己的。而且，荣誉似乎旨在确保我们的德性（也许在维多利亚时代是建立在"名望"之上的）。因此，或许伦理德性才是人生的目的。亚里士多德不同意这种观点，因为道德德性会伴随着停滞和痛苦。而幸福，作为人生的目的和所有的目标，必须是有活力的行为，而且要排除痛苦。①

现在，如果幸福是活动，而且是人的活动，那么，我们就必须认识到这种活动是人类所特有的。它不可能是生长或繁殖活动，也不能是感觉活动，因为其他低于人的存在者们也分有这些活动。它必须是超越自然存在物的人所特有的活动，即理性活动或与理性一致的活动。这确实是德性活动（因为亚里士多德认为，除了伦理德性，还有理智德性），但不是人们通常所说的幸福在于德性，因为他们说的一般是伦理德性，比如正义、节制，等等。在任何情况下，幸福作为伦理目的，都不仅仅在于德性本身，而是在于合乎德性的活动或有德性的活动，这里的德性是理智德性和伦理德性的结合。此外，亚里士多德还认为，名副其实的幸福，必定展现出完整的人生，而不只是短暂的一端。②

但如果幸福本质上是合乎德性的活动，这并不意味着亚里士多德通过这个简单定义就排除了所有关于幸福的一般概念。例如，德性活动必然伴随着快乐，因为快乐是不受阻碍的、自由的活动的自然伴随者。此外，没有某些外在善，人就不能很好地活动。（犬儒学派例外，他们对亚里士多德

---

① 亚里士多德，《尼各马可伦理学》，卷 A 第 4 章以下。
② 亚里士多德，《尼各马可伦理学》，1100a4 以下；1101a14—30。

的观点，至少是对大部分观点不以为然。)① 幸福是人所特有的活动，获得幸福的同时不一定就要牺牲或排斥快乐的和外在的成功。亚里士多德再次表明了他思想的常识特征，他并不是"超验的"或是对这个世界充满敌意。

通过进一步的思考，亚里士多德确立了这样的顺序，首先是善的品质和善的行为的一般性质，然后是伦理德性，人的这部分德性可以服从理性所制订的计划，最后是理智德性。在《尼各马可伦理学》的末尾，他认为，理想的人生或符合德性活动的理想人生才是真正令人幸福的人生。

2. 至于一般的善，亚里士多德认为，我们都具有去实现它的能力，但它必须通过实践才能发展。它是如何发展的呢？通过有德性的行为。乍看上去，这像是循环论证。亚里士多德告诉我们，我们是通过做出有德性的行为而变得有德性的，但是，除非我们已经是有德性的，否则我们如何能够做出有德性的行为？亚里士多德的回答是②，我们开始做出的客观上有德性的行为并不包含对行为的反思知识，以及其行为本身是善的经过筹划的选择，这个选择是从习惯性的倾向中得出的。例如，一个孩子可能被父母告知不能说谎。孩子服从这个要求，但他可能并不知道讲真话的内在善是什么，也尚未形成讲真话的习惯。讲真话的行为会逐渐成为习惯，随着教育的不断深入，孩子会意识到讲真话本身是正确的，并为了真话自身而选择讲真话，就好像是做正确的事。这时，孩子就这一点来说才是具有德性的。亚里士多德区分了**造成**善的性情的行为与从善的性情中**流溢出**的行为，这回应了有关循环论证的指控。德性本身就是倾向，它通过恰当的实践能力发展而来。(当然，我们可以进一步提出理论的困难：道德评价的发展和社会环境的影响、父母和教师的建议之间的关系，等等，但亚里士多德并不讨论这些。)③

---

① 亚里士多德说，真正幸福的人必须有足够的外在善。因此他反对极端的犬儒主义，但他警告我们，不要把幸福的必要条件错认为幸福的基本要素。(亚里士多德，《欧德谟伦理学》，1214b25以下。)
② 亚里士多德，《尼各马可伦理学》，卷 B 第 1 章，1103a14—b26；卷 B 第 4 章，1105a17—b18。
③ 因此，亚里士多德坚持认为，一个完全正确的行为，不仅必须要"外在地"做出在当时的情况下正确的事，还必须出于正确的动机，从道德主体的角度出发，起到道德主体的作用。(参见亚里士多德，《尼各马可伦理学》，1105b3以下。)

3. 德性如何与恶相对？所有善的行为的共同特征就是他们有特定的顺序和比例，在亚里士多德的眼中，德性是两个极端的中道，过度和不及都是恶。① 过度和不及指的是什么呢？或是就情感而言的，或是就行为而言的。因此，就自信的情感来说，过度即是鲁莽，而不及则是懦弱，至少当情感在行为中出现时会产生两种极端，且伦理学关心的正是人的行为。这意味着，在鲁莽与懦弱之间存在着中道：这个中道是勇敢，是有关自信的情感的德性。再者，如果就花钱的行为来看，过度意味着浪费，不及就是吝啬，这都是恶。慷慨这种德性取的是过度和不及之间的中道。因此，亚里士多德将伦理德性描述或定义为："一种选择倾向，本质上存在于相对我们的中道中，这种中道由规则决定，也就是说，一个明智的人会确定的规则。"② 那么，德性就具有某种倾向，即做选择时要依据规则，而这种规则则是拥有道德洞察力的、真正有德性的人做选择时所依据的规则。亚里士多德认为，拥有实践智慧，有能力分辨特定情况下什么是正确的事情，才是真正有德性之人，并且比起任何先验的和纯粹理论上的结论，他更重视有所领悟的良知做出的道德判断。这似乎有点天真，但我们必须记得，对亚里士多德来说，明智的人是能在任何情况下分辨出真正有益于人的事物的人。他不需要进入任何学术领域，只要知道在这些情况下什么是真正适合人性的东西。

亚里士多德认为德性是中道，但这种中道不能用算数方法来计算：这就是为什么他说他的定义是"相对于我们的"。我们不能通过严格的数学规则来确定什么是过度，什么是中道以及什么是不及。过于依赖情感或行为是有问题的，在某些情况下，过度可能要优于不及，而在其他情况下，可能反过来才是正确的。当然，亚里士多德主义的中道也不应等同于道德生活中的平庸行为，因为就卓越而言，德性是极端，它在其本质和定义上才是中道。柏林大学的尼古拉·哈特曼在《伦理学》中给出了可以说明这个要点的图③，该图底部的水平线代表本体论维度，垂直线代表价值论的维度。

---

① 亚里士多德，《尼各马可伦理学》，卷 B 第 6 章以下。
② 亚里士多德，《尼各马可伦理学》，1106b36—1107a2。
③ 尼古拉·哈特曼（Nicolai Hartmann），斯坦顿·科伊特（Dr. Stanton Coit）译，《伦理学》（*Ethics*），第 2 卷，乔治·艾伦出版社，第 236 页。

善（Goodness）

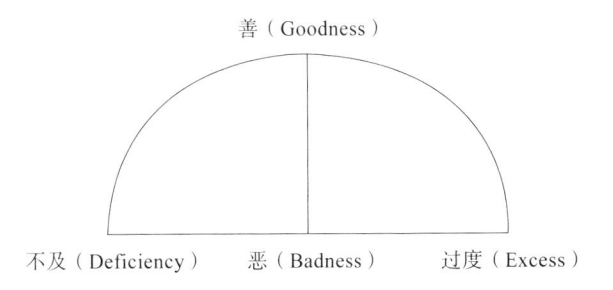

不及（Deficiency）　恶（Badness）　过度（Excess）

这个图说明的要点是德性具有双重地位。在本体论的层面，它是中道；在价值论层面，它是卓越或极端。从价值的观点来看，德性不是恶的混合，而与两种恶相对立；但从本体论的角度来讲，它仍然是中道，因为它结合了自身的两种优点，这两种优点如果过度，也会变成恶。例如，勇敢不是大胆冒失，也不是冷静，而是两者的综合。这种综合的性格不至于让勇敢变成鲁莽之人的冒失，也不至于让其变成懦夫的谨小慎微。"亚里士多德在较低的道德价值中强烈地感受到，但没能够明确表述的东西是：单独考察任何价值要素，超过某个度都会很危险，它们会变成专制。因此，如果要真正实现它们的意义，在它们的现实承载者身上总是要有某种平衡。由于这种深刻合理的感觉，他认为德性不是任何一个要素，而是它们的综合。正是这种综合减少了对价值造成的危险，消除了对良知造成的专制。在这个问题上，亚里士多德的做法堪称典范，他对每个问题都做了进一步的对比处理。"①

然而，我们必须承认，亚里士多德对德性的处理表明了这个事实：他深受希腊人对人类行为采取**审美**态度的影响，事实上，这清楚地体现在他对"大度"的讨论中。一个被钉在十字架上的上帝观念与他格格不入，可能在他眼里，这是非审美的，也是非理性的。

4. 道德行为的前提是自由，因为只有当这一行为是自愿行为时，人们才需要为它承担责任，这种自愿是广义上的。如果某个人的行为受到外力强迫或是出于无知的，他都不用为此承担责任。恐惧可能会降低行为的自愿性，但是像在风暴中把货物从船上扔下去这种行为，它虽然不是有理智

---

① 哈特曼，《伦理学》，第 2 卷，第 424 页。

者在正常情况下会做出的事，但也仍是自愿的，因为它出自行动者自身。①

关于无知，亚里士多德毫无疑问有一些中肯的观察，他指出，一个人在愤怒或酒醉影响下的行为，可能会被认为是"处于无知中"，但不能说是"出于无知"，因为这样的无知是由愤怒或酒醉造成的。②但他认为，如果当事人事后感到后悔，那么这种由无知造成的行为就是无意的；如果当事人并不后悔，则该行为是非自愿的。人们几乎无法接受这种说法，因为虽然当事人的事后态度可能会透露出他大体的性情（比如他从整体来看是好人还是坏人），但也不能用它来区分非自愿的行为与仅仅是无意的行为。③

就苏格拉底的立场"无人违背知识"而言，亚里士多德偶尔也会注意道德争论的现实④（他的确是很好的心理学家，所以他不会忽视这一点）。但当他正式探讨这个问题，提到节制和不节制时，⑤却往往忽视这一点，而是强调人在做出错误行为的那刻，并不知道该行为是错误的。当然，这有时也可能会发生，例如人在盛怒之下做出的行为，但亚里士多德充分说明，个人可能会故意做他明知道是错误的行为，而且，当他知道那是错误的时候，他依然这样去做。可以这样说，亚里士多德伦理学具有全然人性的特点，因为他用"善"来解释"正确"，他甚至可以回答，无节制者的行为也是基于善的理由。的确是这样，但同样，无节制者也可能清楚知道他所做的行为在道德上是错误的。事实上，亚里士多德虽然反对苏格拉底的理论，但依然在某种程度上受到他的影响。他缺少合适的义务概念，在这点上他与斯多亚学派兴起前的其他希腊理论家是相同的，而柏拉图则有所不同。某个行为可能是善的或是有助于善的，这不一定是严格的义务或责任，但亚里士多德的伦理学理论不考虑这种区别。

5. 与之前的柏拉图一样，亚里士多德并没有明确的意志概念，但他把选择描述为或定义为"欲求的理性""合理的欲求"⑥，或者是"在我们

---

① 亚里士多德，《尼各马可伦理学》，卷Γ第1章，1100a8—19。
② 亚里士多德，《尼各马可伦理学》，卷Γ第1章，1110b24—27。
③ 亚里士多德，《尼各马可伦理学》，卷Γ第1章，1110b18以下。
④ 亚里士多德，《尼各马可伦理学》，1102b14以下。
⑤ 亚里士多德，《尼各马可伦理学》，卷H。
⑥ 亚里士多德，《尼各马可伦理学》，1139b4—5。

能力之内有意的欲求"①。这表明了他有某种意志的观念，因为无论是欲求本身还是理性本身，都不是他所认为的优先选择。他的描述似乎表明，他把优先选择视为实质上的自成一体。（亚里士多德确实表明优先选择与手段有关而与目的无关，但在《尼各马可伦理学》中他对这个词的使用和其他地方是不一致的。）②

亚里士多德对道德过程的分析如下：(1) 行动者欲求某个目的。(2) 行动者仔细考虑，发现 B 是 A 的手段（要获得的目的），C 是 B 的手段，等等。(3) 他发现其中一些或接近目的或远离目的，甚至如有可能，是他此时此地就能实现的具体手段。(4) 行动者选择他此时此地就能实现的手段。(5) 他在考虑中付诸实践。因此，一个人欲求幸福（事实上，亚里士多德认为人总是这样做），他会看到健康是幸福的手段，而锻炼是健康的手段。然后，他认为，散步是他此时此地可以做的事情，他选择了这一行为，即散步，并付诸实践。这一分析对于我们就目的来行动的方式做了非常好的说明。但困难在于，亚里士多德的体系并不考虑任何实在的道德义务，至少就其本身以及不添加后来哲学家对它的任何补充说明而言是这样。

从亚里士多德的理论来看，如果有德性的行为是自愿的且是依照选择的，那么德性和恶都在我们的能力之中，苏格拉底的学说也会是错的。的确，个人可能会养成特别不好的坏习惯，坏习惯使他不停做坏事，但他本来可以在第一次做坏事的时候就抑制住这种坏习惯。个人可能就这样蒙蔽了自己的良心，以至于他现在不能分辨对错，但他依然要为他自己的无知和愚昧负责。这可以说是亚里士多德的普遍观点，但正如我们已经看到的那样，在正式讨论苏格拉底的观点时，亚里士多德没能充分地就道德软弱和纯粹的恶进行说明。

6. 亚里士多德对伦理德性的讨论往往很有启发性，也体现了他常识性的适度和清醒的判断。例如，他把勇敢表述成一种介于轻率（或鲁莽）与懦弱之间的中道，这似乎可以清楚地展现出勇敢的真正本质，并使之区别于伪勇敢的形式。同样，他把节制的德性描述为介于放荡和"麻木"之间

---

① 亚里士多德,《尼各马可伦理学》, 1113a9—11。
② 亚里士多德,《尼各马可伦理学》, 1111b26 以下, 以及 1144a20 以下。

的中道，这表明就触觉的快乐而言，节制或自控这一德性本身并不是让人以清教徒式的态度去对待感觉和感觉的快乐。他坚持认为中道是"相对于我们的"，并且无法用算术方法确定，表明了自己的实践观、经验观和常识观。他中肯地表示："如果对某人来说10磅的食物太多而2磅又太少，那么，体操教练不会要求每人6磅，因为对具体个人来说有可能太多也有可能太少：对米洛（Milo）来说可能太少，但对刚开始训练的人来说可能太多了。"①

然而，不可否认的是（还有谁会期待其他的呢），在一定程度上，亚里士多德对德性的讨论受到了当时希腊人品味的影响。②因此，他认为，拥有"大度灵魂"的人和有自尊的人耻于获得收益，并将自己放在低等的位置，反过来他会用更大的利益偿还得到的所有利益，让他的朋友成为他的债务人，这可能与希腊人（或尼采）的品味一致，但也不是所有人都能接受。再者，亚里士多德觉得，拥有"大度灵魂"的人应该是步伐缓慢、声音低沉、演讲稳重的，这在很大程度上是某种审美的品味。③

---

① 亚里士多德，《尼各马可伦理学》，1106a36—b4。
② 有人认为，某人所接受的来自他人的荣誉是由于他的"德性"和高贵，这种观点令我们有些反感，但这种观点是由"《荷马史诗》中的英雄对荣誉的期盼正是由于他的德性"这个观点发展而来的。
③ 亚里士多德，《尼各马可伦理学》，1124b9—1125a16。（译者注：译文参考廖申白先生译本。）

感受	行动	过度	中道	不及
恐惧 自信		怯懦 鲁莽	勇敢 勇敢	无名称 怯懦
触觉快乐 （由于渴望这种快乐而产生的痛苦）		放荡	节制	麻木
	给予钱财 获取钱财	挥霍 吝啬	慷慨 慷慨	吝啬 挥霍
	大规模地给予钱财	粗俗	大方	小气
	大规模地索取荣誉	虚荣	大度	谦卑
	小规模地追求荣誉	好名	无名称	不爱荣誉
愤怒		愠怒	温和	麻木
社交	对某人说真话 通过风趣来给予快乐 在寻常生活中给予快乐	自夸 滑稽 奉承	诚实 机智 友爱	自贬 呆板 恨
羞耻		羞怯	羞耻	无耻
因他人的福分或厄运感到痛苦		妒嫉	义愤	自傲

7. 在《尼各马可伦理学》卷 E 中，亚里士多德讨论了正义。他理解的正义是（1）合乎法律的事情；（2）公正、平等的事情（《尼各马可伦理学》1129a34）。第一种正义是"普遍"的正义，几乎与遵守法律等同，但由于亚里士多德设想的城邦法律，至少是理想上的，会延伸到整个生活之中，并且强行要求实际上有德性的行为（因为法律无法强制要求有德性的行为，无论是在形式上还是在主观上），普遍的正义或多或少都与德性相关，至少就它的社会方面而言。与柏拉图一样，亚里士多德坚信城邦的正面功能和教育功能。这与某些城邦理论截然相反，就像英国的赫伯特·斯宾塞和德国的叔本华，他们反对城邦的正面功能，限制法律为个人权利辩护的功能，尤其是对私有财产的辩护。

"特殊的"正义分为（1）分配的正义，即城邦将财物按照几何比例分配给公民，即根据价值分配（如伯奈特所说，希腊公民认为自己是城邦的股东而不是纳税人）；（2）补偿性的正义，它又分为两类：a. 处理自愿交易（民法）；b. 处理非自愿交易（刑法）。补偿性的正义是根据算数比例进行的。亚里士多德还加上了商业的正义和交换的正义两种主要分类。

亚里士多德认为，正义是介于做不正义的行为与受到不正义的对待之间的中道。① 但这令人难以接受，这显然只是为了把正义与已经讨论过的其他德性放在一起。例如，对于在交易中表现正义的商人来说，他会选择既给别人应得的份额，也拿自己应得的份额，不会巧取豪夺，也不是少给别人或是自己多拿。多给别人或者自己少拿不是缺点，也不是受到了不正义的对待。然而，亚里士多德更愉快地接着说，正义不是其他的德性那样的中道，而是在一个人所得过多与另一个人所得过多之间产生一种中立事态的中道。②

最后③，亚里士多德为多种实际上不正义的行为做了非常有价值的区分。他指出，做出会对他人造成伤害的行为，且这种伤害是不可预见的

---

① 亚里士多德，《尼各马可伦理学》，1133b30—32。
② 亚里士多德，《尼各马可伦理学》，1133b32 以下。
③ 亚里士多德，《尼各马可伦理学》，卷 E 第 8 章，1135a15—36a9；《修辞学》，1374a26—b22。

（如果这种伤害通常不是来自该行为），与做出自然就对他人造成伤害的行为是截然不同的，特别是在这种损害是可以预见的时候。这种区分为公平作为优先于法律正义的正义类型留下了余地，后者在应用于特殊情况时过于宽泛。这就是正义的本性，只要法律的普遍性使它有缺陷，它就纠正法律。①

8. 在讨论理智德性时，亚里士多德根据两种理性功能来区分它们：（1）科学的功能，我们通过它思考必然的对象并且不承认偶然性；（2）计算的功能或者是意见的功能，它关注的是偶然的对象。科学功能的理智德性是知识，即"我们用来证明德性的那种倾向"②。它与证明以及努斯或者直观理性有关，我们在经验到了一定数量的特定情况之后，能够把握到普遍真理，并且认识到这个真理或原理是不证自明的。③ 努斯和知识的结合是理论智慧，指向的是最高的对象——可能不仅包括形而上学的对象，还包括数学和自然科学的对象。对这些对象的沉思属于人类的理想生活。"智慧或哲学可以被定义为直观理性与科学的结合，或是被定义为针对最珍贵事物的科学知识，可以这么说，就像是镶嵌在皇冠上的那颗明珠。"知识因其对象而高贵，亚里士多德认为，把政治科学当作最高类型的知识是荒谬的，除非人的确是最高级的存在物，但他并不相信这一点。④ "宇宙中还有其他事物的本性比人性更为神圣，例如，宇宙是由星空构成的。从这里我们可以清楚地看到，智慧是科学和思辨理性的结合，它指向的是被造物中最高贵的对象。"⑤

计算功能的德性是技艺，即"我们借助于真实的规则来行事的倾向"⑥。实践智慧是"行为的真实倾向，它借助的是事物对人有益或者有害的规则"⑦。实践智慧根据所关注的对象可以细分。（1）关注个体的善，这是狭义的实践智慧；（2）关注家庭、家庭管理，这就是家政学；（3）关

---

① 亚里士多德，《尼各马可伦理学》，1137b26—27。
② 亚里士多德，《尼各马可伦理学》，1139b31—32。
③ 亚里士多德，《尼各马可伦理学》，卷 Z 第 6 章，1140b31—1141a8。
④ 亚里士多德，《尼各马可伦理学》，1141a9—12。
⑤ 亚里士多德，《尼各马可伦理学》，1141a33—b3。
⑥ 亚里士多德，《尼各马可伦理学》，1140a9—10，20—21。
⑦ 亚里士多德，《尼各马可伦理学》，1140b4—6。

注与城邦相关的善,则是比较广义的政治学。而广义的政治学又可细分为组织的或立法的功能(这是狭义的政治学)和从属的或行政的功能。最后一种再细分为协商和司法。(需要注意的是,尽管做出了这些区分,但实际上,与个体相关联的实践智慧和与城邦善相关联的政治学所具有的德性是相同的。)

亚里士多德认为,实践智慧关注的是实践的三段论,例如,A是目的,B是手段,因此B应当被完成。(如果我们说亚里士多德面临着只给出了假言命令而非定言命令的困难,他可能会回应说,在伦理学问题中目的是幸福,而幸福是所有人追求而且是情不自禁追求的目的,也是人们依据本性所追求的。而影响我们对通达目的的手段进行选择的命令,不同于影响某些自由选择的目的之手段的命令,后者是定言命令。)但亚里士多德以他一贯的良好意识明确指出,有些人可能从他们的生活经验中获得了有关正确行为的知识,但他们并没有得到有关普遍原理的明确概念。因此,没有大前提去了解实践三段论的结论,比不知道结论去了解大前提要更好。①

苏格拉底认为,所有德性都是某种形式的审慎,亚里士多德宣称苏格拉底的观点有对有错。"他错在坚持所有的德性都是某种形式的审慎,但'没有审慎就没有德性存在'这个观点是对的。"②苏格拉底认为,所有德性都是理性的形式(作为知识的存在形式),但是亚里士多德说,事实上它们都是**理性的**。"德性不仅是正确合理的态度,而且是导向正确合理选择的态度,在这些问题上正确合理的选择,就是我们所说的审慎。"③因此,审慎对于真正有道德的人来说是必要的:(1)审慎是"我们自然的本质部分的卓越"以及(2)"没有审慎和德性,就没有正确的选择,因为德性保证了人们选择正确的目的,而审慎保证了人们选择可达成正确目的的正确手段"④。但审慎或实践智慧不同于一般的机智。机智是指某个人

---

① 亚里士多德,《尼各马可伦理学》,1141b14—22。
② 亚里士多德,《尼各马可伦理学》,1144b19—21。
③ 亚里士多德,《尼各马可伦理学》,1144b26—28。
④ 亚里士多德,《尼各马可伦理学》,1145a2—6。

找到正确的手段达成任何特殊目的的能力，某个流氓也可能在找到正确的手段达到他卑鄙的目的方面非常机智。可单纯的机智不同于审慎，审慎是德性，它相当于道德洞见。① 没有机智，审慎不可能存在，但它不能被降低到只剩机智，因为它是伦理德性。换句话说，审慎是处理达成目的之手段的机智，但不是所有目的，而是人的真正目的，即对人来说什么是最好的。伦理德性使我们能够选择正确的目的，所以审慎以伦理德性为前提。亚里士多德很清楚，一个人可能会做正确的事或是应当做的事，但他却不一定是好人。只有在他的行为是出自道德选择的，并且他是因其自身是善而去行事的，才能说他是好人。② 由此，审慎是必要的。

亚里士多德承认，"自然"的德性可能彼此分离（例如，孩子可能天生就是勇敢的，但同时却不是温和的），为了使完全意义上的伦理德性成为合理的倾向，审慎是必要的。此外，"只要给出审慎这个德性，那么，所有德性都必定会随之而来"③。苏格拉底说得很对，没有审慎就没有德性，但在假设所有德性都是审慎的形式这点上，他是错误的。在《欧德谟伦理学》④中，亚里士多德提到，因为苏格拉底认为所有的德性都是知识的形式，所以知道正义是什么的同时，就会成为正义的人，正如我们学会几何学的同时，我们就是几何学家。作为回应，亚里士多德说到，区分理论科学和生产性的科学是必要的。"我们不希望知道勇敢是什么却做不到勇敢，也不希望知道正义是什么却做不到正义。"同样，他在《大伦理学》⑤中谈到"任何知道正义本质的人都无法立刻就行正义"。但在《尼各马可伦理学》中，他把那些认为仅有单纯理论知识就能为善的人，比喻成只听医嘱却不照做的病人。⑥

9. 亚里士多德拒绝承认快乐本身是恶的。快乐的确不是像欧多克索认为的那样是**唯一的**善，因为快乐是自由的行为的自然伴随（作为附加在

---

① 亚里士多德，《尼各马可伦理学》，1144a23。
② 亚里士多德，《尼各马可伦理学》，1144a13 以下。
③ 亚里士多德，《尼各马可伦理学》，1144b32—45a2。
④ 亚里士多德，《尼各马可伦理学》，1216b3—26。
⑤ 亚里士多德，《大伦理学》，1183b15—16。
⑥ 亚里士多德，《尼各马可伦理学》，1105b12—18。

活动上的一种颜色），活动本身是目的，相伴随的快乐不是。有些活动，即使无法从中获得快乐，我们也应当选择它们。① 并不是所有的快乐都是可欲求的，因为某些活动带来的快乐是可耻的。

但如果快乐不是善，我们也不能因此陷入另一个极端，认为因有些快乐是可耻的，所以所有的快乐都是错误的。事实上，亚里士多德认为，我们可以说那些可耻的快乐不是真正的快乐，正如对那些眼睛不好的人来说，他看到的白色可能不是真正的白色。这个观察也许不是那么有说服力：亚里士多德的观点也许更令人信服，他说快乐本身可能是可欲求的，但却不是在用这种方式获得的时候。他也认为，活动不同，从中获得快乐也会不同。②

亚里士多德不认为快乐只是某种补充，即疼痛代表自然状态的下降，而快乐是对缺陷的补充。的确，有补充就有快乐，有损耗就有痛苦，但我们不能说一般而言的快乐就是对先前痛苦的补充。"在嗅觉、视觉、听觉等诸多感官以及希望和回忆所带来的快乐中间，还有数学的快乐，它们都不包括先前的痛苦。"③

所以，快乐是积极的，它的作用就是完善某种功能的运用。快乐之所以各不相同，是由于它所伴随的活动的性质各不相同，好人必须符合我们关于真正的快乐与不快乐的标准。（亚里士多德认为，培养孩子正确的好恶观是很重要的，为了这个目的，教育者会用快乐和痛苦"作为指引"。）④ 有些快乐只有对那些本性堕落的人才是快乐。对人来说，那些伴随着正确活动的快乐才是真正的快乐。"其他的快乐，正如它们所伴随的那些活动，都只是部分的和次要意义的快乐。"⑤

在上述关于快乐的讨论中，亚里士多德良好的判断力和心理洞察力是显而易见的。可能有人认为，他有些过分强调理论的和纯粹智性活动中的快乐，但他刻意回避了所有极端的观点，他一方面反对欧多克索

---

① 亚里士多德，《尼各马可伦理学》，1174a7—8。
② 亚里士多德，《尼各马可伦理学》，1173b20—31。
③ 亚里士多德，《尼各马可伦理学》，1173b16—19。
④ 亚里士多德，《尼各马可伦理学》，1172a19—25。
⑤ 亚里士多德，《尼各马可伦理学》，1176a22—29。

"快乐就是善"的观点，另一方面也不同意斯彪西波"所有快乐都是恶"的观点。

10. 亚里士多德在《尼各马可伦理学》的卷 Θ 和卷 I 中主要讨论了友爱问题。他认为，友爱"是德性之一，或者至少暗含了德性。除此之外，它还是人生的基本需品之一"①。亚里士多德倾向于给出有些以自我为中心的友谊图景。因此他强调，我们在人生的不同时期都需要朋友。他还认为，在友爱中，人爱的是他自己——初听之下这更像是利己主义的观点。但他试图调和利己主义和利他主义，他指出区分"自爱"这个术语的用途十分必要。有些人尽可能地追求金钱、荣誉或身体上的快乐，这些我们往往斥之为"自爱"。而那些好人渴望在德性和高尚的行为中出类拔萃，这些虽然也是"自爱"，我们却不会加以斥责。第二种人将会"把钱给他的朋友，但他却因此拥有更多。因为钱财给了朋友，但高尚的行为却留给了自己，他以这种方式获得了更大的好处。对于荣誉和职位而言也是如此"②。一个人放弃金钱或职位而将它们给了他的朋友，如果这只是为了他自身的声望而做出高尚的行为，则不太令人满意。亚里士多德无疑正确地认识到，不但有好的自爱类型，也有坏的自爱类型。（事实上，我们应当爱自己，并且尽可能使自己趋于完善。）对此，亚里士多德有更好的想法，他认为一个人与他朋友的关系就是他与自身的关系，因为朋友就是另一个自我。③换句话说，自我的概念是能够扩展的，可以包括朋友在内，朋友的幸福或痛苦，成功或失败，就像我们自己的。此外，如"真正的友爱是爱而不是被爱"④，或者"人们因为他们朋友自身的缘故希望他们过得好"⑤等偶然的观察表明，他对友爱的看法并不像他有时说的那样自私自利。

亚里士多德的友爱概念非常广泛，他把友爱分成了不同的类型。（1）最低层的是功用的友爱，人喜爱他们的朋友并不因其本身，而是看中他们所

---

① 亚里士多德，《尼各马可伦理学》，1155a3—5。
② 亚里士多德，《尼各马可伦理学》，1169a27—30。
③ 亚里士多德，《尼各马可伦理学》，1166a30—32。
④ 亚里士多德，《尼各马可伦理学》，1159a27—28。
⑤ 亚里士多德，《尼各马可伦理学》，1157b31—32。

带来的好处。[①] 这样的友爱对人来说是必要的，因为人在经济上并不能自给自足。商业上的友爱就是这种类型。(2)快乐的友爱。这样的友爱建立在与朋友交往的自然快乐之上，这也是年轻人的特征，因为"年轻人靠感觉生活，他们注重自己的快乐和当下的时刻"[②]。但这两种类型的友爱都是不稳定的，因为当友爱的动机——快乐和功用消失时，友爱也随之破灭。(3)善的友爱。这类的友爱是完满的友爱，亚里士多德认为，只要双方尽可能保持彼此的性格，他们就可以长久地交往下去，"德性是一个持久的事物"。

正如我们所期待的那样，亚里士多德对友爱进行细致入微的讨论，虽然有些观点不够深刻，但敏锐且到位，这不仅适用于自然的友爱，而且还适用于我们与主基督之间的超自然友爱。例如，他认为友爱不同于喜爱，后者是一种感觉，而前者是心灵受过训练的习惯，[③] 以及"对友爱的愿望是希望情感突飞猛进，但友爱本身却不是这样"[④]。

11. "如果幸福是合乎德性的活动，那么它也应当符合最高的德性，这就是我们的最好部分的德性。"[⑤] 根据亚里士多德的说法，沉思能力（也是理智或哲学活动的能力）的实现活动构成了完善的幸福，这表明了他与柏拉图共同的理智主义立场。虽然道德行为与人的最高类型的幸福之间的明确关系仍模糊不清，但亚里士多德在《尼各马可伦理学》中清楚地表明，没有伦理德性就没有真正的幸福。

为了说明人的最高幸福在于沉思，亚里士多德给出了以下几点理由[⑥]：(1)理性是人最高的能力，理论沉思是理性的最高活动。(2)我们可以把这种活动保持得比任何其他活动都长久，例如比体育锻炼长久。(3)快乐是幸福的一个要素，而"哲学是公认的展现人类德性的最快乐的活动"。（最后这句话就算对亚里士多德本人来说也可能有点不寻常，因

---

① 亚里士多德，《尼各马可伦理学》，1156a10—12。
② 亚里士多德，《尼各马可伦理学》，1156a31—33。
③ 亚里士多德，《尼各马可伦理学》，1157b28—31。
④ 亚里士多德，《尼各马可伦理学》，1156b31—32。亚里士多德认为，神不需要朋友，因为"神自身就是他的幸福"，但是我们需要朋友，因为"我们的幸福总是需要一些超出我们的事物来保证。"（亚里士多德，《尼各马可伦理学》，1245b14—19。）
⑤ 亚里士多德，《尼各马可伦理学》，1177a12—13。
⑥ 亚里士多德，《尼各马可伦理学》，卷K第7章。

为他补充道:"哲学的快乐至少是很纯粹和可靠的,所以,如果获得智慧的人的生活比追求智慧的人的生活更快乐,那也不足为奇。")(4)哲学家比任何人都能自给自足。他确实不能避免任何人所需的生活必需品(亚里士多德认为哲学家需要适度的外在善和朋友,但同样"思想家能够独自进行研究,他越是具备思想家的特质,就越是有这样做的能力"。与他人的合作对他来说大有助益,但如果有需要的话,思想家也能比其他人更好地单独进行研究。(5)哲学是因自身之故,而非因其结果而被人喜爱的。在实践活动领域,人们欲求的并非行为本身,而是通过行为达到的结果。哲学不是仅为了达到更高目的的手段。(6)幸福似乎包含着闲暇。现在,"实践德性被运用在战争或政治的实现活动中,这些都不能说是闲暇的工作,至少在所有战争中都是这样"。

在理性的实现活动中,并且是在理性的有关最神圣事物的实现活动中,只要这种活动能够延续一生,一个人完善的幸福就会被找到。这样的生活展现出了人神圣的部分,但我们不应该去听那些所谓的忠告:作为人,且是可朽的凡人,我们只需在意那些属人的、可朽的东西就行了。相反,我们应该尽可能追求不朽,并尽我们所能地过一种与我们身上最好部分相符的生活。虽然这部分只是我们身上很小的一部分,但它在力量和价值上却远超其他任何部分。此外,对我们每个人来说,似乎这才是真正的自我,因为它是主宰的、最好的部分。如果我们没有选择一种真正自我的生活,而是选择了其他非我的生活,那将会是荒谬的事情。[①]

亚里士多德将哪些东西列入理论沉思对象呢?显然,他列入了形而上学和数学的不变对象,但他是否将自然科学的对象也列入其中?到目前为止可能只有非偶然对象被列入其中,因为就像我们已经看到的那样,人的最高活动关注的不是偶然对象。在《形而上学》[②]中,亚里士多德把物理学当作理论智慧的分支,尽管他在《形而上学》[③]其他文本暗示物理学

---

① 亚里士多德,《尼各马可伦理学》,1177b26—1178a8。
② 亚里士多德,《形而上学》,1005b1—2;1026a18—19。
③ 亚里士多德,《形而上学》,1069a30以下,亚里士多德表示物理学不仅关注不朽的对象,也关注可朽的可感对象。

也研究偶然事件。物理学的对象是偶然事件，因而只有在研究的是偶然事件中不变的或必然的部分时，物理学才属于"沉思"。

形而上学的最高对象是神，在《欧德谟伦理学》中，亚里士多德将理想生活定义为"对神的崇拜和沉思"，但在《尼各马可伦理学》中，亚里士多德并没有表明这样的宗教态度。[1] 我们无法判断，要将亚里士多德对宗教崇拜的态度理解为《尼各马可伦理学》中给出的理想生活图景，还是他已经放弃早期的宗教态度。但在任何情况下，他对沉思的处理都对后世产生了巨大影响，尤其是对基督教哲学家们，他们很自然地发现亚里士多德的理论很符合他们的目的。亚里士多德对理智主义的态度回响在圣托马斯·阿奎那的教义里，荣福直观的本质在于理智行为，而非意志行为，因为理智是我们**拥有**某物的能力，意志则是我们安享已被理智所拥有的对象的能力。[2]

---

[1] 亚里士多德，《欧德谟伦理学》，1249b20。我已经提到过（在介绍亚里士多德形而上学的时候）《大伦理学》中（1208b26—32）哲学家的名言，我们与上帝之间不可能存在友爱，因为，即使我们能够去爱他，他也不会回报我们的爱。
[2] 阿奎那，《神学大全》，la，q. 26，art. 2。

第三十二章

政治学

1. 城邦（亚里士多德思考的是希腊城邦），与其他所有共同体一样，都因着某个目的而存在。就城邦而言，这个目的就是人的至善，即他的道德生活和理智生活。家庭是为了生存而存在的原始共同体，供给人们日常的所需①，而当家庭聚合起来时，就不仅仅是为了满足日常需求了，于是形成了村庄。然而，当几个村庄聚合起来时，就形成了更大的"自足或近于自足的"共同体②，这就是城邦。城邦的存在不只是为了人的生存，更是为了让人过上好的生活，亚里士多德坚持说，城邦与家庭和村庄不同，不仅在量上不同，而且在性质上和种类上也不同。③只有在城邦中，人才能完全实现好的生活，因为好生活是人的自然目的，所以城邦也必须被称为自然社会。（因此智者们认为"城邦只是习俗的产物"这种观点是错误的。）"很显然，城邦是自然的产物，而人天生是政治的动物。一个在本性上（而非偶性上）脱离城邦的人要么高于人的自然，要么低于人的自然。"④人的言语天赋清楚地表明，人的本性注定他需要社会生活，而在亚里士多德看来，社会生活的具体完整的形式就是城邦。城邦优先于家庭和个人，因为城邦是自足的整体，但无论个人还是家庭都不是自足的。"无法在城邦中生活的人，或是因其自身的自足而不需要城邦的人，要么是野兽，要么就是神。"⑤

---

① 亚里士多德，《政治学》，1252b13—14。
② 亚里士多德，《政治学》，1252b28 以下。
③ 亚里士多德，《政治学》，1252a8—23。
④ 亚里士多德，《政治学》，1253a1—4。
⑤ 亚里士多德，《政治学》，1253a27—29。

从柏拉图到亚里士多德，都认为城邦有服务于人的目的的积极作用，可以带领人们过上好的生活，获得幸福，并在本性上先于（以区别于时间上的在先）个人和家庭，这种观点对后来的哲学产生了极大影响。中世纪基督教哲学家很自然地赋予个人和家庭以重要地位，并在事实上接受另一个"完美的社会"——教会，教会的目的高于城邦的目的（在中世纪，民族国家的概念尚未完善）。但我们只要想起德国的黑格尔以及英国的布拉德雷和鲍桑葵，就会意识到希腊的城邦概念并没有随着希腊的自由一起灭亡。此外，虽然这个概念可能一直被夸大（特别是在基督教真理缺席的地方，更是无法对这种片面的夸张进行纠正），但它比赫伯特·斯宾塞的国家概念更为丰富和真实。因为城邦的存在是为了公民的世俗幸福，即为了积极的而非消极的目的，而这种积极的城邦概念，能很好地避免受到极权主义国家谬论的污染。亚里士多德的视野或多或少都会受到希腊城邦的限制（尽管他与亚历山大保持着联系），他对民族国家和帝国也没什么概念，但是，比起自由主义以及从洛克到斯宾塞的英国学院派的国家观念来说，亚里士多德的心灵显然更能深入到城邦的本质和作用之中。

2. 在《政治学》中，亚里士多德对家庭的讨论实际上只局限在主仆关系和获取财富这两点上。奴隶制（根据亚里士多德的说法，奴隶是一种活的工具，是主人生活的助手）建立在自然本性之上。"从出生之时，一些人就注定要服从，另一些则注定要统治。"[①] "很显然，有些人天生是自由的，而有些人生来就是奴隶，因此奴隶制不仅有益而且公正。"[②] 这个观点对我们来说也许非常荒谬，但是我们必须记住，亚里士多德学说的本质是，人的理智能力和身体能力不同，从而适合于社会的不同工作。虽然亚里士多德对当时奴隶制的推崇令我们感到遗憾，但这种推崇很大程度上是一种历史的偶然。除去历史的和当时的偶然因素，应当受到谴责的并不是亚里士多德承认人的能力和适应性不同（这个事实是显而易见的，并不需要详细阐述），而是他以死板的二分法来讨论人的两种类型以及"奴性"

---

① 亚里士多德，《政治学》，1254a23—24。
② 亚里士多德，《政治学》，1255a1—3。

低于人性的倾向。然而，亚里士多德试图调和他自己对奴隶制的接受度与奴隶制的合理化之间的关系。他坚称，主人不应该滥用他的权威，因为主人和奴隶的利益是相同的①，他还说，所有的奴隶都应当有解放的希望。②此外，他承认一个生来是奴隶的孩子不一定天生是奴隶，并反对由征服带来的奴隶制，因为出众的武力与卓越本身不能等同，另一方面，战争也可能不是一场正义的战争。③然而，合理化奴隶制就其本身而言是令人遗憾的，也暴露出这位哲学家观点的局限性。事实上，亚里士多德反对奴隶制历史来源的合法性（征服），但又在哲学上给出奴隶制的合理性与正当性！

3. 在一般情况下，获取财富有两种不同的方式以及一种居中模式。④

（1）"自然"模式包括通过放牧、狩猎、农业等方式积累生活所需之物。人的需要对这种积累做了自然的限制。

（2）居中模式是物物交换。在物物交换中，除了"合理使用"，事物还可以用来获取生活的必需品，所以，物物交换可以称为获取财富的自然模式。

（3）第二种"非自然"的获取财富的方式，是以金钱作为货物交换的手段。亚里士多德谴责零售贸易的行为让我们觉得很奇怪，他的偏见很大程度上是由普通希腊人对商业的态度决定的，认为商业对自由人来说是不自由和不适宜的。重要的是亚里士多德对高利贷的谴责，他认为高利贷就是钱生钱。"金钱是用于交换的，而不是用来增加利息的。"这句话从表面看是谴责所有以钱生息的做法，但亚里士多德可能指的是放债人，或者是我们通常所说的放高利贷者，他们坑害贫穷、轻信和无知之人，尽管在他的学说中，肯定会找到关于金钱的"自然"目的的合理化态度。牛和羊会自然地繁殖，就像果树会结果实，但金钱却不会这样自然地增长。金钱只是某种交换手段，除此之外什么也不是。成为交换的手段是它的自然目

---

① 亚里士多德，《政治学》，1255b9—15，1278b33—38。（在 1260b5—7 中，亚里士多德批评柏拉图的观点，认为主人不应该与他们的奴隶谈心。）
② 亚里士多德，《政治学》，1330a32—33。
③ 亚里士多德，《政治学》，1254b32—34，1255a3—28。
④ 亚里士多德，《政治学》，1256a 以下（卷 A 第 8—11 章）。

的，如果只是通过出借金钱，而不是通过交换货物来获得更多的财富，且出借人也无须任何劳动，那么金钱就是以"非自然的方式"被使用。毋庸置疑，亚里士多德无法设想现代的金融。如果他还活着，我们不知道他对我们金融系统的反应会是什么，以及他是否会推翻、修改他以前的观点，还是会找到完善他以前观点的方法。

4. 正如人们所预料的那样，亚里士多德拒绝被柏拉图的理想城邦图景牵着鼻子走。他不认为柏拉图提出的那种激进的变革是必要的，即便它们可行，也不是值得追求的。例如，他反对柏拉图为护卫者阶层的孩子设立托儿所的观点，因为孩子一旦是所有人的，就不再是任何人的了。真正的堂兄弟要比柏拉图式的儿子要好得多！[①] 同样，他批评共产主义的概念，因为它导致纠纷、效率低下等问题的产生。对财产的享有是快乐的来源之一，柏拉图认为，如果护卫者被剥夺了这种幸福的来源，那么城邦就会获得幸福。这种观点并无用处，因为幸福要么是个体的享受，要么就什么都不是。[②] 一般来说，柏拉图的目的是过度的统一。亚里士多德对积累财富本身并不抱有同情，但他认为，与其平均分配所有财产，不如训练公民不要渴望过度的财富，如果有人无法被训练成那样，那么就不让他们拥有财产。

5. 亚里士多德从雅典民主实践中提取出了公民资格，雅典民主所代表的制度与现代的民主制不同。在他看来，所有公民都应当轮流执政，轮流被统治，[③] 而公民权利的最低限度是拥有参加公民大会和参与司法行政的权利。因此，公民就是有资格参与城邦议事和审判事务的人。[④]

亚里士多德认为，出席集会和参与司法对公民而言是根本的，这一事实使他把手工业者和工匠阶层排除出公民阶层，因为他们没有必要的闲暇。另一个原因是，手工劳作束缚灵魂，而且使灵魂无法与真正的德性相配。[⑤]

6. 亚里士多德讨论了不同类型的政体，他将政体划分为，以共同利

---

① 亚里士多德，《政治学》，1262a13—14。
② 亚里士多德，《政治学》，1264b15—23。
③ 亚里士多德，《政治学》，1277b。
④ 亚里士多德，《政治学》，1275b18—19。
⑤ 亚里士多德，《政治学》，1277a33—1278a15，1328b33—1329a21。

益为目标的政体和以私人利益为目标的政体。① 每一种又可以再细分成三类，所以共有三种好的政体以及三种坏的或者是有偏差的政体。僭主政体是君主政体的变体，寡头政体是贵族政体的变体，民主政体是共和政体的变体，通过对各种政体之间的优势进行比较，亚里士多德表达了他的政治观念。对他来说，理想政体是某位超越于所有其他公民的人因其在大众中卓越的品质而自然地成为君主和统治者。但事实上，完美的人没有出现，而且在一般情况下，杰出的英雄们只出现在最初的人群中。因而贵族制，即许多好人的统治，要优于君主制。就统治自由人而言，贵族制是最好的统治形式，它由卓越的人施行政治管理。然而，亚里士多德认为，贵族制对当时的城邦来说可能过于理想化，因此他主张"共和政体"。在共和政体之中，"自然存在着一群好战之人，他们能根据法律轮流服从和轮流统治，法律也会依据他们所应得的给予其职位和财富"②。这实际上等于是中产阶级在统治，并且或多或少都算是介于寡头政体与民主政体之间的折中办法，因为在共和政体之中的确是多数人在统治，这区别于寡头政体，但也不是无财产的暴徒来统治，就像在民主政体之中，因为要想成为士兵，即重装步兵，需要有一定数量的财产。亚里士多德想的（虽然他并未提到）大概是公元前411年时雅典的政体，当时权力掌握在5 000名拥有重型装备的人那里，他们废除了出席会议要付款的制度。这就是塞拉门尼斯政体。③ 亚里士多德钦佩这种政体，他认为中产阶级是最稳定的，因为富人和穷人都更倾向于信任中产阶级而不是互相信任（因此，中产阶级不必担心他们联合起来反对他），这对我们来说可能不像对亚里士多德那样有说服力，但这种观点无疑是有一定道理的。④

7. 亚里士多德敏锐地看到，变革有很多种类和程度，它们会发生在不同的政体之中，他还认识到其产生原因以及避免的方法。由于他具有丰富的历史知识，所以他能够对想要提出的观点给出恰当的史实论证。⑤ 例

---

① 亚里士多德，《政治学》，1279a17—21。
② 亚里士多德，《政治学》，1288a12—15。
③ 亚里士多德，《雅典政制》，第28、33章。
④ 亚里士多德，《政治学》，1295b1—1296a21。
⑤ 亚里士多德，《政治学》，卷五。

如，他指出心灵的变革状态很可能带来片面的正义观。民主人士认为人是平等自由的，那么在一切方面也都应当是平等的；而主张寡头政治的人则认为，因为人在财富方面是不平等的，所以在一切方面也都应该是不平等的。他强调，事实上统治者不应该有超出自己职分的为自己赚钱的机会，他还强调了对城邦中的高级官员的要求，即对政体忠诚，具备行政工作能力以及正直的品质。无论是什么样类型的政体，都必须小心谨慎，不要走入极端。如果民主制或寡头制走向极端，随之而来的将是越来越多对其不满的党派的产生，这必然会导致革命。

8. 在《政治学》卷七和卷八中，亚里士多德讨论了他对"城邦应当是怎样的"这个问题的正面看法。

（1）城邦必须大到足以自给自足（当然，亚里士多德对什么是自给自足的共同体的看法，在现代并不适用），但也不能太大，否则政府的政令和善行就无法施行。换句话说，为了满足城邦的目的，它必须足够大，但又不能大到阻碍它实现这个目的。为此，城邦所需的公民数量当然不能先天地用数学计算来决定。①

（2）城邦的领土范围也是如此。不能太小，否则无法过有闲暇的生活（即文化无法推行）；也不能太大，否则就是鼓励奢侈。这个城邦不应该仅仅以财富为目的，而应该进口它所需要的，出口它所盛产的。②

（3）公民。农民和工匠是必需的，但他们不享有公民权。只有第三阶层——士兵，才是真正意义上的公民。他们在青年时期是士兵，中年时担任统治者或地方官员，老了则成为祭司。每个公民都将在城邦和边境附近拥有土地（这样所有人都会愿意保卫城邦）。这片土地将由非公民的劳动者耕种③。

（4）教育。与柏拉图类似，亚里士多德非常重视教育，并且也认为教育是城邦的工作。教育必须从身体开始，因为身体及其欲望的发展早于灵魂及其能力。但身体是由于灵魂的缘故而受到训练的，欲望是由于理性

---

① 亚里士多德，《政治学》，1325b33—1326b24。
② 柏拉图，《美诺》，70d7—72e2。
③ 亚里士多德，《政治学》，1328b2—1331b23。

的缘故而受到训练的。因此，教育一开始并且首先指的是道德教育——因为公民不像农夫或工匠那样，通过工作谋生，而是首先被训练成优秀的士兵，然后是优秀的统治者和地方官员。[1]亚里士多德对产前照料（以及孩童游戏）的关注，体现了他对道德教育的强调。主管教育的长官将非常严肃地对待这些问题，不会认为孩童的游戏以及讲给孩童听的故事对他们而言是无关紧要的事。（关于音乐教育，亚里士多德的说法很有趣，"拨浪鼓是契合婴儿心灵的玩具，而对于更大的孩子来说，音乐教育就是这样的拨浪鼓或玩具"。）[2]

很遗憾，《政治学》这本著作并不完整，对科学和哲学教育的讨论有部分遗失了。我们无法知晓亚里士多德关于公民高等教育的准确思想倾向。但有一点显而易见，柏拉图和亚里士多德都有崇高的教育理念和公民理想。他们对那些强调技术和功利性训练的教育缺乏同情，因为这样的教育忽略了灵魂更高的能力，也无法帮助人达到自己的适当目的，而这才是教育的目的。虽然有时亚里士多德看上去好像只想把人教育成国家机器中的齿轮，但实际并非如此。在他看来，城邦的目的与个人的目的一致，这不是说个人就应该完全被城邦吸收，但从某种意义上说，当个体公民为善，当他们都达到了自身适当目的时，城邦就将繁荣起来。城邦稳定繁荣的唯一真正的保证，就是公民的道德良善和正直；反之，除非城邦是善的，其教育制度是合理的、道德的和健康的，公民才会是善的。个人通过具体的生活（即社会生活，换句话说是城邦生活）得到其适当的发展和完善，而社会通过其成员的完善达到应有的适当的目的。从对拉栖戴蒙人的批评中可以清楚看到，亚里士多德并不认为城邦是超越了善恶的利维坦。他认为，一旦假设战争和统治是城邦的一切以及最终目的，这就大错特错了。城邦为了好的生活而存在，它与个人的道德规范是一致的。正如他所说的："对个人和城邦来说相同的事情是最好的。"[3]理性和历史都表明，立法者应该动用他所有的军队以及其他方法来建立和平。军事的城邦只有

---

[1] 亚里士多德，《政治学》，1332b—1333a16。
[2] 亚里士多德，《政治学》，1340b29—31。
[3] 亚里士多德，《政治学》，1333b37。

在战争时期才是安全的，一旦成为帝国，他们就像钢铁一样生锈腐烂，衰落下去了。柏拉图和亚里士多德都致力于培育真正的文化政治生活，他们坚决反对帝国式的军事扩张的梦想。

第三十三章

亚里士多德的美学

一、美

1. 亚里士多德把美从单纯的快乐中区分出来。例如，在《问题集》① 中，他将性偏好与审美选择进行对比，从而将真正客观的美和只与欲望相关的"美"区别开来。在《形而上学》② 中他也谈到，数学科学与美并不是不相关的。因此对他来说，美不仅仅是通过刺激感官得到的快乐。

2. 亚里士多德是否区分了美与善？在这一点上，他似乎并没有明确的说明。

（1）在《修辞学》③ 中，亚里士多德指出"美是快乐的善，这种善因为它自身是善的而令人快乐"。这个定义似乎不容许美与道德之间有任何真正的区分。（W. 里斯·罗伯特将 τό καλόν 翻译为"高贵"，比对 Oxford Translations, Vol. XI。）

（2）但在《形而上学》中，他明确指出"善与美是不同的（因为善总是以行为为其主题，而美却总是处在不动的事物之中）"④。这种说法至少区分了美与道德，并暗含了美本身不仅仅是欲望的对象。我们应当承认亚里士多德有关审美观照以及这种观照的**无利害**性的学说，这一学说就像康德和叔本华所认为的那样。

---

① 亚里士多德，《问题集》，896b10—28。
② 亚里士多德，《形而上学》，1078a31—b6。
③ 亚里士多德，《修辞学》，1366a33—36。
④ 亚里士多德，《形而上学》，1078a31—32。

3.进一步的定义和描述也是更令人满意的。在《形而上学》①中，亚里士多德说："美的主要形式是秩序、对称、确定性。"数学拥有这三种属性，它们令数学能够判断美的事物。（亚里士多德似乎已经意识到自己的晦涩，因此，他承诺将继续给出更为合理的论述，但即使他履行了承诺，相关文字现在也没能留存下来。）

同样，在《诗学》②中，亚里士多德谈到"美是尺寸与秩序的问题"，或者说它由尺寸和秩序组成。因此他宣称，生命物为了成为美的，就必须按照特定秩序安排它的部分，它有确定的大小，既不能太大也不能太小。这或多或少符合《形而上学》中的定义，而且意味着美是沉思的对象，而不是欲望的对象。

4.值得注意的是，亚里士多德在《诗学》③中将喜剧的主题定为滑稽，"这是一种丑"。（滑稽是"错误或缺陷，但不会产生痛苦或伤害他人"。）这意味着丑也可以运用到艺术作品上，它服从于总体的效果。然而，亚里士多德并没有明确谈及丑与美的关系，以及什么程度的"丑"才可能成为美的构成要素。④

二、一般艺术

1.道德的目的是行为本身，艺术的目的在于创作作品，而不在于行为本身。但一般的技艺必须被细分为：⑤

（1）完成自然作品的技术。例如，生产工具，因为自然只给人提供了他的双手。

（2）摹仿自然的艺术。跟柏拉图相同，亚里士多德认为这种艺术的本质是摹仿。换句话说，在艺术中创造虚构的世界是通过对真

---

① 亚里士多德，《形而上学》，1078a36—b1。
② 亚里士多德，《诗学》，1450b40—41。
③ 亚里士多德，《诗学》，1449a32—34。
④ "美的艺术有它的优越性，它所描述的美好的东西，可能原本是丑的或让人讨厌的。"见康德，《判断力批判》，I，I，48。
⑤ 亚里士多德，《物理学》，卷B第8章，199a15以下。

实世界的摹仿得到的。

2. 柏拉图对摹仿有种轻蔑的意味，亚里士多德则没有。亚里士多德不相信超越的概念，他自然不会把艺术当成摹仿物的摹仿物，其与真实已经相隔三层远。事实上，亚里士多德倾向于认为，艺术家追求的是理念或事物的普遍要素，并考虑如何将它以艺术的方式表达出来。他认为悲剧的人物比"现时代的人"更好，而喜剧的人物比"现时代的人"更糟。[①]根据亚里士多德的观点，《荷马史诗》中的人物要优于我们。（我们记得在柏拉图那里，荷马遭到了猛烈的抨击。）

3. 亚里士多德坚持认为，摹仿对人而言是自然的，人们喜欢摹仿的作品也很自然。他指出，我们乐于看到艺术展现那些现实中让我们痛苦的东西。[②]（参见上文脚注中引用康德的那一段话。）他对这一事实的解释是，人们似乎在辨别中找到了纯粹理智的快乐，例如，我们发现我们认出照片中的人是苏格拉底。这种辨别过程中的快乐无疑是事实，但这几乎无助于构建某种艺术理论，事实上，它是与艺术理论不相关的。

4. 亚里士多德明确指出，诗歌"比历史更具哲理，意义更深，因为诗歌陈述的是自然而非普遍，而历史陈述的则是个别之物"[③]。他接着解释说，他所谓的个别陈述是像阿尔喀比亚德所做之事或是对他所做之事那样，而普遍陈述是"这种人可能或一定会说和会做的事"。因此，诗人的作用"就是描述，不是描述那些已经发生的事，而是描绘那些可能发生的事，即或然或必然发生之事"。在这里，亚里士多德找到了诗人与历史学家的区别，他们的区别并不在于一个写作诗歌而另一个创作散文。正如他所说的："你可以把希罗多德的作品变成诗歌，可它仍然是一种历史。"

就这一理论而言，艺术家更适合处理**类型**，它与普遍概念以及理念相类似。一个历史学家写拿破仑的一生时，会讲述历史人物拿破仑的所作所为以及他所经历一切。然而，尽管诗人在他的史诗中将拿破仑当作英

[①] 亚里士多德，《诗学》，1448a16—18。
[②] 亚里士多德，《诗学》，1448b10—19。
[③] 亚里士多德，《诗学》，1451b5—8。

雄，描绘的却是普遍真理或"可能性"。忠于历史事实在诗歌中是次要的。诗人也许的确是从真实的历史中选取了一个主题，但用亚里士多德的话来说，如果他所描述的是"事物或然的和可能的秩序"，他依然是一个诗人。亚里士多德甚至说，对于诗人而言，描述或然但不可能的事物，要优于描述可能但不或然的事物。这是一种简单的强调诗歌普遍特征的方法。

5. 值得注意的是，亚里士多德认为，诗歌陈述的是自然而非普遍。也就是说，诗歌不涉及抽象的普遍性，诗歌不是哲学。因此亚里士多德指责说教诗，因为在诗歌中给出哲学体系是在写诗化哲学，这不是在创作诗歌。

6. 在《诗学》中，亚里士多德把自己的讨论限制在史诗、悲剧和喜剧上，特别是悲剧，绘画、雕塑和音乐都只是偶然被提及。他告诉我们[①]，画家波吕格诺图斯画出的人物"要比我们好看"，保森要差些，狄俄尼索斯画出的人物"则是与我们相似"。但他对其他艺术主题展开的讨论才是他摹仿理论中的重要部分。

因此，**音乐**（它或多或少被用作戏剧的伴奏）被亚里士多德认为是所有艺术中最具有摹仿性的。绘画艺术只是通过外部因素，如手势或肤色，来表达精神或道德情绪，而音乐曲调**本身**就是对道德情绪的摹仿。在《问题集》[②]中他问道："为什么只是听到感觉对象的声音，就有了情感的反应？"亚里士多德想的似乎是音乐直接促进的作用，但事实上这不是审美事实。音乐是最善于摹仿的艺术，这个理论似乎依然将摹仿的概念扩展到**象征主义**理论中，并开启了音乐的浪漫主义表达方式，即将音乐作为精神情感的直接体现。（亚里士多德在《诗学》中评论道："只有韵律没有和声，这是舞者所做的摹仿。因为他通过动作的韵律，就可以表现人物的性格及其行为和经历。"）[③]

7. 在《政治学》中[④]，亚里士多德发现绘画有助于年轻人的教育，可以让他们对"艺术家的作品有更正确的判断"。他还认为："音乐有塑造性

---

① 亚里士多德，《诗学》，1448a5—6。
② 亚里士多德，《问题集》，919b26。
③ 亚里士多德，《诗学》，1447a26—28。
④ 亚里士多德，《政治学》，1338a17—19。

格的力量，因此它应当被引入年轻人的教育之中。"[①]亚里士多德对艺术的兴趣主要在教育和道德方面。但是，正如鲍桑葵所言："把审美兴趣引入教育，并不等同于把教育兴趣带入审美之中。"[②]亚里士多德认为，音乐和戏剧的功能之一便是道德教育，但这并不必然表明，凡是认识到这种功能的人，就会把艺术的道德作用当作它的本质特征。

尽管亚里士多德详细阐述了艺术的教育和道德方面，但这并不意味着他忽视艺术的娱乐性质或效果。[③]如果他认为音乐和戏剧的娱乐功能只是感官的快乐或是幻想的反馈，那么这就与审美无关，但更高级的娱乐活动可能意味着更多的东西。

三、悲 剧

1.亚里士多德著名的悲剧定义如下："悲剧是对严肃的、自身完整的、有一定长度的行动的摹仿，采用经过'装饰'的语言，以不同的形式分别被用于剧的不同部分，它的摹仿方式是借助人物的行动，而不是叙述，通过引发怜悯和恐惧使这些情感得到净化。"[④]

我会在下面的解释中加入以下几点：

（1）"严肃的""高贵的""善的"表明了悲剧内容的特性。这与史诗相似，并且通过这一点可以将之同喜剧与讽刺文学区别开来，喜剧与讽刺文学中涉及的是下等的、丑陋的或是滑稽的内容。

（2）"自身完整的"，即有开始、有中间部分并且形成了有机的**整体**。这种**统一的情节**或结构的有机整体是亚里士多德严格要求的唯一统一性。

在《诗学》[⑤]中，亚里士多德确实看到了悲剧与史诗的区别，"在

---

① 亚里士多德，《政治学》，1340b10—13。
② 《美学史》(*A History of Aesthetic*)，第 63 页。
③ 亚里士多德无疑将"享受"（enjoyment）作为悲剧的功能。可问题是这种享受在何种程度上具有审美的特点呢？
④ 亚里士多德，《诗学》，1449b25—29。（译者注：中译文采用陈中梅先生译本，略有改动。）
⑤ 亚里士多德，《诗学》，1449b12—14。

长度方面，悲剧尽量把它的跨度限制在'太阳的一周'或稍长于此的时间内，而史诗则无须顾及时间的限制"。但这只是在陈述事实，他并没有明确说明对时间之统一的要求。至于地点的统一，则没有提及。因此，认为亚里士多德要求戏剧有三种统一性的说法是不正确的。

（3）"经过装饰的语言"，亚里士多德向我们表明，他指的是"韵律、和声再加上歌曲"。

（4）"每种都不相同"，即"有些部分仅被用于诗歌，而其他部分反过来用于歌曲"，亚里士多德自然是想到了口语传诗和合唱歌曲交替运用的希腊悲剧。

（5）"以戏剧性的形式而非叙述性的形式"，这区分了悲剧与叙事诗。

（6）净化，这表明了悲剧的心理学目的或目标，我还会谈到这点。

2. 亚里士多德列举了悲剧的六个构成要素：寓言或情节、人物、措辞、思想、场景和旋律。①

（1）在亚里士多德看来，这其中最为重要的要素是情节，它是"悲剧的目标和目的"。它比人物更重要，因为"在一场戏剧中，演员表演不是为了刻画人物，他们是为了行动而把人物包含了进去"。亚里士多德对这个听上去有些奇怪的格言做出了解释。"悲剧本质上不是对人的一种摹仿，而是对行动和生活，幸福和痛苦的摹仿。所有人类的幸福或痛苦都采用了行动的形式，我们生活的目的是某种活动，而不是一种特性。人物带给我们特性，但特性只出现在我们或快乐或痛苦的行为中，悲剧不可能没有行为，但可能没有人物。"②（也许比起一个人物刻画得很好但情节很荒谬的故事，我们更喜欢一个人物刻画有缺陷但内容很好的故事。）

---

① 亚里士多德,《诗学》,1450a4—16。
② 亚里士多德,《诗学》,1450a17—26。

（2）然而，亚里士多德并没有贬低人物刻画在戏剧中的重要性。他承认一个没有人物刻画的悲剧是有缺陷的，并且认为人物刻画是继情节之后最重要的要素。

（3）"第二种要素是思想，即说话的力量，说能说的话或在恰当的场合说该说的话。"亚里士多德在这里考虑的不是直接揭示人物的言词，而是"纯粹中性主题"的言词，即在"人们证明或者反驳一些特殊观点，或表达一些普遍命题时"展现出的思想。欧里庇得斯确实曾把悲剧当作讨论各种话题的机会，但我们认为戏剧并不适合苏格拉底式的论辩。

（4）措辞，即诗与散文。这非常重要，但亚里士多德也明智地指出："一个人可以最大限度地把一系列有关言辞和思想的人物言词串联起来，但这不能产生真正的悲剧效果。"

（5）旋律是"悲剧中最伟大的快乐装饰"。

（6）场景确实具有吸引力，但它是"所有部分中最微不足道的，对诗歌艺术所起的作用也最小"。舞台演出的装扮"比起诗人来说更多地是服饰供应商的事"。可惜的是，亚里士多德对此的观点后来没有得到重视。精致的布景和壮观的效果都只是情节和人物刻画贫乏的替代品。

3. 正如我们所看到的那样，亚里士多德要求情节的统一，并且是有机的、结构的统一。情节既不能过于宽泛，否则无法一次就被记住；也不能过于短促，否则会显得微不足道。但他指出："一些人认为，情节的统一并不包括以一个人为其主题"，也不在于描述所有发生在主人公身上的事。理想的统一是诸情节事件应当相互关联，"它们中任何一个的调换或取消都将分离和打乱整体。因为，如果它的存在或不存在都没有造成明显的差异，那么它并不是真正属于整体的一部分"。事件必须一个接着一个，不是"插曲似的"，而是伴随或然性或必然性。正如亚里士多德指出的："事件的发生是'由此'还是'在此之后'有巨大的差异。"

4. 亚里士多德认为悲剧（至少是复杂的悲剧）涉及急转或发现，或两者都有：(1)急转是事物从某一状态到它相反状态的变化，例如当信使揭示了俄狄浦斯出生的秘密，事情就变得戏剧化了，因为俄狄浦斯意识到他在不知不觉中犯了乱伦的禁忌。(2)发现是"一种从无知到有知的变化，并且人物由于其爱或恨，产生好运或厄运"①。在俄狄浦斯的例子中，发现当然伴有急转的参与，而且根据亚里士多德的说法，这是发现的最好形式，这就达到了悲剧的效果，即唤起怜悯和恐惧。

5. 由于悲剧是对引起怜悯和恐惧的行为的摹仿，因此有三种情节形式必须避免：

(1)好人不应从幸福沦为不幸，在亚里士多德看来，这只能引起人们的反感，使我们充满厌恶和恐惧的情绪，而无法实现悲剧效果。

(2)坏人不应由痛苦转为幸福，这相当"不悲剧"，既不能使人怜悯，也不能使人恐惧。

(3)穷凶极恶之人不应从幸福堕入痛苦，这引起的人类情感不是怜悯也不是恐惧。因为怜悯产生于无辜者遭遇的不幸，恐惧产生于任何如我们一般的人所遭遇的不幸。

因此，悲剧应当描绘某种"中间"类型的人物所遭遇的不幸。这不幸是来自错误的判断，而非来自恶行或堕落。据此，亚里士多德反对那些指责欧里庇得斯在他自己的许多戏剧中都以不幸作为结果的人的观点。因为虽然这一结果并不适用于喜剧，但是对于悲剧来说恰到好处。（虽然在希腊悲剧之中偶尔会加入喜剧插曲，但一般还是趋向于纯粹悲剧或纯粹喜剧。亚里士多德的观点反映了这种趋势。）

6. 悲剧的怜悯和恐惧应当由情节本身引起，而不是由外在的因素，如舞台上所刻画的残忍谋杀引起。（亚里士多德当然完全赞同把阿伽门农的谋杀放在幕后进行，他大概会批评把苔丝狄蒙娜的谋杀置于舞台之上的做法。）

---

① 亚里士多德，《诗学》，1451b32—35。

7. 现在我们来思考悲剧的心理学目的：引起怜悯与恐惧的情感，以便达到对这些情绪的净化。这个关于净化的著名学说的准确含义已经成为永恒讨论的主题了，正如罗斯所言："针对这个著名学说所写的著述已经可以装满整座图书馆了。"① 而事实上，《诗学》卷二的遗失使解决工作更是难上加难，据推测，亚里士多德在其中解释了净化的意义（可能还提到了喜剧）。

最主要的两种解释支持者众多。（1）上述的净化指的是对怜悯和恐惧情绪的**净化**，这个比喻从宗教仪式的净化中汲取而来（这是莱辛的观点）；（2）净化是对怜悯和恐惧情绪的**暂时消除**，这个比喻从药学上借鉴而来（这是博纳斯的观点）。后者的观点从解释学的角度出发，是接受度最广的观点，现在基本上统治了这个领域。根据这个观点，亚里士多德认为悲剧的直接目标是引起怜悯和恐惧的情绪，即对英雄的过去经历和当前遭遇感到怜悯，对那些临近眼前的可能遭遇感到恐惧。（而悲剧的潜在目标是为了消除或净化带有这些情绪的灵魂，通过艺术媒介所提供的无害而快乐的途径发泄出去。）这暗示了情绪不受欢迎，或者至少过激的情绪是不受欢迎的。但是所有人，或至少是绝大部分人，都遭受到情绪的影响，一些人的程度甚至十分严重。因此，对所有人而言，给予定期的刺激机会和通过艺术媒介发泄是健康且有益的。甚至对一些人来说是必要的，同时这个过程也是快乐的。这或许就是亚里士多德对柏拉图在《理想国》中对悲剧所做批评的回应：悲剧并不会造成道德败坏，相反，它是无害的快乐。至于亚里士多德在这种娱乐活动中到底多大程度察觉到理智的要素，我们无法从如今残存的《诗学》中得到答案了。

亚里士多德认为悲剧是心灵上的，而非道德上的净化效果，这似乎可以在《政治学》中得到证实。

（1）亚里士多德认为，吹笛子能令人激动兴奋，但这却不是道

---

① 罗斯，《亚里士多德》，第282页。关于这个主题参见 S. H. 布彻（S. H. Butcher），《亚里士多德的诗与艺术》（*Aristotle's Theory of Poetry and Fine Art*），麦克米伦出版社；英格拉姆·拜沃特（Ingram Bywater），《亚里士多德论诗艺》（*Aristotle on the Art of Poetry*），牛津。

德效果。应该让专家定期演奏，因为聆听音乐是净化，而不是教育形式。① 由此推断，净化与道德效果无关，而与情感效果有关。

（2）亚里士多德认为，"狂热"的和声可以出现在秩序良好的城邦之中，因为狂热的和声可以使那些受到狂热影响的人得到发泄，并恢复正常。接下来他继续列举了研究音乐的三种目的："教育""净化"（我们在这里使用的"净化"这个词暂且不做解释，在后面对诗的讨论中，我们将明确进行说明），"为了理智的享受，放松以及为了努力之后的消遣"。通过以上列举的三点，人们可以假设，如果将之应用于悲剧中，那么悲剧将同时是道德的和净化的。但亚里士多德进一步指出其中的差别。"在教育中，应当演奏道德的旋律，但我们也能在他人的演奏中听到关于行为和激情的旋律，因为像怜悯、恐惧、狂热这样的情感强烈存在于某些灵魂中，并且对所有的灵魂都或多或少有所影响。我们看到，某些陷入宗教狂热的人通过聆听神秘的旋律从中解脱出来，这些神秘的旋律给灵魂带来治愈和净化。那些受到怜悯或恐惧以及所有自然情感影响的人都有类似的经验。而其他人会因为某些特别影响到他们的事物唤起这些情绪，所有人都会以某种方式被净化，所有人的灵魂都会变得明亮而欣喜。净化的旋律也同样给人类一种无害的快乐。"② 由此可见，怜悯和恐惧的净化虽然是"无害的快乐"，但也未被亚里士多德视作具有道德的特征。如果它不具有道德的特征，那么"净化"就不应被解释为道德意义上的净化，而是应当被解释为非道德意义上的净化，即如同那从药学上借鉴而来的比喻。

这个解释并未被所有人接受，因此斯塔斯表示："有些学者的理论基于词源学的背景，认为灵魂不是**通过**怜悯和恐惧，而是通过**排除**掉它们得到净化的。通过宣泄摆脱掉这些不愉快的情绪，只留下了快乐。这些人的学问或许很优秀，但他们对艺术的理解却很有限，这样的理论将会把亚里

---

① 亚里士多德，《政治学》，1341a17 以下。
② 亚里士多德，《政治学》，1342a1—16。

士多德伟大而具有启发性的批评降低为庸俗之人毫无意义的喋喋不休。"[1] 然而，这里的问题不是悲剧的**正确**观点是什么，而是**亚里士多德**的观点是什么。不管怎样，即使宣泄理论的支持者也同意斯塔斯对亚里士多德的解释（"对真正伟大且不幸遭遇的呈现激发了观众的怜悯和恐惧，净化了他的精神，使他平静而纯粹。"），也就是说，"净化"不能被理解成有教育意义的词语。

四、悲剧与喜剧的起源

1. 根据亚里士多德的说法[2]，悲剧始于酒神颂歌的指挥者的"即兴创作"，且毫无疑问地处于两组歌唱团之间。因此，在起源上，它与酒神崇拜有关，就像欧洲戏剧的复兴与中世纪的神秘戏剧相关一样。

2. 喜剧的起源与此相似，它源于生殖崇拜颂歌，"这些颂歌在我们的许多城市中仍然作为习俗留存下来"。他思考的显然是指挥者即兴创作的某些粗俗的片段。

3. 对亚里士多德而言，戏剧发展最重要的事情是演员的重要性不断增强。埃斯库罗斯首先将演员的数量增加到两名，缩减合唱团的分量。索福克勒斯又加入了第三个演员并增加了舞台布景。

4. 当口语部分加入时，抑扬格韵律作为"最可言说的韵律"被引入。（"原来使用扬抑格四音步的原因是他们的诗歌狂野开放，而且比起现在的诗歌，与舞蹈的联系更为紧密。"）

对于悲剧与喜剧起源的讨论，还有许多未解的问题，但基本上不属于哲学史的范围。所以，我对自己之前对亚里士多德观点所做的简单陈述基本满意，但困难仍然存在：一是解释上的困难，二是正确性方面的困难。

附：关于早期漫步学派的评述

早期学园延续了柏拉图对数学的思辨，早期漫步学派也延续了亚里士

---

[1] 《希腊哲学批判史》，第 331 页。
[2] 亚里士多德，《诗学》，1449a9—30。

多德经验主义的倾向，基本上完全继承了他们的导师（亚里士多德）的主要哲学观点，只做了微小的修正和发展，比如在逻辑学领域。塞奥弗拉斯特和罗德岛的欧德谟都完美地继承了亚里士多德的形而上学和伦理学原则，尤其是欧德谟，他被辛普利西乌斯称为亚里士多德真正的弟子。[1]塞奥弗拉斯特为亚里士多德的世界永恒学说激烈地辩护，以反对斯多亚学派的芝诺。

艾雷色斯的塞奥弗拉斯特，于公元前332或前331年在莱斯博斯岛接替亚里士多德，担任漫步学派的领袖并继续其研究，直到他于公元前288/287年或者是前287/286年去世。[2]他主要以延续亚里士多德在经验科学领域的研究而引人瞩目。他专攻植物学，遗留的植物学方面的作品使他直到中世纪末依然是植物学界的权威，而通过对动物学的研究，他似乎已经发现动物世界中的颜色变化的部分原因是"适应环境"。作为兴趣广泛的学者，就像亚里士多德本人一样，塞奥弗拉斯特曾经也写过一部哲学史（著名的《自然哲学家的学说》）以及关于宗教历史和性质的研究著作，《论神》《论虔敬》和《论神的历史》。这些著作只有哲学史的部分流传下来，同时波斐利保存了《论虔敬》的部分文本[3]。塞奥弗拉斯特相信众生同族，反对动物祭祀和吃生肉，他宣称**所有**人都相互关联，而不仅仅只是同一个民族的成员才是同胞。他还有一本常被提及的著名作品《论性格》，其中研究了三十种性格类型。

亚里士多塞诺斯曾把某些晚期毕达哥拉斯学派的理论带进漫步学派，如认为灵魂是身体的和谐，这个观点致使亚里士多塞诺斯否认灵魂的不朽。[4]因此他同意在柏拉图的《斐多》中西米亚斯提出的观点。但他也通过论音乐的性质和历史的经验性作品追随了亚里士多德的足迹。

亚里士多塞诺斯的灵魂理论与麦西尼的狄凯阿科斯[5]一致，他写了一本《希腊生活方式》，在书中回溯了希腊文明如何经历原始的野蛮阶段、游牧生活直到农业社会。他不同于亚里士多德的地方在于主张实践生活高

---

[1] 辛普利西乌斯，《物理学》评注，411，14。
[2] 第欧根尼·拉尔修，《名哲言行录》，5，36。
[3] 波斐利，《论生命的节律》。
[4] 西塞罗，《图斯库兰论辩集》，1，10，19。
[5] 西塞罗，《图斯库兰论辩集》，1，10，21；1，31，77。

于理论生活。① 在《政治三分论》中,他宣称最好的政体是三种类型政府的混合,即君主制、贵族制和民主制的混合,并且他认为这种混合的政体类型曾经在斯巴达实现过。

法勒伦的德米特里是塞奥弗拉斯特的学生,也是多产的作家②,以政治活动著称(他在公元前317年到前307年期间担任雅典政府的执政官)并且敦促托勒密去建立亚历山大图书馆和学校(德米特里本人也于公元前297年前往此地)。该计划是由托勒密的接班人——托勒密一世于公元前285年后不久实现的,德米特里为在雅典的漫步学派的工作与在亚历山大的希腊人的科学和研究工作建立了联系,亚历山大自此成为著名的学术与研究中心。

---

① 西塞罗,《致阿提库斯的信》,2,16,3。
② 第欧根尼·拉尔修,《名哲言行录》,5,80—81。

第三十四章

柏拉图和亚里士多德

毫无疑问，柏拉图和亚里士多德不仅是两位最伟大的希腊哲学家，而且也是迄今为止世界上最伟大的两位哲学家。他们之间有许多相似之处（多年来亚里士多德都受教于柏拉图，且以柏拉图主义为起点，如何会没有相同之处呢？），但如果不考虑大量的相同之处，他们之间又有明显的区分，或许可以把他们各自的哲学分别看作是正题（柏拉图哲学）和反题（亚里士多德哲学）关系中的彼此对立，正反题需要在更高的综合中进行调和，从某种意义上说，二者有价值的真理性部分都应该在更加完整和适当的体系中和谐地发展起来，而不是形成各自孤立的单一系统。柏拉图哲学的特征主要在于存在的观念，即恒久不变的实存。而亚里士多德哲学则关乎生成。但是，如果不变的存在以及变化和生成都是真实的，那么，任何完整的哲学体系都应该处理实在的这两个面向。

以存在概念来刻画柏拉图哲学以及用生成概念来刻画亚里士多德哲学，都有将其一般化之嫌，这当然不能代表他们全部的思想。难道柏拉图不处理生成问题，也不提出目的论吗？提出这样的问题很正当。他难道不认为物质世界是变化领域，没有明确承认变化和运动（就生活或灵魂的本性而言）属于实在领域么？另一个方面，亚里士多德就没有为不变的存在找到重要的位置，在这个变动不居的物质世界寻找到稳固坚实的因素吗？他难道没有声称人最高的生活是静观不变的对象么？对此我们无法给出确切的答案，但是一般化的正确之处并没有被抛弃，因为它指出了两个体系的特别之处、它们的基本基调和风格以及哲学家思想的方向。我试图简要论证这种一般化，如果篇幅允许，我将详细说明我试图论证的思路。

与苏格拉底一样，柏拉图假定伦理判断的有效性，同时也试图辩证地获得对伦理价值的清晰理解，将它们的本质置入定义之中，从而使伦理原则具体化。然而，他渐渐发现，如果伦理概念和判断是客观且普遍有效的，那么这些概念就必定具有某些客观基础。显然，很多道德价值都是理念的，在这个意义上它们就不是具体的事物，像羊或狗那样，它们是那些应当通过人类行为在实在世界中被实现的，或者是被渴望实现的东西。因此，道德价值的客观性与羊和狗的客观性不同，但必定是理念的客观性或者理念序列中的客观性。不仅如此，物质世界变化消亡，而柏拉图确信的道德价值是不变的。所以，他总结说道德价值是理念的，也是客观的、本质的，它在辩证法过程的终点处直观地被领会。这些道德价值共同分享了善和完满，所以可以说是恰当地分有了至高理念的本质、绝对的善或整全、善的理念、理念世界中的"太阳"，获得了它们的善或完满。

这样，柏拉图在苏格拉底的伦理学基础上发展出了形而上学，并经苏格拉底之口说出了以他思想为基础的学说。但是在这个过程中，柏拉图不仅将他的辩证法运用在道德和审美价值上，而且普遍地运用在一般概念中。他主张，正如善的事物分有善，个体实体也分享种的本质。这种新的观念与其说是柏拉图思想中出现的断裂，毋宁说是原本观点的延伸，因为价值理论本身在一定程度上就依靠某种逻辑基础（普通名词必定有客观所指）。但是，这种新的观点迫使柏拉图考虑得更加深远，不仅是理念之间的关系，还有感觉对象与理念或者本质之间的关系。因此他开始发展分等级的理智结构，以及理念间的"通种论"，并把分有解释为摹仿。这样，纯粹的价值和价值承担者的对立，被替换成了新的二元对立，即真正的实存、客观的认识结构与个别感觉之间的对立，原型与"摹仿物"的对立。这种区分引发了存在和生成之间的区分，而柏拉图的主要旨趣何在便也一目了然。

或许有人会反对说，柏拉图将种的本质（例如人）视作理念，而生成的真正意义是在物质世界、人类品格和社会中逐渐接近和实现这种理念，这种实现就是神及其人类合作者的任务。这的确是对的，我并非轻视柏拉图哲学中目的论的重要性。但是毫无疑问，柏拉图强调的依然是存在和实在的领域。通过目的论，他承认在变动不居的世界和不变的存在世界中有某些联系。但是，生成本身和个体性本身对他来说是非理性的，应当被排挤到不确定的领域之中。对于一个认为逻辑学和本体论一致或至少平行的思想家来说，怎么会有其他解释呢？思想与普遍相关，思想能理解存在，普遍就是存在，相反个别就不存在。普遍意味着不变，那么存在就是恒久不变的。个别事物流变、生成、朽坏，因此它就不存在。哲学活动或辩证法是思想的活动，因此首先研究存在，其次研究生成，就它"摹仿"存在而言。所以，作为哲学家的柏拉图必定首先对本质和不变的存在产生兴趣。当然，他也热衷于根据存在来塑造世界。但是他的重点无疑在于存在而非生成。

我针对柏拉图所说的许多观点也同样能够（甚至更好地）运用在亚里士多德身上。亚里士多德宣称形而上学研究作为存在的存在，他将变动和生成归于不动的第一推动者的目的因果关系。这个第一推动者教导说人的最高活动是对不变的对象进行理论沉思，而不变的对象是最卓越的存在、现实和形式。在这点上，亚里士多德哲学即便经过了他自己的阐述和发展，仍然是柏拉图哲学的遗产。在此我无意质询亚里士多德如何重视他哲学中的这个面向，或者亚里士多德在这一思索路线上取得多大成就，例如，通过清楚推导出纯粹形式的理智和非物质本性，从而对自然神学做出极大贡献。我想探寻的是，亚里士多德偏离了柏拉图哲学以后做出的特殊贡献，也就是亚里士多德与柏拉图式的正题相对的反题。

亚里士多德对柏拉图理念论的主要反驳是什么呢？那就是感官对象和理念之间有着不可弥合的鸿沟。当感官对象摹仿或分有理念时，人们或许希望柏拉图允许某些内在的本质原则，以及对象自身之中拥有某些形式因，并将其置入它的等级之中，从本质上构成它自身。然而，事实上，柏拉图并没有为诸如此类的内在形式因留出余地，而仅保留纯粹的普遍和纯粹的特殊的二元对立。这种二元对立导致可感世界的实在性和意义被剥夺。亚里士多德对此的解答又是什么呢？他承认柏拉图哲学的基本立场，承认普遍或者本质的形式是科学和理性知识的对象。然后他将这种普遍的原理与可感对象的内在本质形式等同起来，与质料一起共同构成对象，并且是对象中可理知的本原。这种形式本原在对象活动中实现其自身，比如，有机体的形式本原，它的实现表达在有机体的功能中，在质料中展开自己，组织、形塑质料，并趋于一个目的，也就是本质和"理念"在现象中得到充分显现。全部的自然被设想为种的等级，一切本质都能在一系列的现象中趋于完全的实现，并以十分神秘的方式，受到至高推动者的终极目的因的吸引。至高推动者自身是完满的现实性，纯粹非物质的存在或思想，自存而自足。因此，自然是自我完善或自我发展的过程，各种现象也有其自身的意义和价值。

从以上对亚里士多德的简短陈述中，我们可以清楚地看到，他的哲学不是简单的生成哲学。只要某物是现实的，就可以用存在来谓述它，并且最卓越的存在也就是最卓越的现实，不与任何潜能混合。生成的世界是实现的世界，是从潜能到现实的还原，在其中，在终极现实或存在的最终目的吸引下，现实或存在持续不断地在质料和现象中得到实现。因此，对生成的解释要在存在之中找寻，因为生成是为了存在而存在，存在在逻辑上而非时间上先于生成。那么，如果我说亚里士多德主要关注的是生成概念，他的哲学尤其受到生成理论的影响，我并不是在否认存在是最为重要的，无论是对他还是柏拉图；或者说他提出的存在的形而上学在某些方面要远比柏拉图的理论优越。我的意思是，亚里士多德通过他的隐德莱希理论表明，内在的实体形式往往在自然进程中实现，并使可感世界具有意义和现实性，这在柏拉图哲学中是被忽视的，与此同时，这个哲学上的特殊贡献也使亚里士多德哲学不同于柏拉图哲学，并带有独特的个人风格。亚里士多德认为，人的目的是某种活动，而不是某种性质，然而人们对柏拉图哲学的印象往往是性质优先于活动。柏拉图的"绝对"不是亚里士多德"思想自己的思想"的内在活动，柏拉图的"绝对"就是最高典范。（亚里士多德对质料的描述降低了物质世界的现实性和可理解性，但这并不与我的主要论点相悖。因为他的质料学说在很大程度上是受到柏拉图教导的影响，而我的主要论点是关注亚里士多德在自然哲学上的独特贡献。）

亚里士多德在自然哲学上做出了极其重要的贡献，他肯定也认为自己开启了一片新天地。首先，他认为他自己的内在本质学说是柏拉图超越本质理论的反题或是修正。其次，他对于哲学上出现目的因观念的评论清楚表明了他认为他的**内在**目的论是新的理论，虽然一定程度上说，这样的评论对柏拉图并不公平。在这方面亚里士多德对柏拉图主义提出了必要的修正或反题，但他在修正前人的过程中也抛弃了许多有价值的观点。亚里士多德不仅丢弃了柏拉图的天意概念，即神圣理性内在于世界并在世界中运行这一观点，还抛弃了柏拉图的范式因概念。柏拉图未能制定出一套系统化的观点来说明绝对存在是所有本质的范式因，是一切价值的基础。他可能未能像亚里士多德那样意识到非物质的形式是理智的，最高的现实性就是最高的理智；他也许未能统合并甄别出最高的动力因、范式因和目的因，但在反对柏拉图对世界中具体事物的不充分观点时，亚里士多德却忽略并错过了柏拉图理论中的深刻真理。每个思想家都有他的至高成就，这也为哲学做出了宝贵的贡献，但没有思想家给出完整的真理，即使这是可能实现的。人们也许会根据各自不同的性情，或被柏拉图或被亚里士多德所吸引，但人们不能因为选择了柏拉图就拒绝亚里士多德，选择了亚里士多德就拒绝柏拉图，我们必须整合包含在他们各自哲学中的真理，并且将之有机地结合在完整的综合体之中。这个综合体必须包含而且建立在柏拉图和亚里士多德所共有的基本原则之上，即坚信完全的真实就是完全的可知和完全的善，同时也要应用到二者各自的特殊贡献，只要这些贡献是真实且相容的。

在讨论新柏拉图主义部分时，我们将看到为实现综合所进行的尝试，当然成功与否要依其情况而定，这样的尝试屡屡出现在中世纪期间以及现代的哲学家那里。但可能要说明的是，如果这种综合是可能的，那么，它主要是通过亚里士多德哲学中所包含的柏拉图主义要素才得以实现。我将举例说明我的意思。如果亚里士多德修正他所认为的柏拉图人类学中过度的二元论特征（我指的是灵魂与身体的关系），明确反对人的理性本原有超感官特性，并且把思想降格为运动中的质料，那么他的确会给柏拉图的理论假定出一个反题，但这种反题会有以下特点：它不能与正题结合在更高的合题之中。但我们知道，亚里士多德从没有反对人的超感官本原——他在《论灵魂》中肯定了它的存在，尽管他坚持认为灵魂不能居于任何身体中，而是某个特定身体的隐德莱希。因此，某个合题才得以可能，这包括亚里士多德"灵魂是身体的形式"的观点，以及柏拉图"**个体的灵魂比身体多**"以及"**在个体的自我认同中摆脱死亡**"的观点。

此外，亚里士多德的神——思想的思想，乍一看可能与柏拉图的善理念产生了矛盾，柏拉图的善理念虽然是可以理解的，但并没有被描述为理智的。然而，由于纯粹的形式不仅是可理解的而且还是理智的，那么柏拉图的绝对善就迫切需要与亚里士多德的神关联起来，这一关联至少可以在基督教的合题中完成，所以，虽然柏拉图和亚里士多德的贡献不同，但对于有神论而言它们是互补的。

以上是我所谈到的柏拉图哲学与亚里士多德哲学的综合。但只有当两种理论"对立"的时候，我们才能说它们需要综合。每个理论在它确定的事物之中是正确的，而在它否定的事物中就是错误的。例如，柏拉图在肯定范式上是正确的，在忽视内在的实体形式上是错误的，而亚里士多德在维护自己的内在实体形式理论上是正确的，在忽视范式上是错误的。其他方面的许多哲学观点没有进行综合的必要，因为亚里士多德自己已经完成了综合。例如，亚里士多德的逻辑学是天才的绝妙创作，不需要与柏拉图的逻辑学进行综合，因为它极大地超越了柏拉图的逻辑学（至少就我们所知道的来说），并且它本身涵盖了柏拉图逻辑学中有价值的观点。

第五部分

亚里士多德以后的哲学

第三十五章
导　论

1. 在亚历山大大帝的统治下，希腊城邦自由而独立的日子一去不复返。在亚历山大大帝及其为政治权力相互争斗的继任者们统治期间，希腊城邦拥有的自由名存实亡——至少这一自由要依赖最高统治者的善意。在公元前 323 年，这位伟大的征服者去世之后，与其说我们谈论的是希腊文明，不如说我们在谈论希腊化文明（相对于希腊城邦而言）。对亚历山大来说，希腊人和"野蛮人"的截然区分是不切实际的，因为他从帝国的角度，而不是从城邦的角度进行思考。结果便是尽管东方世界接受了西方的影响，希腊文化自身也不能免受新情况的影响。雅典、斯巴达、科林斯，等等，它们不再是自由而独立的城邦，不再一致拥有相较于周边蛮族的黑暗而言的文化优越性的共同感受，他们被纳入了更大的整体，希腊成为罗马帝国行省的那天也在临近。

如果没有受到哲学的影响，这个新的政治状况不可能形成。柏拉图和亚里士多德都曾是希腊城邦的成员，他们无法设想个体及其生活与城邦相分离。正是在城邦里，个体才能达到目的，过上善的生活。但是，当自由城邦被融入更大的世界整体时，它当然就不只是会出现世界主义（就像我们在斯多亚学派中看到的那种理想的世界公民），而且也会出现个人主义。事实上，世界主义和个人主义两者密不可分。因为当柏拉图和亚里士多德构想的紧密相连而又包罗万象的城邦生活瓦解时，公民被置入更大的整体，个体必然会失去在城邦中的依靠，漂泊无依。人们期望，在世界性的社会中哲学能够关注个体，并且尽力满足个体离开较小的家庭城邦，在更大的社会中生活时对于人生指导的需求，像斯多亚学派和伊壁鸠鲁派那样，强调伦理和实践。因此，形而上学和物理学的思辨逐渐退居幕后，它们不再因其自身，而是因其为伦理学提供基础受到关注。对伦理学的重视使我们很容易理解，为什么新学派会从其他思想家那里借用形而上学观点，而不尝试自己进行新的思考。而且，他们在这方面也的确引用了前苏格拉底哲学的观点，斯多亚学派就援引了赫拉克利特的物理学；伊壁鸠鲁学派则诉诸德谟克利特的原子论。不只如此，亚里士多德以后的学派甚至在他们的伦理观点和倾向上也部分返回前苏格拉底哲学的思想，斯多亚借用犬儒学派的伦理学；而伊壁鸠鲁借用的则是昔兰尼派的理论。

亚里士多德以后的学派在罗马时期的发展，很明显地表现出对伦理和实践的兴趣。因为他们不像希腊人那样喜好形而上的思辨，他们更为重视实践。早期罗马人十分强调品质，思辨对于他们来说似乎有点异类。在罗马帝国时期，当共和国原有的观念和传统被淹没时，哲学家的工作恰好就是为个人提供行为规范，以便他们能在人生的海洋中驰骋，保持某些基于特定精神和道德独立性的行为准则的一致性。于是，哲学指导者的形象一定程度上就类似于众所周知的基督世界中的精神导师。

对实践的关注，以及哲学以提供生活规范为其职责的事实，自然导致了哲学在希腊化-罗马世界的受教育阶层中广泛传播，并因此形成了某种大众哲学。在罗马时期，哲学逐渐成为教育课程的固定组成部分（这也是导致哲学简化的原因）。正因为如此，当基督教这个新宗教开始要求帝国的忠诚时，哲学就成了它的对手。至少在某种程度上，人们的确可以说哲学满足了人们的宗教需求和志向。但对这种大众神话持怀疑态度的人也不少，而在这种怀疑盛行的地方（也就是在受教育阶层中），那些没有宗教就根本不能生活的人要么臣服于从东方传入帝国的教派，这些教派因其商业态度显然比官方宗教更能算计，以满足人们的精神追求；要么就转向哲学以寻求慰藉。所以，我们能在主流的伦理学体系，比如斯多亚伦理学中察觉到宗教的成分，而新柏拉图主义，作为古代哲学的最后一朵花，则达到了宗教与哲学融合的巅峰。不仅如此，在普罗提诺的新柏拉图主义中，精神的神秘飞跃和迷狂被塑造成理智活动的最后和最高阶段，此时哲学甚至有迈向宗教的趋势。

就像我们在斯多亚学派和伊壁鸠鲁学派中看到的，仅仅强调伦理学会导向某种精神独立和自我满足的理想，而强调宗教则倾向于主张依赖超越本原，把自身的净化归因于神圣者的行为，就像在密特拉这类神秘宗教中看到的那样。然而，必须注意的是，这两种倾向一个强调伦理追求、人格的自我完善或真正道德人格的获得，另一个强调对神圣者的崇敬，或依靠非自足的方式与神达成统一的要求，它们都有助于满足同一种希冀，即希腊-罗马世界中的个人能为自己的生活寻求确切的根基，即便是宗教的态度，也能为他们带来相对于世俗帝国的一定的独立性。当然在实践上，这两种倾向也走向融合，这些学派有时强调伦理因素（像斯多亚学派那样），有时强调宗教因素（如神秘教派），同时新柏拉图主义也尝试进行某种全面的综合，伦理开始从属于宗教，但是也没有失去其重要性。

2. 希腊化-罗马时期的哲学发展，通常需要区分出几个阶段：[①]

（1）第一个阶段，从公元前4世纪末期直到公元前1世纪中期。这个时段的特征是斯多亚哲学和伊壁鸠鲁哲学的建立，他们关注的重点都在于行为以及个人幸福的达成，同时也都回溯到前苏格拉底哲学为其体系确定宇宙论的基础。与他们的"独断"体系相对，皮浪及其后学的怀疑主义为中期学园和新学园笼罩上怀疑的面纱。而这些哲学家之间的交往，也导致了某种程度上的折中主义，因此我们能在部分中期斯多亚学派、漫步学派和学园派成员那里看到各个学说折中，有彼此吸收的倾向。

（2）一方面是折中主义，而另一方面是怀疑主义，它们继续迈向第二个阶段（大概从公元前1世纪中期到3世纪中期）。但这个时期的特点是向哲学"正统"回归。它们对各学派创建者的生平、作品和理论有着极大的兴趣，而这种哲学"正统"倾向与持存的折中主义互为补充。这种对于过去的兴趣使他们在学术研究上收益颇丰，比如，在编辑、评论和阐释前代哲学家的作品方面所做的工作。而这些工作中最杰出的部分无疑属于亚历山大学派。

然而，学术兴趣并不是第二阶段的唯一特点。与学术兴趣相对，我

---

① 宇伯威格-普拉希特，《古代哲学》，第32—33页。

们会发现愈发强大的宗教神秘主义倾向。有人（例如普拉希特）曾指出，这个倾向与学术倾向有着共同根源，即创造性思辨的消失。思辨的消失或是导致怀疑主义，或是导致人们献身于学术追求，这两种结果都能造成宗教神秘主义的倾向。人们对起源于东方的宗教的熟知和那个时代逐渐增强的宗教意识十分利于这种倾向的发展。西方世界的哲学家，例如新毕达哥拉斯学派，竭尽全力把这些宗教神秘主义元素合并到他们的思辨体系之中，而诸如亚历山大的斐洛这种东方思想家，却试图在哲学的框架中使他们的宗教概念系统化（当然，像斐洛这类的思想家也受过这种影响：在哲学的外衣下提出非希腊的理论，以求赢得希腊人的信任）。

（3）第三个阶段（从大约3世纪中期到6世纪或7世纪中期，在亚历山大时期）是新柏拉图主义的时代。这也是古代哲学在思辨上做的最后尝试，他们力图将东西方哲学和宗教中有价值的理论结合在某个综合的系统之中。实际上，他们几乎吸收了所有哲学学派的学说，并统治了数世纪的哲学发展，所以哲学史不能忽视它，也不能将其贬斥为秘传神秘主义的糟粕。另外，新柏拉图主义对基督教思想也产生了巨大的影响，我们只用提出诸如圣奥古斯丁和托名狄奥尼索斯的名字就能意识到这一点。

3. 希腊化世界另一个绝不能忽视的特征是具体学科逐渐建立起来。我们已经看到哲学和宗教怎样趋于结合，但哲学和具体学科却相反。一方面哲学的界限划分相较于希腊思想早期变得更为明确；另一方面各个学科的发展达到了需要特殊对待的高度。而且，尽管研究和学习的外在条件的提高很大程度上是专业化的产物，但它的进步反过来也影响了各门科学的建立，并且强化了分科工作和研究。显然，吕克昂学园极大地帮助了学科的成长和发展，但是在希腊化时代，在亚历山大、安提阿和帕伽马等大城市中出现的学术机构、博物馆和图书馆等，也使得哲学、文学、数学、药学以及物理学的研究大步向前。据特泽斯（Tzetzes）记载，亚历山大宫殿"外部的"图书馆就包含了42 800册书籍，而在宫殿内主要的图书馆中则包含大约40万"合卷"本和大约9万"单行卷"本。后者大概是小的纸莎草卷，而前者是大的纸莎草卷。后来大卷册被分成书本归入"单行"本中。据说，当安东尼将帕伽马图书馆献给克莉奥帕特拉时，馆内共有20

万本单行卷本。

当然，哲学对具体学科发展的影响或许也不总是有益的，因为当思辨假设在不属于它们的地方发生时，比如在实验和精确的观察应该扮演关键角色的学科领域中，就会导向轻率和仓促的结论。然而，另一方面，具体学科也得益于其哲学基础，因为它们会因此避免粗糙的经验主义、独断的实践论以及功利主义立场。

第三十六章
早期斯多亚学派

斯多亚学派的创始人是芝诺,公元前336/5年左右生于塞浦路斯的西提乌,前264/3年卒于雅典。最初,他似乎跟随着他的父亲从事贸易活动。① 大约在公元前315—前313年之间来到雅典,当时他拜读了色诺芬的《回忆苏格拉底》和柏拉图的《申辩》,因此对苏格拉底的高尚品格充满了敬佩。他认为那个时候最像苏格拉底的是犬儒学派的克拉特斯,所以他成了克拉特斯的门徒。后来他又从犬儒学派转到斯提尔波门下,② 虽然据说芝诺也曾师从塞诺克拉底,并在塞诺克拉底死后,跟随波勒谟。大约在公元前300年左右,他建立了自己的哲学学派,学派名字取自他讲学的地方柱廊。传说他自杀而亡。对于他的作品,我们也只有部分残篇。

芝诺之后,学派由阿索斯的克莱安赛斯(前331/30—前233/2或前231年)和索罗伊的克律西波(前281/278—208/205年)接管,后者对斯多亚理论进行系统整合,因此被认为是学派的第二创始人。如果没有克律西波,也就没有斯多亚学派。③ 据说他著有705部书,并因其辩证法而非写作风格闻名于世。

芝诺的弟子还有希俄斯的阿里斯通、迦太基的赫里鲁斯、赫拉克莱亚的狄奥尼索斯、西提乌的培尔塞乌斯。克莱安赛斯有个弟子是博斯普鲁斯的斯斐卢斯。克律西波则是由他的两位学生——塔索斯的芝诺和塞留西亚的第欧根尼继任。第欧根尼与其他哲学家于公元前156/155年来到罗

---

① 第欧根尼·拉尔修,《名哲言行录》,7,2 以及 31。
② 第欧根尼·拉尔修,《名哲言行录》,7,2。
③ 第欧根尼·拉尔修,《名哲言行录》,7,183。

马，作为雅典的使臣讨论减免赋税之事。哲学家们在罗马的授课，引发了城中年轻人的钦慕，然而加图认为这等哲学趣味并不能与军事德性相媲美，因此他建议元老院赶紧驱赶这些大使。① 第欧根尼的继承人是塔索斯的安提帕特。

一、斯多亚的逻辑学

斯多亚学派将逻辑学分成辩证法和修辞学，也有人认为它是定义论和真理标准论。② 在我们讨论斯多亚学派的认识论时，可能会略过他们对形式逻辑的解释。我们已经注意到，斯多亚学派将亚里士多德的十范畴减少到四个，即基质、本质构成、偶性构成、相对的偶性构成。除此之外，斯多亚学派的形式逻辑还有另一个特征：如若命题中的语词为非命题，那么这个命题就是单一命题，否则就是复合命题。在复合命题"如果 X，那么 Y"中，1. 在 X 和 Y 都为真的情况下，就是真命题；2. 如果 X 真 Y 假，就是假命题；3. 如果 X 假 Y 真，就是真命题；4. 如果 X 和 Y 都为假，就是真命题。因此，命题的"实质"含义，就与"形式"和"严格"意义上的含义有所不同，也与存在论推演出的必然结果不一致③。

斯多亚学派不仅反对柏拉图理论的超越的普遍者，也反对亚里士多理论中的具体普遍者。他们认为，只有个体是实存的，而且我们的知识也只是对于个别对象的知识。这些个别对象在灵魂中产生印象，而知识首先就是对这种印象的知识。因此斯多亚学派站在柏拉图的对立面，柏拉图贬斥感觉，而斯多亚却将他们所有的知识都建立在感觉之上。他们无疑让人回想起安提斯泰尼的话，他说，我们看见的是一匹马，而不是"马性"（因此，如我们所见，芝诺是犬儒学派克拉特斯的学生）。灵魂一开始是块白板，为了让它能得到认识，就需要知觉。当然，斯多亚学派不会否认我们拥有关于内心状态和活动的知识，但是克律西波将这种知识也还原为知

---

① 普鲁塔克，《老加图传》(*Cato Maior*)，22。
② 第欧根尼·拉尔修，《名哲言行录》，7，41—42。
③ 恩披里柯，《皮浪学说纲要》(*Pyrrhonenses Hypotyposes*)，2，105；《驳数理学家》(*Adversus mathematicos*)，8，449。

觉，而其中呈现出的更简单的状态和活动则由物质过程组成。在知觉活动过后，现实的对象不复存在时，存留下来的是记忆，而经验从众多类似的回忆中产生。

因此，斯多亚学派是经验主义者，甚至是"感觉论者"。但是，他们与彻底的经验主义和唯名论不一致的地方是，斯多亚学派同样主张唯理论。因为，虽然他们宣称理性是发展出来的产物，也就是说，理性在发展中渐渐脱离知觉，而知觉会一直塑造它，一直到14岁前后。但是他们也主张存在普遍概念，它们显然先于经验，我们出于自然倾向就能形成的先天概念，也就是所谓的先天知识。另外，他们认为，实在体系只能通过理性才能为人所知。

斯多亚学派非常重视真理标准问题。他们称之为可理解的知觉和表象。因此，真理的判断在知觉自身之中，也就是说，知觉迫使灵魂产生认同，例如在清楚知觉中的所有意图和目的（这与"只有科学能给予我们关于实在的确切知识"几乎完全不同）。但是，这个观点的困难在于：灵魂能否对客观的真实知觉保留认同。所以，当死去的阿尔刻提斯从冥府回来，出现在阿德墨托斯面前时，阿德墨托斯虽对她有非常清晰的知觉，但却因为主观障碍无法认同这个清晰的知觉。也就是说人死不能复生，而他眼前的这一切不过是对死者虚假幻影的信念。后来的斯多亚学者，例如塞克斯都·恩披里柯回应了这个反驳，他附加在这项真理判断上的条件是"在没有障碍的情况下"。客观地说，对已逝的阿尔刻提斯的知觉于真理标准而言是有价值的，因为这的确是客观的。但从主观来讲，这个判断不能成立，因为信念扮演了主观障碍的角色[①]。因此，要确定什么时候有这种障碍而什么时候没有，这一困难依然存在。

二、斯多亚的宇宙论

斯多亚学派的宇宙论可以追溯到赫拉克利特的逻各斯，以及把火作为世界本原的理论。但是其中有些说法从柏拉图和亚里士多德那里借用而来。

---

① 恩披里柯，《驳数理学家》，7，254以下。

因此，这种以逻各斯为胚胎的学说似乎是理念学说向物质层面的转向。

根据斯多亚学派的说法，在实在中有两个本原：主动本原和被动本原。但这并不是柏拉图理论中的二元论，因为斯多亚学派的主动本原不是精神的，而是物质的。事实上，他们也很难被看作二元论，因为这两个本原都是物质性的，共同构成了整体。斯多亚学派的理论因此是一元物质论，尽管这一立场并没有得到一以贯之的坚持。虽然我们尚不明确芝诺的观点是什么，但是克莱安赛斯和克律西波似乎认为这两个因素根本上是一个且相同。"万物都是某个巨大整体中的组成部分，自然为其身体，而神为其灵魂。"①

被动本原是缺乏性质的质料，主动本原是内在的理性或神。自然美或自然目的，都证明宇宙中思想本原的存在，也就是神。神意为了人的善安排好了一切。此外，因为自然的最高造物——人，是具备意识的，因此我们就不能假定整个世界缺乏意识，因为整体不能比部分更不完美。所以，神是世界的意识。然而，神就像他运作于其上的基质一样，神本身也是物质的。"他（芝诺）认为自然实体是万物的来源，甚至是感觉和思想的来源，它本身就是火。"②"因为只有称之为形体的才是存在的。"③与赫拉克利特一样，斯多亚学派将火视为万物的材料。神是主动的火，内在于宇宙之中，但神同时是最初的来源，从中产生了物质世界得以成形的粗糙的元素。这些元素来自神，并最终又复归神。因此，全部存在物要么是原始的火（神在其中），要么就是神的不同状态。神对于现存世界，就像灵魂之于身体，它是这个世界的灵魂。但神也并非完全不同于世界的材料，它的身体反而就是最好的材料，也就是运动和赋形的本原。而那些为世界赋形的粗糙材料即便能够接受各种运动和赋形，但它本身是不动的和未成形的。"芝诺和大多数斯多亚学派认为，以太是至高的神，赋予思想，借由它一切才有了秩序。"④

---

① 亚历山大·蒲柏（Alexander Pope），《人论》（Essay on Man），1，267.
② 西塞罗，《学园派》（Academica Posteriora），1，11，39。
③ 普鲁塔克，《驳斯多亚：论共同观念》（De Communibus Notitiis Adversus Stoicos），1073。
④ 西塞罗，《学园派》，2，41，126。

因此神（或逻各斯）是主动本原，他将万物存在的主动形式包含于自身之中，而这些形式就是逻各斯的种子。但这些主动形式同样也是物质的，因为它原本就是"种子"，随着世界发展中的个体活动进入存在，或者是在个体事物的形式中展开自身（"逻各斯的种子"这个概念在新柏拉图主义和奥古斯丁那里以理性种子的名称出现过）。在世界的实际发展中，炽热水汽部分（由神构成）变成气，气变成水。接下来，一部分水变成了土，而第二部分仍然保持水的状态，第三部分则转变成气（它能通过稀释作用成为基本物质——火）。因此神的"身体"就得以产生了。

根据记载，赫拉克利特或许并未主张过这种宇宙大火的理论，其中，整个世界会复归到它从中诞生的原始之火。然而斯多亚学派却明确增加了这个理论：神塑造世界，然后通过一场宇宙大火，将世界带回自身之中，因此，就有了永无止境的世界诞生和世界毁灭。不仅如此，所有新的世界在所有地方都类似于其前身，甚至每个人，都在前后相继的世界中出现，并做着与前世相似的行动（参见尼采"永恒轮回"的说法）。与此信念相一致，斯多亚学派否认人类自由，或者说，他们认为，自由意味着人要在赞同的情况下，自觉做他们必须做的事（这多少让我们想起斯宾诺莎）。斯多亚学派总是在命运的概念下表达这种必然的支配，但是，命运并非与神、普遍理性不同，也并非与神意不同（神意把一切都安排得最好）。命运和神意不过是神的不同面向。但是，这种宇宙决定论却受到内在自由的制约，也就是说，人能改变自己对事件的判断和态度，把它们当作"神的意愿"来对待和迎接。因此，在这个意义上，人是自由的。

由于斯多亚学派声称神将一切都安排得最好，那么他们就必须解释世界上的恶，或者至少要让恶的存在与他们的"乐观主义"相协调。克律西波特别承担了"神义论"这个永恒难题的阐释工作，他的理论基本原则是：个体的不完善有助于促进整体的完善。也就是说，"在永恒的形相关照之下"，恶事实上不存在（通过斯多亚学派的乐观主义，以及"自然中没有两个个体的形相完全相同"这个理论，我们不仅会想到斯宾诺莎，也同样会想到莱布尼茨）。克律西波在《论神谕》第四卷中提到：善不能在没有恶的情况下存在，因为它们是一对没有彼此就无法存在的对立物，所以如果拿走了其中之一，就相当于同时拆解了它们两者。① 这个论点确实非常有道理。比如，可以感受到快乐的生物同样能感知痛苦。当然，除非神另做安排。但是我们在这里要说的是事情的自然状态，而不是超越的神圣法令。不仅如此，即使疼痛被说成是恶，在特定方面或许也是善。比如，牙齿有腐坏的可能，所以牙痛就是一定的善或有益处。因为，虽然牙齿的正常状况被破坏了，这确实是一种恶，但是，如果没有牙痛作为危险信号，警告我们看牙医，那么牙齿就此腐坏，情况会变得更糟。同样，如果我们从未感受饥饿这种痛苦，就可能因为摄入营养不足而破坏健康。克律西波深知这点，并认为这种微妙的人脑构造对人来说是有益的，但这种精微的构造同时也包含了容易受到伤害的可能性。

虽然，身体上的恶并未造成很大困难，但是道德上的恶呢？根据斯多亚学派"没有什么行为**本身**就是恶的或可斥责的"这个观点，我们可以看到，正是意图，即发出行为的主体的道德状况使行为成为恶的，身体实体的行为无关善恶。[如果这意味着好的意图能为任何行为辩护，那么这样的行为就在道德秩序中，并可做善恶区分。然而，如果行为主体在善的意图下做了恶事，但却不知道这个行为不符合理性，那么这个行为也只是实质的恶，而行为主体不算犯了形式的罪。② 如果仅仅就这行为本身作为主动实体，而不是人类某种行为品质来说，克律西波会认为这并不是恶，反而是善，这点是对的。我们可以用一个例子来说明：人中弹被杀害，和他在正义的战争里中弹身亡。就物理行为（主动因素）来说并没有什么不同。抽象来看的动作并不是谋杀中的主动因素，**道德的**恶才是。但道德的恶，就其本身而言，不是主动实体，因为这会反映到作为所有来源的造物主之善中。道德的恶，本质上源于人类意愿缺乏正确的秩序，即人类的恶行与正确的理智不一致。] 然而，如果一个人有正确的意图，那么

---

① 转引自格利乌斯，《阿提卡之夜》，6，1。
② 一种行为，即一种由人类主体的自由意志推动的人类行为，就是实质上（或客观上）的善或恶，因为它符合或违背正确的理性以及客观自然法则。行为主体的意识指向不能改变人类行为的客观性或实质的品质，即便如此，在一个客观的恶行中，意向也可能使主体免于形式上的道德过失。

他也可以有错误的意图。因此，同物理领域一样，在道德领域内对立物也始终相互依存。正如克律西波说的那样，如何能抛开怯懦理解勇气，或抛开不正义来理解正义？就像感受到快乐的能力也暗含着感受痛苦的能力一样，能够行正义之事也暗含能够行不义之事。

正如克律西波所说"行善的能力意味着作恶的能力"，他说的是对的。因为现实世界的人，对至高之善理解有限，做有德之事的自由同样意味着犯罪的自由。那么，如果拥有道德自由对人而言是好事，能自由地选择德性（即使这意味着选择恶的可能性）比根本不自由好，我们就不会从道德恶的可能性或实存性反驳神意了。但是，当克律西波暗示，宇宙中的德性必定暗示了它的相反面，相反之物必定相互依附而存在，他就在暗示什么是错的，因为人类道德自由尽管涉及恶的**可能性**，并不必然涉及它的实现。（另外一种对道德之恶和身体之恶的辩护是，恶的出现使善得以凸显。严格来说，这种辩护隐含了同样的错误。鉴于当前的世界秩序，人们应该是自由的，有犯罪的可能性比没有自由更好。但更好的情况是，人们应该利用自己的自由去做有德的事，而最好的状况应该是，人们总是做正确的事，不管恶如何凸显了善。）

对于"外在的不幸是否应归咎于神意的疏忽"的讨论，让克律西波显得有些不快。他认为，大家庭也会发生某些微小的意外，管理者通常也会忽略其中的某个部分来维持整体秩序。① 但是他马上看到，这些降临在善人身上的恶，可能会通过个体（他的内在态度）或整个人类（例如刺激医学研究和发展）变成某种好的事情。而且有趣的是，克律西波给出的论证"宇宙中恶的作用是使善得以凸显"，就像光和阴影才能构成一幅好的图片，也像"喜剧中的某些诗句，虽然拙劣而滑稽，却让整个剧作变得有魅力"②。（这在之后的新柏拉图主义、奥古斯丁、贝克莱和莱布尼茨那里得到了重现。）

对于无机物，宇宙理性或普纽玛（pneuma）作为凝聚原则起作用，

---

① 普鲁塔克，《论斯多亚的悖论》（*De Repugnantiis Stoicis*），1051c。
② 普鲁塔克，《驳斯多亚：论共同观念》，1065d；马可·奥勒留（Marcus Aurelius），《沉思录》（*To Himself*），VI，42。

对没有灵魂的植物也是如此，它们中的凝聚原则已经具备运动的能力，并已上升到自然的序列。动物则有灵魂，它靠感觉和运动来展现自己，而人类有理性。因此，人类的灵魂是最高贵的灵魂。它实际上是神圣之火的组成部分，这神圣之火在人被创造时降临到人身上，并传给后代。像所有其他东西一样，它也是物质的。根据克律西波的说法，灵魂中的主宰部分在心脏中也有一席之地，因为很显然，思想的表达（声音）就是从内心发出来的（其他一些斯多亚学者将灵魂的主宰放在大脑中）。个人的不道德在斯多亚的体系中几乎是不可能的，斯多亚学派认为所有灵魂会在燃烧中复归原始的大火。唯一的争论就是：死去之后到燃烧之前，什么样的灵魂会存在。克莱安赛斯认为所有灵魂都会存在，克律西波却认为只有智者的灵魂才会存在。

在诸如斯多亚学派这样的一元论体系之中，我们很难想象任何关于个体献身于神圣本原的态度。但是事实上，这样的倾向毫无疑问可以看到。特别能在克莱安赛斯对宙斯的赞歌中看到：

> 噢，最负盛名的神，被所有人呼唤的名字，
> 自然的尊主，年复一年而如一日。
> 全能的神啊，你以正义的法令统领万物，
> 神圣的宙斯，向着你呀，
> 四野的万般造物向你呼喊。
> 我们是您的子女，大地广袤的路途上踟蹰的，
> 唯有我们，所到之处都保有您的形象。
> 故而我们要高歌，赞颂您的权能，
> 哦，苍天环绕大地旋转，
> 随着您的引导，向您献上最深的尊崇。
> 那无以匹敌的巨手，闪耀的侍者，光的印记，
> 挥舞着双刃剑，那不朽的力量，
> 震动穿越一切自然之物，给予光明；
> 普遍圣言回响，遍彻万有，

天体中大小群星闪耀光芒。哦，王中之王，
历经无穷世代，神呀，他的意愿带来生机
不论地下、海中，抑或高天之上；
拯救罪人们的无知妄行。
你，最知道如何化曲为直，
混沌于你即是秩序，在你眼中
不可爱者也可爱，你协和善恶，
当有一圣言恒久贯穿一切。
圣言——他的声响！恶者避让；
善者不满足，他们的精神渴望：
然而却视而不见，听而不闻，
对于神的普遍法则，那些尊崇者，
理性引导者，才能赢得幸福。
其余不理性者追随众恶：

有为虚名争执者，
有追逐财富抑或放纵的肉欲欢愉者，
忽而在此，忽焉在彼，他们逡巡无获，
本是寻善，终得了恶。
宙斯呀，至美者，在黑暗的掩蔽下，
你的光耀在雷云中照亮，
拯救你的孩子们，免于错误致命的摇荡。
让他们的灵魂远离黑暗而转向你，
赐予他们，直到获得知识；
因为你通过知识使统御一切更为有力，
使一切更为正当合宜。
因而，借了你的荣耀，我们更要荣耀你，
不住地用歌声颂扬你，
就像凡人该做的那样；即便诸神也高不过
该受正当崇拜的

一切的普遍法则。①

但是，某些斯多亚学者并不认为个人献身于最高本原就等于拒绝大众宗教。相反，他们将这个本原置于大众宗教的保护之下。尽管，芝诺确实宣称祷告和献祭没有任何用处，斯多亚学派还是承认多神教，因为本原或宙斯会在现象中显现自身，比如在诸天体之中。所有对神的敬畏都可以通过这些表现看出来，这种敬畏被拓展到了神化的人或"英雄"身上。不仅如此，斯多亚学派还为占卜和预言留下位置。如果我们反思斯多亚学派所持的决定论主张，以及宇宙中所有部分和事件都是相互关联的观点，对此我们就无须惊讶。

三、斯多亚的伦理学

对于斯多亚哲学来说，伦理学的重要性可在塞涅卡对哲学的描述中得到例证。塞涅卡虽然被归于晚期斯多亚学派，但他强调哲学是有关行为的学科这一点与早期斯多亚学者相同。"哲学无非是正直的生活方式，或正当生活的学问，或正直生活的艺术。如果我们说哲学是正当生活的法则，我们不致错误。谁若说哲学是生活的规则，也就说出了它的真谛。"②因此，哲学首先考察行为。而人生的目的是幸福，它由德性构成（在斯多亚学派的意义上来说），也就是说，那是自然的生活，或合乎自然的生活，即人类行为与自然法一致，或者人类意愿与神圣意志相符合。因此斯多亚学派最有名的格言正是："顺应自然生活"。在宽泛的意义上来说，遵循宇宙的法则就是行动遵循人的本质自然，即理性，因为宇宙也同样受自然法的统领。然而人们所遵循的"自然"在早期斯多亚学派那里更贴近于宇宙的自然。而自克律西波起，晚期斯多亚学派构想的自然更趋于人类学的观点。

就像第欧根尼的行为和教导表现出来的那样，斯多亚学派依循自然

---

① 詹姆斯·亚当博士译，收录在希克斯（Robert Drew Hicks）的《斯多亚和伊壁鸠鲁学派》（*Stoic and Epicurean*），朗曼出版社（Longmans），1910年，第14—16页。
② 塞涅卡，残篇，17。（译者注：中译本参考傅佩荣先生译本）

生活的构想与昔日的犬儒学派有所差异。对于犬儒学者来说"自然"意味着原始和本能,因此,依循自然生活就意味着蔑视文明社会的习俗和传统,以及特立独行和惊世骇俗。而另一方面,对于斯多亚学派来说,依循自然生活是指"根据自然的主动本原生活",也就是,根据人类灵魂中所共有的逻各斯生活。如此一来,斯多亚的伦理目标本质上是对世界中神定秩序的服从,而普鲁塔克提醒我们,克律西波的基本原则是所有对伦理的追求都开始于对宇宙秩序的考量和安排。①

对于斯多亚学派来说,自然给动物植入的根本本能是自我保存,也就是我们所说的自我完善和自我发展。理性是人优于野兽的能力。因此对于人来说,"依循自然生活就意味着依循理性生活。所以,芝诺所谓的目的也就是与自然相一致的生活,即有德性的生活,因为自然引向的正是德性。另一方面,有德性的生活也符合我们所经验到的自然进程,因为我们人类的本性也是宇宙本性的组成部分。因此人生应遵循自然,而这个自然不仅仅是我们的自然,也是宇宙的自然,我们所过的生活应该不违背自然,也不违背理性,因为理性囊括万物并同于宙斯,它是宇宙的向导,也是宇宙的主宰"②。因此第欧根尼·拉尔修对于斯多亚学派上述伦理教导的解释是,德性是合乎自然的生活。而对于人来说,合乎自然的生活也就是符合正确理性的生活。(正如其他学者指出的那样,这么说并没有太多意义,因为说合理的生活是依循自然的生活以及合乎理性的生活是自然的,并不能帮助我们确认德性的内容。)

斯多亚学派的"所有事情都必须遵循自然法则"的主张,受到了来自各方的反对:"如果人不可能违背自然法则行事,那么告诉他要遵守自然法则,又有什么益处呢?"他们回答说,人是有理性的,因此,虽然他总会遵守自然法则,但他也有权去了解这些法则并自觉赞同它们。所以道德劝诫的前提是人可以自由地改变他内心的观点(当然,这显然是对决定论的修正,但确实也没有谁能永远坚持决定论,斯多亚学者也不例外)。严格来说,结果便是行为自身其实并无对错,因为决定论没有给意愿行为

---

① 普鲁塔克,《论斯多亚的悖论》,c. 9(1035a1—f22)。
② 第欧根尼·拉尔修,《名哲言行录》,7,86 以下。

和道德责任留下任何位置。而在一元论的系统中，恶仅仅在某些特殊的情形下才是恶，"在永恒的形相关照之下"，所有的东西都是对的和善的。斯多亚学派（至少在理论上）似乎已经接受"没有行为本身就是错误的"这个观点，就像芝诺承认的，甚至对于食人、乱伦或者同性恋，都不能说它们本身就是错的。①当然，这并不意味着芝诺赞同这些行为，他想表达的是：身体上的行为是无关紧要的，道德的恶附属于人类意愿和意图，克莱安赛斯认为人类必须跟随命运的指引："即便我的意愿反对恶，我也必须坚持。"②同样的思想也出现在塞涅卡的格言之中，"意愿时命运引领，不愿时命运拖拽"③。然而，斯多亚学派的决定论观点在实践中得到很大修正，因为他们主张智慧者是自觉跟随命运的人（这个观点来自刚刚引述的塞涅卡的格言），再加上他们的伦理劝诫表明了在某种程度上，人能自由地改变他的内心观点，并且更能接受服从而不是反抗。另外，他们承认价值有等级之分，这至少暗示智慧者能自由选择更高的价值避开较低的价值。但是，在实践上并没有完全前后一致的决定论系统，这无须惊讶，因为自由是我们意识到的现实性，即使它被理论否定，它仍然会重新潜入意识。

根据斯多亚学派的观点，只有德性在任何意义下都是善的。既不符合德性又不邪恶的事物，则是无关乎善恶的中立物。"德性是顺从于理性的倾向，自身就是可欲求的，不因希望、恐惧或者其他外在推动因素而值得欲求。"④斯多亚学者认为德性是自足的和自身可欲求的，这与克律西波嘲笑柏拉图主义有关来世奖惩的神话符合（我们随后会比较康德的观点）。然而，在这个中立的领域里，斯多亚学派会承认有些事是更好的，有些则是不合格的，而其余的事物在更窄的意义上说，则是无关善恶的。这是对实践的让步，或许会有损于理论，但无疑斯多亚学派还是会坚持"德性顺应自然"这个观点。因此，对道德上无关乎善恶的事物，斯多亚学派引

---

① 冯·阿尼姆，《早期斯多亚学派残篇》(*Stoicorum Veterum Fragmenta*)，第一卷，第59—60页。培生（pearson），第210页以下。
② 残篇，91。《芝诺和克莱安赛斯残篇》(*The Fragments of Zeno and Cleanthes*)，培生，1891年。
③ 塞涅卡，《道德书简》，107，11："Ducunt volentem fata, nolentem trahunt."
④ 第欧根尼·拉尔修，《名哲言行录》，7，89。

入了以下分类：1. 有价值的顺应自然之物；2. 没有价值的违背自然之物；3. 既非有价值也非无价值之物。他们以这种方式创建了价值等级。快乐是活动的结果或伴随，因此不会是目的。所有斯多亚学者都会同意这点，虽然他们并不像克莱安赛斯那样，主张快乐不符合自然。

主要的德性有：明智、勇气、节制、正义。这些德性相互伴随，因为只要某人拥有了其中之一，就意味着拥有了其他所有德性。芝诺认为，这些德性的共同来源都是明智，而对克莱安赛斯来说却是节制。然而，即便有这些不同，总体来说斯多亚学派都坚持德性必然互相关联以表现一个相同的品质，所以某种德性的呈现意味着所有德性的呈现。相对地，他们认为当某种恶呈现时，所有恶也必定呈现。那么，品行也就是要强调的重点，而只有智慧的人才能表现出真正道德的行为，即正确精神引领下的义务。智慧者缺乏激情，他的内在价值无比崇高，甚至不次于宙斯。而且，他掌管着他自己的生命，甚至可以选择自杀。

如果所有德性都如此紧密相连，得其一则得其所有，那么，我们很容易就能设想，德性中没有等级可言。人要么具有德性（即完全的有德性），要么完全不具有德性。这种观点似乎在早期斯多亚学派那里占有一定地位。克律西波认为，**几乎**要完成道德过程的人仍然不是有德之人，也不是真正幸福的人。这种学说的结论就是，很少有人能达成德性，即便达到也将是他垂暮之年。"人终其一生或在一生中的大部分时间里都在行恶。如果他曾经达成过德性，那时也会是他非常衰颓的暮年了。"①但是，这种严格的道德理想主义只是早期斯多亚学派的特征，之后斯多亚学派更加强调过程，他们致力于鼓励人们开始并持续过有德的生活。他们承认实际上没有人能符合理想智慧者的形象，把人分为蠢人和向着德性和智慧前进的人。

斯多亚伦理学有个特征是：这些理论涉及激情和情感。快乐、悲伤或沮丧、欲望和恐惧都是非理性和非自然的，因此问题不在于节制它们，而在于避免它们，达到不动心的状态。至少，当激情或情感成为习惯时，

---

① 冯·阿尼姆，《早期斯多亚学派残篇》，第一卷，529，第119页（亦即恩披里柯，《驳数理学家》，9，90，克莱安赛斯部分）。

人们必须消除它们。因此，斯多亚伦理学在实践上反对"情感"，为达到道德的自由和自治而努力（然而，斯多亚学派某种程度上还是试图调节这种极端观点，我们看到他们会承认某些合乎理性的情感，即便在智慧者的身上也是如此）。以下来自塞涅卡的引文就很好地阐述了斯多亚学派关于自我征服的态度。

> 在人的生命中，何事重要？既不是在海上驶满船只，也不是在红海边插上旗帜，更不是在已知的谷底上胡作非为之后，徘徊海上寻找未知之物；而是观看你心中的宇宙，克服你的恶行——没有比这更大的胜利。许多人曾经控制城市与人民，但是极少有人曾经控制自己。何事重要？提升你的心灵，使它不受命运的威迫利诱，没有任何东西值得你去盼望。命运能有什么值得你垂涎的？你只要思考属神之物，转向属人之物，就会像离开阳光入于幽谷的人，立刻瞎了双眼。何事重要？能够心怀喜悦地忍受灾难。无论任何事都可以忍耐，就像你自己愿意它发生那样。你这样意愿是对的，假使你知道万事万物的发生都是根据神的指令。哭泣、拥抱、咆哮即是反叛。何事重要？能在自己的口中存一口气。于是人之自由并非出于罗马民法，而是出于自然法。凡是逃避了自我之奴役的人，才是自由的。这种奴役日夜不息、从不间断地压迫着我们。最悲惨的奴役，就是一个人做了自己的奴隶。但是要摆脱它也很容易：只要你不再对自己要求过多，只要你停止寻求个人的利益，只要你常常警觉自己的本性与人生期限——即使你仍年轻——并对自己说："为什么我要做一个傻子？为什么我要种植、耕耘、扰乱土地与市场？我不需要太多的东西，更何况只是为了短短的一段时间。"[①]

斯多亚伦理学的这一面（即努力地独立于外在事物）代表了它的犬儒传统，但是也有超越犬儒学派的另一面，也就是他的世界主义。每个人

---

① 塞涅卡，《自然问题》，3，"导言"，10—17。

天生就是社会存在，在社会中生活是理性的命令。理性是所有人的共同本性。因此，对于人，有且只有一个法则和祖国。把人类分成相互斗争的各国是荒谬的。智慧者不是这个或那个特殊城邦的公民，而是世界公民。基于此可以推出，所有人都值得拥有善良意愿，甚至奴隶也有他们的权利，敌人也有权利得到我们的宽恕和原谅。这种对狭隘社会的超越，显然会受到斯多亚一元论者的欢迎，但是斯多亚学派世界主义的伦理基础，却是自我保存的本能和自爱的倾向。当然，这个自我保存的本能首先在自爱的形式中得到表达，即个人对自己的爱。但是它超越了狭隘意义上的自爱，发展到属于个人的所有东西、家庭、朋友、同胞，最后到全人类。当然，对越是亲近的人感受到的自爱越是强烈，而对疏远的对象这种自爱则会变得微弱。所以，从伦理角度来看，个人的任务就是在对待疏远的对象时，把自爱的程度提到跟对亲近的人类似。换句话说，当我们爱人如己，或把与自己相关的自爱以相同强度辐射到全人类时，理想的伦理将会实现。

第三十七章

伊壁鸠鲁学派

一、伊壁鸠鲁学派的创始人

伊壁鸠鲁于公元前342/1年出生在萨摩斯。在萨摩斯的时候,他曾跟随柏拉图主义者庞菲鲁斯学习,[①]然后在提奥斯时听过瑙西芬尼(德谟克利特的门徒)讲学。因此,德谟克利特对伊壁鸠鲁产生了相当大的影响,即便这点在后来受到不少争议。[②]伊壁鸠鲁18岁时到雅典服兵役,然后到科罗封学习。公元前310年,他开始在米地兰授课(虽然后来转移到了兰萨库斯),公元前307/6年时,伊壁鸠鲁定居雅典,建立了他的学派。[③]学派开设在伊壁鸠鲁自己的花园里。我们从第欧根尼·拉尔修那里了解到,伊壁鸠鲁将这座宅子和花园遗赠给了他的门徒。"花园学派"的称呼也是由这样的办学环境得来的。伊壁鸠鲁生前获得了神圣荣耀,这种对创始者的狂热崇拜造成以下事实:比起其他学派,伊壁鸠鲁学派能更好维持他们的哲学正统。学生们甚至还会背诵重要的学说。[④]

伊壁鸠鲁是高产的作家(第欧根尼·拉尔修说他写了近300部作品),但是大部分作品都已佚失。不过,第欧根尼还是给我们提供了三篇劝学书简。其中,给希罗多德和梅瑙凯的被认为是真作,而给比索克莱的则被认为是伊壁鸠鲁的学生伪造的。他的重要作品之一——《论自然》的残篇,在其门徒皮索的图书馆中保留了下来。

---

① 第欧根尼·拉尔修,《名哲言行录》,10,14。
② 西塞罗,《论神性》,1.26.73;第欧根尼·拉尔修,《名哲言行录》,10,8。
③ 第欧根尼·拉尔修,《名哲言行录》,10,2。
④ 第欧根尼·拉尔修,《名哲言行录》,10,12。

米地兰的赫尔马库接任伊壁鸠鲁担任了院长，赫尔马库之后这一位置由波利斯特拉继承。兰萨库斯的梅特罗多洛、赫尔马库以及波里亚努斯都是伊壁鸠鲁的亲传弟子。公元前 90 年，西塞罗在罗马听过斐德若（公元前 78—前 70 年在雅典的学者）讲学。但是，这个学派最著名的门徒则是拉丁诗人——卢克莱修（公元前 91—前 51 年）。他在《物性论》的诗作中表达了伊壁鸠鲁的哲学，其中要义是要把人从对诸神、死亡的恐惧中解放出来，并因此引领人们走向灵魂的宁静。

二、准则学

伊壁鸠鲁对辩证法和逻辑学并不感兴趣，逻辑部分唯一吸引他的是真理判断问题。也就是说，只有当辩证法为物理学服务时，他才对此有兴趣。但是，又只有当物理学为伦理学服务时，他才对物理学感兴趣。因此，伊壁鸠鲁甚至比斯多亚学派还要重视伦理学。他贬斥所有纯粹的科学追求，并宣称数学是无用的，因为它无益于指导人的生活。（梅特罗多洛认为："即使没有读过荷马，不知道赫克托耳是特洛伊人还是希腊人，也不影响人们的生活。"）[1]伊壁鸠鲁反对数学的理由之一是：它不能被感官知识所证实，因为在现实世界中，根本找不到几何学家的点、线、面。他认为感官知识是所有知识的奠基。"如果你反对所有的感觉，那么你就没有参考的标准，甚至没有办法判断那些你宣布是错误的东西。"[2]卢克莱修则追问什么比感觉更可靠。我们用理性判断感觉材料，但这本身就完全建立在感觉之上，而且如果感觉是错的，那么所有理性也会导向错误。[3]不仅如此，伊壁鸠鲁学派还指出，比如，在天文学的问题中我们就不能获得确定性，因为我们可以这样说，也可以那样说，"因为天象的产生可能有很多不同的原因"[4]。（但必须提醒的是，希腊人缺乏现代科学技术，所以很大程度上，他们对科学的观点基于自然猜想，而不是准确的观察。）

---

[1] A. 柯尔特（A. Körte），伊壁鸠鲁残篇（Metrodori Epicurei Fragmenta），24，1890 年。但此处引自恩披里柯，《驳数理学家》，1，49。
[2] 第欧根尼·拉尔修，《名哲言行录》，10，146。
[3] 卢克莱修，《物性论》，4，478—499。
[4] 第欧根尼·拉尔修，《名哲言行录》，10，86。

伊壁鸠鲁的逻辑和准则处理的问题是知识的标准和真理的判断。于真理而言，最根本的判断依据是知觉，我们能在其中获得清楚的东西。当物体的影像渗透入感觉器官时，知觉就发生了（参考德谟克利特和恩培多克勒），而且这总是正确的。但需要注意的是，伊壁鸠鲁把想象的呈现也当作知觉。他认为，**所有**知觉的发生都依靠影像的接收。当这些影像持续从相同客体中流出，并穿透感觉器官时，我们就有了狭义上的知觉。而当一个个影像由毛孔进入身体时，就出现了混合的想象画面，例如，人首马身。但不可否认的是，这两个例子中都有"知觉"。并且因为这两个影像都来自客体，所以两种类型的感知都是真实的。但是错误是怎么发生的呢？通过**判断**。举例来说，如果我们判断某个影像与外部客体相对应，实际上并不对应，那我们就错了。（当然，困难在于判断在什么时候影像与外部客体对应，以及在什么时候完全对应或不完全对应，在这点上伊壁鸠鲁学派没有给我们任何帮助。）

如上，第一个判断标准是知觉。而第二个标准，伊壁鸠鲁派则认为是概念。根据他们的观点，概念简单来说就是记忆影像。[①] 当我们对某个客体有了知觉以后，比如，当我们听到"人"这个单词时，记忆的影像或对人的一般影像就呈现了出来。并且，这些概念也总是真实的，而只有在形成意见和判断时，才会出现对或错的问题。此外，他们还主张，如果意见或判断关涉未来，它一定要被经验确证，如若它关涉隐藏或未能知觉的原因（比如原子），那么它至少不能与经验相矛盾。

最后，还有第三个标准——情感，它是行为的标准。快乐的情感是我们应该选择的，而痛苦的情感则是我们应该拒绝的。因此，伊壁鸠鲁学派可以说："真理的判断是感知、前概念和激情。"[②]

三、物理学

实践目的决定了伊壁鸠鲁对物理学理论的选择，那就是要把人从对诸神和来世的恐惧中解放出来，并给予他们灵魂的安宁。然而他并没有否

---

① 第欧根尼·拉尔修，《名哲言行录》，10，33。
② 第欧根尼·拉尔修，《名哲言行录》，10，31。

认诸神的存在，因为他想表明诸神不会干涉人类事务，因此人就不必深陷于神的慰藉、祷告和"迷信"之中。而且他还希望通过驳斥灵魂不朽，把人从对死亡的恐惧中解放出来。如果死亡仅仅意味着消失、失去意识和感觉，并没有审判和来世的惩罚等着人们，那么还有什么理由恐惧死亡呢？"死亡与我们无关，因为分解后的东西失去了感觉，而没有感觉的东西与我们根本没有关系。"① 受这些观点的驱使，伊壁鸠鲁选择了德谟克利特的体系（但稍做改动），因为这个体系似乎最能为他的目的服务。它不是从原子的机械运动解释一切现象，因此不需要寻求诸神援救以调停吗？它不是以简单的方法驳斥灵魂不朽吗（即灵魂和身体都是由原子构成的）？卢克莱修在《物性论》中以华丽的辞藻和想象把伊壁鸠鲁学派物理学的实践目的表现得淋漓尽致。

伊壁鸠鲁说，没有什么东西能从虚无中产生，或逐渐变成虚无，这再次让人想到古代宇宙论者的观点："首先，我们必须承认没有什么能从不存在中产生，因为那样就会导致任何事物都可以从其他事物中产生，这样就不需要种子了。如果消失之物彻底毁灭成无，那么万物都将不久于世，因为那些分解后的东西就不存在了。"② 我们可以对比卢克莱修的文字："我已经指出，事物不可能由虚无产生，而且一旦产生了，也不可能再回归于虚无。"③ 我们经验到的身体是由已然存在的物质实体——原子构成，而它们的朽坏是分解为构成它们的实体。宇宙的根本构成就是原子，就是原子和虚无。"整个宇宙就是身体，因为感觉表明，任何时刻身体都具备真实的存在。正如我前面说的那样，感觉证据应当是直接知觉到的一切事物的推理规则。否则，如若那些被称为真空、空间或无形的自然没有真实的存在，我们的身体将无处安置，无介质以移动，就像我们看到的那样真正地移动。我们再反思就会发现，我们无法凭借知觉，或者是通过知觉的类比去想象一般的性质，它们是所有存在特有的，既不是身体的属性

---

① 第欧根尼·拉尔修，《名哲言行录》，10，139。
② 第欧根尼·拉尔修，《名哲言行录》，10，38—39。
③ 卢克莱修，《物性论》，1，265—266。

或偶性，也不是虚空。"①这种原子在大小、形式和重量上是不一样的（不管之前的原子论者怎么想，伊壁鸠鲁学派认为原子当然有重量），而且不可分，在数量上是无限多的。一开始，它们在虚空中落下，不过卢克莱修将它们的运动与日光中微粒的运动做比较，或许是伊壁鸠鲁学派的观点并不像前人的观点那样，认为原子以平行直线的状态下落，因为这种观点就会让"撞击"成为机械降神。

为了解释世界的本原，伊壁鸠鲁必须承认原子的撞击。而且，他同时希望为人的自由提供某种解释（这也是学派主张的）。因此，他假定个别原子在直线下降时会有某种自发的倾斜运动。因此，就会发生第一次原子碰撞，由偏差造成的碰撞和纠缠导致了旋转运动，由此形成无数的世界，它们之间由虚空分隔开来。人类灵魂同样由原子构成，呈光滑的圆状，但是与动物不同的是，人的胸腔中驻扎着理性，如同恐惧和喜悦等情感表现的那样。而非理性的部分，即生命的原则，则散布全身。当人死亡时，灵魂的原子就被分开，因此就再无知觉可言，死亡是对知觉的剥夺。

因此，这个世界归于机械原因，无须假定目的论。伊壁鸠鲁学派完全否认斯多亚学派以人为中心的目的论，而且与他们的神义论完全不同。人生所受的折磨同宇宙中神圣的指引是矛盾的。诸神居住在虚空中，优雅而快乐，完全不在意人类事务，他们吃喝玩乐，讲着希腊语！

> 在我面前出现了伟大超凡的神明，以及他们的宁静居所。那儿没有狂风吹袭，也没有云层雨阵，更没有严酷的冰雪漫天；那儿只有清朗的空气环绕他们，在光明中，微笑之声向四方传布。②

诸神被赋以人形，因为他们也由原子构成（尽管是其中最精细的原子，并拥有拟人的身体），而且有性别之分。他们在外貌上酷似人类，他们也会呼吸和吃饭。伊壁鸠鲁不仅需要诸神作为平静安宁的道德理想的化身，而且还认为对于诸神信仰的普遍性只有在诸神客观存在的前提下才能

---

① 第欧根尼·拉尔修，《名哲言行录》，10，39—40。
② 卢克莱修，《物性论》，3，18—22。

够得到解释。神给予我们影像，特别是在睡梦中。但是知觉只向我们呈现神的存在和他像人的品质，而对于他们之快乐的知识要靠理性或者逻各斯来获得。人们可能尊重诸神的卓越，或者甚至参与到习惯性的仪式崇拜中，但对他们的畏惧都是不合时宜的，而且想靠牺牲来讨好诸神的尝试也是没有必要的。真正的虔敬由正确的思想构成。

> 真正的虔敬，并不是时常以布遮面，转向石块或接近祭坛；也不是拜倒在地，在神庙前伸开双手；更不是以牲畜之血洒满祭坛，遍发誓言；而是能够在平静之中，以心灵探索万事万物。①

因此，智者不畏惧死亡，因为死亡仅仅是消失，他们也不畏惧诸神，因为诸神不关心人类琐事，也不索要任何报偿。我们因此回想起维吉尔的诗：

> 有福的人，是能够得知万物原因者；
> 是能够在他足下踏遍所有恐惧、顽强的命运，
> 以及 [阴间] 阿克伦河之饥饿怒号者。②

四、伊壁鸠鲁学派的伦理学

正如昔兰尼学派一样，伊壁鸠鲁将**快乐**作为生活的目的。所有存在物都努力寻求快乐，正是快乐构成了幸福。"我们断言快乐是幸福生活的起因和目的，因为我们把它视作最高善，是我们天生欲求的。它还关乎我们趋善避恶的选择。它作为标准，就像善要依据感情来判断那样。"③然而，伊壁鸠鲁将快乐作为人生目的，他所理解的快乐到底是什么？我们应该注意两点：第一，伊壁鸠鲁的意思并不是指瞬间的快乐、个人的感觉，而是贯穿整个人生的快乐；第二，伊壁鸠鲁所说的快乐更多是由痛苦的缺失组成的，而不是积极的满足。这种快乐显著地表现在灵魂的宁静中。伊

---

① 卢克莱修，《物性论》，5，1198—1203。
② 维吉尔，《农事诗》，2，490—492。
③ 第欧根尼·拉尔修，《名哲言行录》，10，129。

壁鸠鲁同时也将健康的身体和宁静的灵魂结合起来，但更强调理智的快乐。因为再严峻的身体考验也不会持续太久，而理智的快乐则能克服较轻的伤害。"……正确的理论……能为身体的健康和灵魂挣脱纷扰提供选择……当困难跟随快乐发生时，我们时常会忽略很多快乐。如果我们能稍微忍受苦楚，我们就会发现很多痛苦比快乐更好，因为更大的快乐会在痛苦之后到来。"① 所以，当伊壁鸠鲁谈到选择或拒绝某些快乐时，他追求的便是持久的快乐，以及与之而来痛苦的呈现或缺失。因为他的伦理学没有基于不同道德价值的快乐之间的区分。（尽管我们可以很好地辨认出基于潜移默化的道德价值的快乐之间的区分——这在任何享乐主义伦理学当中都是必然的，除非他们愿意承认"最底层"的快乐和更高尚的快乐处于相同等级。而哪位严肃的道德哲学家愿意承认这一点，而不提出除快乐外的另一种标准作为条件呢？）"因此，所有快乐就其自然而言都是善的。但是，也并不意味着每种快乐都值得选择；就像每种痛苦都是恶的，但也并不是说要避免所有的痛苦……所以，当我们说快乐是主要的善，我们不是在说堕落之人的快乐，或者那些纵情感官的享乐。这样想的人是无知的，他们从未接纳我们的观点，或者歪曲地解释了它们。我们说的是身体免于痛苦，灵魂免于困惑。因为让生活变得快乐的并不是醉酒和狂欢……而是冷静的沉思，它考察了一切选择和逃避的原因，并驱赶徒劳的意见，以避免产生更大困惑来烦扰灵魂。"② "快乐本身不是坏事，但是导致某些快乐的有效原因会带给快乐很多干扰。"③

在实践中，我们应该考虑个别快乐是否会导致更多痛楚，或者个别痛苦是否会产生更大快乐。比如，某种快乐在某个时刻会显得尤为强烈，但却会导致我们的健康不佳或让我们成为习惯的奴隶，这即是产生更多痛苦。相反，某个时刻痛苦非常强烈（就像在手术中），但会产生更大的善——健康。因此，虽然抽象来看，所有的痛苦都是恶，所有的快乐都是善，但我们在实践中应该着眼长远，努力获得最持久的快乐，也就是伊

---

① 第欧根尼·拉尔修，《名哲言行录》，10，128—129。
② 第欧根尼·拉尔修，《名哲言行录》，10，129，131—132。
③ 第欧根尼·拉尔修，《名哲言行录》，10，141。

壁鸠鲁所谓的"身体的健康和灵魂的宁静"。因此，伊壁鸠鲁学派的享乐主义并不会造成放荡和过度，而会导向沉着和安宁的生活。因为对于人来说，不快乐要么源自恐惧，要么源自无度和虚荣的欲望，但是如果他能约束这些，他将获得理性的庇护。智慧者不会增加他的需求，因为这会徒增痛苦的来源，他更愿意将需求缩至最小（伊壁鸠鲁学派甚至还认为，智慧者在身体遭受折磨时，也能达到最完满的快乐。因此伊壁鸠鲁会说："智慧者就算在身体上遭受巨大的痛苦，他也仍然是快乐的。"）[1] 而对此最极端的说法是这样："如果智慧者正被焚烧，正被绑在铜牛上受折磨，他也会说：'多么快乐啊！我丝毫不在意！'"[2] 所以，伊壁鸠鲁学派的伦理学导向节制的禁欲主义、自我约束和独立自主。"因此，使自己习惯简单和朴素是通往完善健康的最佳途径，它使人在对待生活必需时不再犹豫。"[3]

德性是灵魂安详和宁静的条件，尽管伊壁鸠鲁会依据它制造快乐的能力对其做出评价。像简朴、节制、温和、愉快这样的德性，比放纵的享受、狂热的野心等更有助于获得快乐和幸福。"没有明智、正直和公正，就无法过上快乐的生活；同样，没有快乐的生活也无法变得明智、正直和公正。""正义者是从纷扰中挣脱出来的最自由的人，而不正义者则不能免于忧虑。""不正义本身并非是恶，它之所以具有这种特征，只是因为它与某种恐惧相关，即只要被贴上不义的标签，就无法逃脱惩罚。""曾经经过人的实践被断言为正义的事，在没有新情况发生时，就已经不符合理性的印象，那么它就不是真正的正义。同样，当新情况发生之后，由于曾经有助于社会关系和人类交往而被认为是正义的事不再与实用保持一致了，那么，它就在无助于功用性的同时终止了它的正义性。"[4] 此外，尽管伊壁鸠鲁学派的伦理学在根本上是自私或者利己主义的，但那只是基于个人的快乐来说，而并不是要伊壁鸠鲁者在实践上表现得那样自私。所以，伊壁鸠鲁学派认为，为人友善比得人友善更值得快乐，而且伊壁鸠鲁本人也因自

---

[1] 第欧根尼·拉尔修，《名哲言行录》，10，118。
[2] 西塞罗，《图斯库兰论辩集》，2，7，17。
[3] 第欧根尼·拉尔修，《名哲言行录》，10，131。
[4] 第欧根尼·拉尔修，《名哲言行录》，10；箴言，5，17，37，42。

己知足常乐和善良的品质受人推崇。"想要平静生活的人不会畏惧他人，而应广交朋友；对于那些不能与之成为朋友的人，他至少应该避免成为对方的敌人，如果他对此无能为力，那么他也应该尽可能避免与那些人交往，敬而远之以求自保。""最幸福的人不惧他周遭的所有事。这样的人和其他人和睦相处，相互之间保持着最坚实的信任，完全享受友谊的温暖，遇到像朋友早逝这样的悲剧，也不会感到悲伤。"①或许，伊壁鸠鲁伦理学的理论基础确实不及他的实践道德判断合理，因为他的伦理学显然难以解释他的道德义务。

由于不能轻易追求最显而易见的快乐，我们在生活态度中就有必要获取有关计算和衡量的技艺。因此我们就必须练习评价（συμμέτρησις）。考虑和平衡冲突的多方、现在和将来、幸福和不幸，对苦乐进行正确的衡量，这也是明智的本质，即最高德性的构成部分。如果一个人过着真正幸福、快乐、满足的生活，他一定拥有这种洞察力，他一定是明智的人。"万物的起因和最高善都是明智，因此明智似乎是比哲学更为可贵的东西，因为其他德性都源自它，它告诉我们，要快乐地生活就必须明智、正直、公正地生活；而不能明智、正直、公正地生活的人则不能快乐地生活。因为，德性和快乐的生活是共生共存的，要快乐地生活就不能缺少德性。"②如果一个人是明智的，那么他就是有德性的，因为有德之人与其说是在任何时候都真正享受快乐的人，不如说是知道怎样引导自己寻找快乐的人。如此定义下的德性显然就是维持幸福的必然条件。

伊壁鸠鲁非常重视**友谊**。"智慧为整个幸福人生提供的最重要的东西莫过于获得友谊。"③在利己主义的伦理学中，这似乎很奇怪。但是，对友谊的强调建立在自我考量的基础之上。这也就是说，友谊不仅能提供安心和宁静的生活，同时还能给予自己快乐。因此，友谊依赖于自利的基础以及对于个人利益的认知。利己主义经由伊壁鸠鲁学派的解释也得到了修正，他们认为，友谊会引发无私的反应，而且在友谊中，智慧者也会爱人

---

① 第欧根尼·拉尔修，《名哲言行录》，10，154。
② 第欧根尼·拉尔修，《名哲言行录》，10，132。
③ 第欧根尼·拉尔修，《名哲言行录》，10，143。

如己。虽然如此，伊壁鸠鲁学派的社会理论依然保持它利己主义的本质，这种教导产生的明显结果是：智慧者不愿意涉足政治，因为这样会打扰他宁静的灵魂。然而有两种例外：第一，这个人需要参与政治来确保他的个人安全；第二，他十分渴望政治生活，以至于退隐就不可能获得这种宁静。

快乐和个人利益再次在伊壁鸠鲁关于法律的理论中起决定作用。比起人人斗争的社会，在法律统治的社会和"权利"受到尊重的社会中生活，显然会更加快乐。人人斗争的社会绝不会有利于灵魂的安宁。

正如我们所见，伊壁鸠鲁学派试图在物理学上溯源留基伯和德谟克利特的学派，就像斯多亚学派试图追溯赫拉克利特的宇宙论。另一方面，伊壁鸠鲁学派的伦理学又或多或少与昔兰尼学派保持类似。阿里斯底波和伊壁鸠鲁都将快乐作为人生的目的，而且两个学派都注重未来、计算及对苦乐的"衡量"。然而，伊壁鸠鲁学派和昔兰尼学派还是有某些差异。因为后者基本上以**积极**快乐（顺利的行动）为目的，而伊壁鸠鲁学派更多是强调消极方面，即沉着和宁静。而且，昔兰尼学派认为，身体遭受的痛苦比精神遭受的要更坏，伊壁鸠鲁学派则认为灵魂比身体遭受的痛苦更坏，因为身体遭受的恶是当前的，而灵魂却会遭受对过去之恶的回忆，以及对未来之恶的预期和恐惧。所有这些都可以说伊壁鸠鲁学派吸收了昔兰尼学派的说法。那么，伊壁鸠鲁会同意昔兰尼学派的赫格西亚对痛苦缺失的强调，而安尼凯里劝告智慧之人培养友谊吗？

伊壁鸠鲁学派的哲学并非是英雄崇拜的哲学，也不具有斯多亚学派信念中的道德庄严。它也并不像乍看之下的其根本原则那样自私或"不道德"。我们不难理解，它对某些类型的人有着特别的吸引力。它不是英雄式的信条或哲学。但是，这并不意味着它的创立是为了低劣的生活，而不管其教义在通俗的意义上会引发怎样的实践。

附：有关希腊化时期第一阶段的犬儒主义的注解

这个阶段的犬儒主义不那么强调独立、对欲望的压制和身体上的忍耐，而是讥讽习俗和传统，以及盛行的信念和行为模式。只需想想第欧根尼，我们就会知道这种倾向不会出现在早期的犬儒学派之中。但在这一时期，这种倾向通过新的文学类别——讽刺文学表现出来。在公元前 3 世纪的前半叶，受到昔兰尼学派影响的尼斯的彼翁（他曾在雅典受教于昔兰尼学派的塞奥多洛）在他的"讽刺文"中大力宣传所谓的"犬儒学派的快乐主义"，详述了简单的犬儒式幸福和快乐。公元前 240 年左右，在麦加拉授课的忒勒斯，传承着彼翁式的"讽刺文"创作，创作了通俗的轶闻趣事，内容涉及表象和实在、贫困与富有、犬儒式的"不动心"，等等。

加大拉的梅尼普斯（公元前 250 年左右）创造了讽刺文学，他将诗和散文结合起来，以各种形式（比如，阴间之旅、致诸神的信）批判自然哲学和专家知识，并嘲笑伊壁鸠鲁后世对他的偶像崇拜。瓦罗、塞涅卡、琉善都争相效仿他。

抒情的抑扬格诗作者梅格洛玻利斯的凯克德斯，则表现出相同的嘲讽论调，比如他将以下难题留给白日做梦的人去解决：为什么克洛诺斯对某些人示以父亲的形象，而对其他人示以继父的形象。

第三十八章
早期怀疑主义、中期学园和新学园

一、早期怀疑主义学派

正如在斯多亚学派和伊壁鸠鲁学派中实践高于理论,在怀疑主义学派创始人皮浪的学派中也是这样。虽然他们之间有很大的区别,比如,斯多亚学派和伊壁鸠鲁学派把寻求科学或积极的知识作为通达宁静灵魂的方法,而怀疑主义却通过否认知识,也就是通过科学的对立面——怀疑来达到同样的目的。

据说伊利斯的皮浪(公元前360—前270年)曾陪伴亚历山大大帝出征印度。[1]他很明显受到德谟克利特的感觉论、智者的相对主义、昔兰尼学派的认识论的影响。他认为人的理性不能直达事物的内在本质(事物不能抵达我们)[2]:我们只知道事物如何向我们呈现,但同样的事物对于不同人呈现出的也不同,我们便无法得知哪个正确。对于任何主张,我们都可以用同样正确的理由提出相反的主张。因此,我们无法确证任何事情,而智慧者将悬搁他的判断。我们与其说"就是这样",不如说"对我来说似乎是这样"或者"它可能是这样"。

他们还把怀疑主义和悬搁判断延伸到了实践领域。他们认为就事物本身来看,无所谓美丑、对错,至少我们不能确认这些。我们生活中所有的外在事物都无关紧要,而智慧者很容易瞄准灵魂安宁的目标,并努力让灵魂保持在这样的情况下。不可否认,即便是智慧者也不能避免参与实践

---

[1] 第欧根尼·拉尔修,《名哲言行录》,9,61。
[2] 第欧根尼·拉尔修,《名哲言行录》,"序言",16。

生活，但他将遵守实践中可能的意见、习俗和法则，并意识到绝对真理无法企及。

第欧根尼·拉尔修告诉我们，皮浪仅仅通过言传表达他的哲学观点，[①] 而他的观点主要通过其学生夫利阿斯的蒂蒙（公元前 320—前 230 年）才为人所熟知。蒂蒙被恩披里柯称为"皮浪理论的诠释者"。[②] 蒂蒙著有讽喻诗，他讽刺荷马和赫西俄德，还嘲笑塞诺芬尼和皮浪之外的其他希腊哲学家。根据蒂蒙所说，我们既不能相信感官知觉也不能相信理性。因此我们必须悬置所有的判断，不让任何理论的论断俘虏我们，然后我们才能抵达灵魂的安宁。

（西塞罗显然不认为皮浪是怀疑论者，而只是把他当作漠不关心外在事物的道德家。所以，皮浪本人并没有发展出什么怀疑主义的立场。但是，由于他没有遗留下什么作品，我们也很难确证这个观点。）

二、中期学园

柏拉图认为感官知觉的对象并非真正知识的对象，但这绝不代表他是怀疑论者，他的辩证法要达到的恰好是对永恒不变之物的真实确定的知识。然而，在第二代或者中期学园时期，学园却显示出怀疑的趋势，这种怀疑主义主要反对斯多亚学派的独断论，但也以普遍的术语表达出来。据说中期学园的创始人阿尔凯西劳曾说他不确定任何事，甚至不确定他不确定任何事这件事。[③] 因此，比起苏格拉底自知其无知，阿尔凯西劳显得更极端。他在实践上与皮浪主义者相似，悬搁一切判断。[④] 当阿尔凯西劳试图通过苏格拉底的例子和实践来支持他的观点时，他就会把斯多亚学派的认识论作为特定的攻击对象。所有给定的表象都可能是错的：没有什么感官知觉或者表象能保证它们的客观有效性，因为即便其呈现在客观上是错误的，我们可能仍会有相同的强烈主观确信。所以我们永

[①] 第欧根尼·拉尔修，《名哲言行录》，"序言"，16；9，102。
[②] 恩披里柯，《驳数理学家》，1，53。
[③] 西塞罗，《学园派》，1，12，45。
[④] 西塞罗，《论演说家》，3，18，67。

远不能确认任何事情。

三、新学园

1. 第三代或者说新学园的创建者是昔兰尼的卡尔尼亚德（公元前214/12—前129/8 年），在公元前156/5 年前后，他随斯多亚学派的第欧根尼作为使者来到罗马。卡尔尼亚德继承了阿尔凯西劳的怀疑主义，认为知识是不可能的，也没有关于真理的标准。他反对斯多亚学派，他认为感觉的真假是可以分辨的。就像发生在我们身上的梦、幻觉、错觉，我们知道其中的呈现不是真的。因此，感觉印象并非完全可靠，而且斯多亚学派也不能寻求理性作为弥补，因为他们自己承认概念建立在经验之上。①

我们不能证明任何事情，因为证明依赖于本身能被证实的假设，但是这种证明又依赖于假设，因此导致无穷后推。所以，所有独断论哲学都是不可能的，因为我们可以为问题的任何方面列举出同样好或坏的理由。卡尔尼亚德攻击斯多亚学派的神学，他试图表明那些证明神存在的证据并非不容置疑，以及关于神本性的学说包含自相矛盾。② 比如说，斯多亚学派诉诸世界公意作为神存在的论据。但就算他们能证明有这种世界公意，然后证明对神的存在有普遍的**信念**，也并不能就此说明有神存在。而且斯多亚学派又是基于什么断言宇宙是明智和理性的呢？他们必须首先证明宇宙是有生命的，但他们却未曾证实过。如果他们主张存在宇宙理性，人类理性来自宇宙理性，他们就必须证明人类心智并非是自然自发的产物。其次，他们设计的论证也不完备。如果宇宙万物是被设计出来的产物，就必定有设计者。但问题在于，宇宙是否是经过设计的产物？它会不会是自然推力产生的未经设计的东西呢？

斯多亚学派的神是有生命的，因此必然拥有感觉。但是如果他能感觉和接收印象，他就要忍受印象并可能最终导致崩溃。而且，如果神像斯多亚学者所假设的那样理性和完美，他就不会同时拥有他们假设的"道德"。比如，神能表现得勇敢吗？在有什么危险、痛苦、劳累影响到他时，

---

① 恩披里柯，《驳数理学家》，7，159 和 166 以下；西塞罗，《学园派》，2，30，98 以下。
② 恩披里柯，《驳数理学家》，9，13；西塞罗，《论神性》，3，17，44；3，29 以下。

他方能表现出勇敢呢？

斯多亚学派主张神意。如果这成立的话，又怎样解释奸邪之人的存在呢？斯多亚学派说神意包含在神给人的礼物，也就是理性之中。而现在很多人却用理性来贬低自己，对他们来说，拥有理性成了损害而非益处。如果神真的庇佑众生，他就应该让所有人都是善的，并给予他们**正确的**理性。此外，即使克律西波说神通常会"忽视""小"事，那也是不成立的。因为，首先神意忽视的一定不是小事；其次，对神来说，"忽视"不是有意的（因为即便是宇宙的统治者，故意的忽视也是错误的）；最后，无意的忽视对于无限的理性来说也是不可想象的。

卡尔尼亚德的这些批评以及他的一些其他批评指向的是斯多亚学说，因此它们在某种程度上只反映了他的学术兴趣。由于对神持有物质性的观念，斯多亚学派陷入了难以克服的困难。因为如果神是物质的，那么它就可能瓦解；如果他是拥有身体的世界灵魂，那么他就能感觉到快乐和痛苦。诸如此类对神的批判，对我们来说只不过就是学术兴趣罢了。此外，我们也不会妄想以拟人化的方式将德性归于诸神，而这是卡尔尼亚德所采用的批评路径假设的。我们也不会在哲学上证明万事万物都是为人的善而设计的。不过，卡尔尼亚德提出的某些观点具有持久的意义，这也是在神义论的讨论中会遇到的问题，如：世界上存在着的身体的痛苦和道德上的恶。在处理斯多亚的神义论时，我已经稍做评述，我也希望稍后能够表明其他哲学家（中世纪的或者现代的）是怎样回答这个问题的。但是必须记住，如果某种立场的确建立在有效的论证上，即使人类理性不能完全令人满意地回应这个立场所提出的所有问题，我们也不能就此抛弃它。

卡尔尼亚德发现不可能有完全悬搁的判断，因此他精心制作了关于或然性的理论。或然性有各种不同的等级，对行动是充分和必要的。他说即使我们不能真正获得确定性，那我们也可能以怎样的方式接近真理呢？答案是通过积累可接受某些立场的理由。如果我仅仅是看到了我认识的某个人的样子，那这有可能是幻觉。但如果我听见了这个人说话，触摸到他，看到他吃东西，从实践目的来看，我就能接受这个表象是真的。因为这是很高等级的或然性事件，尤其是当这一事件也内在地包括了某人应当在当时当地出现的可能性时。举例来说,如果一个人将他的妻子留在英国,然后去印度出差。当他在孟买登陆时,似乎看见了他的妻子在码头,那么他就会非常怀疑这个表象的真实性。但是,如果在返回英国时,他发现他的妻子在栈桥上等候,这个表象就具有其内在或然性了。

2. 在阿斯卡隆的安提俄库(公元前68年前后)的带领下,学园回归了独断论。他起初显然是不可知论者,但之后又放弃了这个立场。[①]西塞罗在公元前79/8年的冬天听过他的演讲。安提俄库指出,断言没有可知之物或万物都可疑是包含矛盾的。因为在说万物都是可疑时,我至少确证了"万物都是可疑的"这件事。他的真理标准显然与著名的哲学家们一致,他还努力表明学园、漫步学派和斯多亚的理论体系在本质上是一致的。事实上,他公开教授斯多亚理论,不知羞耻地宣称芝诺是从老学园处借用了这些观点。他试图驳斥斯多亚学派的论证之一,即不同哲学学派之间是相互矛盾的。同时他也表现得像是折中主义者。

这种折中主义倾向表现在他的道德说教过程中。因为当他持斯多亚学派的观点,说德性足以抵达幸福时,也在教导亚里士多德的观点,外部善和身体健康对最高形式的幸福来说同样必要。但尽管这样,西塞罗认为比起学园派学者,安提俄库更像斯多亚学者,[②]他无疑是一个折中主义者。

3. 泰伦提乌斯·瓦罗(公元前116—前27年)是罗马的学者和哲学家,也是折中主义者。在瓦罗看来,唯一的神学是:承认只有一个神,他依靠理性来统治世界,他是世界灵魂。我们应该拒斥诗人虚构的神学,因为他们会把不相称的品质和行为归于神。而自然哲学家的物理神学往往也是互相矛盾的。但是,我们却不能忽视城邦的官方祭祀,因为这具有实践和普遍的价值。瓦罗甚至认为大众宗教是政治家们早期的杰作,如果这需要重新制作的话,按哲学的指导来完成应该会更好。[③]

瓦罗似乎曾经受到波塞多尼乌斯的巨大影响。他吸收了后者关于风

---

① 西塞罗,《学园派》,2,22,69;努美尼乌斯引自尤西比乌,《福音初阶》,614,9,2(《希腊教父》,21,1216—1217);奥古斯丁,《驳学园派》(Contra Academicos),2,6,15;3,18,41。
② 西塞罗,《学园派》,2,43,132。
③ 奥古斯丁,《上帝之城》,6,4。

俗、地理、水文等的起源和发展的观点。他对这些理论的阐释影响了之后的罗马人，如维特鲁威和普林尼。瓦罗的毕达哥拉斯主义的神秘主义数论倾向也源自波塞多尼乌斯的思想，并因此影响了之后的作家，像盖利乌斯、麦克比乌斯、马提诺斯·卡佩拉等。犬儒学派显然影响了瓦罗的《梅尼普斯讽刺集》(*Saturae Menippeae*)，尽管我们如今只拥有此书的残篇。在这本书中，他将犬儒学派的简朴和奢侈者的享受对立起来，并嘲笑奢侈者的暴饮暴食，也取笑哲学家之间的混战。

4. 罗马最有名望的折中主义者当属伟大的演说家图利乌斯·西塞罗（公元前106年1月3日—前43年12月7日）。西塞罗在年轻的时候就是伊壁鸠鲁派斐德若、学院派菲隆、斯多亚学派狄奥多特和安提俄库、伊壁鸠鲁派芝诺的学生。他曾在罗德岛听过斯多亚学派波塞多尼乌斯的讲学。他年轻时在雅典和罗德岛从事哲学研究，之后又游刃于公共生活和公务活动中，直到生命的最后3年才回归哲学领域。而他大多数的哲学写作就源于这最后的几年（如：《悖论》《论慰藉》《劝勉》《学园派》《论目的》《图斯库兰论辩集》《论神的本性》《论老年》《论预言》《论命运》《论友谊》《论德性》），《论共和国》（前54年）和《论法律》（前52年）是更早时期的作品。西塞罗的作品在内容上几乎不能称作原创，正如他自己公开承认的："这些复制品并没有花费多少力气，只是提供了某些文字章句而已。"[①] 但是，他拥有某种天赋，能够用清晰的文风将希腊学说呈现给罗马读者。

当西塞罗无法对怀疑论进行系统驳斥时（由于哲学学派和学说林立，他倾向于怀疑论），他在道德意识的直觉中找到了庇护所，他认为这是直接而确切的。由于意识到怀疑论会对道德构成威胁，他试图将道德判断置于怀疑侵蚀的领域之外，并且强调这是"与生俱来的内在观念"。因此这种道德观念从我们本性中发出，并且通过普遍同意得到确证。

在伦理学上，西塞罗趋向于同意斯多亚学派的说法：德性足以通达幸福。但是他又难以完全拒绝漫步学派的说法，即外在的东西也有价值，

---

① 西塞罗，《致阿提库斯的信》，12，52，3。

虽然他似乎对此有所迟疑。① 他同意斯多亚学派"智慧者应该避免情感"②。反对漫步学派所说:"德性是对立情感的中道。"(但是应该注意的是西塞罗对情感的注释是"灵魂在背离正确理性及相反自然时所产生的盲动"。)③ 正如斯多亚学派那样,对于西塞罗来说,实践德性比思辨德性更为高贵。④

在自然哲学领域,西塞罗倾向于怀疑主义,虽然他绝没有轻视人类的思想领域。⑤ 他十分热衷从自然中证明神存在和驳斥原子论的无神论主张。"如果谁认为这(世界由原子偶然相撞形成)是可能的话,那么我就不懂为什么他不相信下面的事也是可能的?这就是把金子或其他东西做成的任何21个字母放在一处,然后把它们往地上一丢,就会出现可以诵读的埃尼乌斯的《编年史》。"⑥

西塞罗认为大众宗教应该为了共同体的利益而被保存下来,但同时必须净化迷信并拒斥将不道德归于神(比如关于伽倪墨得斯强暴的故事)的做法。⑦ 我们尤其应该保存对神意和不朽灵魂的信仰。⑧

西塞罗强调人类友谊的理念(见斯多亚学派),他曾援引了柏拉图的《第九封信》。"它(理性)鼓励人们扩大心胸,从亲友之爱扩展形成社会友谊,先与同胞结合,再与人类结合。它提醒人们,就像柏拉图写给阿奇塔斯的信中所说的,人之生于此世并非只为自己,而是为国家、为他人,因此应该留给自己小部分资产就够了。"⑨

---

① 西塞罗,《论善恶之极》,5,32,95 以及 5,26,77;《论义务》,3,3,11;《图斯库兰论辩集》,5,13,39。
② 西塞罗,《图斯库兰论辩集》,4,18,41 以下。
③ 西塞罗,《图斯库兰论辩集》,4,6,11;4,21,47。
④ 西塞罗,《论义务》,1,44,158。
⑤ 西塞罗,《学园派》,2,41,127。
⑥ 西塞罗,《论神性》,2,37,93。
⑦ 西塞罗,《图斯库兰论辩集》,1,26,65;4,33,71。
⑧ 西塞罗,《图斯库兰论辩集》,1,12,26 以下;1,49,117 以下。
⑨ 西塞罗,《论善恶之极》,2,14,45。

第三十九章
中期斯多亚学派

在公元前 2 到 3 个世纪，斯多亚学派的哲学家就有了明显的折中主义倾向。他们融合柏拉图和亚里士多德的思想，渐渐偏离正统的斯多亚学派。他们之所以走上这条道路，并不仅仅是因为学园派对斯多亚独断论的抨击，还因为他们与更热衷于哲学理论的应用而不是思辨的罗马世界交往频繁。在中期斯多亚学派中占支配地位的两个名字是帕奈提乌和波塞多尼乌斯。

1. 罗德岛的帕奈提乌（公元前 185—前 110/9 年）在罗马居住过，他激发了斯基皮奥和莱伊利乌斯对希腊哲学的兴趣，并极大影响了罗马史学家斯凯沃拉和希腊史学家波利比乌斯。西塞罗曾使用过他的文献，特别是在《论义务》的前两卷中。① 公元前 129 年，他接任塔索斯的安提帕特成为斯多亚学派的领袖。

帕奈提乌一方面修正斯多亚学说，另一方面又毫不迟疑地丢弃一些正统斯多亚学派学说。他修正了斯多亚学派的"清教主义"，承认普通人的人生目标往往就是合理地达成个人本性的完善。因此，在帕奈提乌领导时期，斯多亚学派变得不那么"理想主义"，尤其是他甚至要否认早期斯多亚学派的理想，即真正智慧者的存在。他把精通各种事务的人放在第一位。此外，比起早期斯多亚学派，他给外在事物赋予了更多价值，并拒斥"不动心"的理想。

帕奈提乌在对斯多亚伦理学进行修正时，抛弃了斯多亚学派的占卜理论（早期斯多亚学者的哲学建立在决定论的基础上），同时也拒斥了占

---

① 西塞罗，《致阿提库斯的信》，16，11，4。

星术和世界大火,以及灵魂不朽的相关主张。① 他对大众神学也不怎么感兴趣。② 在他教授政治的过程中,他似乎更多地受柏拉图和亚里士多德的影响,虽然比起这两位希腊哲学家,他接受斯多亚的理论从而主张更广泛的理念。

斯凯沃拉显然是从帕奈提乌那里获得了神学的三分观念(参见瓦罗)。他区分了三种神学:1.诗人的神学是拟人的假神学;2.哲学家的神学是合乎理性和真的,但并不适用于大众;3.政治家的神学主张实行传统祭祀,同时公众教育不可或缺。③

2. 帕奈提乌最杰出的门徒当属波塞多尼乌斯(公元前135—前51年)。一开始波塞多尼乌斯在雅典,当时是帕奈提乌的学生,之后他开始了漫长的游学之旅,去到埃及、西班牙等地,公元前97年,他在罗德岛创办了自己的学派。公元前78年,西塞罗在这里听他讲学,庞培也去拜访过他两次。他的作品已经佚失,直到近期我们通过分析受到他影响的著作,才了解了他的某些观点,尽管不都是非常清晰的。作为历史学家、地理学家、唯理主义者和神秘主义者的波塞多尼乌斯把多种哲学思想注入了斯多亚的一元论框架,希望能通过大量的经验知识证明自己的思辨学说,并同时试图将宗教启示融入整个学说。策勒毫不迟疑地称他为"亚里士多德以后拥有最广博心智的人"④,普罗克洛在谈及数学哲学时,曾七次提到波塞多尼乌斯和他的学派,比如论平行、论定理和问题的区别以及论定理的存在。

斯多亚的一元论是波塞多尼乌斯哲学的根基,他试图在细节上清楚地展现自然的统一性。比如月亮引起的潮涨潮落就向他揭示了整个宇宙系统之间的关联。这个世界是存在的等级层次:从无机物开始(比如矿物界),通过植物和动物到人,再上升到超有机的神圣领域。所有存在都相互约束在大系统之中,而每一个细节都是神意的安排。宇宙的普遍和谐

---

① 西塞罗,《图斯库兰论辩集》,1,32,79。
② 西塞罗,《论预言》,1,3,6。
③ 奥古斯丁,《上帝之城》,4,27。
④ 策勒,《古希腊哲学史纲》,第249页。

以及结构性秩序预设了绝对理性，也就是神，它位于最高的等级，并作为无处不在的理性活动而存在。① 世界被源自太阳的活力所浸透，而波塞多尼乌斯笔下的神则延续正统斯多亚学派的说法，是理性而炽热的气息。此外，相比他的老师帕奈提乌，波塞多尼乌斯重新强调了斯多亚的大火理论，该理论强调宇宙的一元性特征。

虽然波塞多尼乌斯的哲学是一元论的，但在柏拉图主义的影响下，他也允许某种二元论的存在。宇宙有两个部分，月上世界和月下世界。后者是尘世的和有朽的，前者则是天上的和"不朽的"，而且，更高的世界通过自己的力量支撑着更低的世界。然而这两个世界又由人联系起来，人是它们之间的结合。② 由于人由身体和精神构成，他们就位于有朽和不朽或尘世和天上之间。进而，由于人是存在论上的结合点，那么，关于人的知识也就是认识论的结合点，人的知识包罗万象，包括天上的、尘世的。此外，从**身体**的视角来看，人位于最高等级；相反，从**精神**的视角来看，人就是最低的。换句话说，在人和至高神之间，还有"精灵"或更高的精神存在，他们是人神之间的中介。因此，宇宙等级的层次是不间断的，尽管二元论仍然存在。波塞多尼乌斯在心理学上强调这种二元论。他同意早期斯多亚学派，将灵魂当作炽烈的火气（因此像身体一样是物质的），但是之后他却像柏拉图那样强调灵魂和身体的二分。因此，身体成了灵魂的阻碍，阻碍了其知识的自由发展。③ 不仅如此，波塞多尼乌斯重新采纳了柏拉图的灵魂先在的主张，这加强了其理论的二元论的色彩。不同于帕奈提乌，他承认灵魂的不朽。但是波塞多尼乌斯的这个不朽也仅仅是相对的不朽（即相对于身体而言的不朽），因为他重申了斯多亚学派的世界大火。因此他的"不朽性"依旧跟随早期斯多亚学派的思想。

受到柏拉图和亚里士多德的影响，波塞多尼乌斯不仅在人类心理学上坚持二元论，他还在普遍心理学的分级上强调等级的方面。因此在早期斯多亚学派看来只拥有生命而没有灵魂的植物也享有欲求、营养、生长等

---

① 西塞罗，《论神性》，2，33 以下。
② 柏拉图，《蒂迈欧》，31bc。
③ 西塞罗，《论预言》，1，49，110；1，57，129—130。

功能。而动物则拥有更多的渴望、感觉、互相爱慕与自行移动等能力。高于动物的人还拥有思考能力，即理性、心智与思想。

因此，虽然波塞多尼乌斯认同柏拉图的二元论，但是由于受到赫拉克利特"和谐中的对立"或"差异中的同一"的影响，他会把这个二元论置于根本的一元论之下。他综合二元论和一元论的努力，标志着新柏拉图主义阶段的来临。

相较于帕奈提乌，波塞多尼乌斯重新肯定了斯多亚学派的占卜理论。由于宇宙的普遍和谐以及命运的支配，未来就能在现在得到预测。不仅如此，神意也没有剥夺人类预测未来事件的方法。[①]灵魂处于睡觉或者狂喜时，挣脱身体阻碍的状态，或许就能看到事件的潜在关联并预知未来。我们提到波塞多尼乌斯承认"精灵"的存在；他也相信，人类能与它们交谈。

波塞多尼乌斯提出一种历史理论或者文化进化论。在原始的黄金时期，智慧者（哲学家）统治世界（相当于动物王国的兽群中最强大的猛兽担任兽王），正是他们创造了这些发明，让人类的原始生活方式提升成更优越的物质文明条件。智慧者还发现了金属，发明了制作工具的技艺，等等。[②]在道德方面，原始的无邪状态发展成了堕落，而暴力的盛行让法律制度成为必要。因此，哲学家们把技艺工具的细化交给其他人，自己投入到改善人类道德环境的工作之中。首先通过实践和政治活动，然后通过献身沉思生活。所有的这些活动，从低到高，虽然是不同等级的，但同样都是智慧的表达。

波塞多尼乌斯也对民俗学的问题感兴趣，他强调气候和自然条件对人的性格和生活方式的影响，他的游历则给他提供了观察这个问题的原始材料。除此之外，他的经验主义倾向也促使他将自己的活动范围扩展到更广泛的学科领域中，比如，数学、天文、历史和文学。但是他的杰出之处还在于他能将所有这些丰富的经验知识归入统一的哲学体系中，发现万物相互联系、相互作用以及相互和谐，他还试图深入并展示这种宇宙的理性结构以及历史的理性发展。

---

① 西塞罗，《论预言》，1，49，110；1，55，125。
② 塞涅卡，《道德书简》，90；卢克莱修，《物性论》，卷五。

附：关于希腊化罗马时期漫步学派的评述

1. 公元前287—前269年，物理学家兰萨库斯的斯特拉托继任塞奥弗拉斯特成为雅典漫步学派的领袖。受德谟克利特的影响，他持宇宙一元论主张。他认为世界由微粒构成，微粒之间则是虚空。但这些微粒无限可分，并具有某种属性，因为斯特拉托假设微粒的根本属性是热或者冷。世界由自然必然性或自然法则构成，就神是自然本身无意识的力而言，世界就能归因于神。因此，虽然斯特拉托的理论细节并没有追随德谟克利特，但是他的唯物一元论主张和对亚里士多德学派二元论的否认无疑受到了德谟克利特哲学的影响。漫步学派体系在斯特拉托手中的转变与他对物理学的特殊兴趣分不开，正是如此，他也赢得物理学家的称号。他似乎还影响了亚历山大时期的医学、天文学和机械学。

在斯特拉托的眼中，诸如思想和感觉这样的心理活动都可还原为运动，它们都是位于眉间的理性灵魂的某种活动。我们只能把引起先前感觉-印象的事物当作思想的对象，[1]反过来说，所有知觉也包含着理智的活动。[2]乍一看，这似乎是亚里士多德认识论的重复，但是斯特拉托似乎否认人本质上具有区别于动物灵魂的理性。因此他对不朽的否认是逻辑上的推论，因为，如果所有的思想本质上只依赖于感觉，那么毫无疑问，思想就不能独立于身体存在。

2. 斯特拉托之后的继承人是特罗亚的吕科、希俄斯的阿里斯通、法赛里斯的克里托劳斯、推罗的狄奥多罗以及埃里纽斯，这段时期的漫步学派似乎没有为哲学做出过真正贡献。此外，折中主义倾向在这个时期十分常见。虽然克里托劳斯与斯多亚学派进行论战，捍卫亚里士多德的世界永恒性理论，但是他却接受了斯多亚学派将神和人类灵魂还原成质料（以太）的主张，并吸收了犬儒学派关于快乐的观点。

3. 罗德岛的安德罗尼柯给学派带来了新的转折。安德罗尼柯是在雅典的第十任院长（除亚里士多德以外），他从公元前70年到前50年都从

---

[1] 辛普利西乌斯，《物理学》评注，965，16a。
[2] 普鲁塔克，《论动物的聪慧》(De sollertia animalium)，3 (961a)。

事着这份工作。他出版了亚里士多德的教育学作品，考察它们的真实性，并对其中许多作品进行了评注，对逻辑有着特殊的关注。而在众多的注疏者中，阿芙罗蒂西亚的亚历山大首屈一指，公元198年到211年间，他在雅典教授漫步学派的哲学。亚历山大是最有名望的亚里士多德注疏家，但他却毫不迟疑地摒弃了亚里士多德的学说。比如，在普遍性问题上，他坚持唯名论立场，同时他否认人类为中心的目的论。此外，他还将"能动理智"和"首要原因"等同起来。人一出生只拥有自然理智，然后在能动理智的影响下，才获得了更多的理智。由此产生的结果就是否认人的灵魂不朽。因此在否认人类灵魂不朽这点上，亚历山大赞同亚里士多德。但必须承认的是，这种否认显然来自亚历山大自己的思想，而不是亚里士多德多少有些模棱两可的叙述。

4. 亚历山大在《前分析篇》的评注中对逻辑学的有说服力的辩护值得一提。他认为，逻辑学同样值得我们关注和研究，因为它是哲学的工具而不是哲学的组成部分。因为如果人的至善是变得像神一样，而这种相似要通过对真理的沉思和知识来获取，而真理的知识又要通过论证，那么我们就应该对论证以及三段论推理报以最大的敬意，因为论证是某种三段论推理。[①]与这种纯学术的倾向同时发展的是折中主义。著名的医生盖伦（公元129—199年）和阿里斯托克勒（公元180年）倾向于斯多亚主义，他们认为内在和主动的努斯遍及整个自然。

5. 漫步学派的最后阶段几乎不能称作是漫步学派，因为整个学派的意图和目的几乎消融在了作为希腊哲学最后之光的新柏拉图主义中。而晚期的漫步学派，要么倾向折中主义，要么满足于评注亚里士多德的作品。因此，亚历山大的安纳多留斯在公元268年成为劳迪西亚的主教，他或许与扬布里柯的老师安纳多留斯是同一个人。[②]扬布里柯在著作中讨论了数字一到十，把数的实在性质和毕达哥拉斯的"数-神秘主义"结合起来。

忒米修斯（公元320—390年）在君士坦丁堡和其他东方地区授课，

---

① 《前分析篇》评注，II/I，4：30以及6：8。
② 欧那比乌斯（Eunapius），《智者生平》(*Lives of the Sophists*)，11。

他从未成为基督教徒。他承认亚里士多德是他的智慧导师,他也对某些亚里士多德作品进行过改述和评注,但是,事实上他又深受柏拉图主义的影响。正如后期柏拉图主义者,他将哲学定义为"尽人最大可能与神相似"的努力(引自柏拉图,《泰阿泰德》,176b)。

第四十章

晚期斯多亚学派

罗马帝国早期，斯多亚学派的主要特点是坚持学派的实践原则和道德准则，其理论强调人与上帝的亲缘关系以及人类与同胞相互友爱的责任，呈现出宗教色彩。斯多亚学派的高贵品行突出体现在这个时期的几个斯多亚学者的教导中，如塞涅卡、爱比克泰德、马可·奥勒留。与此同时，像其他学派一样，斯多亚学派也有明显的折中主义倾向。当然同时代的科学兴趣也没有在斯多亚学派那里缺席，比如，地理学家斯特拉波。我们幸运地拥有大量这个时期的斯多亚学派文献，这让我们得以对学派的教导及其伟大的人格特征形成清晰的概念。我们拥有塞涅卡的大量作品丰富的资料，同时我们也拥有阿里安八卷本《论说文集》中的四卷。马可·奥勒留的《沉思录》也向我们展现了一位作为罗马君王的斯多亚哲学家。

一、塞涅卡

科尔多瓦的塞涅卡是国王尼禄的老师和大臣，在公元65年奉尼禄之命割腕而死。

与我们对罗马人的预计一样，塞涅卡强调哲学和伦理学的实践面向，而且在伦理学领域更关心德性的实践而不是学理上对德性本质的考察。他不是为理智知识本身追求知识，而是把对哲学的追寻作为获取德性的方式。哲学是必要的，但我们更应该考虑它的实践目的。"我们说话的目的，不在于取悦别人，而在于帮助别人，病人并不需要口若悬河的医生。"[1] 他

---

[1] 塞涅卡，《道德书简》，75，5。

对这个主题的描写让我们想起托马斯·肯比斯，比如"渴望追求超过需要的知识，就是纵欲"。① 花时间在所谓自由的研究上却没有实践目的，无异于浪费时间，"哲学之所以是自由的，是因为学习它就使人自由"②。他还建议卢西利乌放弃将崇高主题化约为文法和辩证把戏的文字游戏。③ 塞涅卡对物理学理论感兴趣，但是他坚持认为征服激情才是真正重要的，也是让人成为神的关键。④ 他经常利用物理学主题以借机进行道德说教，比如，他充分利用了公元63年的坎帕尼亚地震作为他道德演说的实例。⑤ 但他还是高度赞扬了对自然的研究（受波塞多尼乌斯的影响），他甚至宣称自然的知识因其自身的缘故而被探寻，⑥ 但是就算在这里，他对实践和人类的兴趣也是显而易见的。

塞涅卡在理论上坚持早期斯多亚学派的唯物论，⑦ 但是在实践上他倾向于把神当作超越的物质。这种形而上学的二元论倾向是他心理学二元论倾向的自然结果或伴随物。诚然，他承认灵魂的物质性，但是接着就以柏拉图式的方式阐述灵魂和身体的张力，成为高贵之人的渴望和身体学说之间的矛盾。"因为我们的身体是加于灵魂的负担与苦行，灵魂在重压之下陷于桎梏。"⑧ 真正的德性和价值相互联系：外在的东西不带来真正的幸福，而只是命运转瞬即逝的赠予，相信它就是愚蠢的。"财富之最短的捷径，就是轻视财富。"⑨ 塞涅卡是卡利古拉和克劳迪乌斯的朝臣，以及小尼禄的导师兼大臣，他曾被人控告言行不一和伪善，但必须记住的是，他经历过巨大的财富名望和持续的死亡恐惧的对照，这极大地有助于他认识到财富、地位和权力的短暂性。此外，他拥有得天独厚的机会近距离观察人的堕落、贪欲和放纵。某些古代作家搜集积累了塞涅卡私生活的传闻，表

---

① 塞涅卡,《道德书简》, 88, 36。
② 塞涅卡,《道德书简》, 88, 2。
③ 塞涅卡,《道德书简》, 71, 6。
④ 塞涅卡,《道德书简》, 73, 13。
⑤ 塞涅卡,《自然问题》, 6, 32。
⑥ 塞涅卡,《自然问题》, 6, 4。
⑦ 塞涅卡,《道德书简》, 66, 12; 117, 2; 57, 8。
⑧ 塞涅卡,《道德书简》, 120, 14; 65, 16; "这一天，你担心它成为你的最后一天，但它正是永恒的第一天。"《道德书简》, 102, 2。
⑨ 塞涅卡,《道德书简》, 62, 3。

明他根本没按自己的原则生活。① 但是，即便先不管来自论敌的夸大其辞和流言蜚语，只看他的地位、关系以及腐败的朝廷，他或许就不能完全达到理想的道德生活。但这并不意味着他是在虚伪地教学和传道。他关于诱惑、贪婪、野心、欲望导向的诱惑和堕落之力量的认识，在很大程度可能源自个人经验，但也更多源自对他人的观察，这让他的文字和道德劝诫更具号召力。即便多用修辞，他也知道自己在说什么。

虽然就理论来说，塞涅卡秉承传统的斯多亚决定论，但是他认为人作为理性的存在，只要想这样做，那么就能走上德性之路。"人自然就有足够的能力，只要他肯用。"② 此外，神会帮助努力自助的人。"神并不鄙夷人类，他们在你爬升时，会伸手帮忙。你若轻视这种见证，真是可怜到家了！"③ 自助者能征服自己的激情，用正确的理性引导自己的生活，这比黄金时代的祖先更了不起，因为他们的无罪源自无知和无诱惑。"他们不是智慧者，因为他们之无罪出自对事物的无知。"④

由于塞涅卡意在鼓励人们走上德性之路，不断抵制诱惑和堕落，所以他自然就会缓和早期斯多亚学派严格的道德理想。他十分了解道德冲突，因此假设人不可能偶然地转变，从而变得有德性。塞涅卡将有德之人分成了三个等级：1. 一些人抛弃了某些罪行，但不是全部罪行；2. 一些人基本上决心放弃邪恶的激情，但偶尔会再犯；3. 一些人已经没有再犯的可能性，但却缺乏自信和对自己智慧的认知。他们几乎具有智慧和完美的德性。⑤ 除此之外，塞涅卡承认外在的善，比如财富，能够被用于善的目的。智慧者是财富的主人而不是奴隶。他会提供实践的忠告，保护道德进步。例如，他每天会进行自我反思。⑥ 如果你没有同时想改变自己，退隐是没有意义的，处所的改变并不意味着心灵的改变。而且不管你走到哪里，总是需要跟自己做斗争。当我们读到"让我们在所有搏斗中争取胜利吧，因

---

① 引自卡西乌斯·狄奥，61，10。
② 塞涅卡，《道德书简》，116，7。
③ 塞涅卡，《道德书简》，73，15；43，5。
④ 塞涅卡，《道德书简》，90，46。
⑤ 塞涅卡，《道德书简》，75，8。
⑥ 塞涅卡，《论愤怒》，3，36，3。

为我们的报偿不是荣冠或棕榈"①,便能够理解塞涅卡与圣保罗通信这一传奇经历是如何发展出来的。

塞涅卡强调斯多亚关于所有人之间都存在关联的学说,而不是智慧者的自足(因为自足具有蔑视他人之意),他呼吁我们帮助同胞,忘记伤害过自己的人。"你若真想为自己而活,就必须为别人而活。"②他强调主动行善的必然性。"自然要求我心系他人,不管他们是奴隶还是自由人,是被解放的奴隶还是生而自由之人。有人的地方就有施行仁爱的空间。"③"在你活着的时候,所有人都爱你,在你死后,所有人都为你惋惜。"

但是惩罚作恶者也是必要的。"饶恕恶人即是伤害善人。"④然而为了让人洗心革面,最有效的惩罚就是最温和的惩罚。惩罚不应出于愤怒或复仇的欲望。(引自《论愤怒》和《论宽仁》)

二、爱比克泰德

爱比克泰德(公元50—138年)最初是尼禄保镖的奴隶。他成为自由人后继续居住在罗马,直到国王图密善开始驱逐哲学家(公元89年或93年)。然后他在埃皮鲁斯的尼科波利斯创办了学派,担任领袖直至去世。正是在尼科波利斯,弗拉维乌斯·阿里安整理了他的讲稿,并以此讲稿为基础创作了八卷本的《论说文集》,我们拥有其中四卷。阿里安也出版了他老师小部分的问答集和手册:《伦理学》。

爱比克泰德认为所有人都有能力成为有德之人,神也给予了所有人通往幸福、坚韧、自制的道路。"什么是人的本性呢?咬人、踢人、将人关进监狱、砍头?这些都不是,而是行善、与人合作、为人祈愿。"⑤所有人都拥有充分的原初道德直觉,他们能凭借它建构道德生活。"观察谁是你毫无偏袒地赞扬的人?你是赞扬正义者还是不正义者,节制者还是不节

---

① 塞涅卡,《道德书简》,78,16。
② 塞涅卡,《道德书简》,48,2。
③ 塞涅卡,《论幸福生活》,24,3。
④ Fr.114.
⑤ 爱比克泰德,《论说文集》,4,1,22。

制者，适度者还是放纵者？"① "只要一个人不是完全拥有扭曲的人格，他就总能凭借所有人共有的观念去看待某些事情。"②

然而，虽然每个人都拥有构建道德生活的充足基础，但是哲学的教导对所有人来说也是必要的。因为它能帮助人们在特殊的情境中运用基本的善恶观念。"基本的善恶观念对所有人而言都是共通的。"③但是这些基本概念在特殊情境中的运用会引发困难。因为运用于不同民族和不同个体，让道德概念的解释具有了多样性。④因此教育是必要的。而且因为原则的正确运用取决于理性和逻辑的推理，所以关于逻辑的知识也不可忽视。但是，对人而言最重要的事情并不是掌握形式辩证法，而是将原则运用到实践上，实践在自己的行为上。教育主要由两点构成：1.学会依循"自然"，把自然的基本概念运用到特殊情境之中；2.学会区分我们能力范围以内和以外的事情。⑤爱比克泰德与斯多亚学派大体保持一致，但在以下方面做了详细区分。为了获得荣誉和财富，安享永恒的健康，抗拒君王的暴虐，抵挡自己、朋友以及亲属的不幸，所有这些都不能单靠个人的努力。他必须小心翼翼、如履薄冰，但同时又接受来自命运的安排，就像是神授予的。他也必须不能对这些事有反抗和不满之心，而是把它们当成神意的体现。那么，什么是人的能力呢？对事情的判断和他的意愿以及获得真正判断和正确意愿所包含的自我教育，这些是他可以掌控的。"善恶的本质在于意愿的态度。"⑥这些都在人的能力范围之内，因为"除了意愿本身，没有什么能征服它"。⑦所以，对于人来说，最必要的莫过于去"意愿"德性，"意愿"战胜罪恶。"没有什么比人的灵魂更容易驾驭了。你必须训练你的意愿，只要是对的，就要坚持做，相反，放松警觉，就会迷失。因为能自救者方能自毁。"⑧从实质上来看，罪恶各有不同，但是基于道德立

---

① 爱比克泰德，《论说文集》，3，1，8。
② 爱比克泰德，《论说文集》，3，6，8。
③ 爱比克泰德，《论说文集》，1，22。
④ 同上。
⑤ 同上。
⑥ 爱比克泰德，《论说文集》，1，29。
⑦ 同上。
⑧ 爱比克泰德，《论说文集》，4，9，16。

场，它们是一样的，都包含了歪曲的意愿。克服并校正这个歪曲的意愿在所有人的能力范围内。"你不意愿自我救助吗？这样的帮助难道不是更容易吗？不必谋杀或囚禁任何人，或者侮辱他人，或对簿公堂。你只需自己说服自己，这是非常容易的，没有人能比你自己更容易说服你了。"①

在推动道德发展的实践上，爱比克泰德要求对意识进行每日检省（只有忠实践行之，才能引导好习惯代替坏习惯），远离坏同伴和犯罪场合，保持自我警醒，等等。我们不能被堕落打倒，而要不屈不挠，树立道德典范，比如苏格拉底和芝诺。"始终牢记上面的那一位注视着发生之事，你应该取悦他而不是其他人。"② 爱比克泰德把道德进程分成三个阶段：

1. 教导人遵循正确理性安置欲望，将人从恐惧的情绪中解放出来，并因此获得灵魂的安宁。

2. 训练人按照他的职责去行事，逐渐成为真正的儿子、兄弟、公民等。

3. 第三阶段则与判断和赞同有关，"它的目的是确保另外两者，让我们在睡梦中、醉酒时或臆想时都不会做出未经检视的事情"③。错误的道德判断便不会产生。

个人的责任开始于对身体的整理。"当年轻人开始接触哲学时，我希望他头发整洁而非蓬头垢面来见我。"④ 也就是说，如果一个人的情感倾向于自然整洁和美丽，那么他就更有希望被提升对道德美的知觉。爱比克泰德教导人们节制、谦逊、纯洁，指责诸如通奸者。他认为简朴是被培养出来的，如果最后追求的是善的目的，那么即便追求财富，也是无害的。"如果我在赚钱的同时能保持谦逊、忠诚、宽厚，这就是我要追求的道路。但是如果你要我抛弃出自本心的善，以求取不好的东西，那么你简直是太愚蠢了。"⑤（这是对那些敦促朋友挣钱以便自己能从中获利的人说的。）像所有的斯多亚学者一样，爱比克泰德赞扬诚实和忠诚。

应该鼓励真正的虔敬。"对于关乎诸神的宗教，首先要拥有对诸神的

---

① 爱比克泰德，《论说文集》，4，9，13。
② 爱比克泰德，《论说文集》，1，30。
③ 爱比克泰德，《论说文集》，3，2；1，18。
④ 爱比克泰德，《论说文集》，4，11，25。
⑤ 《道德手册》（*Enchiridion*），24。

正确认识，比如存在诸神，它们凭借公正秩序和正义统治整个世界而让人臣服。人们在全部事务上心甘情愿地服从他们，就像在最高顾问的统治之下。"① 无神论者和否认神意者，无论是普遍的还是个别的，都应该受到谴责。"第一类人说并没有神存在。第二类人说神存在，但无所事事，不在乎人事，而且没有什么深谋远虑。第三类人说，的确有神存在，他也具有远见，但是他仅仅关心重大的事和天上的事，并不关心地上的事。第四类人说，他只在一般意义上引领天上和地上之事，却不会在意具体细节。第五类人是奥德修斯和苏格拉底这样的人，他们说'没有你的知识，我也不能行动'。"②

婚姻和家庭同样要依循正确的理性，而"传教者"可以保持独身以便全身心投入他的工作之中。③ 孩子必须总是顺从他的父亲，除非他的父亲要求他做不道德的事。要鼓励爱国主义和在公共生活中的主动分享精神，要谴责战争，统治者应该以身作则，并通过自我牺牲来赢得大家的忠诚。

不过世界主义和人类之爱超越了狭隘的爱国主义。神是所有人的父亲，因此人类自然就是弟兄。"你难道会忘记你是谁以及统治着谁吗？他们生来难道不是亲戚、同胞，不是宙斯的子孙后代吗？"④ 我们应该爱所有人，而不能以怨报怨。"以为我们不想尽办法伤害对我们表示敌意的人就容易被轻视，那是非常无知和愚蠢的人干的事，因为其中暗示着无力作恶是我们受轻视的原因。但是其实真正可鄙的并不是不能作恶的人，而是不能为善的人。"⑤ 然而，爱比克泰德并不比其他斯多亚学者更反对惩罚。他坚持违法就必须接受惩罚，但是这种惩罚必须经由成熟的考虑且不能出自轻率的怒气。而且这种惩罚可以靠仁慈来调和，经过计算得出，因为它对违法者来说，不仅仅是威慑，也是矫正。

爱比克泰德专门在《论说文集》3，22 中写到了犬儒主义，他表示犬儒哲学家是有关善恶的真理的传道者，神的使臣。爱比克泰德不像犬儒学

---

① 《道德手册》，31。
② 爱比克泰德，《论说文集》，1，12。
③ 爱比克泰德，《论说文集》，3，22；3，26，67。
④ 爱比克泰德，《论说文集》，1，13。
⑤ 斯托比亚斯，《作品集》(*Florilegium*)，20，61。

者那样轻视科学，但他似乎很钦佩犬儒学派对外在事物的漠不关心。这一点是很自然的，因为对于爱比克泰德来说，通达幸福在我们的能力范围以内，而且独立于外在的环境。也就是说，我们的意愿、想法以及对想法的使用都是独立的。如果我们在其中寻求幸福的善，其获得和持续拥有并不完全在我们的把握之中，那么我们就会不幸福。因此我们应该节制欲望，并在节制中寻求幸福。

（普拉希特讲述了一家瑞士疗养院负责人的事迹。这位负责人通常会给他的神经紊乱以及精神衰弱的病人提供德文版的《道德手册》，他发现这本书能为有效治疗提供很有价值的帮助。）

三、马可·奥勒留

马可·奥勒留在公元161年到180年间任罗马帝国皇帝，他用格言体写成了十二卷本的《沉思录》（用希腊语写成）。他对爱比克泰德抱有极高的敬意，[①] 他和爱比克泰德、塞涅卡类似，哲学思想都富有宗教色彩。奥勒留也强调神意和宇宙秩序，人与上帝之间的亲密关系，以及同胞之间相互友爱的责任。他教导要同情人的弱点。"当有人对你犯错，你首先应该考虑的是善恶究竟为何？什么导致他做错。只要你想通了，你就会深表歉意，而不是惊讶和生气。因为你自己关于善的观念要么与他吻合，要么与他相似，你也就可以原谅他了。如果你关于善恶的观念改变了，你会发现宽恕他的错误更容易。"[②] "当我们意识到人类都是我们的同胞，罪恶都是无知和无意的，不久以后我们都会死去，所以没人会伤害我们，我们就会去爱那些犯过错的人，这是人类的特殊天赋。"[③] 他强调主动的善行。"眼睛会要求看的报偿，双脚会要求走路的报偿吗？这就是他们存在的目的，而且他们在意识到其存在的法则时就获得了报偿。人是为仁慈而生的，不管在什么时候他行善或推动共同善的发展，都会因此实现他存在的意义。"[④] "跟

---

① 马可·奥勒留，《沉思录》，1，7。
② 马可·奥勒留，《沉思录》，7，26。
③ 马可·奥勒留，《沉思录》，7，22。
④ 马可·奥勒留，《沉思录》，9，42。

随神，爱人。"①

奥勒留对斯多亚的唯物主义表现出坚决的突破倾向，他坚持斯多亚的一元论："所有与我和谐的都与你和谐，哦，宇宙。对你恰好适宜的东西，对我来说就不会过早或过迟。因为你就是万物，万物也都是你，你是万物的归宿。诗人说，亲爱的克洛诺斯之城，为什么你不说亲爱的宙斯之城呢？"②此外，奥勒留还严谨地遵循多神崇拜的形式，这也可以部分解释在他统治期间基督教徒受到的迫害，因为他把实现整个国家的崇拜作为检验好公民的标准。然而，虽然奥勒留强调斯多亚的一元论，但他还是倾向于超越的唯物论观点，他把人分成了三部分：人由身体、灵魂与努斯组成。灵魂是物质性的，而努斯显然就区别于四元素，也不同于质料（至少在逻辑上说）。人的努斯来自宇宙的理智，它是神的分支，③在人身上则是统治者。④这样看来，柏拉图主义对他的影响是明显的，但是这个皇帝也有可能受到亚里士多德学说的影响，因为他的老师之一是漫步学派的克劳迪乌斯·塞维鲁。⑤

努斯是上帝赐予每个人作为向导的精灵，这种精灵是神性的发散。不管是谁违背了精灵的命令，即理性的命令，他的行为都会不合理和不虔敬。不道德因此就是不虔敬。⑥"与诸神同在，就是说不管是谁都要表现出对天命和神之意志的顺从，即使宙斯给予每个人微粒（即心智和理智）是为了控制和管理。"⑦人类具有抵制邪恶的力量。"至于真正的恶，如恶习和邪恶的事，诸神已经授予了人类力量，只要人类愿意，就可以避免。"⑧

马可·奥勒留遵循斯多亚的传统，只承认有限的不朽。虽然他像塞涅卡那样，强调灵魂和身体的二分，并将死亡描述为解脱，⑨但他同样承

---

① 马可·奥勒留，《沉思录》，7，31。
② 马可·奥勒留，《沉思录》，4，23。
③ 马可·奥勒留，《沉思录》，5，27。
④ 马可·奥勒留，《沉思录》，12，1。
⑤ 卡庇托林努斯（Capitolinus），《马可·奥勒留生平》（*Vita Marci Antonini Pii*），3，3。
⑥ 马可·奥勒留，《沉思录》，2，13；11，20；9，1。
⑦ 马可·奥勒留，《沉思录》，5，27。
⑧ 马可·奥勒留，《沉思录》，2，11。
⑨ 12 马可·奥勒留，《沉思录》，9，3；11，3。

认灵魂在世界大火中"被重新吸收"的可能性，以及在宇宙理性中凭借恒常的变化被重新吸收，这是他比较流水的现象后得出的理论。[1] 死后的灵魂享有有限的持存。[2]

---

[1] 马可·奥勒留,《沉思录》，4，14；4，43；5，23。
[2] 马可·奥勒留,《沉思录》，4，21。

第四十一章

犬儒主义、折中主义、怀疑主义

一、犬儒主义

罗马帝国的道德堕落自然会引发犬儒主义的复兴,古代犬儒学者写下的书信让这场复兴提前到来。我们现在拥有归于第欧根尼名下的51封书信及克拉特斯的36封书信。

塞涅卡这类罗马斯多亚主义者的书信对象主要是社会最高阶层的成员,也就是那些属于自然地卷入宫廷生活圈子的人,那些渴望德性和灵魂安宁,同时又被宫廷生活的奢侈和感官享受迷惑的人。他们感受过物质的权欲和罪恶的吸引,但又厌倦了这种自我放纵,而对于那些可以救他们走出困境的人,他们都想把握住。但是,除了这些贵族和富人,还有大众,他们可能在一定程度上受益于斯多亚学派在他们的主人中传播的人道主义理想,但他们不能直接接触到塞涅卡之流。为了满足大众精神和道德上的需求,作为犬儒主义布道者的"教徒"发展了起来。这些人过着居无定所的传教生活,贫穷却自我牺牲,旨在使这些前来听讲的人们"皈依",当时最有名的是阿波罗尼乌斯(他更应归属于新毕达哥拉斯学派),他是神秘主义者而且据说是奇迹创造者,他向分崩离析的斯米尔纳居民传播公共精神,并跟聚集在奥林匹亚观看竞技比赛的人群讨论德性。[①]另一个著名的布道者是穆索尼乌斯(即使他与犬儒学派有密切关联,但他实际上属于斯多亚学派,并且是爱比克泰德的老师),他曾冒着生命危险向维斯帕西

---

① 斐洛斯特拉图斯(Flavius Philostratus),《阿波罗尼乌斯的生平》4,8;4,31。

安努斯和维特利乌斯的军队谈论和平的重要和战争的恐怖。[1]他也谴责不虔敬,并要求男女应同等培养德性。他们通常是勇敢无畏者,穆索尼乌斯就是典型,德米特里厄斯挑战尼禄也是典型:"你用死亡威胁我,而人性会威胁你自己。"[2]德米特里厄斯对特拉塞亚的临终劝慰讨论了灵魂和命运,得到了塞涅卡的赞扬。[3]

琉善不留情地批评犬儒派的布道者,特别是他们的不良举止、缺乏教养、插科打诨、粗俗猥亵。琉善反对所有狂热,宗教狂热及"神秘主义"热情对他来说都是十分可厌的,正是由于对此缺乏同情和理解,所以他经常中伤犬儒学派。但琉善又并不是唯一的批评者,马尔夏、彼得罗尼乌斯、塞涅卡、爱比克泰德、屈梭多模和其他人也谴责犬儒学派。像屈梭多模描述的那样,某些犬儒学者招摇撞骗,让哲学之名受到折辱。[4]此外,他们还表现出利己主义、缺乏涵养以及缺乏适当的尊重。德米特里厄斯斥责过尼禄,同时也辱骂过维斯帕西安努斯皇帝。还有佩雷格里努斯攻击了安东尼·庇护皇帝。[5](维斯帕西安努斯不在意德米特里厄斯,而佩雷格里努斯则被驱逐出城。有个犬儒主义者在剧院公开斥责提图斯与贝伦尼斯有染,因此受到鞭打。但当赫洛士这样做时,却被处以死刑。[6])琉善倾向于为犬儒学派的行为做出最坏的解释。因此,在巴勒斯坦皈依基督教的佩雷格里努斯后来加入犬儒之列时,在奥林匹亚公开把自己烧死,现身说法"藐视死亡",以效仿犬儒学派的恩主赫拉克勒斯,还因此把自己与神圣本原联系起来。琉善却说他的行为只是出于对名声的偏爱。[7]对于佩雷格里努斯来说,做这一行为虽然可能有虚荣的动机在里面,但肯定不是他唯一的动机。

然而,即使犬儒主义者言行放肆、招摇撞骗,也不能彻底否定他们。

---

[1] 塔西佗,《历史》(*Historiae*),3,81。
[2] 爱比克泰德,《论说文集》,1,25。
[3] 塔西佗,《编年史》(*Annales*),16,34。
[4] 例如《演讲集》(*Orationes*),32,9。
[5] 苏维托尼乌斯(Gaius Suetonius Tranquillus),《维斯帕西安努斯》,13;卡西乌斯·狄奥,66,13;琉善,《佩雷格里努斯之死》(*De morte Peregrine*),c.18。
[6] 引自卡西乌斯·狄奥,66,15。
[7] 《佩雷格里努斯之死》,4;20以下。

德谟纳克斯（公元50—150年）就因其善行而在雅典备受赞誉，① 当时雅典人建议在城邦内发起斗剑表演，他建议大家首先拆毁同情的祭坛。他的生活十分简朴，避免特立独行。他曾在雅典法庭上被指控不虔敬，因为他拒绝献祭，拒绝加入伊洛西斯秘仪。他说神不需要献祭，至于秘仪，如果它的确有助于向人们揭露善，那就应该普及，但相反，如果并无裨益，他就有义务鼓动人们去反对它。② 加大拉的俄诺玛俄斯驳斥了异教徒的神人同形论，并且猛烈地批判了占卜和预言信念的复活。他说，预言只不过是骗术，而人拥有自由意志，同时要对自己的行为负责。叛教者朱利安是异教的拥护者，只要想起俄诺玛俄斯这样一个攻击过异教神谕的人，就感到义愤填膺。③

屈梭多模是犬儒派中备受尊敬的布道者，他出生于公元40年，活动于图拉真皇帝统治期间。他来自比提尼亚的贵族家庭，早年是修辞学家和智者。公元82年图密善皇帝统治期间，他被定罪，遭遇比提尼亚流放和意大利的驱逐，从此过上了贫穷的流浪生活。在流放期间，他经历了"转向"，成为以教导帝国广大下层人民为业的云游布道者。在演讲词方面，屈梭多模保留了他的修辞方式，为道德真理赋予了高雅的形式。他虽然遵循用修辞的传统，但是在布道中坚持依循神意生活，坚持道德理想、真正的德性实践和物质文明的不充足。他在《欧倍安》中描写道，贫穷乡下人的生活比富有的城镇居民的生活更自然、更自由、更快乐。但是，他也勤于思考，思考在不渴望奢侈生活或将自己卷入有害灵魂和身体的事物的情况下，城市中的穷人要怎样才能生活得最令自己满意。他警告塔索斯的人们，说他们拥有错误的价值观。幸福不能在庄严的建筑、富裕而精致的生活中找到，而要在节制、正义和真正的虔敬中被发现。例如，过去伟大的物质文明——亚述就已经灭亡，亚历山大帝国也已逝去，佩拉也只剩断壁残垣。④ 他斥责亚历山大城中德性败坏和感官纵欲之人，斥责他们专注

---

① 引自琉善，《德谟纳克斯生平》（ Life of Demonax ）。
② 《德谟纳克斯生平》，11。
③ 朱利安，《演讲集》，7，209。
④ 《演讲集》，33。

琐碎利益而丧失尊严。①

屈梭多模的社会兴趣让他投奔斯多亚学派,他常常使用斯多亚学派的世界和谐和世界主义学说。因为神统治着世界,所以也应该由君王来统治城邦。因为世界是杂多现象的调和,每个城邦彼此之间应该是和平、和谐而自由地交往,以这种方式得到保存。屈梭多模除了受斯多亚主义的影响,似乎也受到波塞多尼乌斯的影响。屈梭多模借用了波塞多尼乌斯的三分神学理论,即哲学家、诗人、城邦祭司的三分。他虽在图密善皇帝统治期间遭到流放,但在之后却成了图拉真皇帝尊敬的人。图拉真曾邀请屈梭多模共同进膳,乘坐马车结伴出行,尽管他并不理解屈梭多模的修辞学。"你说什么,我不清楚,但我爱你如己。"其实在图拉真当政之前,屈梭多模就呈递过讨论理想君主与暴君之对比的演说辞。他认为,真正的君主是人民的牧者,为了其对象的善而被神指派。他必须是真正虔敬的有德之人,群众之父,并且认真工作、反对阿谀。②

对屈梭多模来说,神的观念是内在的,普遍存在于所有人之中,人通过沉思宇宙的安排和神意意识到这一观念。但神对我们隐而不宣,我们则像小孩子一样向父母伸出双手。③虽然神蒙上了神秘面纱,我们也会尽全力地想象他,在这方面做得最好的当属诗人。艺术家做着相同的工作,虽然并不那么完美。因为没有哪个雕刻家或者画家能描绘出神的本性。同样,以人的形象去描述上帝也没有什么错,因为我们自然地会求助于最高存在,我们对之作为神的形象有着直接经验。

后来我还发现基督教犬儒主义的证据。比如:亚历山大的马克西姆,他在公元379年或380年去到了君士坦丁堡,并与圣格里高利·纳兹安努斯有密切关系。尽管他在格里高利之后成为主教。马克西姆模仿斯多亚学派的学说,虽然他的行为并没有与此保持一致。④

---

① 《演讲集》,32。
② 《演讲集》,1—4。
③ 《演讲集》,12,61。
④ 圣格里高利·纳兹安努斯,《驳马克西姆》(*Adversus Maximum*),《希腊教父》,37,1339以下。

二、折中主义

在奥古斯都皇帝统治年间，亚历山大的波他蒙公开创办了折中主义学派。根据第欧根尼·拉尔修的记载，这个学派叫"折中学派"[①]。虽然波他蒙曾为柏拉图的《理想国》写过评注，但他的学说结合的似乎是斯多亚学派和漫步学派的思想。

森提乌斯（公元前70年）学派也表现出折中主义倾向。他们吸收了斯多亚和犬儒学派的理论，并结合了毕达哥拉斯、柏拉图及亚里士多德的思想。森提乌斯采纳了毕达哥拉斯自省的习俗和禁止食肉的习惯。他的弟子亚历山大的索提翁则继承了毕达哥拉斯理论中的轮回学说。虽然塞涅卡是索提翁的弟子，但这个学派似乎并没有重大的影响力。[②]

三、怀疑主义

正如我们所见，虽然阿斯卡隆的安提俄库之前的学园已经具有明显的怀疑主义倾向，但他们复兴的怀疑主义更像是皮浪学派而不是学园派。这个学派的创建者克诺索斯的埃涅西德姆撰写了八卷本的《皮浪学派的理论》，学派的成员也试图表明所有判断和意见的相对性状，并将讨论放在他们的《论题》之中。然而，虽然他们反对哲学独断论，但是他们并没有在实践生活中放弃这种主张，他们也强调人们在实践中应该依据准则行事。这与皮浪精神并无二致，因为皮浪虽然是怀疑主义者，但他还是声称，习俗、传统、国家法律能为实践生活提供准则。

克诺索斯的埃涅西德姆（他在亚历山大教学，并在公元前43年左右完成作品）为他的怀疑主义立场给出十个论题[③]：

1. 不同的生物对相同的对象有不同的（因此是相对的）"观念"。

2. 不同的人对相同的对象也有不同的观念。

3. 我们各种感官的结构和呈现也有所不同。（比如说，有种东方水果，难闻却好吃。）

[①] 第欧根尼·拉尔修,《名哲言行录》,"序言",21。
[②] 塞涅卡,《道德书简》,108,17。
[③] 恩披里柯,《皮浪学说纲要》,1,36以下。

4. 我们不同的状态之间有所区别，比如：走路、睡觉、年轻、年长。一阵风对于年轻人来说或许是舒服的，但对于老年人来说却是可憎的。

5. 角度不同。比如，浸入水中的棍子看起来是弯曲的，方塔在远处看来似是圆的。

6. 知觉对象无法被纯粹呈现出来，总要依凭介质，如空气。因此就有了混淆。比方说，草在中午看起来是绿的，在夕阳下就成了金黄色的。妇女的裙子在太阳下和中性的灯光下也不尽相同。

7. 受性质的影响，知觉也并不相同。比如：沙粒是粗糙的，但如果沙粒滑过指缝，它就显得光滑和柔软。

8. 一般来说，万事万物都是相对的。

9. 知觉的频率不同，给人造成的印象也不同。比如说，很少出现的彗星，就能比太阳给人留下更深刻的印象。

10. 不同方式的生活、道德准则、法律、神话、哲学体系（参见智者）。

埃涅西德姆的十个论题被阿格里帕减少到五个①：

1. 对于相同对象产生不同观点。

2. 论证包含了无限倒推（即证明依赖于需要被证实的假设，如此以至无穷）。

3. 相对性体现在如下事实中：人的性情不同看到的对象物也是不同的；与对象的关系不同感知也会不同。

4. 为了避免无穷后退，往往将独断的假设作为起点。

5. 论证中把需要证实的结论作为前提，形成恶性循环。

其他怀疑主义者将这个论题减少到了两个②：

1. 没有什么东西能凭借它自身被确证。面对各种意见，也没有确切的选择方式。

2. 没有什么东西可以凭借任何其他东西被确证。因为这种尝试涉及无穷后退和恶性循环。

（我们可以清楚看到，相对主义论题至少大部分与感觉相关。但是感

---

① 恩披里柯，《皮浪学说纲要》，1，164 以下。
② 恩披里柯，《皮浪学说纲要》，1，178 以下。

觉不可能有错，因为感觉不用判断，而错误在于错误的判断。此外，理性的力量通过避免仓促的判断，更加周详地考虑，理性在某些例子中悬搁判断等来防止错误。）

塞克斯都·恩披里柯（公元250年）是我们了解怀疑论学说具体内容的主要来源，他驳斥三段论能推导出结论的可能性。[①] 比如大前提"人都是有朽的"要在完全归纳下才能得到证明，而完全归纳则包含了对"苏格拉底是有朽的"这一结论的认识。除非我们知道苏格拉底是有朽的，否则就不能说所有人都是有朽的。因此三段论推断就是恶性循环的实例。（我们会发现对三段论的抨击在19世纪由约翰·密尔重新提了出来，但它只有在支持唯名论并反对亚里士多德种属本质学说时才有效。由于我们对人的普遍本性的知觉，才能说"所有人都是有朽的"这个结论，而不是因为我们宣称通过实际的观察完整地列举了个别特例，在这种情况下是不可能的。因此大前提基于人的本性，而并不需要对三段论结论的清楚知识。结论隐含在大前提之中，而三段论的进程使得这一**隐含的**知识变得清楚明白。当然，唯名论的观点要求某种新逻辑，而这也正是密尔试图提供的。）怀疑论者同样批驳原因这一观念的有效性，但是他们似乎并没有预料到大卫·休谟提出的认识论困境。[②] 原因在本质上是**相对的**，相对的就不是客观的，而是归因于心灵。而且原因要么与结果同时，要么在结果之先或之后。二者不能同时发生，否则B可能是A的原因就与A是B的原因相同。原因也不可能在结果之先，因为这样就会导致它独立于结果而存在，但原因也要和结果相对而言。显然，原因也不可能在结果之后。

怀疑主义也试图证明神学中的二律背反。比如，神要么是无限的要么是有限的。[③] 神不是前者，因为这样他就是不动的，也没有生命和灵魂。但神也不是后者，因为这样他就不比整体完美，因此神是被假定为完美的。（这反对了斯多亚学派的"神是物质的"观点，但这并不影响相信神是无限的精神的人。无限的精神不能运动，但它是活着的，或者说是无限

---

① 恩披里柯，《皮浪学说纲要》，2，193以下。
② 恩披里柯，《驳数理学家》，9，207以下；8，453以下。
③ 恩披里柯，《驳数理学家》，9，148以下。

的生命。)除此之外,斯多亚的神意论包含两难困境。世界上有太多的恶和灾难。神要么拥有阻止这些恶行和灾难的意志和力量,要么没有。后一种假设与神的观念是不相符的(虽然密尔得出有限上帝这样令人惊愕的结论,但我们与之合作)。因此他就有能力阻止世界的恶和灾难,但他显然没有这么做。所以,就神而言,至少没有**普遍**神意这种说法。然而我们又没法解释,为什么神意会降临在这些而非那些存在物身上。因此,我们不得不下结论说,根本没有神意存在。①

对于实践生活,怀疑论者教导我们应该跟随感觉和思想的表象,顺应我们的自然直觉,坚持礼法和传统,并追求科学。我们可能永远也不能在科学上获得确证,但是我们至少可以不断追寻。②

---

① 恩披里柯,《皮浪学说纲要》,3,9 以下。
② 恩披里柯,《皮浪学说纲要》,1,3;1,226;《驳数理学家》,7,433 以下。

第四十二章
新毕达哥拉斯学派

老毕达哥拉斯学派似乎在公元前4世纪就失传，不过就算它存在，我们也找不到其存在的迹象。但是，在公元前1世纪，这个学派以新毕达哥拉斯的形式复活了。他们与老学派的关联不仅体现在对创建者的尊敬上，还体现在对科学探索的兴趣上，更重要的是他们的宗教色彩。新学派吸收了不少老学派的禁欲主义思想，也包括灵魂和身体的二分（即柏拉图主义的显著特征）。他们还为学派加入了神秘主义因素，这迎合了当时人们对更纯粹和私人的宗教的需求。他们还主张对神的亲身直观以及神启，因此很多哲学家常常被认为是先知或奇迹创造者，例如泰安那的阿波罗尼乌斯。[1] 然而，新学派并不仅是之前毕达哥拉斯体系的复制品，因为他们顺应了当时的折中主义潮流。而且我们发现，新毕达哥拉斯学派还更广泛地吸收了柏拉图、亚里士多德和斯多亚哲学。这些借来的因素并没有融合在一个综合体系之中，为所有成员所共有，不同的成员构建了不同的综合体系。在一个体系中，斯多亚理论占主导，而另一个体系中，柏拉图哲学则更受重视。新毕达哥拉斯主义具有某种重要的历史地位，不仅因为它与当时的宗教生活密切相关（它的来源似乎可以追溯到亚历山大，是希腊化哲学、分支学科和东方宗教的结合），也因为它是标志着迈向新柏拉图主义的一步。努美尼乌斯主张神的等级理论。第一层神是本原实体或大父；第二层神是造物神；第三层神是世界或受造者。

塞克斯都·恩披里柯描述了新毕达哥拉斯学派内的各种倾向。新毕

---

[1] 参见关于阿波罗尼乌斯的注释，第449—450页。

达哥拉斯学派宣称，万物都源于单子或点。点的流动产生了线，线又产生了面，面又变成了三维体。虽然这套理论明显受早期数学概念的影响，但还是一元论体系。而另一派却主张，虽然万物最终都可以追溯到点或单子，但是最应该强调的是"一"与不定的二的二元论。所有"个体"都分享"一"，所有二元性则分享不定的二。[①] 新毕达哥拉斯学派中没有特别独创的理论，但是"流溢"的概念在新柏拉图主义中扮演了重要角色。

新柏拉图主义提出流溢说，以及断言物质世界和超越的神之间存在中间物的说法，主要是为了让神免于接触感官事物以保持纯洁。虽然神彻底的超越性和它"超越之物"的位置已经被大大削减。但是，新毕达哥拉斯学派中关于神的超越性的主题还是清晰可见。这或许是受到犹太-亚历山大哲学和东方传统的影响，虽然我们在柏拉图自己的思想中就能看到潜在的萌芽。之前提到的奇迹创造者阿波罗尼乌斯（他的学说在公元1世纪末盛行），他的生平由斐洛斯特拉图斯撰写。阿波罗尼乌斯将第一个神和其他神区别开来。对于第一个神，人们不应该提供任何物质祭品，因为所有物质性的东西都沾染了不洁。我们应该向第一个神以外的其他诸神献祭，而对于第一位神，我们只要缄默地奉献我们的理智就已足够。

一个有趣的形象是格拉撒（位于阿拉伯）的尼各马可，他生于公元140年左右，是《算数序论》的作者。在他的系统中，理念存在于世界形成之前（同柏拉图），理念即数（亦同柏拉图）。但是，数的理念不会独自存在于超越的世界中。其实，理念在神圣心智中，因此世界以它们为模型和原型构成（参考犹太人斐洛、中期柏拉图主义和新柏拉图主义）。因此，在新柏拉图主义之前，理念就被置入神的心智之中了，基督教后来继承了这个观点。

同样的转变在阿帕梅亚（位于叙利亚）的努美尼乌斯的哲学中也可以看到。他生活在公元2世纪后半叶，对亚历山大的犹太哲学非常精通。据克莱门特称，努美尼乌斯说柏拉图是雅典的摩西。[②] 在努美尼乌斯的哲

---

① 恩披里柯，《驳数理学家》，10，281以下。
② 亚历山大的克莱门特，《杂缀集》，1，22，148（《希腊教父》8，895）。

学中，第一位的神是存在的本原和宇宙之王。[1] 他同样也是纯粹思想（努斯）的活动，不直接参与世界的形成。此外，他是至善。努美尼乌斯似乎还曾把柏拉图的善理念与亚里士多德的神或思想的思想等同起来。第二位的神是造物神，他由于分享了第一位神的存在而是善的，他作为原始制造者创造了世界。他以原型的理念为模型，作用于质料，制造出万物。世界本身，也就是造物主的产物，是第三位神。这三位神也被努美尼乌斯描述为大父、制造者、被造者，或者祖先、子孙、后代。[2]

努美尼乌斯的心理学有很明显的二元论倾向，因为他假设人有两个灵魂，一个是理性的，一个是非理性的。他还声称灵魂进入身体是恶，是"堕落"。他也认为存在一个善的和一个恶的世界灵魂。[3]

因此，努美尼乌斯的哲学是对之前思想的融合，是极力强调神之超越性的哲学，一般而言，他还主张"最高"和"最低"之间的尖锐对立同时存在于现实整体、人类自然和个体本性之中。

与新毕达哥拉斯主义相关的还有"赫尔墨斯文学"和"古巴比伦神谕"。前者在公元 1 世纪兴起，被称为某种"神秘主义"文学，它有可能与之前的埃及写作有关。希腊人在赫尔墨斯发现的埃及神透特，以及他们所谓的"赫尔墨斯神"来自埃及语中的"伟大的透特"。但是，无论埃及传统对赫尔墨斯文学的影响有多大，后者的主要内容都要追溯到更早的希腊哲学中，特别是波塞多尼乌斯。这个文献所表现出来的基本观点是"人经由对上帝的知识被解救"，它也在诺斯替教中扮演重要角色。与拯救观相似的概念构成了古巴比伦神谕的主要内容，它是一首创作于公元 200 年前后的诗歌，与赫尔墨斯文学一样，融合了神秘毕达哥拉斯、柏拉图和斯多亚元素。

由于与宗教兴趣的密切关联以及迎合了当时需要，而且一定程度上为新柏拉图主义做了准备工作，新毕达哥拉斯主义与中期柏拉图主义十分相像，我们将在之后谈到。

---

[1] 柏拉图，《第二封信》。
[2] 普罗克洛，《蒂迈欧》评注，1，303，27 以下。
[3] 查尔西迪乌，《蒂迈欧》评注，c. 295。

附：关于泰安那的阿波罗尼乌斯的评述

在塞普蒂米乌斯·塞维鲁的妻子茱莉娅·多姆纳的请求下，雄辩学家斐洛斯特拉图斯着手编写《阿波罗尼乌斯的生平》。这本书在公元200年前后完成。斐洛斯特拉图斯关于回忆阿波罗尼乌斯的故事来源于他的亚述人弟子达米斯，据说经由达米斯的亲戚转述给茱莉娅·多姆纳，但这也有可能是虚构的。[1] 斐洛斯特拉图斯的动机似乎是要把阿波罗尼乌斯描述成智慧者、神真正的仆人和奇迹创造者，而不是墨埃哈该奈斯《回忆阿波罗尼乌斯》中的巫师。[2] 有证据表明，斐洛斯特拉图斯了解并使用了《福音书》《使徒行传》和《圣徒传》的内容，但不清楚的是，他是否想用"希腊化的基督"来代替基督教的基督，二者的相似程度已经被极大夸张了。如果斐洛斯特拉图斯的意图晦涩不清，那么他叙事基础的真实性也不得而知，甚至都不可能说清楚历史上的阿波罗尼乌斯是什么类型的人。

斐洛斯特拉图斯的作品取得了极大的成功并引发了对阿波罗尼乌斯的狂热。因此卡拉卡拉皇帝为奇迹创造者创建了一座圣殿。[3] 而亚历山大·塞维鲁将阿波罗尼乌斯和他的家邦守护神、亚伯拉罕、奥菲斯、基督共同纳入了他的家神神龛中。[4] 奥勒良曾发誓摧毁提亚纳城，最后为了阿波罗尼乌斯的生辰而放弃了。[5] 欧那比乌斯在他的《诡辩家生平》中赞许过阿波罗尼乌斯。[6] 而朱利安皇帝的同伴阿米安·马塞利努斯将他同普罗提诺相提并论，并认为他是被"天才之神"拜访过的特殊凡人。[7]

无论斐洛斯特拉图斯自己有什么意图，可以确定的是，异教徒辩护者都拿阿波罗尼乌斯来对抗基督教。因此希罗克勒斯——戴克里先统治下的下埃及的统管者和基督教的敌人——试图通过引述阿波罗尼乌斯的"神迹"来减轻基督奇迹的重要性，并试图表现异教徒智慧的超越之处，

---

[1] 引自梅耶（Eduard Meyer），《赫尔墨斯》（*Hermes*），197，第371页以下。
[2] 奥利金，《驳凯尔苏斯》（*Contra Celsum*），6，41（《希腊教父》，11，1337）。
[3] 卡西乌斯·狄奥，77，18。
[4] 朗普里狄斯（Lampridius），《亚历山大·塞维鲁传》（*Life of Alexander Severus*），29。
[5] 朗普里狄斯，《奥勒良传》（*Life of Aurelian*），24。
[6] 布瓦索纳德（Jean François Boissonade）编辑，《诡辩家生平》第500页，迪多（Didot）出版。
[7] 阿米安·马塞利努斯《历史事件编年史》（*Rerum gestarum libri*），21，14，5。

以此来制止因为这些神迹把阿波罗尼乌斯提升到神的地位的行为。[1]波斐利也借用了阿波罗尼乌斯的例子，引述了他的神迹，并将他勇敢面斥图密善的行为与耶稣在受难记中所受的屈辱做了对比。[2]奥古斯丁也指出异教徒引用阿波罗尼乌斯的例子。[3]

直到4世纪末，异教徒维留斯将斐洛斯特拉图斯的书翻译成拉丁文，然后文法学家塔修斯·维克托尼鲁为其润色。这似乎引起了基督教圈子的兴趣，西多尼乌斯·阿波里纳里斯也修订了该书并对阿波罗尼乌斯致以极大敬意。[4]

---

[1] 拉克坦提乌斯（Lactantius），《圣神要义》（*Institutiones divinae*），V，3；《拉丁教父》，6，556以下。
[2] 圣·哲罗姆，收录在诗篇81（《拉丁教父》16，1130）。
[3] 引自《奥古斯丁书信》，136，1；102，32；138，18。
[4] 《西多尼乌斯·阿波里纳里斯书信》，8，3；摩尔（Mohr）编辑，第173页。

第四十三章

中期柏拉图主义

我们已经看到中期学园和新学园趋向怀疑主义，然后又在安提俄库时期回到独断论（后者主张柏拉图和漫步学派哲学在基本理论上是一致的）。因此，折中主义成为中期柏拉图主义的主要特征并不奇怪。柏拉图主义者并没有掌握多少柏拉图的讲稿，更多的是通俗的对话，这使得确证他的正统思想十分困难。创始者并没有留下系统化和清楚明晰的哲学论述，即可以作为规范和标准传承下去的柏拉图主义学说。因为比起柏拉图学派所掌握的，漫步学派的理论拥有更严密的逻辑基础，所以不出意外地，中期柏拉图主义继承了诸如漫步学派的逻辑学。

正如新毕达哥拉斯学派，柏拉图学派也感受到了同时代的宗教兴趣和需求，结果是柏拉图学派从新毕达哥拉斯学派那里借用了某些理论，或者说在后者的影响下发展出潜在的思想。因此，我们在中期柏拉图主义那里也发现了与新毕达哥拉斯相同的对神圣超越者，以及中介物的存在和神秘主义信念的强调。

另一方面，中期柏拉图学园也像同时代的趋势那样，非常重视研究和评注柏拉图的对话。[①]结果便是加强了对创立人个人和实际言论的崇拜，以及倾向于强调柏拉图主义和其他哲学流派的不同。然后我们就发现了反对漫步学派和斯多亚学派的文本。这两种运动，一种朝向哲学"正统"，另一种朝向折中主义，明显处于对立状态，结果便是中期柏拉图主义也无法以统一的形象呈现，因为不同的思想家以不同的方式混合了各种元素。

---

① 柏拉图对话集的四分法与塞拉绪罗有关，他是提比略的宫廷天文学家，也曾加入柏拉图学园。

因此，中期柏拉图主义成了**中间**的柏拉图主义，也就是说，它处于过渡阶段。各个潮流和趋势的真正综合和融合，只有在新柏拉图主义阶段才能看到。因此，新柏拉图主义就像大海，各条河流流入其中，河水最终得以汇合。

1. 我们可以在亚历山大的欧多鲁斯（（公元前 25 年前后）那里观察到中期柏拉图主义的折中倾向和正统倾向。与《泰阿泰德》类似，欧多鲁斯肯定了哲学的目的是"尽可能类似于神"。欧多鲁斯因此认为，苏格拉底、柏拉图和毕达哥拉斯在哲学的目的这点上的构想是相同的。这也表现出欧多鲁斯思想中折中的一面，尤其是深受新毕达哥拉斯主义影响的一面，他同意"一"的三分。第一层是至高神，他是万物的最终来源，第二层的"一"也是由它产生［也叫作"一"（monas），和不定的二一起，第二层的"一"安排秩序］，它是奇数的、光明的，最后产生不定的二，它是松懈的、偶数的、昏暗的，等等。然而，虽然欧多鲁斯明显受到新毕达哥拉斯主义的影响，并因此是折中的，但是我们也了解到他曾写过著作反对亚里士多德的《范畴篇》，以此表明"正统"哲学反对折中主义倾向。

2. 中期柏拉图学园的突出人物是《希腊罗马名人传》的作者普鲁塔克。这个杰出的人出生于公元 45 年左右，曾在雅典接受教育，在柏拉图主义者阿莫尼乌斯的激励下进行数学研究。他经常游访罗马，并与帝国中某些重要人物保持友谊。据苏达斯[①]记载，图拉真皇帝给予了他领事的品衔，并吩咐亚细亚的官员凡事都要征求普鲁塔克的同意。普鲁塔克还成为他们当地的执政官，在德尔斐阿波罗地区当了一段时间的主教。除了《名人传》和《道德论集》以外，普鲁塔克还写了柏拉图作品的评注，批驳斯多亚学派和伊壁鸠鲁学派的作品，心理学、天文学、伦理学和政治学的专著，还有论家庭生活、论教育、论宗教的作品。还有部分以普鲁塔克之名流传下来但并非他所著的作品。

普鲁塔克的思想明显是折中主义的，因为他不仅受到柏拉图的影响，

---

① 苏达斯，《普鲁塔克》。

而且也受到漫步学派、斯多亚学派特别是新毕达哥拉斯学派的影响。此外，一方面，中期学园和新学园的怀疑主义让他对理论沉思持怀疑态度，并强烈反对迷信（这更多归因于他倾向于纯粹的神的概念），但另一方面，他又相信神谕、启示、狂热。他主张直接直观或与超越物接触，很显然，这为普罗提诺的迷狂理论做了铺垫。①

普鲁塔克致力于更纯粹的神的概念。"如果我们生活在尘世间，被身体的情感所影响，而不能与神交流，那么，只有在哲学思考中我们才可能稍微与他接触，就像在梦中那样。但是，当我们的灵魂被解放，进入纯粹、无形、不变的宗教世界，神便会引导和统领这些依靠着他、注视着他，希望得到无以言表的美景的人。"②对于更纯净的神的概念的追求使得他否认了神是恶的来源。那么，世界上的恶就必须另寻原因，而普鲁塔克认为这就是世界灵魂。他设定世界灵魂是世界之恶和不完美的原因，而且还与神（纯粹的善）相对立。所以二元论有两个原则：善和恶。然而恶的原则似乎在创造过程中，通过分有或充满理性（这是从神那里流溢出来的）变成了神圣的世界灵魂。因此世界灵魂并不缺乏理性和和谐，但另一方面，它却扮演着恶的原则，从而二元论就被维持了下来。

因为神高高在上，不必为恶负责，普鲁塔克自然就引入了位于神之下的中间存在物。他主张有某种"星神"，并像塞诺克拉底和波塞多尼乌斯那样假设"精灵"的存在，它们是联系人与神的纽带。某些精灵更类似于神，而另一些则沾染了更低世界中的恶。③奢华的仪式，粗俗而低劣的献祭则是提供给邪恶精灵的。好的精灵则是神意的工具（这是普鲁塔克着重强调的）。正如我们之前所说，普鲁塔克反对迷信，谴责对神没有价值的神话（正如波塞多尼乌斯，他也主张三分的神学）；但是这并不能阻止他对大众宗教的同情。因此，他说人类尊崇的各种宗教不过是同一位神的不同名字。而且他也常使用讽喻的方式为大众信仰作辩护。比如，他在《论伊西斯与奥西里斯》中试图表明，奥西里斯代表好的本原，特利丰代

---

① 《论伊西斯与奥西里斯》（*De Iside et Osiride*），77。
② 《论伊西斯与奥西里斯》，78。
③ 《论伊西斯与奥西里斯》，26。

表坏的本原。伊西斯代表物质,这在普鲁塔克的观点中不是恶,它自身是中立的,但它拥有朝向善的倾向和爱。

普鲁塔克的心理学证明了灵魂起源以及灵魂与精灵关系的神话和奇异观念,但其实这是没必要加入的。有人可能会指出,这是叠加在灵魂-身体二元论上的灵魂和努斯间的二元论。正如灵魂比身体更好和更神圣,努斯也比灵魂更好和更神圣,后者受制于情感,前者则是人类的"精灵",是统治的本原。普鲁塔克强调不朽性,他描述了死后的幸福:灵魂不仅能获得关于真理的知识,也能再次享受亲朋好友的陪伴。① 他的伦理学也显然受到漫步学派传统的影响,因为他强调在过度与不及之间寻求中道的幸福。规避情感既不可能也不可欲求,我们应该坚持适度的中道。但是,普鲁塔克像斯多亚学派一样允许自杀,他同样受斯多亚世界主义的影响,特别是从他在罗马帝国的经历来看。统治者代表上帝。

世界是在时间中被创造的,因为这样才能满足灵魂先于身体,神先于世界的必要条件。② 存在着五种元素(四元素和以太元素)和五个世界。③

3. 阿尔比努斯(公元 2 世纪),中期柏拉图主义者盖乌斯的弟子,区分了第一神、理智与灵魂。第一神是不动的(亚里士多德),但不是推动者,他似乎和天界的神是同一的。第一神并不直接运转(因为他是不动的,也不是推动者),但是能通过努斯或者世界理智运作。④ 在神和世界之间是星神和其他受造神。柏拉图的理念变成了不朽的神的理念,是万事万物的模式和典范,亚里士多德的形式也只是它们的复制品。⑤ 不动且不通过有效的因果关系行动的神的概念是亚里士多德提出来的,虽然神的概念中的某些元素是由柏拉图主义发展的。比如说,从理念到神的理念的转变,就是我们在新毕达哥拉斯主义那里看到的学说。阿尔比努斯认为通过美的不同等级可以逐渐接近神,即柏拉图《会饮》中的上升理论。而世界

---

① 《论伊壁鸠鲁快乐的生活是不可能的》(*Ne suaviter quidem vivi posse secundum Epicurum*),28 以下;《论神圣复仇的延迟》(*De sera numinis vindicta*),18。
② 《论〈蒂迈欧〉中灵魂的诞生》(*De animae procreatione in Timaeo*),4 以下。
③ 《陈旧的神谕》(*De defectu oraculorum*),32 以下,37;引自柏拉图,《蒂迈欧》,31a—b,34b,55cd,柏拉图在此处选择一个世界。
④ 《可教者》(*Didaskalikos*),164,21 以下。
⑤ 《可教者》,163—164。

灵魂的说法则显然与《蒂迈欧》相关。① 阿尔比努斯对柏拉图和亚里士多德理论的融合和新毕达哥拉斯学派的努美尼乌斯一样，为新柏拉图主义的诞生准备好了道路。他对第一神、理智与灵魂的区分也直接促进新柏拉图主义对太一、理智与灵魂的区分。（阿尔比奴斯的心理学结合了柏拉图、亚里士多德和斯多亚学派的因素，比如说，斯多亚学派中的"思维"就是柏拉图学派中的"推理"，引入了亚里士多德的"情感"来对抗柏拉图的"推理"，区分了柏拉图的"精神需要"与"身体欲望"，使用了斯多亚学派的"自然种子"，宣称柏拉图主义的伦理学目的是"尽可能类似于神"，像斯多亚学派那样把明智作为首要德性，以柏拉图的正义作为普遍德性，反对斯多亚的"冷漠"，支持柏拉图-亚里士多德式的"中道观"。他确实是折中主义者。）

4. 至于其他的中期柏拉图主义者，我们可能会提到阿普列乌斯（公元前125年左右）、阿提库斯（公元176年）、凯尔苏斯以及推罗的马克西姆（公元180年）。比起阿尔比奴斯的折中主义倾向，阿提库斯表现出更正统的柏拉图传统。因此，他抨击亚里士多德忽视神意，宣扬世界的永恒性，否认或没有清楚地描述不朽性。但是，比起漫步学派"物质和外在事物对幸福是必要的"这一观念，他更强调内在神意以及完满的德性，这表明他可能受到斯多亚学派的影响。另外，他显然也主张柏拉图的理念论，但那个时代的特征让理念变成了神的思想和理念。此外，他将《蒂迈欧》中的造物神等同于善理念，并将恶的灵魂作为本原归于质料。

凯尔苏斯作为坚定的反基督教者为大众熟知。我们通过奥利金了解到《真道》的内容（在公元179年左右完成）。他强调神具有绝对的超越性，并否认了物质世界是神的作品。为了沟通神和世界，他允许精灵、天使、英雄存在。神意以宇宙为对象，而不是基督徒相信的以人为中心。

在推罗的马克西姆（公元180年）的思想中，我们同样可以看到对神圣超越者的强调、对较低的神和精灵的承认，以及恶源自物质的观点。马克西姆谈到对超越的神的直观："只有在你年老或死亡时，当神呼唤你

---

① 《可教者》，169，26 以下。

的时候，你才能真正地看到神。如果遮住他的面纱被揭开了，同时瞥见眼睛未曾见过，嘴巴不能言说的美时就算胜利了。不要为尘世事物祈祷而亵渎他，因为尘世中的这些，可以偶然得到或者通过努力得到。杰出的人无须祈祷，不才之人却求而不得。只有为善、和平以及临终希望的祈祷才能得到回复。"[1] 天使是神的使者和人类的援助者："富饶的大地上有宙斯三万不朽使臣。"[2]

---

[1] 《论文集》(*Dissertationes*)，17，11；11，2 以及 7。
[2] 《论文集》，14，8。

第四十四章

希腊化的犹太哲学

在亚历山大,希腊人的思辨显然影响了犹太人的心灵,虽然这一影响可以追溯到巴勒斯坦,比如爱色尼派的学说(公元前160年左右,约瑟夫在乔纳森时代的画作中首次提到这个教派),[1]就表明了即奥菲斯-毕达哥拉斯的特征。比如说,爱色尼派持有很明显的身体-灵魂二元论,并相信灵魂不仅在死后存活,而且在生前也存在。禁止血祭、食肉、喝酒,并强调天使或者中间存在者的重要性。还有个重要特征是,安提俄库·以比凡尼试图强制巴勒斯坦的犹太人希腊化,他能够依靠一定数量的犹太人的支持,但也曾遇到某些正统犹太人的反对,他们坚决拥护自己父辈的传统文化,抵制那些伴随着希腊文化而来的道德堕落。然而,这个位于东西方分界线上的世界之城——亚历山大,成了希腊化-犹太哲学的真正中心,并在斐洛的思想中达到顶峰。因为远离家乡,犹太人自然倾向于接受希腊的影响,主要表现在他们试图调和希腊哲学与犹太神学。一方面,他们拣选希腊人的思辨中最适合犹太宗教的成分,另一方面,则是使《犹太圣经》寓意化,并用能和希腊思想相融合的方式阐释它们。因此,犹太人甚至声称许多希腊大哲的主要观点来自《圣经》。这种观点当然缺乏历史根基,比如涉及柏拉图时。但这却是帝国中希腊化的犹太人的融合倾向。[2]

希腊化-犹太哲学的重要代表是亚历山大的斐洛,他生于公元前25年左右,逝于公元40年以后,当时他是盖乌斯皇帝治下的亚历山大驻罗马大使。虽然他的某些作品已经佚失,但我们还是幸运地拥有他的大

---
[1] 《犹太古史》(*Jewish Antiquities*)13,5,9。
[2] 关于这个问题,我们暂时不提希腊人的思辨对犹太人的伪作及旧约施加了什么影响。

部分作品。①

满怀着对希腊哲学的崇敬，斐洛认为在希腊哲学和《犹太圣经》及犹太传统中能看到相同的真理。他相信哲学家都借用过《圣经》，同时在必要的时候他也会以寓意的方式阐释《圣经》。所以在他的《论神之不可变》中，他指出，不能说神是运动的，因为他绝不是物质。因此，我们可以在《圣经》的拟人章节中看到两种含义：更高意义上的非拟人意涵，以及适合普通人的更低意义上的拟人。但如若将寓意化的阐释工作和辨别"更高"意义的行为推到极致，不免会导致对字面上遵守律法的必要性的否定，至少对于那些有能力辨别更高意义的人而言是这样。但是斐洛不会允许这样的事发生。灵魂高于身体，然而身体是人的一部分；虽然寓意高于字面，但我们却没有资格忽视文字的意义，我们应该对文字和精神保持同样的关注。因此，他并不是想摧毁或接替犹太哲学的正统，而是用哲学来调和它，同时保持律法的完整性。②

正如犹太神学所教导的，神具有人格，但他同时又是纯粹的存在，绝对的单纯，自由并自足。③ 他不占据空间，但却于自身包罗万物。④ 他也是绝对超越的，甚至超越了善和美的理念。⑤ 人并非靠科学的理解去通达神（"要理解神就必须首先成为神，而这是不可能的"⑥），而是靠直接的体证。⑦ 神因此是不可言说的存在，他高于思想，只能在迷狂或直观中才能通达。我们可以看到，斐洛抬高神的超越性的行为明显受到同时代倾向的影响。但我们不能忘记，在犹太教的圣经神学中也清楚地包含有神的超越性理论，即便不是以哲学术语表达的。

与之后中期柏拉图主义者阿尔比努斯和新毕达哥拉斯学者努美尼乌

---

① 引自尤西比乌，涉及斐洛的作品的地方都依据利奥波德和保罗编辑的版本。
② 引自《论亚伯拉罕的移居》(*De migratione Abrahami*)，16，92。
③ 引自《论该隐的后裔》(*De posteritate Caini*)，48，167;《寓意解经》(*Legum allegoriarum libri*)，2，1，2以下;《论名字的变化》(*De mutatione nominum*)，4，27。
④ 《论语言的变乱》(*De confusione linguarum*)，27，136;《论梦》(*De somniis*)，1，11;63。
⑤ 《论创世》(*De opificio mundi*)，2，8。
⑥ 残篇，a 654。
⑦ 《论该隐的后裔》，48，167。

斯一样，强调神的超越性及他高于万物的理论很容易导致中间物的存在，这样才能弥合神和物质宇宙之间的鸿沟。这种中间物的最高形式就是逻各斯或努斯。逻各斯被认为是神第一个生出来的，它是"中介物等级的原因"①。对于斐洛而言，逻各斯次于神，位于中介物等级。除了逻各斯，中介物等级还包含了许多其他存在，而逻各斯居于首位。因此斐洛对逻各斯的设想与基督教神学中有关逻各斯的教理并不相同，即便它影响了许多早期基督教思想家。在一些时候，逻各斯确实被设想为神的某个面向，但即使在这个例子中，斐洛和基督教在逻各斯上的观点也有明显的区别。据载，斐洛曾在"上帝一体论"和"阿里乌斯主义"之间摇摆，但却从未宣称过"阿塔那修主义"。当然，在斐洛的逻各斯理论中并没有涉及历史上的人。柏拉图的理念也被置入这个逻各斯中，因此逻各斯就是理念世界所在的处所。②斐洛在这点上与新毕达哥拉斯学派将理念置于努斯中的方式一致。(努美尼乌斯则受到斐洛哲学的影响。)一般来说，斐洛只是简单地提及逻各斯，虽然他也区别逻各斯的两个方面或功能，即理性和言说。理性存在于无形的理念世界，而言说则存在于世界中的可见之物中，即无形的理念世界的复制品。③逻各斯的这种划分在人身上体现为理性和言说，理性则是言说的本源。斐洛有个比喻，这种双重的逻各斯就像大祭司身上的双面胸甲。在构建世界时，逻各斯是上帝的工具。他在《摩西五经》中也找到了例证："上帝按照他的形象造了人类。"④

还要注意的是，旧约中在描述神的显现时提到了天使，斐洛则把这个天使与逻各斯等同起来。当提到许多天使时，他则将其等同于权能(见下文)。逻各斯是非物质实体，或是神不可见的言或声；但是，它与神十分不同，它作为工具是从属于神的。斐洛不仅使用《旧约》中神圣智慧的概念，还采用柏拉图的理念论(逻各斯是神的形象和影像，它自己正是造物的典型)和斯多亚的理论(逻各斯是世界中内在的和超越的，是律法的

---

① 《寓意解经》，3，61，175。
② 《论创世》，4，17以下。
③ 《论上帝的永恒性》(Quod Deus sit immutabilis)，7，34；引自《论摩西生平》(De vita Moysis)，2(3)，13，127。
④ 《论创世》，6，25。

原则和生物聚合的原因）。但是，他认为存在物似乎也是逐渐下降的模式。换句话来说，斐洛的逻各斯显然区别于最终的神耶和华，它是居于从属地位的中间存在，是让神能够表现自己和行动的中介。它不是三位一体的圣言，也不是三位一体的第二位格。斐洛哲学中的逻各斯，更类似于新柏拉图主义而不是基督教的三位一体。[1]

除了逻各斯，还有其他权能或中间存在物从属于神，例如技艺（ἡ ποιητική）、王（ἡ βασιλική 或 κύριος）、神意（προνητική）、立法（νομοθητική），等等。但是，正如斐洛在设想逻各斯时，在作为神的面向之一和独立存在之间游移，他在设想其他权能时也产生游移：权能是神的属性或力量，与理念一致（即作为理念运转的功能），还是相对独立的存在？它们似乎都包含在逻各斯之中，但这并不有助于解决诸如"它们是否具有位格"这样的问题。如果逻各斯被设想为神的一个面向，那么，权能就是神的性质或想法。但如果逻各斯被设想为从属于神的相对独立的存在，那么，权能可能就会是较低的从属性存在物或力量。但是，斐洛对此似乎并未给出明确的意见。普拉希特因此说，"斐洛在两个观点之间摇摆不定，出现在基督教中的'类比'在上帝一体论（Monarchianism）和阿里乌斯主义（Arianism）之间循环往复，但是类似观点的持有者阿塔那修却跟他完全不同，甚至与他的宗教观和哲学观相悖"[2]。此外，斐洛哲学不会承认基督教教义中的道成肉身（如果斐洛要保持前后一致的观点的话），因为太强调神的超越性，就会排除神与物质之间"接触"的可能性。一方面基督教主张上帝的超越性，而道成肉身却是神秘的；但另一方面，基督徒对待质料的态度与斐洛或新柏拉图主义完全不同。

受柏拉图主义的影响，斐洛持有很强的灵魂-身体二元论观点，或人的理性与感性的二元对立观点。他还强调人从感官欲望中挣脱出来的必要性。[3] 德性是唯一真实的善，在情感上应不动情。但是，虽然斐洛受过斯

---

[1] 这个主题可参见朱尔斯·勒布雷顿（Jules Lebreton），《三位一体教义的历史》（Histoire du Dogme de la Trinité），博谢纳（Beauchesne），1910。
[2] 宇伯威格-普拉希特，第577页。
[3] 例如，《论梦》，123，149。

多亚学派和犬儒学派伦理学教育的影响，他却强调应该相信神而非自己。人们应当追求德性，其任务就是尽可能地肖似神。[1] 这是内在的提升，因此并不鼓励公共生活，以免分散注意力，而科学也只能在人追求灵魂的内在生活时才应该得到提倡。这个上升的过程是分阶段的，因为上文说的对于神的概念性知识被认为是属天的智慧，或者是对不可言说的神的直观，因此这种被动的迷狂状态成了地上的灵魂生命的最高阶段，这个观点稍后出现在新柏拉图主义哲学中。[2]

尽管斐洛对早期基督教思想的影响毫无疑问被夸大了，[3] 但他坚持超越的神、中介物以及灵魂在迷狂中抵达神的说法为新柏拉图主义的诞生做好了准备。

---

[1] 《论创世》，50，144；《论人性》(De humanitate)，23，168。
[2] 引自《谁承受万有》(Quis rerum divinarum heres sit) 14，68 以下；《论巨人》(De gigantibus)，11，52 以下。
[3] 奥利金的寓意化的写作手法在很大程度上可能源于斐洛。

第四十五章
普罗提诺的新柏拉图主义

一、普罗提诺的生平

普罗提诺的出生地并不清楚,因为欧那比乌斯说在吕科,而苏达斯说在利库波里。[①] 但他一定出生在埃及,大概在公元 203 或 204 年(波斐利认为是 205/6 年)。波斐利告诉我们,普罗提诺经常听亚历山大城里的各种教授讲学,直到 28 岁遇见阿莫尼乌斯·萨卡斯时,他才知道自己在寻找什么。他一直都是阿莫尼乌斯的学生,直到公元 242 年,为了了解波斯哲学跟随哥狄安皇帝开始波斯远征。然而,哥狄安在美索不达米亚遭遇行刺,远征转为了悲剧。然后,普罗提诺去到了罗马,时年 40 岁。他在罗马开设了自己的学校,不久便有很多高官前来听讲,其中甚至包括伽利埃努斯皇帝和他的妻子。普罗提诺设想在坎帕尼亚建立一座柏拉图城邦,以此来实践柏拉图的理想国。这个计划似乎还曾得到皇帝的许可,但是由于种种原因,皇帝不久就收回成命,计划就此夭折。

普罗提诺在 60 岁左右的时候收了一名学生,这就是著名的波斐利,他后来为自己最尊敬的老师写了传记。波斐利试图以系统性形式排列普罗提诺的作品,将它们分成六卷,每卷九章。因此将其命名为《九章集》。虽然普罗提诺具有明快雄辩的口语风格,但他的作品却有些生涩难懂,而且更艰难的是他的眼疾使他无法校对手稿。因此波斐利开始这项工作并不容易,他尽量保持普罗提诺原有的风格,而波斐利的论述也成为后来的编

[①] 欧那比乌斯,《智者生平》(*Lives of the Sophists*),6;波斐利,《导论》(*Isagoge*),12b;苏达斯,《普罗提诺》。

辑者处理文本时的一个难题。

在罗马，经常有人向普罗提诺求教，寻求他的建议，所以他似乎担任了某种"精神导师"的职务。此外，他还收养孤儿，当他们的监护人，这是他善良和蔼的体现。他朋友众多，从不树敌。虽然他的个人生活是禁欲的，但他的性格却温文尔雅。另外，据说他有些拘谨和紧张，这点在他的讲演中就可以看到。他过着深刻的精神生活，波斐利说在他求学于普罗提诺门下的 6 年间，导师曾有过四次与神融合的迷狂经历。[①] 普罗提诺身体不好，公元 269/70 年左右，他在坎帕尼亚的乡间宅第中走到了生命的终点。那个时候波斐利遵从师嘱在西西里舒解抑郁的心情，却沮丧得知导师陨落的消息。普罗提诺的朋友，物理学家欧司托克乌斯从普特欧力赶来，听到了普罗提诺的临终遗言："我正在等你，我体内的神性将离开我，同宇宙中的神融合。"

普罗提诺虽然抨击诺斯替派，但却对有一定了解的基督教保持沉默。虽然他没有成为基督教徒，但不管是在他的作品还是生活之中，他都坚持精神和道德理想。他的哲学也是精神上的理想主义，这甚至影响到了伟大的拉丁教父，希波的奥古斯丁。

二、普罗提诺的学说

神是绝对超越的，他是高于所有思想和存在的太一，不能言说、不可思议。"他排除一切叙述与认知，[我们]只能勉强形容他是超越的存在。"[②] 本质、存在、生命都不能描述这个太一，并不是因为它比这些东西少，而是因为它更多，"是万物真正的根源"[③]。太一也不等同于所有个体的总和，因为这些个体需要本原或原则，而这种本原必须与它们不同，并在逻辑上先于它们。（我们可以说，不管怎么增加偶然事件的数量也不可能达到必然的存在。）此外，如果太一等于分离开的个体，那么个体彼此之间以及与太一个体的差别之间都相同，这明显是错误的。"因此太一不

[①] 《普罗提诺生平》(*Plotini Vita*)，23，138。
[②] 《九章集》，5，4，1（516b—c）。
[③] 《九章集》，3，8，9（352b）。

是任何存在之物,而是先于所有存在的。"①普罗提诺的这个太一并不是巴门尼德的"一",一元论的本原,而是新毕达哥拉斯主义和新柏拉图主义强调的超越的"一"。正如阿尔比努斯将第一神置于努斯之上,区分天界神和世俗神,也如同努美尼乌斯把第一神置于造物神之上,斐洛把神置于塑造世界的力量之上,普罗提诺把终极的神、"一"或第一神,置于存在物之上。②然而,这并不意味着太一就是无或不存在,而是说太一超越所有我们经验到的存在。存在的概念来自我们经验到的对象,而太一超越所有这样的对象,因此也超越建立在这些对象上的概念。

因为神是不可分的"一",没有多或区分,在"一"中也就没有实体和偶性的二元区分,因而普罗提诺也不愿把任何主动属性归于神。我们不能说太一是"这个"或"不是这个",因为如果我们这样说,就对他划了界限,并让他变成个别事物了。但实际上他高于所有可以这样划界的事物,"任何描述都不对"③。即便这样,善还是要归于太一,假设它不是作为内在性质的属性。神因此是**善**本身,而不是善的。④此外,我们不能将太一归为思想、意愿和活动。因为思想暗示了思想者和他思想对象的区别;⑤意愿也意味着区分;活动则意味着行动者和行动对象的区别。神是太一,超越了所有区分。他甚至不能分辨自身,因此他超越了自我意识。普罗提诺将统一和善这两个谓词归于神(在这个意义上神是"一"和善);但同时又强调甚至这种断言也不合宜,只能以此来类比神。因为统一性是对多的否定,而善代表对其他事物的作用。神的确高于一切。而对于太一,我们只能说它是无形的、不变的、永恒的并且没有过去和未来,是一种恒定的自我同一。

在这种视角中,神是最终的本原,那么,普罗提诺怎样解释有限事物的多样性呢?神不能将自己限制在有限事物之中,即使它们是神的部分。他也不能通过他意志的自由行动创造世界,因为创造是活动,我们

---

① 《九章集》,3,8,8(351d)。
② 柏拉图,《理想国》,509b9。
③ 《九章集》,6,8,9(743e)。
④ 《九章集》,6,7,38。
⑤ 《九章集》,3,8,8。

不应当把活动归于神导致他的不变性被减弱。因此，普罗提诺求助于流溢的象征。虽然他使用诸如河川、流水这样的比喻，但他坚决反对神会因为流溢的过程变得不完满的观点。他不受触动、不会衰退、不动。普罗提诺不同意自由的创造活动会影响他的自足性，他认为世界源自神是出于必然性，其中必然性的原则是：不那么完美的东西源自更完美的东西。每种东西都会直接产生次于它的东西，展开其自身，就像种子展开它自身，从不可分本原或原则到感觉世界中的某个对象。然而，在先的本原一直保存在那里，随之产生的存在物就得益于本原不可言说的力量，而这种力量与妒忌和自私不相适应。[①]（普罗提诺也用照射和光耀的比喻，把太一比作太阳，它提供光亮，自己却不会有所损失。他也用镜子类比，因为事物通过反射得到重现，但它自己却不会变化和亏损。）

如果我们想将普罗提诺的流溢说描述为泛神论，那么我们得十分小心。对于普罗提诺来说，世界通过自然的必然性从神出发，并拒绝无中生有的自由创造，的确没有问题。但是，必须记住的是，在先的本原保持"在它自己的位置"，不会减损，它始终超越于次级的存在。那么，事情的真相可能是，他拒绝无中生有，因为如果那样的话神就包含了变化。普罗提诺同样反对泛神论者所认为的生物个体能自主获得神性（这是神的自我分裂）。换句话说，他想在有神论者的创造说与完全泛神论或一元论观点之间取得中道。我们可能认为这二者没有调和的可能性（因为这里不存在彻底的二元论），但也没有理由称他为泛神论者而不加以说明。

太一首先流溢出的是思想或心灵，即努斯，努斯是直觉或直接的理解，它具有双重对象：1. 太一；2. 它自身。努斯中存在着理念，不仅存在着高级的理念还有个体的理念，[②]而理念以不可分割的形式包含在努斯之中。努斯与柏拉图《蒂迈欧》中的工匠神相同，普罗提诺使用"原因的父

[①]《九章集》，4，8，6（474b—c）。普罗提诺说由于妒忌，在先的本原将不再停留，是对柏拉图《蒂迈欧》的模仿。"一"或善与太阳的对比是对柏拉图《理想国》中对比的推进。将上帝视为未经创造的光芒，而将生物视为分享它的光束，根据光的亮度分级，这种观点能够在来自新柏拉图主义的基督哲学家那里找到。
[②]《九章集》，5，7，1以下。

亲"来指太一，将原因等同于努斯和工匠神。坚持努斯是思想世界[①]的说法，以反对朗吉努斯。朗吉努斯诉诸柏拉图《蒂迈欧》中理念与工匠神的分离，把理念和努斯分离开。(波斐利与朗吉努斯持相同的观点，直到普罗提诺劝服他改变。)因此，努斯正是多的首次呈现。太一高于所有的多，甚至高于"能知"与"所知"的区别。但努斯中的区别完全不能被理解，因为能知之物和所知之物是同一或相同的努斯。因此，柏拉图的工匠神以及亚里士多德的"思想的思想"同时汇集在普罗提诺的努斯中了。努斯是永恒的，超出时间，它的幸福状态不是获得的状态，而是永恒的拥有。因此，努斯享有永恒，而时间模仿永恒。[②] 在灵魂的例子中，它的对象前后相续，现在是苏格拉底，是马，是其他什么东西；而努斯知晓一切事情，没有过去和未来，处于永恒的现实关照中。

从努斯，也就是美，流溢出了灵魂，这与《蒂迈欧》中的世界灵魂相关。世界灵魂是无形的且不可分的，但它是超感官世界和感官世界的连接，因此它看起来上达努斯，下至自然世界。然而，柏拉图只假定了世界灵魂，而普罗提诺假设了两个，高者和低者，前者更接近努斯且与物质世界没有直接联系。而后者是现象世界的真正灵魂。普罗提诺称第二种灵魂为自然。[③] 此外，虽然现象世界中的所有实在都分享了努斯中的理念，但这些理念不会在可感世界中运作，而且与感官世界没有直接联系。所以，普罗提诺假设在世界灵魂中有理念的影像，他称之为"理性种子"，它包含在逻各斯之中，这显然吸收了斯多亚学说。为了让这个概念适用于他对两个世界灵魂的区分，他继续区分了更高灵魂中的第一理性，与更低灵魂中包含的衍生出来的理性。[④]

单个的人类灵魂从世界灵魂中流溢出来，与世界灵魂一样，它们也分为两个部分（与毕达哥拉斯-柏拉图的三分法相同，普罗提诺也承认第三种居间的元素），更高的部分属于努斯领域（参照亚里士多德的努斯），

---

① 《九章集》，5，9，9。
② 《九章集》，5，1，4。
③ 《九章集》，3，8，3。
④ 《九章集》，4，3，10；5，9，3；3，9，9；2，3，17。

更低的部分与身体直接相关。灵魂在它与身体结合之前就存在，这种结合是堕落，灵魂在身体死后仍然存在，只不过显然没有了在尘世中的记忆。（他也承认轮回说。）但是，虽然普罗提诺把个体灵魂与统一的世界灵魂结合在一起，① 但他并不准备否认个人的不朽性：灵魂是真实的，真实之物是不会毁灭的。我们能假设当苏格拉底成了最好的人时，他就不再是苏格拉底了吗？因此，来生所有个体灵魂都会存留，各自存在，又统一于太一。②

比灵魂更低的领域是物质世界。正如普罗提诺用光照来描述流溢的过程，他设想光从中心向四周发散，逐渐变得暗淡，直到阴影完全变成黑暗，最终只剩下质料，也就是光的缺失。③ 在质料只有通过太一流溢过程才能成为创造因素这个意义上说，质料（在根本上）来自太一。但是它自己却构成了宇宙的最低层，与太一相对立。又因为质料可能被形式照亮，并进入物质对象的复合之中，因此不能说它是完全黑暗的。然而就它站在可知世界的对立面，代表《蒂迈欧》中的必然性而言，它又是不被照亮的、暗淡无光的。因此，普罗提诺的学说是柏拉图和亚里士多德理论的结合，因为他的质料概念不仅吸收了柏拉图概念中的"必然性"，可知世界的对立物以及光的缺失，也吸收了亚里士多德概念中的作为形式的基质和物质对象的组成部分。一种元素融入另一种元素的变化表明，肯定存在某种与身体自身不同的基质。④ 如果我们将形式完全抽象出来，那么剩下的东西就是质料。⑤ 因此，质料通过被赋形而部分被照亮，它不会作为完全的黑暗而分离地存在，即非存在的原则。此外，正如现象世界在一般情况下也有可知的部分，自然世界中的质料相当于可思维的质料。⑥

除了融合柏拉图和亚里士多德的宇宙论，普罗提诺还主张奥菲斯和新毕达哥拉斯的观点"质料是恶的本原"。质料位于最低层，没有性质，

---

① 《九章集》，3，5，4。
② 《九章集》，4，3，5（375c—f）。
③ 《九章集》，2，4；3，67；6，3，7。
④ 《九章集》，2，4，6（162c—e）。
⑤ 《九章集》，1，8，9（79a—b）。
⑥ 《九章集》，2，4，4—5；3，5，6。

缺乏光照，它就是恶本身（然而，正如至善不以善为内在属性，这里并不是要把恶作为内在的属性），因此推至极致，质料就是善的对立物。（当然，质料的恶并不存在于可思维的质料中。）普罗提诺于是面临着与他体系特征相对立的二元论，虽然质料本身是一种缺乏并且不是主动本原。但无论如何，我们应该假设普罗提诺在逻辑上会导向对可见世界的贬低，即使他并没有这么做。而贬低可见世界的倾向确实在他的心理学和伦理学中表现了出来。但就他的宇宙论坚持和谐一体论而言，这种倾向已经被抵消了。普罗提诺抨击诺斯替派对世界的轻视，他赞赏世界是工匠神和世界灵魂的佳作。这是永恒而统一的创造物，各个部分互相和谐，并且由神意统治。他还特别指出，即使宇宙中包含了各种麻烦，我们也不允许它成为邪恶的产物。它是可知世界的影像，只是影像太多以至于不能确定哪个是可知世界的对应物。他说，除了可知的宇宙，什么宇宙能比我们知道的这个更好呢？① 物质世界是可知世界的外部表现，可感世界和可知世界又是相互联系的，前者根据自己的能力复制后者。② 这种普遍的和谐以及宇宙的统一为预言和神意奠定了合理基础。（除了星神，普罗提诺也承认其他看不见的"诸神"和"精灵"。）

普罗提诺的心理学将个体灵魂划分成了三部分。最高者（相当于亚里士多德的努斯）根植在可知世界中，③ 未受质料污染。但是为了让灵魂与身体真正地融合，形成复合物，它就要受到质料的污染，因此对人来说就有提升伦理之必要性，把肖似神作为最近的目标，而把与太一融合作为最终目标。就像亚里士多德，在上升过程中，伦理因素服务于理论或理智因素。上升的第一阶段在于净化，由爱欲推动（参照柏拉图《会饮》），通过净化的过程，人从主宰他的身体和感觉中解放出来，上升到对政治德性的练习之中，在普罗提诺那里表现为四种主要品德。（其中最高的是明智。）④ 然后，灵魂必须上升到感官知觉之上，转向努斯，并投身

---

① 《九章集》，2，9，4（202d—e）。
② 《九章集》，4，8，6（474d—e）。
③ 《九章集》，4，8，8（476a—d）。
④ 《九章集》，1，2，1。

于哲学和科学的学习。① 接着，更高的阶段是让灵魂超越散漫的思想，与普罗提诺称之为第一美的努斯相融合。而灵魂在融合中依旧保存它的自我意识。但是之前的这些阶段都在为最终阶段做准备，即在消弭了二元对立的迷狂状态下，与神或太一的神秘融合。在思考神和**关于**神的主题时，主体与客体是分离的。但是在迷狂中的融合就没有这种分离。"就像在天上看到的那样，能同时看到神和人自己。人散发着光芒，被可知的光充满，甚至与那束纯洁的光融合，没有任何负担或沉重感，竟要转变成神，不，本质上成为神。那个时候，人就像在燃烧，但当他变得沉重时，就好似火光快要熄灭。""那种直观很难用语言形容。因为当他看见这个景色，他就知道这不是个别事物，而是与他自己的意识相融合的"一"，所以人怎么可以像描述个别事物那样描述神呢？"②（不用说，朝向神的上升并不意味着神"在那里"占据空间位置。）对神的沉思无须将自己的思想投掷到自身以外，仿佛神只以这种方式在此处以外的别处。③相反，神在任何地方显现。他并非外在于人，而是始终向所有人显现，甚至连他们自己也不知道。④ 但是，这种迷狂的融合在生命长河中如此短暂。我们期望在未来挣脱了身体的阻碍后，寻得完全持续的融合。"他会再次离开直观。但是当他再次了解到自己的完美卓越时，他的内在德性会唤醒他。他会再次变轻，通过德性上升到理智，并从智慧到达至高。这是诸神和类神者以及幸福者的生活。他们从尘世解脱，超越尘世快乐，从孤独飞升到独有境界。"⑤

在普罗提诺的体系中，奥菲斯-柏拉图-毕达哥拉斯的"轮回说"、理智的上升、通过与神合一和对于神的知识获得拯救的观点得到了完整而系统的阐释。他的哲学不仅包括逻辑学、宇宙论、心理学、形而上学和伦理学，还包括宗教和神秘主义的理论。实际上，因为知识的最高形式是关于神的神秘知识，普罗提诺（他的神秘主义理论建立在自己的经验和对过

---

① 《九章集》，1，3，4。
② 《九章集》，6，9，9（768f—769a）；6，9，10（769d）。
③ 《九章集》，6，9，7（765c）。
④ 《九章集》，6，9，7（766a）。
⑤ 《九章集》，6，9，11（771b）。

去的推理上）又倾向于把神秘体验作为真正哲学家的至高成就。我们可以说，普罗提诺的新柏拉图主义哲学趋向于宗教，至少指向了它自身以外的地方，思辨自身并没有被设为最终目标。这使得新柏拉图主义一方面有可能成为基督教的对手，而另一方面其复杂的哲学体系和"反历史"的精神阻止它成为原本可能的基督教对手，比如，它缺乏神秘宗教的大众基础。在那个时间段，个人在精神上的渴求也是十分重要的特征，比起同时代渴望自我救赎的状况，新柏拉图主义是真正偏重理性的。"'让我们一起飞向我们的故乡'① 的忠告实在含义颇深。故乡就是我们来的地方，那里即是大父。"② 基督教之所以比超越的新柏拉图主义哲学或者是对神秘崇拜的狂热追求拥有更广大和更深厚的基础，是因为它根植于历史，将大众诉求与日渐增强的思辨背景结合，有一种执着于在现世完成超越的使命感，神秘团体与伦理教导相结合，禁欲主义与自然的献祭相结合。但是，从基督教自身的观点来看，新柏拉图主义仍然具有重要的作用，它有助于启示宗教的理智阐述，而这是基督教不能做到的，因此基督教应对新柏拉图主义报以同情和尊敬。普罗提诺对最伟大的拉丁教父（以及一般教派）也产生了巨大影响。

三、普罗提诺学派

在上帝和物质对象之间增加中介物的倾向在普罗提诺的弟子阿梅里乌斯那里清晰可见。阿梅里乌斯区分了努斯的三重本质，实存者、分享者和提升者。③ 而那个时期更为重要的哲学家是推罗的波斐利（公元232/3—301年），他于公元262/3年在罗马师从普罗提诺。我们在前文提到过波斐利与他导师的一生。除此之外，波斐利还撰写了大量作品，主题多样，其中最著名的当属为亚里士多德的《范畴篇》写的导论。这本书被翻译为拉丁文（比如：由波爱修翻译的）、叙利亚文、阿拉伯文、亚美尼亚文，并产生重大影响。在古代甚至中世纪，都有很多人对此撰写评注。

---

① 荷马，《伊利亚特》，2，140。
② 《九章集》，1，6，8（56g）。选自多兹教授的翻译。
③ 普罗克洛，《蒂迈欧》评注，1，306，1 以下。

这部作品讨论属、种、种差、性质和偶性等概念。波斐利也为柏拉图（比如《蒂迈欧》）和亚里士多德（主要是逻辑学文本）的其他作品写注，并试图表明柏拉图和亚里士多德的哲学观点在本质上是一致的。

波斐利希望以清楚明晰的方式阐释普罗提诺的学说，但是比起普罗提诺来说，他更强调实践和宗教的这一面。哲学的目的是救赎，灵魂必须通过从关注较低者到关注较高者的转向来净化自身，而这种净化应该靠禁欲主义和对神的知识达成。最低等级的德性在于政治品德的练习，其中又以"情欲中节"为本质。也就是说，在人与人之间的交往中，要依循理性的主导，减少灵魂的情欲，并趋于中道。位于最低等级之上的是净化的德性，它们的目标则是更加"不动心"，其目的是为了实现肖似神明。到了德性的第三个等级，灵魂开始转向努斯（对于波斐利来说，恶不在于身体，而在于灵魂在欲望的驱使下转向次级对象），① 而德性之最高等级是属于努斯的典范德性。四个主要德性在每个等级中都会出现，只是以不同的程度表现出来。为了促进灵魂的提升，波斐利强调实践禁欲。比如，避免食肉，独身生活，避免娱乐活动，等等。积极的宗教在他的哲学中占有重要地位，但他反对滥用占卜和迷信（然而，因为他相信鬼神学，所以他承认这些东西本身）。波斐利同时支持大众和传统宗教，让异教徒的神话寓言化，并使其中的哲学真理得以呈现。他坚持"工"的重要性，宣称神不会奖赏智慧者的言辞，而会奖赏他的"工"。② 真正虔诚的人不在祈祷和献祭中践行虔敬，而在工中践行他的虔敬：上帝不会因为人的名声和空话而肯定他，而会因为其言行一致的生活肯定他。③

波斐利旅居西西里的那段时间，写了 15 本抨击基督教的书。这些挑起争端的著作在公元 448 年，由瓦伦提尼三世和狄奥多西二世下令焚毁，现如今只剩下少许残篇。因此我们只能依靠基督教的文献（凯撒利亚的梅多迪乌斯和尤西比乌的作品）为线索，确证波斐利对他们的抨击。奥古斯丁说，如果波斐利曾对智慧怀有真爱并了解基督耶稣，"他就不会被

---

① 《致玛塞拉》(*Ad Marcellam*), 29。
② 《致玛塞拉》, 16。
③ 《致玛塞拉》, 17。

他（基督）那种极其健康的谦卑吓得退缩回去了"①。但这句话不能作为波斐利曾是基督徒或者望教者的确切证据，因为奥古斯丁并没有把波斐利看作是叛教者，虽然历史学家索格拉底断言波斐利抛弃了基督教，原因是受到了巴勒斯坦地区的凯撒利亚基督徒的攻击。②所以，我们并不能确证波斐利是否曾是基督徒，他自己也从未说他皈依过基督教。另外，波斐利想阻止有教养的人皈依基督教，并努力证明基督教是非逻辑的、无知的、包含矛盾的，等等。他在攻击《圣经》和基督教解释学时持有特殊的观点，有趣的是我们能在其中看到他对《圣经》的考证，比如，他否认《但以理书》的权威性，宣称其中的预言是："依事件结果所做的预言"；他也否认摩西的《摩西五经》，指出《福音书》中的不连贯性和矛盾，等等。他也抨击基督的神性，他提出很多论据反对基督的神圣和教条。③

---

① 奥古斯丁,《上帝之城》, 10, 28。波斐利在很年轻的时候就认识奥利金。尤西比乌,《教会史》(Historia Ecclesiastica), 6, 19, 5。
② 《教会史》, 3, 23,（《希腊教父》, 67, 445）。
③ "从他的作品残篇可以判断，波斐利认为基督教晦涩、前后不一、不合逻辑、谎言、过度自信和愚蠢。他几乎看不到基督教的其他方面。"皮埃尔·德·拉布里奥勒,《异教的回应》(La réaction païenne), 第286页, 1934年。

第四十六章

其他新柏拉图主义学派

一、叙利亚学派

新柏拉图主义叙利亚学派的重要代表人物是波斐利的学生——扬布里柯(死于公元330年)。扬布里柯发展了新柏拉图主义,增加了存在者的等级,而且强调法力和神秘主义的重要性。

1. 新柏拉图主义在一开始就表现出增加存在者等级的倾向,这是强调至高神的超越性和把神与可感世界分离的结果。普罗提诺还会以合理的约束抑制这种倾向,而扬布里柯则放开了限制。因此在普罗提诺的太一之上,扬布里柯强调还有一种太一,它超越一切限制并位于善之上。[①]对于我们来说,这个太一无法谓述和描述(除了说它是"一"),因此也高于普罗提诺的等同于善的太一。这个太一先产生出理念和可知对象的世界,再产生理智存在的世界,其中包括努斯、中介物和造物神。虽然扬布里柯并不满意这种复杂的情况,但是他还是继续区分了理智世界的成员。[②]在理智世界之下是高于人的灵魂,从这个灵魂中会产生其他两类:大众宗教的诸神和"英雄"(加上天使和精灵),它们都属于这个世界,扬布里柯则试图根据数量安置它们。但是,扬布里柯一方面努力用思辨理性的方式构建了这个奇怪的体系,另一方面又宣称我们对神拥有直接而内在的知识,并拥有对善的内在心理冲动。

2. 扬布里柯的伦理学表达了明显的宗教兴趣。他接受波斐利关于政

[①] 达马修斯,《第一原则的困难及其解决》(*Dubitationes et solutiones de primis principiis*),43。
[②] 普罗克洛,《蒂迈欧》评注,1308,21d 以下。《第一原则的困难及其解决》,54。

治德性、纯净德性、典范德性的区分，然后又在后两者之间引入**理论**德性，灵魂把努斯当作对象来沉思，并审视从最终本原而来的秩序排列。通过典范德性，灵魂将自己与理念的住所——努斯等同起来。最后，在这四种德性之上，还有祭司的德性，灵魂在迷狂中与太一相融合。（这种德性因此也被称为合一之德。）因为我们必须寻求神圣启示，以便获得同神融合的方式，所以祭司高于哲学家。净化感官、神力、奇迹、占卜在扬布里柯的体系中占有重要地位。

二、帕伽马学派

帕伽马学派由扬布里柯的学生艾底修斯成立，主要特点是强调法力和恢复多神论。因此，一方面，朱利安皇帝的老师之一马克西姆对法力给予特别的关注，同时撒路斯提乌斯写了《论诸神和世界》作为多神论的宣传；另一方面，朱利安的另一位老师、雄辩学家李柏纽写文章抨击基督教，撒狄的欧那比乌斯也这样做过。朱利安（322—363年）作为基督徒长大，但后来却成了异教徒。在短暂的统治期间（361—363年），他表现为基督徒的狂热反对者，同时追随多神教，并且将多神教与扬布里柯的新柏拉图主义思想相结合。比如说，他根据新柏拉图主义哲学来阐释对太阳的崇拜，把太阳作为可知世界和可感世界的中介。

三、雅典学派

新柏拉图主义时期的雅典学派十分关注亚里士多德和柏拉图的著作，尤其表现在普鲁塔克（聂斯托利的儿子，出任过雅典学园园长，死于公元431/2年）对《论灵魂》的评注，以及绪里亚努（继普鲁塔克后，雅典学派的领袖）对《形而上学》的评注。但是绪里亚努并不赞同柏拉图和亚里士多德思想一致的说法，相反，他认为亚里士多德哲学是为研究柏拉图哲学做准备的。同时在《形而上学》的评注中，他针对亚里士多德做出的抨击，为柏拉图的理念论做了辩护，并在这点上清楚区分了两位哲学家。但他也认为柏拉图、毕达哥拉斯、奥菲斯和古巴比伦文学之间有一致的地方。犹太血统的叙利亚人多米尼乌继承了绪里亚努，并撰写了数学方面的论著。

然而，比这些人都更重要的是普罗克洛（410—485年），他出生于君士坦丁堡，担任雅典学园领袖多年。他非常勤奋努力，虽然很多作品现已佚失，但我们依然保存有他对《蒂迈欧》《理想国》《巴门尼德》《阿尔喀比亚德前篇》和《克拉底鲁》的评注，以及他自己的著作：《神学要义》《论柏拉图神学》《关于神明眷顾的十个疑问》《论眷顾与命运》和《论恶之实有》，最后的三本保存为穆尔贝克的威廉的拉丁译本。普罗克洛知识渊博，了解柏拉图、亚里士多德及之前的新柏拉图主义哲学，他将对此的知识与对宗教信念、迷信和实践抱有的极大兴趣和热情结合起来，他甚至还相信自己曾经受过神启，并且是新毕达哥拉斯主义者尼各马可的转世。普罗克洛受过各个方面的学术训练，他试图把这些元素都放在清晰的系统之中，这个任务对于他来说并不困难。他的思辨能力和将各种学说综合到自己精细的系统中的努力让他收获了最伟大的古代学者的荣誉。①

普罗克洛辩证体系的**主题**是三元发展论。这个原则的确被扬布里柯使用过，但普罗克洛以十分辩证的方式巧妙地运用了它，使它成为太一流溢说的主要原则。也就是说，流溢之物按顺序从最高本原到最低存在排列。因此，流溢之物与它的原因和来源部分相同，部分不同。就与来源相同的部分来说，因为本原自我流溢所以流溢之物才发生，因此后者在一定程度上等同于本原；另一方面，因为有等级，在流溢的过程中就必定有与本原不同的部分。因此，流溢之物分为两个部分，第一部分由于部分相同而保持在本原之中，第二部分因其向外发展而表现得不同。但是，流溢而来的所有存在物都自然倾向于善，而对存在物发展的严格分级，向善的自然倾向意味着流溢出的部分返回到流溢的直接本原。普罗克洛因此区分了流溢过程的三个阶段：1. 保存在本原中；2. 从本原中流溢出来；3. 返回本原。这种三元发展论，或者三个阶段的发展主导了整个流溢的过程。②

---

① 在《欧几里得》的评注中，普鲁塔克提供了包括柏拉图、亚里士多德、新柏拉图主义和其他数学哲学家在内的各种意见。
② 《神学原理》(*Institutio Theologica*)，30以下；《柏拉图神学》(*In Platonis Theologiam*)，2，4；3，i4；4，1。

整个发展过程的最初原则就是最初的太一。①存在物必有其原因,原因与结果并不相同。但我们不能接受无穷回溯。因此,一定存在第一因,然后由此而来的多样性"像根的分支"那样发展起来。它们中的某些更接近第一因,某些更远离第一因。此外,只可能存在一个第一因,因为多样性总是在统一性之后。②我们在逻辑上会将所有的多回溯到"一",而将所有结果回溯到最终的原因,把部分的善回溯到绝对的善。因此,最终本原超越了谓词"一"、原因和善,正如它超越了存在。所以,我们确实无法肯定地谓述最终本原,我们只能说它**不是**什么,知道它在所有散漫的思想和肯定的描述之上,它自己却是不可言说和不可思议的。

从太一中产生出的单元(ἑνάδες)被看作超越本质和不可思议的诸神,是神意的来源和被称为善的东西。从单元中又产生努斯,努斯再三分为"恒存之知""运作之知""同归之知"(参考扬布里柯),这些领域分别与存在、生命和思想等概念相关。③普罗克洛并不满足这样的划分,他在努斯的三个领域中再次引入了更细致的分类,前两者分成三部分,第三者则分为七部分。

在努斯之下是灵魂的范畴,灵魂是超感觉世界和感觉世界的中介,作为摹仿物反映超感觉世界,又是感觉世界的模型。灵魂的范畴再划分为三个次级范畴,即神圣灵魂、精灵灵魂、人类灵魂。每个次级范畴再次被细分。希腊诸神出现在神圣灵魂之中,但是依据神的不同面向或功能,相同的名字会出现在不同的群体之中。比如,普罗克洛似乎就假设了三种宙斯。精灵灵魂是诸神和人类之间的桥梁,可以细分为天使、精灵、英雄。

世界是有生命的被造物,由神圣灵魂形成和引导。它不是恶的(质料本身也不是恶),因为我们不能将恶溯源到神圣上。恶被认为是缺乏,这与存在序列的较低等级密不可分。④

普罗克洛认为在流溢的过程中,流溢的原因保持自身不变。它使得

---

① 《神学原理》,4,6;《柏拉图神学》,2,4。
② 《神学原理》,11。
③ 《柏拉图神学》,3,14;4,1。
④ 《柏拉图神学》,1,17;《理想国》评注,1,37,27以下。

次级的存在成为现实,但自己并没有运动或减少,而是依旧保存着自己的本质。"既不变成结果,也不蒙受减损。"因此,造物并不通过创造者的自我分割或转化产生。在这点上,普罗克洛与普罗提诺一样,在无中生有与真正的一元论或者泛神论之间坚持中道。因为,虽然创造者在产生次级存在物的时候,既不改变也不减损,但它始终还是从自身中提供了次级存在物。①

根据相似物从相似物中获取的原则,普罗克洛给予人类灵魂高于思想的能力,这种能力可以通达太一。②这是某种统合的能力,能在迷狂中抵达最终本原。正如波斐利、扬布里柯、绪里亚努和其他哲学家,普罗克洛认为灵魂的身体很轻,由光构成。因此它介于物质和非物质之间,是不朽的。灵魂的眼睛能够觉察到神的降临。灵魂通过德性的不同等级上升到与太一融合的迷狂。普罗克洛区分了灵魂上升的三个一般阶段:爱欲、真理、信念。真理引导灵魂超越对美的爱,并用真实知识填满它。而信念在不可思议和难以言说之前达成了神秘的缄默。

继普罗克洛后,撒马利亚人马里努斯成为学派领袖。马里努斯的卓越之处体现在数学方面和对柏拉图清晰严谨的阐释上。比如说,在对《巴门尼德》的评注中,他主张太一代表**诸理念**而不是诸神。但这并不能阻止他像同时代的人那样,重视宗教迷信,并把"似神之德"作为德性的最高追求。马里努斯之后,由依西多罗继位。

雅典学派的最后一位继承人是达马修斯(从公元520年开始任职),曾在数学上受到马里努斯的教导。他说,人类理性无法理解太一与其产生的存在物的关系。他甚至认为人类的思辨不能真正通达真理。我们在这一关联中使用"原因""结果""过程"等词,都只是类比,而不是真正的实存。③然而,在另一方面他又不放弃思辨,他严格限制了通神学、神秘主义和迷信。

---

① 《神学原理》,27。
② 《阿尔喀比亚德前篇》评注,III;《论神意、命运以及是什么决定了我们》(*De providentia et fato et eo quod in nobis*),24。
③ 《第一原则的困难及其解决》,38,I,79,20以下;41,I,83,26以下;42,I,85,8以下;107,I,278,24以下。

达马修斯的弟子是著名的辛普利西乌斯,他曾为亚里士多德的《范畴篇》《物理学》《天象论》《灵魂论》做评注。他对《物理学》的评注包含了前苏格拉底的残篇,因此显得尤其重要。

公元 529 年,查士丁尼皇帝禁止在雅典教授哲学,达马修斯、辛普利西乌斯和其他 5 位新柏拉图主义学派的成员前往波斯,得到科斯洛皇帝的接待。然而,由于不满波斯的文化现状,他们于 533 年回到雅典。这个世纪中期以后,新柏拉图主义者就消失匿迹了。

四、亚历山大学派

1. 新柏拉图主义的亚历山大学派的主要工作是研究各个特殊学科和为柏拉图、亚里士多德写评注。希帕提亚(公元 415 年被狂热的基督教暴徒残杀)写了数学和天文学方面的著作,并开设了关于柏拉图和亚里士多德的专题课程。而亚历山大的阿西来皮奥多图(公元 5 世纪后半叶,后居住在加利亚阿芙罗蒂西亚)研究科学、医学、数学和音乐。阿莫尼乌斯、菲洛波努斯、奥林匹奥多罗斯等人对柏拉图和亚里士多德的作品做过评注。整个学派尤其关注亚里士多德的逻辑学作品,在这些评注中他们表现出严谨的态度,并试图依循作者做出自然的解释。形而上学和宗教兴趣日趋退离舞台,增加中介存在这种扬布里柯、普罗克洛的典型特征也被逐渐抛弃,迷狂的理论也不那么受关注。即使普罗克洛的学生阿西来皮奥多图虔诚并稍带神秘主义倾向,他也拒绝老师复杂的、高度思辨的形而上学。

2. 亚历山大的新柏拉图主义的特点在于它与基督教和著名的问答学派思想家之间的密切关系。抛弃扬布里柯和普罗克洛思辨精神的结果就是,新柏拉图主义在亚历山大逐渐失去了明确的异教徒身份,而成为更加"中立"的哲学学派,其中逻辑学和科学显然是基督徒和异教徒多少有共同基础的学科。但也正是与基督教的逐渐关联使得希腊化思想在君士坦丁堡得以传播。(7 世纪上半叶希拉克略皇帝统治期间,也就是查士丁尼关闭雅典学园一个世纪之后,亚历山大的斯特方来到君士坦丁堡,在大学教授柏拉图和亚里士多德哲学。)新柏拉图主义者和亚历山大基督徒关系密切,其中一个例子是,希帕提亚的弟子西涅修斯在公元 411 年成了多利买的主教。另一个令人惊讶的例子是，菲洛波努斯最终皈依基督教。作为皈依者的他曾写书反对普罗克洛的永恒世界理论，并援引柏拉图《蒂迈欧》的"创造物在时间中"的理论来支持自己的观点。另外，菲洛波努斯认为柏拉图的智慧来自《摩西五经》。值得一提的人物还有努美修斯，他是腓尼基伊梅撒的主教，也深受亚历山大学派的影响。

3. 但是，如果说新柏拉图主义对亚历山大的基督教思想家影响深远，那么也可以说基督教思想家也影响了非基督徒的哲学家。这可以在亚历山大的希罗克勒斯那里看到，他从公元 420 年开始在亚历山大授课。比起新柏拉图主义者，希罗克勒斯更像是中期柏拉图主义者。因为他抛弃了被扬布里柯和普罗克洛夸大的普罗提诺存在物等级理论，他只承认一个超越于人的存在，即造物者。更令人震惊的是，希罗克勒斯宣称造物神能"从无中自由地创造"。① 他驳斥了"创造物在时间中"的理论，但是这并没有撼动基督教对他的重大影响，尤其是对于希罗克勒斯来说，命运不是机械的决定论，而受人的自由行动影响。请愿的祷告和天意的命运并非互相排斥，② 必然性和命运的理论一方面让基督教与人类自由更加和谐，另一方面也与神意更为契合。

五、拉丁西部的新柏拉图主义者

在拉丁西部地区，很少有能被称为"学派"的新柏拉图主义。但是，这些"拉丁西部的新柏拉图主义者"拥有共同的特征：新柏拉图主义思辨的一面已经不复存在，取而代之的是他们博学的一面。他们将希腊作品翻译为拉丁文，对柏拉图、亚里士多德以及其他拉丁哲学家的文本进行评注，从而把哲学研究扩展到了罗马世界，同时为古代哲学架起了通往中世纪的桥梁。公元 4 世纪前半叶，查尔西迪乌（他或许是基督徒）将柏拉图的《蒂迈欧》翻译成拉丁文，并为此写了评注，但很明显他以波塞多尼乌斯的评注作为基础（也可能使用了其他二手文献）。中世纪大量使用了

---

① 佛提乌斯（Photius），《藏书》（*Bibliotheca*），460b23 以下；461b6 以下。
② 佛提乌斯，《藏书》，465a16 以下。

这部书的翻译和评注。[1] 在同一个世纪，玛莱乌斯·维克多利努斯（他在老年时期成了基督徒）把亚里士多德的《范畴篇》和《解释篇》、波斐利的《亚里士多德〈范畴篇〉导论》以及新柏拉图主义者的作品翻译成了拉丁文。他同样也为西塞罗的《论题》和《论取材》写过评注，自己也著有《论定义》《论假言三段论》等原创作品。作为基督教徒，他也写作了一些神学作品，其中很大部分还保存完好（奥古斯丁就受到维克多尼鲁斯的影响）。另外还有维提乌斯·普利特克塞塔图斯翻译了忒米修斯对亚里士多德《分析篇》的改述。麦克比乌斯（他在后期似乎也成了基督徒）写作了《农神节》，也在公元400年左右为西塞罗的《论西比渥之梦》做评注。这部评注呈现了新柏拉图主义的流溢说，麦克比乌斯似乎也参考过波斐利的《蒂迈欧》评注，而波斐利又充分使用了波塞多尼乌斯的评注。[2] 5世纪早期，马尔提诺斯·卡佩拉写作了《论语言学与墨丘里神的婚姻》（现存），在中世纪还被广泛阅读。（比如，奥塞尔的雷米吉乌斯就为此做了评注。）这部被誉为百科全书式的著作包括七艺，从卷三到卷九分别逐项讲解这七艺。它对中世纪十分重要，因为中世纪的教育就是以七艺为基础的"三门四科"。

然而，比以上各位更加重要的作家是基督徒波爱修（480—524/5年）。他在雅典学习，在东哥特皇帝西奥多里克治下担任高职。但最终在被监禁后以叛国的罪名被处以死刑。在此期间他写作了著名的《哲学的慰藉》，由于波爱修哲学更适于放在中世纪哲学部分详细说明，所以我在此只提及他的某些作品。

虽然波爱修计划把亚里士多德的所有作品翻译成拉丁文，并辅以评注，但他并没有顺利完成。不过他还是将《范畴篇》《解释篇》《论题篇》《分析篇》《辩谬篇》翻译成了拉丁文。或许根据波爱修的计划，除《工具论》外，他还翻译了亚里士多德的其他作品，但我们对此并不清楚。他翻译了波斐利的《亚里士多德〈范畴篇〉导论》，而中世纪备受争议的共相

---

[1] 由于这部著作包含了柏拉图诸多对话以及其他希腊哲学家的观点和文章，因此查尔西迪乌直到12世纪都被认为是希腊哲学知识的主要来源之一。
[2] 因为麦克比乌斯在他的评注中引入了诸如数象征、流溢说、普罗提诺的品德分级甚至多神论，所以这部著作是"新柏拉图主义的综合产物"。

问题则出自对波斐利和波爱修的评注。

除了为《亚里士多德〈范畴篇〉导论》(由维克多尼鲁斯翻译)做了双重评注,波爱修还为《范畴篇》《解释篇》《论题篇》《分析篇》《辩谬篇》(可能)以及西塞罗的《论题》做了评注。除了评注,他也有不少原创的著作:《定言三段论入门》《论定言三段论》《论假言三段论》《论分类》《论不同论题》《哲学的慰藉》《论算数基础》等。他在晚年还写了某些神学作品。

由于波爱修在翻译和评注上的辛勤工作,他被称为古代和中世纪之间的主要中介者,也被称为"最后一位罗马人和第一位经院哲学家"。"直到12世纪末,他都是亚里士多德哲学传入西方的重要通道。"[①]

[①] 德·伍尔夫(M. De Wulf),《中世纪哲学史》(*History Medieval Philosophy*),Ⅰ,第109页。

结　语

当我们回顾整个希腊和希腊-罗马世界的哲学，注视着小亚细亚海滨文明的朴素开端；观赏着赫拉克利特和巴门尼德的理智力量和理解能力与贫乏的哲学语言做抗争；追随着这个世界上最伟大的两种哲学，即柏拉图和亚里士多德哲学的发展；见证着斯多亚学派的广泛影响以及普罗提诺的新柏拉图主义这一古代世界最后的富有创造性体系的演进，我们不得不承认，我们已经见识了先于我们的人类伟大成就之一。如果我们赞赏西西里岛的希腊神庙和中世纪的哥特大教堂，钦佩弗拉·安吉利科、米开朗基罗、鲁本斯和维拉斯奎兹的作品，珍视荷马、但丁、歌德和莎士比亚的作品，那么，我们应该向这些纯粹思辨领域的伟大瑰宝致敬，并将其视为我们欧洲最为尊贵的遗产之一。如果我们想要深刻理解希腊思想的丰硕成果，心灵的努力和坚毅是不可避免的。所有投入于理解两位人中英杰（柏拉图和亚里士多德）哲学思想上的努力都会有丰厚回报，研究这些思想所花费的努力与我们花费在欣赏贝多芬和莫扎特的音乐，或者是沙特尔大教堂的壮丽上面的努力一样值得。希腊的戏剧、建筑、雕塑都是希腊人文化和天才的不朽明证，但若是没有希腊哲学，荣光也将变得残缺不全，想要欣赏希腊文明的全部光辉，必须了解希腊哲学。在结语中，我将提出某些建议（部分内容在前文中已经提到过），希望能帮助读者朋友们理解作为整体的希腊哲学。

1. 我之前已说过一和多的问题，尤其是它与前苏格拉底哲学的关联。当然，一和多的关系以及这二者的特点这个主题出现在整个希腊哲学的发展过程中，就像它出现在整个哲学的发展过程中一样。我们在经验中发现

"多",而哲学家则试图综观"多",以便尽可能发现某种对实在的全面理解,也就是以"一"观"多",在某种意义上也是将"多"简化为"一"。这种综观的尝试在前苏格拉底时期的宇宙论者那里表现得非常清晰,在此就不多加阐释了,只需记住,他们主要从物质的角度来尝试调和经验的"多"和思想要求的"一"。"多"和"一"都是物质性的,这异中之同是物质的,譬如水、无定、火、气。有时候"一"被认为更为重要,比如在爱利亚学派的体系中。而在留基伯和德谟克利特的原子论中,"多"则更为荣耀。但是记住,一定程度上正是因为语言的贫乏,才导致思想几乎难以超越物质层面,尽管毕达哥拉斯学派对灵魂和身体做了更为清晰的区分,而阿那克萨戈拉提出的努斯概念则试图摆脱物质论。

智者派关心的正是这个问题,不过他们更强调"多"的层面,也包括生活方式、伦理判断、意见的"多"。而苏格拉底则强调"一",因为他已经清晰地看到真正的价值判断的统一性基础。到了柏拉图时期,这个问题才发展得较为深刻和复杂。现象短暂多样,在经验中体现出繁杂,与作为范型的理念的统一性实在的背景相对,而理念在概念中被人的心智所理解。对实在的理念领域的断言迫使哲学家不仅要在逻辑的角度上考虑"一"和"多"的问题,也要在不可见的本体论领域思考它。结果便是,多种多样的非物质性的"一"被视作"一"的运作,也就是说将其视为超越领域和最终范型的综合的实在。此外,尽管感官经验中的个体,即早期宇宙论者所言的"多"消解在无限和不确定之中,因为它们的个别性被认为是概念无法概括的,整个物质世界却仍然是由灵魂或心智排序和赋形的。另一方面,作为范型的理念和流变的个别事物之间存在分离,至少,动力因和形式因之间的关系还没有人能说清楚。因此,尽管柏拉图极大地缓解了这个问题的复杂性,超出了早期宇宙论者的物质论,但也没能给出充分的答案,给我们留下了二元论:一方面是实在的领域,另一方面是半实在或者说生成的领域。他提出了非物质性的存在,这使得他超越了巴门尼德和赫拉克利特,但这并不足以完美地解释存在和生成,即"一"和"多"的关系。

亚里士多德使我们更深地理解了物质世界的丰富多彩,而且他试图提出通过内在的实体形式学说实现"一"和"多"的综合。同一种的多个成员因含有相似的种形式而一致,尽管它们在数量上并不同一。然后,亚里士多德的形质论肯定地上世界有真正的统一原则,同时也避免过度强调"一",以免同经验中的"多"相抵触。因此,他假设了不变的本原和变化的本原,这样便可以公平对待存在和生成。此外,亚里士多德提出不动的动者,即宇宙的终极目的因,以在某种程度上作为统一和谐的原则,这样,现象的多样性就可以归为可理解的"一"。然而,另一方面,亚里士多德不满意柏拉图的理念论,他因为看到了其中的短处而对柏拉图的理型予以否认。他坚持目的因,因此也排斥基于动力的对宇宙的因果论解释,这在实质上主张了神和**独立**世界的二元论。

在亚里士多德以后的哲学中,看到斯多亚学派这样的哲学或许并不令人惊奇,他们偏重强调一,最后对宇宙提出泛神论的解释,这也反映在他们伦理学的世界主义主张上。同时,我们也会发现伊壁鸠鲁学派这样的哲学,他们更偏重"多",其宇宙论奠基于原子论,而他们的伦理学至少在理论上是利己主义的。新毕达哥拉斯学派和中期柏拉图主义则尝试融合来自毕达哥拉斯学派、柏拉图主义、亚里士多德哲学和斯多亚学派的各种因素,最后,新柏拉图主义在这个问题上达到了顶峰。新柏拉图主义认为,只有以这种方式才可以妥善安置"一"和"多"问题,即肯定"多"必定以某种方式来源于"一",这在一方面避免了神和独立世界的二元论,另一方面也避免了一元论。这样就兼顾了"一"和"多"的实在性,即兼顾了"一"的至高实在性和"多"的从属实在性。但是,尽管新柏拉图主义通过确定存在的不同等级,拒斥了宇宙论上的一元论,而且否认超越的"一"会出现自我减损,同时承认"多"的多样性,不否认宇宙或者不把次要存在等级的东西视为幻象。但是,他们尝试在真正的创造和一元论之间寻找中间道路,却始终没能提供令人满意的说明。此外,他们的流溢说否定事物是从无中创造的,也否定神会因此自我减损,因此成了纯粹的比喻,没有任何可理解的意义。直到基督教哲学兴起,才较为完满地解释了"神从虚无中创造万物"。

2. 从某种不同的意义上来说,我们可以认为,希腊哲学总体上试图发现世界的终极原因。就像亚里士多德发现的那样，前苏格拉底时期的哲学家几乎都考察物质性的原因，即世界的基质，在万端变化背后的不变之物。而柏拉图特别重视形式因、理念和超越于物质的实在；他同样断言动力因，也就是心灵和灵魂，在前苏格拉底时期的阿那克萨戈拉那里迈出了第一步。不管亚里士多德怎么说，柏拉图的确也没有忽视目的因，因为形式因也可以被视为目的因，形式因不仅是理念，也是理想。《蒂迈欧》明确指出，神在世界上的所有行为都是有目的的。但柏拉图似乎在形式因和动力因之间划出了界限，至少我们可以在他明确说过的话中得到这样的暗示，因为没有足够的依据可以斩钉截铁地说他已经将这两个终极的原因融合了起来。同时，他也没有像亚里士多德那样在地上世界中给予内在形式因以明确的位置。然而，亚里士多德发展了内在形式因和质料因存在于地上世界的理论，却令人遗憾地没能联结起终极的动力因和形式因。亚里士多德主义中的神如同终极目的因那样运作，但是，既然这位哲学家没能理解神的不变性和自足性如何能与动力因的运作调和起来，他也就没办法提供终极的动力因。毋庸置疑，他认为不动的动者所提供的目的因的运作同样是所需的终极的动力因。但这也就意味着，亚里士多德的世界不仅永恒，同样也在本体论层面独立于神。因为我们不能假想不动的动者通过无意识目的因的运作使得世界进入存在。

  因此，我们有必要综合柏拉图和亚里士多德。在新柏拉图主义那里，而且或多或少在之前的各种折中派哲学家那里，亚里士多德的神和柏拉图的形式因、动力因在某种程度上结合了起来，尽管也许并不能说是以完美的方式结合。另一方面，在基督教哲学中，终极的动力因、形式因、目的因统一在精神性的上帝中，它是最高的存在、现实、所有被造物和非独立之物的来源。

  3. 此外，我们也可以从人文主义的角度来看待整个希腊哲学，也就是观察每个体系中人所处的地位。就像我之前说的，前苏格拉底时期的宇宙论特别在意的是对象，即物质性的宇宙，而人被视为这个宇宙中的成员。比如，他的灵魂可能是最初的火收缩而成（赫拉克利特）或者特定种类的原子组合而成（留基伯）。另一方面，毕达哥拉斯学派和恩培多克勒提出灵魂转世学说，又暗示在人当中存在比质料更高的本原，最后柏拉图极大地发展了这种思想。

由于种种原因，在智者学派和苏格拉底那里我们发现了从对象到主体，从物质宇宙到人自身的转向。但是，直到柏拉图主义哲学才第一次真正尝试将这两种实在融合在同一个综合体系中。一方面，人作为认识和意愿的主体出现，这种存在意识到了或者应该意识到他的个人生命和城邦生活的真正价值，他也被赋予了不朽的灵魂。此外，人类的知识、本性、行为和城邦成了深刻而精辟的分析和考虑的主题。另一方面，人同时存在于两个世界：高于人的、完满的、无形的实在世界和低于人的、有限的物质世界。他同时体现着两方面的特质。正如中期斯多亚学派的伟大思想家波塞多尼乌斯所说，人是非物质界和物质界的联结。

在亚里士多德的哲学中，人同样是某种中间存在。因为柏拉图和亚里士多德都不认为人是最高的存在，吕克昂的创办者同学园的创办者类似，都深信在人之上的是不变的存在，而且沉思不变的存在是人类最高能力运用的结果。此外，亚里士多德也和柏拉图一样，对人类心理、人类行为和人类社会进行了深刻的思考。也许我们可以说，亚里士多德哲学在此既有胜过柏拉图的方面，也有逊于柏拉图的地方。例如，比起柏拉图，他的哲学更人道的地方在于他将灵魂和身体更加紧密地关联起来，从而提供了更"实在"的认识论；给予人的审美体验和艺术创作以更高的价值；他对政治社会的看法也更符合"常识"。而不如柏拉图的说法体现在他认为所有人都具有主动理智（根据《论灵魂》的解释中最有可能的说法），这会否定个人的不朽性。此外，亚里士多德从不认为人和神在任何意义上能够联结起来。

然而，尽管柏拉图和亚里士多德为研究作为个体和社会成员的人及其行为赋予了重要性。他们两位（即使亚里士多德倾向于研究自然科学）仍然是伟大的形而上学家和思辨的哲学家，我们不能认为他们仅仅专注于人的问题。而到了希腊化和罗马时期，"人"逐渐成为关注的中心问题，宇宙论的思辨只是个幌子，也不再具有独创性。在伊壁鸠鲁学派和后期斯多亚学派那里，哲学家们将注意力全部集中在人类行为上，在这种关注之下产生了晚期斯多亚学派的伟大学说,塞涅卡、马可·奥勒留和最为突出的爱比克泰德都主张所有人作为理性的存在都是同胞兄弟,都是宙斯的子孙。斯多亚学派最为重视人的道德行为,而柏拉图主义传统影响下的思想家更注重人的宗教潜能、需求和向往,他们提出了"拯救"这个教义,主张认识神、与神合一,最后普罗提诺主义提出与太一的迷狂般的联合。如果伊壁鸠鲁学派以及某种意义上的斯多亚学派是以某种平行的方式关怀人,柏拉图主义则采用垂直的方式,也就是将人引向神。

4. 认识论或知识论通常被认为是哲学的分支,到了现代才显出其突出的地位,对于某些现代思想家来说,认识论构成了完整的哲学。大量事实指出,现代哲学才对认识论进行了严肃的、批判性的研究,但若不加上种种限定,这句话并不那么确切。即便不考虑同样涉及认识论主题的中世纪哲学,我们也无法否认古代世界的伟大思想家们在某种程度上关注认识论问题,尽管他们没有将其视为哲学的单独分支,也没有给予它在伊曼努尔·康德那里的重要地位。我并不试图对古代认识论发展全面研究,我只想提出一两点或许有助于研究这一发展过程的观点:至少许多重大的认识论问题在古代已经初露苗头,尽管没能得到充分发展,并且也没有获得其应受到的密切关注。

总体来说,前苏格拉底时期的哲学家都是"独断论者",也就是说他们都相信人类有能力客观地认识实象。爱利亚学派确实在真理之路和信仰之路,或者说意见、现象之路之间做了区分,但他们并没有意识到他们哲学中涉及的这个问题的重要性。他们采用理性主义的一元论立场,而且当这个立场与感官经验相冲突时,傲慢地否认了现象的客观实在性。他们从没有质疑他们的哲学立场,或者人类心智是否有超越现象的能力,而是假定了这种能力的存在。他们显然也意识到,拒绝现象的实在性也损伤了他们形而上学的根基。因此,总体来说,爱利亚学派的思想家像前苏格拉底时期的大部分其他哲学家,缺乏批判的态度,只有拥有辩证能力的芝诺等少数人例外。

智者派则或多或少持有相对主义立场,这其中也隐含着认识论原则。普罗泰戈拉的箴言"人是万物的尺度"在宽泛的意义上被运用,也就是说人不仅在道德领域作为道德价值的创造者是独立的，而且没有能力获得形而上学的真理。普罗泰戈拉不是将这个怀疑论的态度应用到了神学领域吗？智者派不是认为宇宙论的思索不过是浪费时间吗？如果智者派继续批判人类知识，并且尝试解释为何人类知识需要限定在现象领域，他们就可以被称为认识论者了。但是实际上，他们的兴趣大部分都不在哲学领域，而且他们相对主义的理论也并没有任何关于主体或客体本性的深刻思索作为基础。因此，认识论隐含在他们的基本立场之中，却但没能发展为关于知识的清楚的理论。**我们**当然可以发现智者派和前苏格拉底时期哲学中存在认识论的萌芽，但这并不意味着智者派和前苏格拉底时期的宇宙论者们都有深入探索这些问题的意识。

然而，当我们转向柏拉图和亚里士多德时，可以找到清晰的关于知识的理论。柏拉图所说的知识有清楚的定义，而且他在知识的本性和意见、想象的本性之间做了严格的区分，他深刻反思了感官知觉的相对性和其中的可变因素，探讨了错误的判断如何发生，以及由什么构成的问题。他的理论对知识做了依次上升的多个等级的区分，每个等级都有相对应的对象，这个体系使柏拉图有资格被称为认识论者。亚里士多德也是这样，他提出了关于抽象的理论，讨论了想象的功能、认知中的主动和被动原则以及感官知觉和思维概念的不同。当然，如果我们将知识论的范围限制在思考"我们**能**获得知识吗？"这个问题上，则亚里士多德的研究更像是属于心理学范围，因为它主要尝试回答"我们**如何**达到认识"，而不是回答"我们**能否**得到认识"。但如果我们愿意稍稍拓展认识论的范围，使其包含关于认识过程的性质，我们就必须承认亚里士多德是认识论研究者。也许他在他的心理学中提出了这些问题，如今我们也更愿意将他的解答归在心理学名下，但是除却标签上的不同，亚里士多德的确提出了关于知识的理论。

另一方面，尽管柏拉图和亚里士多德都详细阐述了认识论，他们仍然属于"独断论者"。就像我之前说的那样，柏拉图对他所说的知识具有清楚的定义，而且他假定这知识是人类可能取得的。他接受赫拉克利特所主张的物质世界在不断变化的观点；也接受智者派所言，感官知觉是相对的；还接受爱利亚学派和毕达哥拉斯的人类心智可以超越纷杂的现象的理性假设；他的老师苏格拉底的教导也使他开始发展本质的形而上学。此外，对于他的伦理学和政治学目标来说，承认认识不变价值和理念本质是可能的这一观点是十分必要的。他从未真正质疑过它们的可能性，也从未严肃地考虑在人类的认识中，是否有纯粹主观的先验因素，他将他承认的先验因素理解为"回忆"，也就是主体之前就具有的客观知识。亚里士多德也从未考虑过"批判问题"，他假定人类的心智可以超越各种现象，获得关于不变和必然的对象的确定知识，也就是理论沉思的对象。柏拉图是孜孜不倦的辩证学家，亚里士多德总在准备思考新问题，并且在对他的理论下断言方面表现得谨小慎微，虽然在面对别人的理论时未必如此。但是他俩都不能算是古代的康德或者说反康德主义者，因为他们都未曾考虑过康德的问题。这当然毫不奇怪，因为存在问题才是他们关注的重心，而当代哲学家思考的出发点是**意识**，因此他们的认识论围绕着形而上学运转，与其说被视为一般哲学，不如说被视为某种形而上学的**导言**。

到亚里士多德以后的哲学，如果我们不考虑怀疑论者，我们就可以发现"独断论"态度依然存在。尽管很多人的注意力已经转向了真理标准问题，比如说斯多亚学派和伊壁鸠鲁学派。换句话说，思想家们都发现了感官知觉的可变性所带来的困难，并且也尝试解决它。事实上，为了建立他们自己的哲学体系，他们必须解决这个问题。他们比前苏格拉底时期的哲学家更具批判性，但这并不意味着他们是康德意义上的批判哲学家，他们多少将自己局限在特定问题上，并试图区分客观的感官知觉、想象和幻象。但在新学园中，某种激进的怀疑论已然出现，卡尔尼亚德已经在授课中宣称，真理没有标准而且知识是不可能的，因为感官知觉没有任何确定的真实性，基于此的推理也就不值得相信。后期的怀疑论者系统地批评独断论者，为感知和判断的相对性辩护，因此他们坚定地反对形而上学。独断论确实在古代哲学的最后阶段占据主流，但是考虑到怀疑论的攻击，不能笼统地说古代哲学不具批判性，也不能说在希腊哲学家的思考中认识论没有地位。我想指出的是，我并不认为这种对形而上学的攻击是成立的，因为许多抨击是可以辩护的。我只是想说，并非所有希腊哲学家都是朴素幼稚的"独断论者"，尽管前苏格拉底时期的哲学家基本上是这样，但不能轻率将这个论断加之于希腊哲学家整体。

5. 与认识论关系密切的是心理学，下面将简单论及其在古代哲学中的发展。前苏格拉底时期唯有毕达哥拉斯学派拥有明确的灵魂概念，他们将灵魂视作永恒的本原，即使在死后也以个体形式存在。当然，赫拉克利特的哲学发现人类的某个部分比身体更近似宇宙的终极本原。而阿那克萨戈拉宣称"努斯"存在于人类之中，但至少在言辞上，阿那克萨戈拉没能超越前苏格拉底时期的唯物论体系。同时，对于赫拉克利特而言，人的理性因素不过是火本原中较纯净的显现而已。然而，毕达哥拉斯学派的心理学至少通过对灵魂和身体的区分，暗示了精神和物质的不同。灵魂转世说的教义确实过度强调灵魂和身体的区别，因为它包含了灵魂和任何身体都没有本质联系的结论。此外，承认灵魂转世说其实就是承认持续的自我同一性的记忆和反思意识对于个体的存在来说并非本质。（如果亚里士多德同意在每个人中都有独立起作用的理智，并且这种主动理智以个体形式存在，那么，他所说的记忆随死亡消逝的观点，就不仅来自他的心理学和生理学，同样来自毕达哥拉斯学派的遗赠。）至于毕达哥拉斯学派的灵魂本性三分的观点，无疑来自对人类的理性和感性的功能，以及理智和激情的冲突的经验观察。

毕达哥拉斯的灵魂概念对柏拉图的思想有很大影响。柏拉图反对伴随现象论，主张灵魂是人类生命和运动的本原，本质上并不需要依赖身体就能发挥它的最高理智功能，因为它不来自身体，并且在身体消亡后继续存在。灵魂在本性上三分，有多种功能或者说"部分"，柏拉图按照他一般的形而上学立场将其划分出等级结构。较低的部分或者功能本质上依赖于身体，但是理性的灵魂属于不变的实在领域。在恰当的辩证和直观过程中，灵魂的活动要高于与现象相关的活动，并且显示出它的"神圣"和不朽的特点。但柏拉图对灵魂的主要兴趣严格来说并不来自心理学层面，更不来自生物学，他首先而且最主要是从伦理学层面入手，肯定灵魂可以理解价值并实现价值。因此他赋予了灵魂的教育和培养层面以重大意义。他加剧了灵魂和身体的对立，他将灵魂描述为寓居于身体之中，就像船长和船的关系，灵魂注定主宰身体，这些都是受他伦理学上的兴趣影响所致。

他确实想通过认识论的讨论证明灵魂先在、本质上独立且不朽,因此他讨论人类知识中的先验因素,但这都受制于他的伦理学兴趣,以及某种程度上的宗教兴趣。到了晚年,柏拉图仍然坚信灵魂是人最尊贵的东西,照料灵魂是最高目标和职责。或许我们会将这些视作柏拉图心理学的特点,因为虽然他将生理功能归因于灵魂,将后者视为运动的来源以及生命的原则,但是柏拉图如此强调伦理学和形而上学的层面,以至于让人怀疑他在讨论灵魂的生理学功能时,是否公平对待这些不同的层面。

亚里士多德接受柏拉图主义的灵魂概念,以及柏拉图对灵魂的形而上学-伦理学构想,这一特征也显著地出现在他的教育学作品体现出的心理学中。根据亚里士多德的说法,灵魂中最高的部分是主动理智,来自无,并在死后继续存在。亚里士多德也同样强调灵魂在教养和道德培育上的重要作用。然而,人们难以避免会产生这样的印象,即他的灵魂学说并不真正具有亚里士多德主义心理学的特征。不论他如何强调教育的重要性,不论他在《尼各马可伦理学》中给出的人类理想生活图景如何具有理智主义特性,他对心理学的特殊贡献还是在于对灵魂的生理学层面的处理。在柏拉图那里的灵魂和身体的激烈冲突在此退居幕后,取而代之的是将灵魂视作身体的内在形式,以及与个别身体的紧密交织。不管是否从一元论的角度理解,主动理智都被认为会在死后继续存在,但灵魂整体,包括被动理智和记忆功能等,都依赖于身体器官,并且也随着死亡而消逝。人的灵魂(除了主动理智)来自何处呢?它不应来自"无",因为它不是任何工匠神"造"的。或许它是身体的某个功能,或多或少是某种伴随的现象。亚里士多德对于心理功能,譬如记忆、想象、梦、感知等都进行了广泛的经验主义考察,发现这些功能都依赖于生理因素和条件,这些发现导致他倾向于伴随现象论。尽管他没有明确否认他继承自柏拉图的全部的思想,也没有意识到在他的学说中所保留的柏拉图的心理学与他的经验研究和思维天赋引导他产生的关于灵魂的观点之间的张力。

亚里士多德之后的哲学对心理学最大的贡献应该在于它将重点放在人类灵魂的宗教层面,这一点虽然没有体现在这个时期的所有流派中,但至少在新柏拉图主义以及那些预示了新柏拉图主义的学派中能够看出来。

在以新柏拉图主义为顶峰的这个思潮中，思想家以柏拉图传统视角为着手点，强调人和神的亲缘关系，灵魂的超越取向和命运。换句话说，在古代哲学的最后，是柏拉图主义而不是亚里士多德主义获得了胜利。而说到斯多亚学派和伊壁鸠鲁派，斯多亚学派没能完成真正统一的心理学，简单来说，因为他们独断论的唯物主义要求一种心理学，而他们的伦理学要求另一种心理学。此外，他们也没有探讨灵魂的本性与功能，也没有在纯粹经验的基础上建立理性主义心理学。但是，通过采纳和调整前苏格拉底时期的宇宙论，以及将重心确立在道德行为上，他们尽可能地使理性主义心理学和他们混杂的体系相调和。然而，斯多亚学派的学说倾向和影响确实使得大家对灵魂的伦理学和宗教学层面的兴趣大大超过了生理学层面。伊壁鸠鲁学派否定灵魂的不朽性，认为它是由原子组成的。他们这样声称，当然不是因为发现了灵魂实际上由原子构成，而是出于他们伦理学的兴趣，尽管伊壁鸠鲁派的心理学和他们平庸的伦理学调和的程度远高于斯多亚学派的心理学与其理想主义的伦理学之间的调和程度。斯多亚学派的心理学和伦理学试图摆脱传统的唯物一元论的限制，但是斯多亚学派无法以自己的体系解释理性思想，正如伊壁鸠鲁学派无法用原子运动来解释思想。在某种程度上，伊壁鸠鲁已经预见了霍布斯和法国启蒙运动思想家的心理学。但是，无论是古代世界，还是18世纪的法国，哪怕是20世纪，都无法用物质因素令人满意地解释心理，无法用非理性因素解释理性，也不能用无意识的因素来解释意识。另一方面，若心理无法被化约为物质，物质也不能被化约为心理，这完全不同的两者在人的身上紧密地相互联系。柏拉图强调这两者之间的区别，而亚里士多德则强调这两者之间的紧密联系。如果想要摆脱偶因论、现代的唯心主义或者伴随现象论，我们就必须同时考虑到两者。

6. 接下来将简单讲述古代世界伦理学的发展，特别是伦理规范和道德的超越基础之间的联系。我清楚地知道，形而上学和伦理学的关系仍然存在很大的争议，我也无意讨论这个问题的价值，只想要指出我所认为的希腊伦理学思想发展的主要趋势。

我们必须将道德哲学本身和非体系化的人类道德判断区别开来，在智者派、苏格拉底、柏拉图、亚里士多德、斯多亚学派出现以前，希腊人就已经拥有道德判断很长时间了，人们的日常道德判断形成了哲学家们反思的材料，这一事实意味着他们的哲学理论或多或少反映出当时人们的道德意识。然而反过来说，这些道德判断至少部分基于教育、社会传统和环境的影响，由社会群体所塑造。因此，不同的群体、不同的民族之间拥有不同的道德判断，面对这些不同，哲学家们至少有两种可能的反应。

（1）哲学家发现每个群体都持守自己的传统规范，并将其视为唯一的、"自然的"规范。但每个群体的规范却不尽相同，他因此可能认为道德是相对的，某个规范可能比别的规范更有用、更方便，但没有哪种道德规范是绝对的。智者派便持有这种立场。

（2）哲学家也可能将发现的大部分不同道德判断视为**错误**，并认定道德规范有绝对的标准，这便是柏拉图和亚里士多德所采取的立场。实际上以苏格拉底伦理学为代表，也部分体现在柏拉图的唯理主义伦理学上，他们将道德判断的不同归于错误。因此，所有那些认为和宣称可以正当伤害敌人以及追求无畏的利己主义事业者，都不免受到柏拉图的指责。柏拉图有时候也会诉诸利己主义，尽管都出现在迎合对方偏见的辩论中，而且不论他如何论证他的观点，柏拉图绝不会是道德相对主义者，他坚信肯定有持存不变、客观真实、普遍正当的道德标准。

现在，假如我们开始探寻柏拉图和亚里士多德的道德哲学，我们显然会发现这一事实，即他们的行为标准是由其人性观点衡量的。柏拉图认为理念是固定的、永恒的和超越的，而不是相对的、变化的。人的不同能力是依据某种确定的习惯或德性活动的能力，每种德行都有其对应的理念，这些理念都被包含在无所不包的善的理念之中。人和人的德行都有其对应的理念，人的道德功能就表现在顺从对应的理念，当某个人这样做时，他的本性将依据理念得到和谐的发展和完善。这时，他就是"正义"的人或好人，是人的真正典范并获得真正的幸福。此外，对于柏拉图来说，神始终在世界之中运作，试图在现实世界中实现理念。神从未脱离理念，他所见的都是最好的理念，他是在宇宙之中运作的理性或神意。神也是人类理性的来源，《蒂迈欧》象征性地描述了这一点，即神自己产生出人类理性,因此,人的理性灵魂与神相近,并且和神负担着同样的任务,即在世界上将理念和价值现实化。因此,人是神的合作者,他的职责是将理念和价值在他的个人生命之中实现,实现在城邦之中。因此,柏拉图并不认可普罗泰戈拉,因为设立规则的不是人而是神。人的目的在于尽可能地像神。柏拉图确实很少谈到道德义务,但即使他对事实没有完全的反思意识,他也显然考虑到人有义务按照真正适合于人的方式生活。他从苏格拉底那里继承了道德理智主义,这毫无疑问使他难以意识到道德义务和道德责任,但是关于来世、报酬和惩罚机制的神话似乎暗示了道德义务的存在。柏拉图为道德律和绝对命令的**内容**提供了超越的基础,尽管并不是就道德律的**形式**而言。但他已经或多或少意识到,如果要建立普遍、正当、有效的道德律,那么超越的基础不管是内容还是形式都是必要的。

亚里士多德提供了令人较为满意的对好生活、伦理德性和理智德性的分析,他的分析远比柏拉图的分析更为完整和系统。但柏拉图的超越性价值则被弃置,或者被内在形式的概念所取代。亚里士多德呼吁人们沉思神圣之物,尽可能模仿神,凝视最高对象。因此,即使对于亚里士多德来说,人类生活存在永恒的范型,但是这种理论生活对于大多数人来说都不可企及。同时另一方面,亚里士多德没有提供根据,让人们相信他们已被选为神的合作者,因为至少《形而上学》中的神并不是有意识、能动地在世界中运作。亚里士多德也未能令人满意地调和人的道德生活和沉思生活,而且对于亚里士多德来说,道德律在内容和形式上都缺乏任何超越性基础。亚里士多德尝试解释人们为何要遵从《尼各马可伦理学》所提出的生活义务的原因,他诉诸审美标准、善的形式、"正义中道",并提出不按照这种方式生活将无法接近人人都追求的幸福,从而陷入到无理性地行动的境地。但他绝不会诉诸建立在绝对实在的稳固基础上的具体道德义务。

如果不考虑如伊壁鸠鲁学派之类的少数例外,晚期希腊哲学家们似乎都认为道德标准必须建立在稳固基础之上。斯多亚学派坚持责任、神意、理性的生活,理性的生活就是依照自然的生活,因为人的自然理性来自神,也将回归神,神是遍及一切的理性。这种泛神论确实带来了伦理学问题,但他们把道德视作神在人和人生命之中的终极表达。由于神只有一个，而人性也不会变化，因此只有一种道德。用现代的观点去看待他们对"责任"的表达是时代错置的，但至少他们对于责任和道德义务已经有了某些概念，尽管由于他们的泛神论带来的决定论使这些概念难以得到清楚表述。在新柏拉图主义那里伦理学被视为附属学科，强调人类的宗教面向和人向神的上升。道德生命的实践被视为上升过程的组成部分，在实践中，人使自己遵从超越基础上的标准。此外，那些罗马人向往道德生活，认可道德价值的重要性，发现了净化神的概念以及强调神意的必要性。这一做法用于阐明以形而上学为终极基础的伦理学所提供的实践益处，以及这一形而上学的理论主张所获得的经验的确证。

7. 上文谈到的伦理学以及道德的超越性基础，自然会使人轻易把希腊哲学视为基督教在理智方面的准备，即福音的预备。限于篇幅，在这里我无法充分讨论这一话题，而只能提出几个小小的建议。在本书讨论中世纪的第二卷，我将详细讨论基督教哲学或直接或间接地从希腊哲学里借用了哪些资源。

据我们了解，赫拉克利特第一个提出某种内在理性在世界中运作的学说，尽管他认为逻各斯在物质层面就是原始大火，这个概念在后来的斯多亚学派那里被进一步拓展了。而阿那克萨戈拉则贡献了关于努斯的理论，它是最初动力本原。但这两者都只能被认为是之后发展的预备，直到柏拉图那里我们才能发现某种类似自然神学的东西。但是，在前苏格拉底时期的这些关于（我们可以称为）神的学说中，不论是像阿那克萨戈拉那样将神视为第一动力因，还是如赫拉克利特将神视为神意或内在理性，这些学说都只能被视为萌芽。但毕达哥拉斯主义毕竟或多或少还是更为清楚地分辨出了灵魂和身体的不同，并且认为灵魂优于身体，必须妥善照料、避免污染。然而，如果我们将前苏格拉底时期的哲学作为整体来看，它们之所以能在某种意义上被视为稍微的福音之预备，帮助异教徒的心灵接受启示宗教的预备，仅仅在于它们探寻世界的本质，认为世界由某种法则统辖，而不在于任何具体的学说（也许不能算上奥菲斯和毕达哥拉斯学派的心理学）。因为由法则统辖的世界观念很容易使人联想起有位立法者或统治者，但在抵达这步之前，必须首先明确地区分灵魂和身体、精神和物质。奥菲斯教和毕达哥拉斯派则为理解这一区分铺平了道路，虽然的确是柏拉图拓展了毕达哥拉斯在人类学层面对超越和现象、精神和物质所做的区分。

在异教徒世界，无论怎样强调柏拉图在理智上对于福音之预备的重要性都不为过。他的理念论、超越的范式因以及他所说的理性或所谓心智在世界中运作并尽力将后者塑造成最好的，所有这些都是在为人们最终接受既超越又内在的上帝稍微做预备。此外，他的学说提出人类灵魂是不朽且理性的，存在报应和道德净化，使知识分子更容易接受基督教的心理学和苦行主义。此外，他遵行他那伟大的老师苏格拉底的教导，坚持存在绝对的道德标准，并且暗示人可以与神合一，这些都远远地为基督教伦理的到来做了预备。再者，我们也不应忘记，柏拉图曾在《法篇》中论证心智在宇宙中运行，这启发了之后的自然神学。但所有这些影响都比不上柏拉图主义哲学的整体态度，我指的是对于超越实在、永恒价值、不朽、正义、神意的信念，以及由这些信念合乎逻辑地推理出来的心灵和情感的典型态度，正是由于这种态度，而不是任何特殊的论证使我们接受了基督教。虽然关于超越性的学说在中期柏拉图主义和新柏拉图主义的发展中确实曾被用来反对基督教，他们说道成肉身的教义与上帝是超越的这个说法互相抵触。但是上帝的超越性的确是基督教教义中必不可少的组成部分。同时，我们很难否认，正是由于柏拉图主义取代了前苏格拉底时期的唯物论，从而导向了人们对于坚持超越是最高实在，精神价值具有确定性的宗教的接受。早期基督教思想家当然能在柏拉图思想中发现某种亲缘关系，即便它或多或少与他们的世界观有所偏离。后来，亚里士多德在经院哲学中被视为典范，奥古斯丁主义仍旧站在柏拉图主义传统这边。此外，具有经院哲学风格的托马斯·阿奎那虽然接受并修订了亚里士多德主义，柏拉图-奥古斯丁主义的许多成分依然保留在基督教之中。因此，如果说柏拉图主义在某种程度上预备了基督教的道路，哪怕基督教哲学主要是从柏拉图传统的后继发展中吸取营养，我们也可以说，基督教哲学从柏拉图哲学那里借用了某些哲学"装备"。

奥古斯丁主义传统的中世纪哲学家，譬如圣波拿文都拉（因为亚里士多德拒绝理念论而反对亚里士多德主义），他们认为亚里士多德主义将不利于基督教，主要是因为当时的西方人借助阿拉伯人的注释了解亚里士多德（阿威罗伊认为亚里士多德否认人类灵魂具有**个体**不朽性，虽然这可能是对的）。尽管《形而上学》中的神是绝对自我关注，不关心世界及人类，基督教的神不是这样的，但是亚里士多德的自然神学是人们接受基督教的预备，神被视为超越的、无形的思想，绝对的目的因。之后，当柏拉图的理念被置于神的心智之中时，柏拉图主义和亚里士多德主义的混合就产生了，终极的动力因、形式因和目的因合而为一，这种实在的概念比其他所有概念都更能帮助人们从理智层面理解基督教。

亚里士多德以后的哲学有很多值得谈论的，但我只能选择几点进行简略介绍。斯多亚学派由于主张逻各斯是内在的，而且在世界中以"神意"的形式运作，再加上他们崇高的伦理学，因此成为基督教诞生和成长的岁月里非常重要的思想来源。虽说斯多亚哲学在理论上是唯物论的，而且多多少少主张决定论，但从实践角度来说，他们坚持人与神的亲缘联系、灵魂可以通过自我节制和道德教育得到净化、应当服从"神圣意志"，连带着他们有着广泛影响的普世主义，使得人们更容易接受某种普遍性的宗教，但这种宗教超越了斯多亚哲学的唯物论，坚信人类是上帝的子民因而都是手足兄弟，而且产生了斯多亚哲学所需要的积极影响。此外，伦理学上的斯多亚主义是为了回应同时代人对于道德指引的需要，以及帮助那些湮灭在普世性的大帝国的个人走向正确道路。基督教在这点上做得更好，能够以一种斯多亚几乎不能做到的方式吸引未受教育的人们，还通过来世的教义提供给人们对完整幸福的希望，以此作为现世道德努力的报偿，这些斯多亚学派都难以做到。

除了伦理学的需要，人们也有宗教能力和需求。当城邦的宗教团体不再能满足这种需求，神秘宗教，甚至是那些远远称不上大众的哲学（比如新柏拉图主义）就趁势而起了。通过迎合人们更深的精神渴望的尝试，它们同时也加强和深化了这种渴望，其结果是基督教在这片已经做好了准备的土壤上落地生根。基督教有拯救的学说、圣礼的体系、教义、通过教会与基督合一并且达到荣福直观上帝的学说，这些为人们提供了超越的生活，基督教才像真正**唯一**的"神秘宗教"。而且比起那些异教，基督教有无法估量的优势，那就是它是**历史性**的宗教，它的理论基于耶稣基督的生平、死亡和复活的事件，且耶稣基督在一段历史时期确实生活在巴勒斯坦的土地上：基督教基于历史事实而不是神话。至于哲学学派中的拯救，以及新柏拉图主义发展起来的在迷狂中与神合一的学说，由于太过理智主义而无法吸引普罗大众。通过圣礼以及超越生活，基督教为**一切**人，不论他们是否受过良好教育，提供了与上帝合一的途径。尽管这种合一在现世是不完满的，但在来世它会变得完美。因此，哪怕仅仅从自然的视角来看，基督教也注定比哲学取得更大的影响力，甚至其影响力也会超过那些有着浓厚宗教色彩的哲学，情况也同样如此。此外，新柏拉图主义不是历史性的，对像它这样的学说来说，道成肉身的教义与其精神相异，而且形而上的哲学绝不可能取得比历史性的宗教更广泛的吸引力。然而，尽管我们会（自然地）震惊和愤怒于早期基督教作家对于神秘宗教表现出的态度，尤其是密特拉教派中非常接近圣礼的仪式，那些流行的神秘宗教和新柏拉图主义的理智主义仍然多少在人的心智上为基督教做好了准备。虽然它们曾和基督教互为敌手，阻止一些人皈依基督，但这并不意味着它们不能或没有为基督教预备道路。波斐利曾攻击过基督教，但奥古斯丁不正是通过普罗提诺进入基督教的吗？新柏拉图主义是古代异教哲学呼出的最后一口气息、开出的最后一朵鲜花，但在奥古斯丁的思想中，它成为基督教哲学的初始阶段。当然，在各种意义上说，基督教都不是古代哲学的成果，甚至不能将其视为哲学体系，因为它是启示宗教，在历史上可以溯源到犹太教。但当基督徒开始哲学思辨时，他们立刻就发现大量现成的材料，有这么多辩证法的工具和形而上学的概念与术语。任何相信神意在历史中运作的人都绝不会认为这些材料的预备以及人们几个世纪以来的精心阐释仅仅是个偶然。

附录一
文献说明

一方面有些哲学家没写过作品，另一方面很多哲学家所写的作品早已佚失，因此，我们在很多情况下必须依靠后世作者的证言，把这些证言当作希腊哲学发展进程的文献来源。

前苏格拉底哲学在古代世界的主要文献是塞奥弗拉斯特的著作《自然哲学家的学说》，但很不幸，我们只拥有这部著作的残篇。但是，塞奥弗拉斯特的著作成为了其他各种编本、摘要或汇编的原始文本，其中有些著作按照主题编排哲学家观点；有些著作按照人物编排哲学家观点。前者包括《古代学说》(*Vetusta Placita*)，由波塞多尼乌斯的某位无名学生在公元1世纪前半叶撰写而成。我们并不拥有这部著作，但第尔斯证明了这部著作的存在及其依据塞奥弗拉斯特的作品而作。《古代学说》又构成了艾修斯的《学说》(*Aetii Placita*，约100年)的主要来源。艾修斯的作品又成为托名普鲁塔克的《哲学家的学说》(*Placita philosophorum*，汇编于约150年)以及斯托拜乌斯的著作《文选》(*Eclogae*，约公元5世纪)的汇编摘要的文献基础。后面这两部著作是我们所拥有的最重要汇编，而塞奥弗拉斯特的著作是这两部著作基本上主要的原始文献。塞奥弗拉斯特的著作也是以下著作的主要源文献：希波吕托的《驳众异端》(*Refutation of all heresies*)第一卷，书中按照各个哲学家的名字编排顺序；尤西比乌的《福音初阶》(*Preparatio Evangelica*)，书中所引用的残篇被错误地归在了普鲁塔克名下。

希腊哲学家观点的其他文献来源还包括：格里乌斯的《阿提卡之夜》(*Noctes Atticae*，约公元150年)，哲学家的著作如普鲁塔克、西塞罗和恩披里柯、基督教父和早期基督教作家的著作。(但是,在使用这些历史文献时必须小心谨慎,因为,例如,西塞罗从二手文献那里获得早期希腊哲学知识,而恩披里柯引用了教条哲学家的自相矛盾的观点,主要关心的是支持他自己的怀疑立场。至于亚里士多德对于其前辈哲学家观点的引用,我们必须记住,亚里士多德倾向于仅仅从他自己的哲学体系的立场来考察之前的哲学,将之前的哲学视为他自己的成就的预备性著作。在这个问题上,他的态度无疑是可以得到辩护的,但这确实意味着他并不总是关心对于希腊思想发展进程提供我们所认为的那种纯粹客观和科学的叙述。)此外,古代作者对于杰出哲学家的著作所写的评注也是极其重要的,例如,辛普利西乌斯对于亚里士多德《物理学》的评注。

至于哲学家的传记,我们所拥有的最重要的著作是第欧根尼·拉尔修的《名哲言行录》(公元3世纪)。这部著作是各种文献的资料汇编,全书的价值良莠不齐,很多传记材料具有逸闻性、传奇性和无价值的特点,作者记录了很多从之前的作者和汇编者那里收集而来的各种故事,很多事件让人难以置信,相互分歧甚至相互矛盾。但另外,如果因为这部著作缺乏科学性而忽视了它的重要性和真正价值,这也是非常错误的。书中记载的哲学家的著作索引非常重要。除此之外,第欧根尼为我们记录了大量有关希腊哲学家的观点和生平的珍贵资料。在评估第欧根尼叙述的历史价值时,很明显必须(尽可能地)知道第欧根尼所依据的特定文献,为了获得这方面的知识,学者们做出了许多努力,取得了丰硕成果。

希腊哲学家年谱的主要文献是阿波罗多洛斯的《编年纪》(*Chronica*),这部著作的第一部分主要依据昔兰尼的埃拉托斯特尼斯撰写的《编年纪》(*Chronographia*,公元前3世纪),但做了增补,写到约公元前110年。当然,阿波罗多洛斯手头没有确切的材料,他诉诸较为随意的方法,把哲学家在世期间经历的最重要事件与哲学家的盛年(40岁)联系起来,随后反推出哲学家的出生日期。同样,他还把老师和学生之间相差40岁当作一般规则。因此我们不要对其精确性期待过高。

对于文献来源的叙述,还可参见:宇伯威格-普拉希特的《古代哲学》(*Die Philosophie des Altertums*),第10—26页、阿波罗多洛斯的《编年纪》,

第667—671页、费尔班克斯（A. Fairbanks）的《希腊早期哲学家》（*The First Philosophers of Greece*），第268—288页、罗宾（L. Robin）的《希腊思想和科学精神的起源》（*Greek Thought and the Origins of the Scientific Spirit*），第7—16页、第尔斯的《前苏格拉底哲学家残篇》（*Fragmente der Vorsokratiker*）。

附录二

参考文献

希腊哲学通史

ADAMSON, R. (ed. Sorley and Hardie). *The Development of Greek Philosophy*. London, 1908.

ARMSTRONG, A. H. *An Introduction to Ancient Philosophy*. Methuen, 1947.

BENN, A. W. *The Greek Philosophers*. London, 1914.

BREHIER, E. *Histoire de la philosophie*. Tome I. Paris, 1943.

BURNET, J. *Greek Philosophy*, Part I. Thales to Plato. Macmillan.（这本学术著作对学生来说很重要。）

ERDMANN, J. E. *A History of Philosophy*, vol I. Swan Sonnenschein, 1910.（埃德曼是黑格尔学派的杰出历史学家。）

GOMPERz, TH. *Greek Thinkers*, 4 vols. (Trs. L. Magnus.) John Murray.

ROBIN, L. *La pensée grecque et les origines de l'esprit scientifique*. Paris. 1923.
　　　　　Greek Thought and the Origins of the Scientific Spirit. London, 1928.

RUGGIERO, G. DE. *La filosofia greca*. 2 vols. Bari. 1917.（鲁杰罗教授以意大利新黑格尔学派的视角写作。）

STACE, W. T. *A Critical History of Greek Philosophy*. Macmillan, 1920.

STENZEL, J. *Metaphysik des Altertums*. Berlin, Oldenbourg, 1929.（对柏拉图文本的处理尤其有价值。）

STOCKL, A. *A Handbook of the History of Philosophy*. Part I. Pre-Scholastic Philosophy. Trs. by T. A. Finlay, S. J. Dublin, 1887.

UEBERWEG-PRAECHTER. *Die Philosophie des Altertums*. Berlin, Mittler, 1926.

WERNER, C. *La philosophie grecque*. Paris, Payot, 1938.

ZELLER, E. *Outlines of the History of Greek Philosophy*. Kegan Paul. 1931. (Revised by w. Nestle translated by L. R. Palmer.)

前苏格拉底哲学

前苏格拉底哲学残篇最好的汇编本是 Hermann Diels' *Vorsokratiker.* fifth edition, Berlin, 1934-5.

BURNET, J. *Early Greek Philosophy*. Black, 3rd edition, 1920; 4th edition, 1930.（其中包括许多残篇，是特别有用的参考文献。）

COVOTTI, A. *I Presocratic*. Naples, 1934.

FAIRBANKS, A. *The First Philosophers of Greece*. London, 1898.

FREEMAN, K. *Companion to the Pre-Socratic Philosophers*. Blackwell, 1949 (2nd edit.)

JAEGER, WERNER. *The Theology of the Early Greek Philosophers*. Oxford, 1947.

ZELLER, E. *A History of Greek Philosophy from the earliest period to the time of Socrates*. Trs. s F. Alleyne, 2 vols, Longmans, 1881.

柏拉图

The Works of Plato are published, under the editorship of J. Burnet, in the *Oxford Classical Texts*. A well-known translation, in five volumes, is that by B. Jowett, O. U. P., 3rd edition, 1892. There are also more literal translations.

ARCHER-HIND R. D. *The Timaeus of Plato*. Macmillan, 1888.

CORNFORD, F. M. *Plato's Theory of Knowledge*. Kegan Paul, 1935. (a translation of the *Theaetetus* and *Sophist*, with commentary.)

Plato's Cosmology. Kegan Paul, 1937. (a translation of the *Timaeus*, with running commentary.)

Plato and Parmenides. Kegan Paul, 1939. (Translation of the *Parmenides*, with commentary and discussion.)

The Republic of Plato. (Translated with Intro-duction and Notes.)

DEMOS, R. *The Philosophy of Plato*. Scribners, 1939.

DIES, AUGUSTE. *Autour de Platon*. Beauchesne, 1927.

Paton. Flammarion, 1930.

FIELD, G. C. *Plato and his Contemporaries*. Methuen, 1930.

The Philosophy of Plato. Oxford, 1949.

GROTE, C. *Plato and the other Companions of Socrates*. John Murray, 2nd edit., 1867.

HARDIE, W. F. R. *A Study in Plato*. O. U. P., 1936.

HARTMANN, N. *Platons Logik des seins*. Giessen, 1909.

LODGE, R. C. *Plato's Theory of Ethics*. Kegan Paul, 1928.

LUTOSLAWSKI, W. *The Origin and Growth of Plato's Logic*. London,1905.

MILHAUD, G. *Les philosophes-geometres de la Grece*. 2nd edition. Paris, 1934.

NATORP, P. *Platons Ideenlehre*. Leipzig, 1903.

NETTLESHIP, R. L. *Lectures on the Republic of Plato*. Macmillan, 1898.

RITTER, C. *The Essence of Plato's Philosophy*. George Allen & Unwin, 1933. (Translated by Adam Alles.)

Platon, sein Leben, seine Schriften, seine Lehre. 2 vols. Munich, 1910/1923.

ROBIN, L. *La théorie Platonicienne des idées et des nombres*. Paris, 1933.

Platon. Paris, 1936.

La physique de Platon. Paris. 1919.
SHOREY, P. *The Unity of Plato's Thought*. Chicago, 1903.
STENZEL, J., *Plato's Method of Dialectic*. O. U. P., 1940. (Translated by D. G. Allan.)
    Zahl und Gestalt bei Platon und Aristoteles. 2nd Edition. Leipzig, 1933.
    Platon der Erzieher. 1928.
    Studien zur Entwicklung der Platonischen Dialektik Breslau, 1917.
STEWART, J. A. *The Myths of Plato*. O. U. P., 1905.
    Plato's Doctrine of Ideas. O. U. P., 1909.
TAYLOR, A. E. *Plato, the Man and his work*. Methuen, 1926.（任何研究柏拉图的学生都应该熟悉这部精妙的作品。）
    A Commentary on Plato's *Timaeus*. O. U. P., 1928.
    Article on Plato in *Encyc. Brit*. 14th edition
    Platonism and its Influence. U. S. A. 1924 (Eng. Harrap).
WILAMOWITZ-MOELLENDORF, U. von. *Platon*. 2 vols. Berlin, 1919.
ZELLER, E. *Plato and the Older Academy*. Longmans, 1876. (Translated by S. F. Alleyne and A Goodwin.)

亚里士多德

The Oxford translation of the works of Aristotle is published in eleven volumes, under the editorship of J. A. Smith and W. D. Ross.
BARKER, E. *The Political Thought of Plato and Aristotle*. Methuen, 1906.
    Article on Aristotle in the *Encyc. Brit.*, 14th edition.
CASE, T. Article on Aristotle in the *Encyc. Brit.*, 11th edition.
GROTE, G. *Aristotle*. London, 1883.
JAEGER, WERNER. *Aristotle. Fundamentals of the History of his Development*. O. U. P., 1934. (Translated by R. Robinson.)
LE BLOND, J. M. *Logique et Méthode chez Aristote*. Paris, Vrin, 1939.
MAIER, H. *Die Syllogistik des Aristoteles*. Tubingen, 1896. New edition, 1936.
MURE, G. R. G. *Aristotle*. Benn, 1932.
PIAT, C. *Aristote*. Paris, 1912.
ROBIN, L. *Aristote*. Paris, 1944.
ROSS, SIR W. D. *Aristotle*. Methuen, 2nd edition, 1930.（由杰出的亚里士多德学者撰写的亚里士多德思想研究。）
    Aristotle's Metaphysics. 2 vols. O. U. P., 1924.
    Aristotle's Physics. O. U. P., 1936.（这两部评注十分珍贵。）
TAYLOR, A. E. *Aristotle*. Nelson, 1943.
ZELLER, E. *Aristotle and the earlier Peripatetics*. 2 vols. Longmans, 1897.

亚里士多德以后的哲学

ARMSTRONG, A. P. *The Architecture of the Intelligible Universe in the Philosophy of Plotinus*. Cambridge, 1940.（对普罗提诺新柏拉图主义的起源和本质做了细致的研究。）

ARNOLD, E. V. *Roman Stoicism*. 1911.

BAILEY, C. *The Greek Atomists and Epicurus.* O. U. P.

BEVAN, E. E. *Stoics and Sceptics*. O. U. P., 1913.

Hellenistic Popular Philosophy. Cambridge, 1923.

BIGG, C. *Neoplatonism*. S. P. C. K, 1895.

BREHIER, E. *Philon d'Alexandrie*. Paris, 1908.

La philosophie de Plotin. Paris, 1928.

CAPES. W. W. *Stoicism*. S. P. C. K., 1880.

DILL, SIR S. *Roman Society from Nero to Marcus Aurelius*. Mac-millan, 1905.

DODDS, E. R. *Select Passages illustrating Neoplatonism*. S. P. C. K., 1923.

FULLER, B. A. G. *The Problem of Evil in Plotinus*. Cambridge, 1912.

HENRY, PAUL (S. J.). *Plotin et L'Occident. Louvain*, 1934.

Vers la reconstitution de l'enseignement oral de Plotin. Bulletin de l'Academie royale de Belgique, 1937.

HICKS, R. D. *Stoic and Epicurean.* Longmans, 1910.

INGE, W. R. *The Philosophy of Plotinus*. 2 vols. 3rd edition. Longmans, 1928.

KRAKOWSKI, E. *Plotin et le Paganisme Religieux*. Paris, Denoel et Steele, 1933.

LEBRETON, J. (S. J.). *Histoire du Dogme de la Trinité*. Beauchesne, 1910.

MARCUS AURELIUS. *The Meditations of the Emperor Marcus Aurelius*, Edited with Translation and Commentary by A. S. L. Farquharson. 2 vols., O. U. P. 1944.

PLOTINUS. The *Enneads* have been translated into English, in five vols. by S. MacKenna and B. S. Page. 1917-30.

PROCLUS. *The Elements of Theology*. O. U. P. (A Revised Text with Translation, Introduction and Commentary by E. R. Dodds.)

REINHARDT, K. *Poseidonios*. Munich, 1921.

ROBIN, L. *Pyrrhon et le Scepticisme Grec*. Paris, 1944.

TAYLOR, T. *Select Works of Plotinus* (ed. G. R. S. Mead). G. Bell & Sons, 1929.

WHITTAKER, T. *The Neo-Platonists*. 2nd edition, Cambridge, 1901.

WITT, R. E. *Albinus and the History of Middle Platonism*. Cambridge.

ZELLER, E. *The Stoics, Epicureans and Sceptics*. Longmans, 1870. (Translated by O. J. Reichel.)

A History of Eclecticism in Greek Philosophy. Longmans, 1883. (Translated by S. F. Alleyne.)

索 引

A

阿波罗尼乌斯，泰安那的（Apollonius of Tyana） 438，446，447，449-450
阿尔彼特洛基（Al Bitrogi） 322
阿尔弗雷德（Alfred） 1
阿尔基塔（Archytas） 30，37注1，129
阿尔凯西劳（Arcesilaus） 414，415
阿尔克劳（Archelaus） 97
阿格里帕（Agrippa） 443-444
阿基达玛斯（Alcidamas） 94注7
阿里安（Arrianus, F.） 428，431
阿里斯底波（Aristippus） 121-123，411
阿里斯通（Ariston） 385，426
阿里斯托芬（Aristophanes） 91，96，98，99，113
阿里斯托芬，拜占庭的（Aristophanes of Byz.） 133
阿里斯托克勒（Aristocles） 427
阿梅里乌斯（Amelius） 473
阿米安·马塞利努斯（Ammianus Marcellinus） 449
阿莫尼乌斯（Ammonius） 452，482
阿莫尼乌斯·萨卡斯（Ammonius Saccas） 463
阿那克萨戈拉（Anaxagoras） 49，65，66-71，74-75，77，97，113，201，289，487，489，496，502，503
阿那克西曼德（Anaximander） 24-26，33，40，78
阿那克西美尼（Anaximenes） 20，26-27，41，51，62，63，75，76-78，289
阿尼姆（Arnim, H. von） 274注2，396注2，398注1
阿普列乌斯（Apuleius） 455
阿塔那修（Athanasius, St.） 461
阿特纳奥（Athenaeus） 134
阿提库斯（Atticus） 248，455-456
阿威罗伊（Averroes） 331注2，504
阿维森纳（Avicenna） 287
阿西来皮奥多图（Asclepiodotus） 482
埃里纽斯（Erymneus） 426
埃涅西德姆（Aenesidemus） 442-443
埃斯基涅（Aeschines） 103，114
埃斯库罗斯（Aeschylus） 39，96，369
艾底修斯（Aedesius） 477
艾克方杜斯（Ecphantus） 265
艾修斯（Aëtius） 73
爱比克泰德（Epictetus） 12，428，431-435，438，491
爱色尼派（Essenes） 457
安德罗尼柯（Andronicus） 269，273，426
安德罗提翁（Androtion） 85
安东尼（Antony） 383
安东尼·庇护（Antoninus Pius） 439
安纳多留斯（Anatolius） 427

安尼凯里（Anniceris）123，411

安提俄库，阿斯卡隆的（Antiochus of Ascalon）417，418，442，451

安提俄库·以比凡尼（Antiochus Epiphanes）457

安提丰（Antiphon）95

安提帕特，塔索斯的（Antipater of Tarsus）385，421

安提斯泰尼（Antisthenes）118—120，386

奥菲斯教（Orphicism）29—30，32，215，449，457，469，471，478，503

奥古斯丁（Augustine, St.）1，2，12，211，262，297 注 2，298，329，383，389，392，422 注 1，450，464，472，474，484，504，506

奥卡姆（Ockham）6

奥拉斯·盖利乌斯（Aulus Gellius）41

奥勒良（Aurelian）449

奥勒留（Marcus Aurelius）12，428，435—437，491

奥利金（Origen）396 注 3，456，462 注 1，474 注 3

奥利维（Olivi）322

奥林匹奥多罗斯（Olympiodorus）482

B

巴门尼德（Parmenides）5，40，47—53，54，56，59，61—62，65，66，68，69，72，73，75，77，79，81，184，201，311，465，486，488，494

柏拉图（Plato）1，2，5，9，10，11，15，17，19，31，37，39，44，49，51，52，54，64，66，77，79—80，81，智者 84—86，普罗泰戈拉 88—89，92，93，94—95，96，98，苏格拉底 99 以下，106，115，116，119，121，124，127—265，266—276，290，亚里士多德的批评 292—301，303，306，309，310，311，315，319，325，327，329，339，353，354，357，358，360，361，367，亚里士多德 327—328，379，386，387，414，421，423，427，436，442，446，447，448，451，452，453，455，456，457，463，466 注，467，468，469，470，471，473，477，478，482，486—504

保森（Pauson）362

鲍桑葵（Bosanquet）352，362

贝多芬（Beethoven）486

贝克莱（Berkeley）1，392

贝伦尼斯（Berenice）439

比索克莱（Pythocles）401

彼得罗尼乌斯（Petronius）439

彼翁（Bion）412

彼亚斯（Bias）38

毕达哥拉斯学派（Pythagoreans）5，29—37，38，48，53，芝诺论证 54—59，64，73，75，80，85，159，197，245，246，263，290，370，427，442，446，449，452，468，471，478，487，490，495—496，503

波爱修（Boethius）473，485

波斐利（Porphyry）29，370，450，463，464，473—475，476，477，481，484，485，506

波勒谟（Polemon）263

波里亚努斯（Polyaenus）401

波利比乌斯（Polybius）30，421

波利克拉特斯（Polycrates）137

波利斯特拉（Polystratus）401

波吕格诺图斯（Polygnotus）362

波拿文都拉（Bonaventure, St.）2，198，276，309，504

波塞多尼乌斯（Poseidonius）418，421，422—425，429，441，448，453，454，484，491

波斯的（Persian）385

波他蒙（Potamon）442

伯格森（Bergson） 8，39 注 6
伯里克利（Pericles） 66，87，127
伯奈特（J. Burnet） 11，14 注 1，27，30，35，39，50，53，68，69，70，72，87，90，96，99 注 1，100-103，113 注 3，115 注 2，124 注 1，342
博纳斯（Bernays） 367
布彻（Butcher, S. H.） 366 注 1
布拉德雷（Bradley） 6，352
布伦塔诺（Brentano） 317

C

策勒（Zeller, E.） 14 注 1，16，27，44，53，59，69 注 1，70，82，83，92，94，304 注 1，422
查尔西迪乌（Chalcidius） 484
查士丁尼（Justinian） 481，483

D

达马修斯（Damascius） 481-482
达蒙（Damon） 66
戴克里先（Diocletian） 450
但丁（Dante） 1，486
德·伯格（De Burgh） 18
德·伍尔夫（De Wulf, M.） 484，485 注 1
德米特里（Demetrius, Perip.） 370
德米特里厄斯，犬儒学派的（Demetrius, Cynic） 439
德谟克利特（Democritus） 27，51，52，72-75，79，124-128，186，245，247，327，380，401，403，411，413，425，487
德谟纳克斯（Demonax） 439-440
狄奥多罗（Diodorus of Tyre） 426
狄奥多罗斯·克罗诺斯（Diodorus Cronus） 117
狄奥多特（Diodotus） 418
狄奥多西二世（Theodosius II） 474
狄奥尼索斯，赫拉克莱亚的（Dionysius, Herac.） 385
狄奥尼索斯，艺术家（Dionysius, artist） 362
狄奥尼修斯二世（Dionysius II） 131
狄奥尼修斯一世（Dionysius I） 121，129，131
狄俄尼索多罗（Dionysodorus） 95
狄凯阿科斯（Dicaearchus） 370
狄翁（Dion） 129，131-132
迪滕伯格（Dittenberger） 136
笛卡尔（Descartes） 1，3，209，211，329
第欧根尼，阿波罗尼亚的（Diogenes, Apoll.） 97，98
第欧根尼，犬儒学派的（Diogenes, Cynic） 119，120，395，412，438
第欧根尼，塞留西亚的（Diogenes, Seleuc.） 385
蒂蒙（Timon） 413-414
多林（Döring） 100
多米尼乌（Domnius） 478

E

俄涅西克里图（Onesicritus） 120
俄诺玛俄斯（Oenomaus） 440
厄庇卡尔谟（Epicharmus） 47 注 1
厄庇克拉底（Epicrates） 185
恩培多克勒（Empedocles） 44，51，61-65，66-67，72-73，74，77，93，97，124，245，289，403，490

F

菲尔德（Field, G. C.） 102
菲利普斯，奥布斯的（Philippus of Opus） 134-135，263，264
菲利斯库（Philiscus） 120
菲隆（Philon） 418
菲洛波努斯（Philoponus） 322
菲洛劳斯（Philolaus） 30，31，35 注 3

腓力，马其顿的（Philip, Mac.） 267
腓特烈大帝（Frederick the Great） 1
斐德若（Phaedrus） 401，418
斐多（Phaedo） 118
斐洛（Philo） 382，447，457-462
斐洛斯特拉图斯（Philostratus） 447，449-450
费希特（Fichte） 5，135
弗拉·安吉利科（Angelico, Fra） 1，486
弗朗西斯·培根（Bacon, F.） 1

G

伽利埃努斯（Gallienus） 463
盖利乌斯（Gellius） 418
盖伦（Galen） 427
盖乌斯（Gaius, phil.） 455
盖乌斯·卡里古拉（Gaius Caligula） 429，458
高尔吉亚（Gorgias） 93-95，118
哥狄安（Gordian） 463
歌德（Goethe） 1，276，486
工匠神，柏拉图的（Demiurge, of plato） 178，189-193，199，210，247-252，290，295，300-301，325，448，456，467，470，476，483
贡珀茨（Gomperz） 94

H

哈迪（Hardie, W. F. R.） 155 注 2，180 注 1，184
哈克佛斯（Hackforth, R.） 102-103
哈特曼（Hartmann, N.） 3 注 4，117，262，337-338
荷尔德林（Hölderlin） 61 注 3
荷马（Homer） 13-14，31，32，38，40，200，209，226-227，253，341 注 1，361，414，486
赫尔马库（Hermarchus） 401
赫尔曼（Hermann, K.） 137 注 4

赫尔莫杜乐斯（Hermodorus） 38
赫格西亚（Hegesias） 122-123，411
赫卡泰乌（Hecataeus） 38
赫拉克利德斯（Heraclides） 263，265
赫拉克利特（Heraclitus） 5，20，38-46，51，52，59，76-79，80，81，89，143，144，149，201，289，380，387，388，389，411，424，486，488，490，494，496，502，503
赫里鲁斯（Herillus） 385
赫洛士（Heros） 439
赫米亚斯（Hermias） 267
赫西俄德（Hesiod） 13-14，17，38，45，226，414
黑格尔（Hegel） 1，3，4，5，8，9，10，40，46，69，85，190，196，243，289，295，300，352
怀特海（Whitehead, A. N.） 3，262
怀疑主义（Scepticism） 382，413-417，419，442-447，495
霍布斯（Hobbes） 499

J

基督教（Christianity） 4，10，11，12，45，211，230，243，329，380，383，436，447，449-450，459-462，464，466 注 1，472，474-475，477，482-483，489，502-506
吉尔松（Gilson, E.） 6
加尔文（Calvin） 30
加图（Cato, elder） 385

K

卡尔德隆（Calderón） 17
卡尔尼亚德（Carneades） 414-417，495
卡拉卡拉（Caracalla） 449
卡里克勒（Callicles） 94
卡利古拉（Caligula） 429
卡利普斯（Calippus） 326

卡利斯蒂尼（Callisthenes） 268
凯尔苏斯（Celsus） 455–456
凯克德斯（Cercides） 412
坎帕内拉（Campanella） 262
康德（Kant） 1，3，5，6，8，135，142，213，278，323，359，361，397，492，494，495
康福德（Cornford, F. M.） 101 注 1，244–246，251 注 3
柯尔特（Körte） 402 注 1
柯林伍德（Collingwood, R. G.） 259 注 2
柯沃蒂（Covotti, A.） 15 注 2，29 注 1，69 注 1
科斯洛（Chosroes） 482
克菲索多罗斯（Cephisodorus） 269
克拉底鲁（Cratylus） 128
克拉特斯，犬儒学派的（Crates, Cynic） 120，385，438
克拉特斯，学园的（Crates, Acad.） 263
克拉肖（Crashaw） 197
克莱安赛斯（Cleanthes） 385，386，388，393，396，397
克莱门特（Clement, Alex.） 448
克劳迪乌斯（Claudius） 429
克劳迪乌斯·塞维鲁（Claudius Severus） 436
克里托劳斯（Critolaus） 426
克莉奥帕特拉（Cleopatra） 383
克伦威尔（Cromwell） 1
克罗齐（Croce, B.） 256 注 4
克律西波（Chrysippus） 385，386，388，389–393，395，397，398，416
克冉托尔（Crantor） 264，265

L

拉布里奥勒（Labriolle, P. de） 475 注 1
莱昂，萨拉密的（Leon of Salamis） 114
莱布尼茨（Leibniz） 212，215，390，392
莱辛（Lessing） 367

莱伊利乌斯（Laelius） 421
朗吉努斯（Longinus） 467
勒布雷顿（Lebreton, J.） 460 注 3
雷米吉乌斯（Remigius） 484
李柏纽（Libonius） 477
里尔克（Rilke） 204
里特（Ritter, C.） 129，135 注 2，198，215，250
林赛（Lindsay, A. D.） 103–104
留基伯（Leucippus） 72–75，78–79，124，126，327，411，487，490
琉善（Lucian） 412，439
卢克莱修（Lucretius） 401，402，404–406
卢西利乌（Lucilius） 428
鲁本斯（Rubens） 2，486
罗伯特（Roberts, W. R.） 359
罗杰·培根（Bacon, R.） 1
罗斯（Ross, Sir W. D.） 57，316 注 1，317，323，329 注 4，330–331，341 注 2，366
逻各斯，最高的（Logos） 特别是 43，459–461，502–505
洛克 1，243，352
吕哥弗隆（Lycophron） 94
吕科（Lycon） 426
吕西阿斯（Lysias） 85

M

马尔巴罗（Marlborough） 1
马尔夏（Martial） 439
马克思主义（Marxism） 3
马克西姆（Maximus） 477
马克西姆，推罗的（Maximus of Tyre） 455–456
马拉美（Mallarmé） 204
马勒布朗士（Malebranche） 298
马雷夏尔（Maréchal, J.） 6
马里努斯（Marinus） 481

马提诺斯·卡佩拉（Capella, Martianus） 418，484

玛莱乌斯·维克多利努斯（Marius Victorinus） 484

麦克比乌斯（Macrobius） 418，484

麦里梭（Melissus） 51，52-53，94

梅多迪乌斯（Methodius） 474

梅瑙凯（Menoeceus） 401

梅尼普斯（Menippus） 412

梅特罗多洛（Metrodorus） 401，402

美涅德谟（Menedemus） 118

美诺（Meno） 275

米开朗基罗（Michelangelo） 2，486

密尔（Mill, J. S.） 1，305，444，445

莫尼摩（Monimus） 120

莫扎特（Mozart） 486

墨埃哈该奈斯（Moeragenes） 449

穆索尼乌斯（Musonius） 438

N

拿破仑（Napoleon） 1

纳尔逊（Nelson） 1

瑙西芬尼（Nausiphanes） 401

内特尔希普（Nettleship, R. L.） 155，161 注 1

尼采（Nietzsche） 9，19，63 注释，76-77，205，221 注 1，333，341，389

尼各马可（Nicomachus） 266

尼各马可，格拉撒的（Nicomachus of Gerasa） 447，478

尼禄（Nero） 428，429，439

聂斯托利（Nestorius） 477

纽曼（Newman） 284

努美修斯（Nemesius） 483

努美尼乌斯（Numenius） 446，448，455，459，465

O

欧布里德（Eubulides） 117

欧德谟（Eudemus） 275，369

欧多克索（Eudoxus） 36，130，263，265，326，346，347

欧多鲁斯（Eudorus） 452

欧几里得，麦加拉的（Euclid of Megara） 116-117，128

欧里庇得斯（Euripides） 19，85，96，129，215，364，366

欧律托斯（Eurytus） 30，34

欧那比乌斯（Eunapius） 449，463，477

欧司托克乌斯（Eustochius） 464

P

帕奈提乌（Panaetius） 121，421-422，423

帕斯卡（Pascal） 196，197

庞菲鲁斯（Pamphilus） 401

庞培（Pompey） 422

佩雷格里努斯（Peregrinus） 439

皮提阿（Pythias） 267

皮兰德娄（Pirandello） 39

皮浪（Pyrrho） 382，413-414，442

皮索（Piso） 401

品达（Pindar） 39

蒲柏（Pope, A.） 388 注 1

普拉希特（Praechter） 14 注 1，16 注 1，32，95，96 注 2，113 注 1，116，134，135，139，140 注 1，263 注 2，381 注 1，382，435，461，511

普兰（Poulain） 97 注 2

普林尼（Pliny） 418

普鲁塔克（Plutarch） 44，83，125，248，269，395，452-455

普鲁塔克，雅典的（Plutarch, Athen.） 477

普罗狄科（Prodicus） 91-92

普罗泰戈拉（Protagoras） 72，82，87-91，92，95，121，124，126，143 以下，149，218，493

普罗提诺（Plotinus） 12，178，316，381，450，453，463-475，476，480，483，

486，492，506

普罗克洛（Proclus） 36，55，134，183 注 1，248，251，422，478–481，482，483

Q

乔尔（Joel, K.） 100

屈梭多模（Dion Chrysostom） 439，440–441

犬儒主义（Cynics） 118–120，335，380，385，412，418，426，435，438–842，461

撒路斯提乌斯（Sallustius） 477

S

萨提罗斯（Satyros） 66

塞奥弗拉斯特（Theophrastus） 24，26，64，72，246，267，316，369–370

塞拉门尼斯（Theramenes） 355

塞拉绪罗（Thrasyllus） 133，134，451 注 1

塞涅卡（Seneca） 12，125，394，396，399，412，428–431，435，437，438，439，442，491

塞诺芬尼（Xenophanes） 31，38，47，414

塞诺克拉底（Xenocrates） 263，264–265，267，385，453

塞普蒂米乌斯·塞维鲁（Septimius Severus） 449

色诺芬（Xenophon） 84，99–100，103–104，106，134

森提乌斯（Sextius, Q.） 442

沙尔施密特（Schaarschmidt） 134

莎士比亚（Shakespeare） 1，2，486

舍斯托夫（Chestov, L.） 36 注 4

圣保罗（Paul, St.） 431

圣格里高利（Gregory, Naz., St.） 442

圣十字若望（John of the Cross, St.） 197

圣托马斯·阿奎那（Aquinas, St. Thomas） 1，2，6，7，166，211，242，262，276，284，297 注 2，308，309，317，318，322，329，331 注 2，350，504

圣托马斯·莫尔（More, St. Thomas） 262

施泰因（Stein, H. von） 121 注 1

叔本华（Schopenhauer） 9，17，300，342，359

司各脱（Duns Scotus） 1，2，276

斯彪西波（Speusippus） 263–264，265，267，272，296，347

斯宾诺莎（Spinoza） 1，153，196，197，389，390

斯宾塞（Spencer, H.） 1，342，352

斯登泽尔（Stenzel, J.） 14 注 1，31，179–180，181，186

斯多亚学派（斯多亚主义，Stoicism） 43–45，265，339，380–382，385–400，402，405，411，414，415–416，417，419，421–437，438，441，442，445，446，449，451，453，454，455，456，461，491–492，495，498–499，502，505

斯斐卢斯（Sphaerus） 385

斯基皮奥（Scipio） 421

斯凯沃拉（Scaevola, Q. M.） 421–422

斯塔斯（Stace, W. T.） 30，51，69 注 1，70，109，163 注 1，198，307 注 1，368

斯特宾（Stebbing, S.） 285

斯特方（Stephanus） 482

斯特拉波（Strabo） 428

斯特拉托（Strato） 425–426

斯提尔波（Stilpo） 117–118，385

苏达斯（Suidas） 452，463

苏格拉底（Socrates） 49，53，66，71，85–86，87，95，98–115，116–122，柏拉图 127–128，131，134，143，150，

162，164，172-174，201-202，218-219，231注，260，338-340，344-345，373，385，414，452，487，490，499-501，503

梭伦（Solon） 85，200

索福克勒斯（Sophocles） 1，17，82，85，96，227，369

索格拉底，历史学家（Socrates, Hist.） 474

索提翁（Sotion） 47，66，121，442

索希克拉底（Sosicrates） 121

T

塔修斯（Tascius, Vict.） 450

泰奥，斯米尔纳的（Theo of Smyrna） 195

泰勒（Taylor, A. E.） 87，96，97，98，100-103，115注2，133-136，140，157，159，173-174，183注1，193-195，197-198，245-246

泰勒斯（Thales） 17，20，22-24，25，26，27，41，48，51，62，76-78，289

泰米臣（Themison） 270

忒奥格尼斯（Theognis） 17

忒勒斯（Teles） 412

忒米修斯（Themistius） 427，484

特拉塞亚（Thrasea） 439

特拉西马库斯（Thrasymachus） 94-95

特泽斯（Tzetzes） 383

提图斯（Titus） 439

图拉真（Trajan） 440，441，452

图密善（Domitian） 431，440，441，450

托勒密（Ptolemy, Phil.） 371

托勒密一世（Ptolemy Soter） 370

托马斯·肯比斯（Thomas à Kempis） 428

托名狄奥尼索斯（Pseudo-Dionysius） 162，383

W

瓦伦提尼三世（Valentinian III） 474

瓦罗（Varro） 412，417-418，422

威廉，穆尔贝克的（William of Moerbeke） 478

维吉尔（Virgil） 1，406

维拉斯奎兹（Velasquez） 486

维留斯（Virius） 450

维斯帕西安努斯（Vespasian） 438，439

维特利乌斯（Vitellius） 438

维特鲁威（Vitruvius） 418

维提乌斯（Vettius） 484

X

西奥多里克（Theodoric） 485

西奥多罗（Theodorus） 122，123，412

西多尼乌斯（Sidonius, Apoll.） 450

西涅修斯（Synesius） 483

西塞罗（Cicero） 73，122，132注1，208注5，269，401，414，417，418-420，422，484，

希庇阿斯（Hippias） 92-93，111

希拉克略（Heraclius） 483

希罗多德（Herodotus） 14，22，85，361，401

希罗克勒斯（Hierocles） 450

希帕尔基亚（Hipparchia） 120

希帕提亚（Hypathia） 482，483

享乐主义（Cyrenaics） 121-123，380，496，411，412，413

肖尔兹（Scholz, H.） 285

小尼各马可（Nicomachus, younger） 274

谢林（Schelling） 69，135，136，300

辛普利西乌斯（Simplicius） 48，53，66，119注1，248，369，481，482

新柏拉图主义（Neo-Platonism） 162，177-178，192-193，201，211，248，249，261，263，276，297，298，316，377，381，383，389，392，424，427，446，447，452，460-462，463-485，489，490，498，502，

504-506

新毕达哥拉斯主义（新毕达哥拉斯学派，Neo-Pythagoreans）382，438，448-450，451，452，453，455，459，465，469，488

新康德主义者（Neo-Kantians）172，203-204

休谟（Hume）1，5，8，445

修昔底德（Thucydidas）18，85

绪里亚努（Syrianus）102，477-8，481

Y

亚里士多德（Aristotle）1，2，10，11，17，22，23，31，32，33，34，35，36，39，46，47，49，52，53，57，64，67，68，71，72，73，74，75，76，77，78，80，94，苏格拉底 99-112，118 注 3，124，130-131，134，151；柏拉图 156-158，柏拉图 163，柏拉图 167-170，172，柏拉图 177，柏拉图 179-180，柏拉图 182-183，186，187 注 3，柏拉图 193-195，柏拉图 202-203，223，242，246，248，250，261，264，265，266-378（特别是 292-301，372-378），379，386，388，417，421，425-427，436，442，446，452，455，456，467，470，473，477，478，482，483-485，486-506

亚里士多塞诺斯（Aristoxenus）30，170，177，370

亚历山大, 阿芙罗蒂西亚的（Alexander, Aphrod.）329，330，426-427

亚历山大·马克西姆（Maximus, Alex.）441-442

亚历山大·塞维鲁（Alexander Severus）449

亚历山大·希罗克勒斯（Hierocles, Alex.）483

亚历山大大帝（Alexander the Great）267-268，379，413

扬布里柯（Iamblichus）29，270 注 2，427，476-477，480，482，483

耶格尔（Jaeger, W.）14 注 1，16，134，267，270 注 2，271 注 3，272，274，316

伊壁鸠鲁（Epicurus）73，122，401，412

伊壁鸠鲁主义（Epicureanism）68，73，247，380，381，382，401-411，491，495，498-499

伊丽莎白（Elizabeth）1

伊斯美尼亚（Ismenias）137

伊索克拉底（Isocrates）94，130，136

依西多罗（Isidorus）481

英格拉姆·拜沃特（Bywate）366 注 1

尤西比乌（Eusebius）121，269 注 3，474

宇伯威格（Ueberweg）134

约安尼斯·菲洛波努斯（Ioannes Philoponus）322，482，483

约瑟夫（Joesphus）457

Z

扎巴莱拉（Zabarella）330-331

芝诺, 爱利亚学派的（Zeno of Elea）53，54-59，72，81，94，324，493

芝诺, 斯多亚学派的（Zeno, Stoic）118，369，385，386，388，394，395，396，397，398，417

芝诺, 塔索斯的（Zeno of Tarsus）385

智者（Sophists）81-95，113，124，200-202，218-219，234，261，413，487，490，493，494，499-500

中期柏拉图主义（Platonism, Middle）177，263，451-456，465

朱利安（Julian）440，450，477

茱莉娅·多姆纳（Julia Domna）449

译后记

本译稿是我带领望江柏拉图学园的部分学员共同努力的结果，我们的工作方式是：首先，六个人分别翻译不同部分，其次两两互相校对订正文字，然后通篇朗读润色文字，最后由我审校、改译和定稿，我全程参与和指导了翻译过程。具体分工如下：导言、附录：梁中和；第一部分（外加前言、第十六章、第二十章）：陈威；第二部分：宋文弢；第三部分：陈宁馨（浙江大学人文学院博士生）；第四部分：虞思维；第五部分：吴立立（四川大学哲学系2019年外国哲学博士生、成都大学马克思主义学院讲师）。其中陈威在后期校译方面出力最多。五位同学均曾是四川大学硕士生，同时也是学园主要成员。

译文中的专有名词和重要哲学术语，均以汪子嵩等先生编撰的《古希腊哲学》四卷本（人民出版社，1987—2010，2014年有修订版）为基准，个别情况因为考虑到通俗或约定俗成而略有改动。凡涉及引文均参考或引用国内已有译本，在脚注中加以说明。本书中有不少希腊语和拉丁语引文，为阅读方便，我们全部直接译出，除个别情况外，一般不在相应位置附加原文，也是为了呼应作者的写作意图——他将此书定位为非专业人员的一般了解性读物，我们的中译也秉持这一原则，主要照顾普通读者，而非专业人士。同时本书作者秉持有宗教立场，我们只是做了如实翻译，并不表示赞成其所有学术观点和信仰，严格来讲，其很多判断和立场都是我们反对的，但并不影响他成就一家之言，我们也不会在翻译中加以批评。在翻译中还参考过傅佩荣先生的台译本（黎明文化事业公司，1986年版），傅先生中译文文辞优美，但术语与大陆迥然有异，内容上意译居多，因此一些细节也与原文有些出入，我们的翻译以信为前提，达、雅虽也尽力，但力所不逮处望读者海涵。本译稿共费时一年，大家收获良多，虽然我们为保证译文的准确性和流畅度做了最大努力，但是凡有疏漏错讹之处还请批评指正（liangzhonghe@foxmail.com）！

最后感谢后浪出版公司邀约，感谢审订编辑吴亚女、曾雅婧女士，也感谢近十年来后浪对普及学术所做的卓越贡献！

同时，本书也是四川省天府万人计划"青年社科菁英"成果之一，特此说明。

梁中和

四川大学·望江柏拉图学园

2016.1.23 初稿

2021.1.3 定稿

图书在版编目（CIP）数据

科普勒斯顿哲学史.1，希腊和罗马哲学/（英）弗雷德里克·科普勒斯顿著；梁中和等译. -- 汕头：汕头大学出版社，2021.4（2023.12重印）

书名原文：A History of Philosophy:Greece and Rome

ISBN 978-7-5658-4272-6

Ⅰ.①科… Ⅱ.①弗…②梁… Ⅲ.①古希腊罗马哲学—哲学史—研究 Ⅳ.① B1

中国版本图书馆 CIP 数据核字 (2020) 第 268249 号

A HISTORY OF PHILOSPHY: VOLUME 1: Greece and Rome BY FREDERICK COPLESTON
Volume 1: Copyright © by the Trustees for Roman Catholic Purposes Registered
This edition arranged with A. P. WATT LTD
Through BIG APPLE AGENCY, LABUAN, MALAYSIA.
Simplified Chinese edition copyright:
2021 POST WAVE PUBLISHING CONSULTING (Beijing) Ltd.
All rights reserved.

简体中文版权归属于后浪出版咨询（北京）有限责任公司。

科普勒斯顿哲学史.1，希腊和罗马哲学
KEPULESIDUN ZHEXUESHI. 1, XILA HE LUOMA ZHEXUE

著　　者：[英]弗雷德里克·科普勒斯顿
译　　者：梁中和 等
责任编辑：胡开祥
责任技编：黄东生
封面设计：墨白空间·张萌
出版发行：汕头大学出版社
　　　　　广东省汕头市大学路 243 号汕头大学校园内　邮政编码：515063
电　　话：0754-82904613
印　　刷：北京天宇万达印刷有限公司
开　　本：655mm×1000mm　1/16
印　　张：32
字　　数：366 千字
版　　次：2021 年 4 月第 1 版
印　　次：2023 年 12 月第 2 次印刷
定　　价：72.00 元
ISBN 978-7-5658-4272-6

版权所有，翻版必究
如发现印装质量问题，请与承印厂联系退换